W0074830

Organmangel
Ist der Tod auf der Warteliste unvermeidbar?

Friedrich Breyer · Wolfgang van den Daele
Margret Engelhard · Gundolf Gubernatis
Hartmut Kliemt · Christian Kopetzki
Hans Jürgen Schlitt · Jochen Taupitz

Organmangel

Ist der Tod auf der Warteliste
unvermeidbar?

Mit 16 Abbildungen und 23 Tabellen

Für die Autoren:
Professor Dr. Friedrich Breyer
Universität Konstanz
Fachbereich für Wirtschaftswissenschaften
Fach D 135
78457 Konstanz

Redaktion:
Friederike Wütscher
Europäische Akademie zur Erforschung von Folgen
wissenschaftlich-technischer Entwicklungen Bad Neuenahr-Ahrweiler GmbH
Wilhelmstraße 56
53474 Bad Neuenahr-Ahrweiler

ISBN-10   3-540-33054-2 Springer Berlin Heidelberg New York
ISBN-13   978-3-540-33054-7 Springer Berlin Heidelberg New York

Bibliografische Information Der Deutschen Bibliothek
Die Deutsche Bibliothek verzeichnet diese Publikation in der Deutschen Nationalbibliografie;
detaillierte bibliografische Daten sind im Internet über <http://dnb.ddb.de> abrufbar.

Geleitwort

Die *Europäische Akademie zur Erforschung von Folgen wissenschaftlich-technischer Entwicklungen Bad Neuenahr-Ahrweiler GmbH* widmet sich der Untersuchung und Beurteilung wissenschaftlich-technischer Entwicklungen für das individuelle und soziale Leben des Menschen und seine natürliche Umwelt. Sie will zu einem rationalen Umgang der Gesellschaft mit den Folgen wissenschaftlich-technischer Entwicklung beitragen. Diese Zielsetzung soll sich vor allem in der Erarbeitung von Empfehlungen und Handlungsoptionen für Entscheidungsträger in Politik und Wissenschaft sowie für die interessierte Öffentlichkeit realisieren. Diese Empfehlungen werden von interdisziplinären Projektgruppen, bestehend aus fachlich ausgewiesenen Wissenschaftlern, erstellt.

Der Mangel an Spenderorganen in der Transplantationsmedizin ist ein Thema mit hoher gesellschaftlicher Relevanz. Solange Leid und Tod von Patienten auf der Warteliste vermeidbar sind, darf die Gesellschaft den Organmangel nicht ignorieren, sondern muss immer wieder von neuem nach Lösungen suchen und ohne Tabus über unterschiedliche Handlungsoptionen diskutieren. Die Projektgruppe hat sich dieser Frage gestellt und legt ihre Ergebnisse mit dem vorliegenden Memorandum vor. Möge es die öffentliche Aufmerksamkeit finden, die der Thematik zukommt.

Die Mitglieder der Projektgruppe haben das Projekt mit hohem Einsatz getragen und gestaltet. Ihnen sei für ihre Arbeit herzlich gedankt. Der Projektgruppe gehörten die Professoren Friedrich Breyer (Volkswirtschaftslehre, Konstanz), Wolfgang van den Daele (Soziologie, Berlin), Gundolf Gubernatis (Medizin, Hannover/Wilhelmshaven), Hartmut Kliemt (Philosophie, Duisburg), Christian Kopetzki (Jura, Wien) Hans-Jürgen Schlitt (Medizin, Regensburg) und Jochen Taupitz (Jura, Mannheim) an. Dr. phil. Margret Engelhard begleitete die Gruppe mit großer Kompetenz und Engagement als Projektleiterin seitens der Europäischen Akademie. Mein besonderer Dank gilt dem Projektvorsitzenden Herrn Professor Breyer, der mit großer Energie das gemeinsame Projekt vorangetrieben hat.

Dem Bundesministerium für Bildung und Forschung (BMBF) sei für die Förderung des Projektes gedankt.

Bad Neuenahr-Ahweiler, im April 2006   Carl Friedrich Gethmann

Vorwort

Auch acht Jahre nach In-Kraft-Treten des Transplantationsgesetzes von 1997 hat sich nichts an dem gravierenden Mangel an Spenderorganen geändert. Noch immer sterben jährlich in Deutschland etwa 1.000 Menschen, denen eine Transplantation helfen könnte, nur deswegen, weil kein geeignetes Organ verfügbar war. Die Knappheit an Spenderorganen ist somit eines der drängendsten Probleme der Medizin in unserem Land. In der letzten Legislaturperiode beschäftigte sich die Enquête-Kommission des Deutschen Bundestages „Ethik und Recht der modernen Medizin" mit diesem Problem, allerdings ohne eine Lösung zu erarbeiten.

Deshalb ist es der Europäischen Akademie hoch anzurechnen, dass sie im Jahr 2003 eine interdisziplinäre Projektgruppe mit dem Auftrag einberufen hat, die Ursachen der Knappheit zu analysieren und einen von wissenschaftlichem Sachverstand getragenen Beitrag zur Lösung dieses Problems zu erarbeiten.

Die Projektgruppe hat insgesamt 14 interne Sitzungen sowie zwei wissenschaftliche Fachgespräche mit externen Experten abgehalten. Durch die Mitwirkung dieser Fachleute wurde die Arbeit der Projektgruppe wesentlich bereichert; ihnen gebührt daher besonderer Dank. Zu nennen sind in diesem Zusammenhang: Professor Dr. Dr. Marlies Ahlert (Halle), Professor Dr. Charles B. Blankart (Berlin), Professor Dr. Wulf Gaertner (Osnabrück), Professor Dr. Dr. h.c. Carl Friedrich Gethmann (Essen), Professor Dr. Dr. Nikolaus Knoepffler (Jena), Professor Dr. Weyma Lübbe (Leipzig), Professor Dr. Norbert Paul (Mainz), Rechtsanwältin Ulrike Riedel (Berlin), Professor Dr. Dr. h.c. Xavier Rogiers (Hamburg), Professor Dr. Ulrich Schroth (München), Dr. Dr. Tade Spranger (Bonn), Professor Dr. Hans-Ludwig Schreiber (Göttingen), Professor Dr. Gilbert Thiel (Basel) und Dr. Sophia Wille (Mannheim). Wichtige Unterstützung erhielt die Projektgruppe zudem durch einen Gastvortrag von Professor Dr. Paul Schotsmans (Leuven) sowie durch schriftliche Gutachten zu einer früheren Version des Textes von Dr. Wolfgang Ellerbeck (Oldenburg) und Professor Dr. Gilbert Thiel (Basel). Dem Direktor der Europäischen Akademie, Herrn Professor Gethmann, gilt der Dank der Gruppe für sein Interesse am Fortgang des interdisziplinären Gesprächs sowie seine konstruktiven sachkundigen Diskussionsbeiträge.

Einen wertvollen Beitrag zur Entstehung dieses Bandes leistete Dipl.-Volkswirt Florian Scheuer (Konstanz), der das Datenmaterial für die

Beschreibung des Status Quo in Kapitel 2 mit großer Akribie recherchiert und zusammengestellt hat.

Die endgültige Gestaltung des Gesamttextes hat seitens der Europäischen Akademie Frau Friederike Wütscher vorgenommen. Ihr sei ebenfalls herzlich gedankt.

Im April 2006

Friedrich Breyer
Wolfgang van den Daele
Margret Engelhard
Gundolf Gubernatis
Hartmut Kliemt
Christian Kopetzki
Hans Jürgen Schlitt
Jochen Taupitz

Inhaltsverzeichnis

Abkürzungsverzeichnis

BÄK	Bundesärztekammer
BVerwG	Bundesverwaltungsgericht
BMG	Bundesministerium für Gesundheit
BSG	Bundessozialgericht
DKG	Deutsche Krankenhausgesellschaft e.V.
DSO	Deutsche Stiftung Organtransplantation
EGV	Vertrag zur Gründung der Europäischen Gemeinschaft
EKD	Evangelische Kirche in Deutschland
EMRK	Europäische Menschenrechtskonvention
ET	Eurotransplant International Foundation
EuG	Gericht erster Instanz der Europäische Gemeinschaften
EuGH	Europäischer Gerichtshof
EUV	Vertrag über die Europäische Union
GG	Grundgesetz
GKV	Gesetzliche Krankenversicherung
HLA	human leucocyte antigen (Gewebemerkmal)
ICD	International Classification of Diseases
ICU	intensive care unite
KfH	Kuratorium für Dialyse und Nierentransplantation e.V.
LOS	Lebendorganspende
MHC	major histocompatibility complex
MRB	Übereinkommen über Menschenrechte und Biomedizin (Biomedizinkonvention)
OPOs	organ procurement organizations
PKV	Private Krankenversicherung
PMOS	postmortale Organspende
pmp	per million population
RL	Richtlinie
StGB	Strafgesetzbuch
StPO	Strafprozessordnung
TPG	Transplantationsgesetz
VLK	Verband der leitenden Krankenhausärzte e.V.
WHO	Weltgesundheitsorganisation
ZP	Zusatzprotokoll (wenn ohne Zusatz: Zweites Zusatzprotokoll zur Biomedizinkonvention betreffend die Transplantation von Organen und Geweben)

Executive Summary[1]

Introduction

Whilst the German Transplantation Act, which came into force in 1997, has introduced more legal certainty into transplantation medicine it has not attenuated the extreme scarcity of organs available for transplant purposes. In particular, kidneys are a case in point. Here, the number of new entries to the waiting list exceeds the annual number of transplantations by about 1,000. It must also be considered that the scarcity of organs in Germany would be even graver if it were not for the fact that Germany, as a member of the Eurotransplant Network, receives more organs from other member states than it contributes. Besides Germany, the Netherlands, Slovenia, Belgium and Austria are part of this organisation; and by virtue of different legal provisions governing the acquisition of organs these countries have a far larger number of organs available per capita.

The scarcity of donated organs has tragic consequences that render it a pressing problem:

- Each year, some 1,000 patients die on waiting lists due to the scarcity of transplants.
- The quality of life for patients with kidney failure who receive constant renal dialysis treatment is normally far lower than after having received a donated kidney.
- In addition, long-term dialysis treatment is considerably more expensive than transplantation, including aftercare.

According to surveys, 70 percent of Germans express that they are prepared to donate their organs after death. However, this number is disproportionally lower than the number of persons in possession of a donor card. Of all the explantations performed in Germany in the year 2000, only 4 percent were supported by the written consent of the donor. These figures show a conspicuous discrepancy between the general, but non-committal, approval of organ donation and the lack of willingness to switch from paying lip service to practice.

For this reason, there has recently been an intense discussion of strategies and incentives for boosting the number of organs available for transplanta-

---

[1] The executive summary is a translation of the introduction and part IV of this study. The translation of its title is "Scarcity of organs – Is death on the waiting list inevitable?"

tion. In this context, attention has also become focussed on hospitals with intensive care units: under the German Transplantation Act, it is their responsibility to identify and report brain-dead patients to the German Organ Transplantation Foundation DSO (*Deutsche Stiftung Organtransplantation*) and to examine their suitability as organ donors. There is evidence indicating that this responsibility is met to varying degrees and that, as a result, almost half of all potential organ donors remain undetected or unreported.

This book examines the diverse causes of the scarcity of organs and explores ways to alleviate this problem. This involves taking a close look at organisational changes that could be implemented within the existing legal framework as well as fundamental reforms which would require an amendment of the German Transplantation Act (and in the extreme possibly the constitution or international treatises).

Even those approaches which are treated as a taboo in the current public discussion or at least deemed politically infeasible (such as the introduction of uncompensated regulatory taking of organs – *Notstandslösung* – or financial incentives for organ donors) receive unprejudiced examination in this book. The authors are convinced that in view of the tragic consequences of organ scarcity every possible avenue of thought and discussion must be explored. It is imperative to search for ways to prevent the avoidable death and unnecessary suffering of thousands of patients.

The book is divided into four parts. Part I characterizes the problem as emerging in the status quo. Chapter 1 explains the medical fundamentals of organ transplantation, while Chapter 2 presents key figures on the demand for organs and an international comparison of donor organ availability. Chapter 3 goes on to illustrate the individual phases of the organ procurement process. It does so against the background of pertinent legal regulations but intends to prepare the ground for proposing measures that conceivably could increase organ availability.

Part II focuses on a detailed presentation of problems occurring within the organ procurement process and the discussion of possible strategies for solving these problems. Here, every chapter is devoted to each of the key groups of actors involved: Chapter 4 discusses the role of the *hospitals* and points out ways how they might be better motivated to participate in the process of identifying potential organ donors. Chapter 5 deals with the role of the *transplantation centres* in obtaining organs and asks how their participation could be intensified. Chapter 6 explores how the workings of the *central coordination organization* of the organ procurement process could be improved. Chapters 7 and 8 examine present incentives for potential *organ donors* and discuss a wide variety of conceivable strategies to increase potential post-mortem and living organ donors' willingness to donate.

Part III is devoted to an exploration of the ways and means of implementing the strategies previously discussed. Chapter 9 uses numerous survey results to give an account of attitudes towards transplantation medicine and organ donation prevailing in the population at large. Chapter 10 discusses to what extent the German constitution, international law, and the laws of the European Community impose limits on national law enactment concerning transplant medicine.

Part IV draws conclusions and presents a brief summary of the available policy options. These culminate in the formulation of eight strategies which deserve serious examination by political decision makers. This book is intended to present as comprehensive information as possible to enable all those interested to form their own judgement, to stimulate fruitful public discussion of the urgent problem of organ scarcity and thereby prepare the ground for effective measures towards its solution. Of course, political actors and in the end the citizens themselves must decide.

Summary, Options and Recommendations

There is rather a large gap between demand for organs as measured by the annual number of new entries to a waiting list for an organ and the supply of organs measured by the actual number of post-mortem donor organs. The consequence of this lack of organs is about a thousand avoidable deaths each year. This shortfall could be reduced by increasing the number of post-mortem and living donor organs.

Since it puts the donor's health at risk the donation of organs by living donors should only be considered as a last resort when all other means of increasing the available number of cadaveric organs have been exhausted. Thus, as a matter of principle, the strategy for alleviating organ scarcity by promoting post-mortem donations should be given priority over seeking to obtain more organs from living donors.

Currently only one third of the theoretical reservoir of potential post-mortem donors of transplantable organs, assuming a number of some 3,700 per year, is actually being tapped. The decisive factors that may be influenced to increase organ availability are the reporting rate, the rate of permissions for organ removals as well as the rate of effectively transplanted organs. Under current German law the permission to remove an organ primarily depends on the consent of the donor or his or her next of kin. The rate of consent is currently approx. 65%, while the reporting rate is estimated to lie below 50%. Both of these rates indicate that there is still potential for a substantial increase. If this could be exploited, a considerable contribution could be made to improving life quality or saving the lives of a great many people.

Since the scarcity of organs is intimately linked to the laws governing the procurement of organs and the organisational implementation of these laws, political decision makers and ultimately voters cannot shun all responsibility for this shortage. They must decide whether or not the scarcity of organs is to be regarded as an unacceptable state of affairs that must be rectified by political means. There are several political levers that could be actuated in order to better exploit the existing potential of cadaveric organs. Experience gained in other countries demonstrates, for example, that the rate of consent could in all likelihood be increased to more than 90 percent by introducing the opting out-system ("presumed consent system"). In such a system everybody is presumed to be a consenting organ donor unless she has declared her refusal in a suitable, legally defined form. This would relieve the next of kin of potential organ donors of the necessity to make a decision. It would therefore alleviate the burden of talks with the next of kin. This would remove or at least reduce a psychological obstacle for cooperation on the part of doctors and hospitals. This would probably increase the reporting rate of ICU. The reporting could be increased also by improving the remuneration for hospitals that detect potential donors. A better organisation and support of the procurement process on the part of the coordination centres would certainly help as well.

Simulation results show, however, that even with a 100% reporting rate and 65% rate of consent, the supply of cadaveric organs would hardly cover the demand, above all for liver transplants. For kidneys, these calculations indicate that the supply would just cover the demands of new entrants to the waiting list. However, three additional factors must be taken into account which indicates that the true medical demand is underestimated. Firstly, according to serious estimates every second patient suffering from end-stage renal disease can be helped by means of transplantation. This would boost the annual need of kidneys from 3,100 (the new registrations on the waiting list) to 7,500. Secondly, if society wants to remove the existing waiting list of presently 9,000 patients within a foreseeable period of time of, say, 5 to 10 years, the demand for kidneys rises to between 8,500 and 9,500 organs per year – approximately twice as many as calculated above as a realistic number of available cadaveric organs. Thirdly, the existing waiting list underestimates the actual backlog demand since currently the date of registration on the waiting list is irrelevant for kidney allocation. If patients requiring dialysis that are not yet registered on the waiting list are considered as well the demand for organs would rise even further.

Thus, even with ongoing and successful efforts to improve cadaveric organ donation, an additional number of more than 4,000 kidneys and about hundred livers will be needed, at least during the transition period, to cover the demand. These organs could be obtained, for example, from living donors and even those options hitherto rejected with respect to living donors such as financial incentives must be considered if avoiding premature death on the waiting list or an improvement of quality of life are seriously pursued as social goals.

The following options are taken to be the most suitable and acceptable. They are not mutually incompatible but their legal and political viability does vary.

Options within the Framework of Existing Laws

The following options are available within the existing legislative framework:

1. Removal of financial obstacles for reporting hospitals

The scarcity of organ transplants in Germany is caused to a considerable extent by insufficient cooperation of hospitals in the procurement of cadaveric organs. This factor can be directly influenced by political institutions. All obstacles standing in the way of hospitals participating in the procurement of organs should be removed. In the first place fees for the removal of organs and all associated preparatory measures, such as the diagnosis of brain-death, must be fixed such that the costs of these procedures are fully covered. Payments should be effected directly to the hospital initially responsible for reporting. The latter can then decide, under consideration of quality and cost-effectiveness, whether to conduct diagnostic services and other measures involved in the preparation for the organ removal process in-house or by outsourcing. The remuneration for such cases must not be counted towards the respective hospital budget.

2. Establishment of a nationwide organ donor register in compliance with §2 (3) of the German Transplantation Act (TPG)

The organ donors register already provided for in §2 (3) TPG should be implemented. It would keep track of declarations of intent made by potential organ donors. In this way, the will of the potential donor can be reliably verified prior to organ removal, especially objections in the case of a presumed consent rule.

3. Enhancement of security for living donors

Security for living donors, should be improved in such a way that they incur no financial disadvantages through their organ donation; this requires enhanced insurance coverage. However, in the interests of social solidarity with the potential living donor, the fundamental principle of awarding priority to cadaveric organ donation over living donor organ donation should not be undermined.

Options Entailing Amendments to the Law

The following further options are available if existing laws were to be amended:

4. Reorganisation of the coordination process

The monopoly of the DSO should be abolished and provisions should be made to pave the way for competitive organisations to act as coordination centres in the provision of support to hospitals in the organ procurement process. Regional coordination centres must be permitted to operate in the same way as organisations operating on a nationwide basis. Exploiting the donor potential should be the organisational objective of all coordination centres: the aim to increase the number of donors must be explicitly stated and the re-imbursement of the coordination centres must depend on the number of donations actually made. In this way, the supreme principle of present health care policy and reform could also apply to the organisation of organ donation: competing service providers could be admitted and payments could be allocate according to services rendered.

5. Introduction of the opting-out system

Looking at the experience of countries, such as Austria and Spain, a good many reasons can be found in favour of the assumption that the introduction of the opting-out ("presumed consent") rule would lead to a considerable increase in the number of available donor organs. Removing the burden of decision from the next of kin of brain-dead patients could also lift an important psychological barrier for hospital staff.

The expectation of solidarity inherent in the opting-out system is reflected in the fact that (initially) every individual is given the status of an organ donor. This attribution is a manifestation of an assumed moral obligation to donate. It seems acceptable even in a liberal society based on norms of interpersonal respect since the presumed-consent rule at the same time leaves the principle of self-determination untouched in that the individual may reject the legal status of an organ donor at any time simply by making a declaration to that effect without giving any reasons. This seems a sufficient protection of individual rights as long as the population is suitably and sufficiently informed about the possibility of opting-out of the system.

6. Extension of living donor donation

The potential for living donations, above all in the case of kidneys, could be increased by extending the set of admissible donors, in particular by permitting so-called cross-over donations. However, to protect the voluntary character of the decision to donate great care must be taken to ensure that potential donors will not fall victim to social pressure.

7. Inclusion of willingness to donate as a criterion of organ allocation

A system under which a claim to receive a donated organ is linked to the willingness of an individual to donate may conflict with the normative expectation that scarce, life-saving, medical resources should be allocated exclusively according to need. However, giving moderate priority to persons who are themselves willing to donate by putting them up a step on the waiting list – and/or correspondingly relegating those who have refused donation to a lower position – would express widely shared principles of fairness. It would at the same time provide an incentive to donate and thereby increase the number of available organs. Such a solution would simultaneously enhance equity and efficiency of the system and could despite initial resistance be expected to meet with wide acceptance eventually. To realise this, however, Germany would probably be obliged to refrain from subscribing to the additional protocol on transplantation of the bio-medical convention of the European Council, and/or would have to secure its position by introducing contrary legal regulations at the national level by stipulating a pertinent proviso under international law.

8. Financial reward for donations

Should it be decided to uphold the principle of allocating organs exclusively according to "medical need", offering the donor financial rewards or other commensurate benefits would be possible means to strengthen the incentive to donate. In the case of living donations in particular this could contribute to augmenting the number of organs available. Donated organs could be procured at state regulated, non-negotiable prices in conjunction with a purchasing monopoly in the hands of the social sickness funds. In such a case, orqan allocation would follow the same rules as today. Only the donor would receive financial gains. This would constitute a compensation for the risks and other disadvantages incurred and would represent an incentive to donate. This would rule out third-party profit-making and breaches of the dykes against the uncontrolled trafficking of organs would not be imminent.

With respect to post-mortem organ donation, the question of financial incentives to promote the willingness to donate will reappear if no consensus can be found on the introduction of the opting out rule. It would be conceivable here to cover the funeral expenses or some other kind of payment to the next of kin along the lines of a life insurance.

In the – albeit unlikely – event that monetary incentives to donate organs over and above the mere compensation for disadvantages should one day be politically accepted, conflicts could arise with obligations and commitments assumed under international and European community law (in particular regarding the ban on profit-making contained therein). If the solution considered to be the right one by the majority stands in conflict with international conventions to which Germany has not yet subscribed, future accession should be carefully examined and, if need be, renegotiation aspired to or the declaration of a proviso under international law taken into consideration. The overall disadvantages of preserving the legal status quo on organ transplantation on the one hand, and any possible disadvantages that may arise – wholly or partially – from Germany's non-participation in a process of international harmonisation, on the other hand, must then be weighed against one another.

Conclusions and Outlook

A major step towards alleviating the scarcity of organs could already be taken by improving the organisation of the process of donor detection. This improvement is absolutely necessary but insufficient to compensate for the shortfall in available organs. The options extending beyond this are not to be had without "moral costs". Thus it will be difficult to implement them under legal and political aspects. The least acceptable alternative with the highest moral costs, however, is permanent acceptance of the fact that a great many patients will die on waiting lists despite the fact that save many – if not all of them – could be rescued by acceptable means. There is a need for action. To make action viable compromises on the principles that have hitherto dominated the discussion on the procurement of donated organs are unavoidable.

In the long term, the problems of organ scarcity could also be solved by the development of replacement organ tissue from (adult or embryonic) human stem cells. This could conceivably render it unnecessary to resort to using the vital organs of third parties. Only time will tell whether this perspective is realistic. In the interests of the patients it is urgently advisable to promote stem cell research with this end in view. But in this respect, too, the prevailing conditions in Germany are particularly restrictive. Only then will this provide no cause for concern if it is accepted that German patients must travel abroad for treatment, and/or that the corresponding organ replacement techniques will have to be imported into our country as soon as stem cell research leads to therapeutic success at some time in the future.

Generally speaking, it should be recognised in Germany that it is cynical to remain bogged down in an intransigent political posture – albeit putatively justified on moral grounds – in the face of a far higher availability of organs in other countries. The considerations presented in this study justify the conclusion that the number of organs available for transplantation can be considerably increased by a series of cumulatively applicable strategies and that in this way the suffering of many persons in need of transplantation can be significantly alleviated.

Options to Alleviate Organ Scarcity

– within the framework of existing laws:
1. Removal of financial obstacles for reporting hospitals.
2. Establishment of a nationwide organ donors register in compliance with § 2 (3) of the German Transplantation Act (TPG).
3. Enhancement of security for living donors.

– entailing amendment to the Human Tissue Transplant Act:
4. Reorganisation of the coordination process.
5. Introduction of the opting-out system.
6. Extension of living donor donation.
7. Inclusion of willingness to donate as a criterion of organ allocation.
8. Financial reward for donations.

Einleitung

Das 1997 in Kraft getretene Transplantationsgesetz hat für die Transplantationsmedizin zwar mehr Rechtssicherheit gebracht, den eklatanten Mangel an Transplantaten jedoch nicht beseitigt. Insbesondere bei Nieren übersteigt die Zahl der Neuzugänge auf der Warteliste die Zahl der durchgeführten Transplantationen pro Jahr um etwa 1.000. Dabei ist zu berücksichtigen, dass der Organmangel in Deutschland noch gravierender wäre, wenn er nicht dadurch gemildert würde, dass Deutschland innerhalb des Eurotransplant-Verbundes mehr Organe bezieht als es abgibt. In diesem Verbund sind neben Deutschland, den Niederlanden und Slowenien auch Belgien und Österreich zusammengeschlossen, die durch andere gesetzliche Grundlagen der Organentnahme ein erheblich höheres Organaufkommen pro Kopf aufweisen.

Der Mangel an Spenderorganen hat eine Reihe von Folgen, die ihn zu einem brennenden Problem machen:

- Jedes Jahr müssen ca. 1.000 Patienten, die auf den Wartelisten stehen, aus Mangel an einem verfügbaren Organ sterben.
- Bei Patienten mit Nierenversagen ist die Lebensqualität bei fortdauernder Dialyse-Behandlung in der Regel erheblich niedriger als nach Empfang einer Spenderniere.
- Die dauerhafte Dialysebehandlung ist zudem erheblich teurer als die Transplantation einschließlich der Nachsorge.

Umfragen zufolge sind 70% der Deutschen bereit, nach ihrem Tod ihre Organe zu spenden. Diese Zahl steht jedoch in krassem Widerspruch zum Anteil der Inhaber eines Spenderausweises. Von allen im Jahr 2000 in Deutschland durchgeführten Organentnahmen konnten sich nur 4% auf den schriftlich bekundeten Willen des Spenders stützen. Aus diesen Zahlen wird eine augenfällige Diskrepanz deutlich zwischen der generellen, aber unverbindlichen Zustimmung zur Organspende und dem Mangel an Bereitschaft, diesem Lippenbekenntnis im konkreten Einzelfall Taten folgen zu lassen.

In der vergangenen Zeit ist daher vermehrt über Strategien und Anreize zu Erhöhung des Organaufkommens diskutiert worden. Dabei sind auch die Krankenhäuser mit Intensivstationen in das Blickfeld geraten, die vom Transplantationsgesetz den Auftrag erhalten haben, hirntote Patienten zu identifizieren, der Koordinierungsstelle für die Organtransplantation DSO (Deutsche Stiftung Organtransplantation) zu melden und die Eignung als

Organspender zu überprüfen. Es gibt Hinweise darauf, dass dieser Auftrag in sehr unterschiedlichem Maße erfüllt wird und dabei nahezu die Hälfte aller potentiellen Organspender unentdeckt bleibt.

Die vorliegende Studie soll den vielfältigen Ursachen des Organmangels auf den Grund gehen und mögliche Ansätze zur Lösung dieses Problems aufzeigen. Dabei werden sowohl organisatorische Änderungen ins Blickfeld genommen, die im Rahmen bestehender gesetzlicher Regelungen durchführbar wären, als auch grundlegende Reformen, die eine Neufassung des Transplantationsgesetzes und im Extremfall sogar eine Neuverhandlung internationaler Konventionen erfordern.

Auch Ansätze, die in der gegenwärtigen öffentlichen Diskussion tabuisiert werden oder zumindest als politisch nicht durchsetzbar gelten (wie die Einführung der Notstandslösung bei der Organentnahme oder die Bezahlung von Organspendern) werden in diesem Buch ohne Vorurteile auf ihre Eignung zur Problemlösung untersucht. Die Autoren dieses Bandes sind überzeugt, dass es keine Denk- und Diskussionsverbote geben darf, wenn es darum geht, Wege zu suchen, den vermeidbaren Tod und das unnötige Leiden von Tausenden von Patienten zu verhindern.

Das Buch ist in vier Teile untergliedert. Teil I dient der Problembeschreibung. Dazu werden in Kapitel 1 die medizinischen Grundlagen der Organtransplantation erläutert und in Kapitel 2 Kennzahlen für den Organbedarf und das Aufkommen an Spenderorganen im internationalen Vergleich dargestellt. In Kapitel 3 werden dann die einzelnen Phasen des Organspendeprozesses vor dem Hintergrund der gesetzlichen Vorgaben nachgezeichnet, um zu ermitteln, an welchen Ansatzpunkten Maßnahmen zu einer Erhöhung des Organaufkommens anknüpfen könnten.

Der eingehenden Darstellung der Probleme des Organspendeprozesses und der Diskussion möglicher Strategien zur Problemlösung ist Teil II gewidmet; jede maßgebliche Gruppe von Akteuren wird in einem Kapitel behandelt: Kapitel 4 diskutiert die Rolle der Krankenhäuser und zeigt Wege auf, sie zu einer stärkeren Beteiligung bei der Erkennung potentieller Organspender zu motivieren, Kapitel 5 befasst sich mit der Rolle der Transplantationszentren bei der Organgewinnung und fragt, wie deren Beteiligung verstärkt werden könnte, Kapitel 6 behandelt Möglichkeiten, um den Organspendeprozess im Bereich der Koordinierungsstelle zu verbessern. Kapitel 7 und 8 untersuchen bestehende Anreize für potentielle Organspender und diskutieren eine Vielzahl denkbarer Strategien, die sich direkt an die potentiellen Organspender in der postmortalen bzw. der Lebendspende wenden, um die Bereitschaft zur Unterstützung der Organspende zu erhöhen.

Teil III ist den Umsetzungsmöglichkeiten für die zuvor diskutierten Strategien gewidmet. In Kapitel 9 wird die Einstellung der Bevölkerung an Hand von Ergebnissen einer Vielzahl von Umfragen dargestellt, während Kapitel 10 die Grenzen aufzeigt, die das Grundgesetz, das Völkerrecht und das Recht der Europäischen Gemeinschaft einer Änderung der nationalen Gesetzgebung ziehen.

Teil IV leitet die Schlussfolgerungen aus der vorangegangenen Analyse ab und fasst die Handlungsoptionen in kurzer Form zusammen. Diese münden in der Formulierung von acht Strategien, die die Autoren den politischen Entscheidungsträgern zur ernsthaften Prüfung nahe legen. Eine Wertung dieser verschiedenen Strategien muss naturgemäß von den politisch Handelnden und in letzter Konsequenz vom Bürger vorgenommen werden. Der vorliegende Band soll allen Interessierten möglichst umfassende Informationen für die eigene Urteilsbildung an die Hand geben, die öffentliche Diskussion über das drängende Problem des Organmangels befruchten und damit den Boden für wirksame Anstrengungen zu seiner Lösung bereiten.

I Ausgangslage

1 Medizinische Grundlagen und Entwicklungsperspektiven der Organtransplantation

1.1 Entwicklung der Organtransplantation

Die Transplantation von Organen oder Körperteilen zum Ersatz verloren gegangener Funktionen ist seit Jahrhunderten ein Traum der Menschen. Bereits seit dem Mittelalter wurden Versuche unternommen, verschiedene Organe und Körperteile von einem Menschen auf einen anderen zu übertragen, jedoch für lange Zeit erfolglos. Die eigentliche Geschichte der klinischen Organtransplantation beginnt mit der ersten erfolgreichen Nierentransplantation zwischen eineiigen Zwillingen im Jahr 1954, wofür der Chirurg Joseph E. Murray später mit dem Nobelpreis ausgezeichnet wurde. Eineiige Zwillinge sind genetisch identische Individuen, so dass hier immunologische Probleme (Abstoßungsreaktionen) keine Rolle spielen und eine Unterdrückung des Immunsystems beim Empfänger (immunsuppressive Behandlung) nicht notwendig ist.

Erst nach Entwicklung differenzierterer Medikamente zur Immunsuppression Anfang der 60er Jahre waren auch allogene Transplantationen, d.h. die Transplantation von Organen zwischen genetisch unterschiedlichen Individuen, erstmals erfolgreich möglich. Dies war der Beginn einer klinischen Revolution in der Behandlung von Patienten mit weit fortgeschrittenen Organerkrankungen. In den 60er und 70er Jahren wurden Transplantationen von Niere, Leber und Herz zwischen genetisch unterschiedlichen Individuen bereits in größerer Zahl durchgeführt, jedoch waren sie in dieser Zeit noch mehr oder weniger experimentelle Verfahren mit zum Teil hoher Mortalitätsrate. Erst durch weitere Fortschritte in der immunsuppressiven Behandlung Anfang der 80er Jahre und einer damit verbundenen Verbesserung der Ergebnisse kam es zu einer massiven Zunahme von Organtransplantationen und zum Beginn der Transplantation von Pankreas, Lunge und Dünndarm. Seit Mitte der 80er Jahre sind die meisten Organtransplantationen klinische Routineverfahren, die einen festen Platz im therapeutischen Spektrum haben.

1.2 Immunologische Barrieren und immunsuppressive Behandlungsmöglichkeiten

Jedes Individuum besitzt neben den Blutgruppen-Antigenen eine Reihe von Gewebemerkmalen (Alloantigene, Histokompatibilitäts-Antigene), von denen jedes eine hohe Variabilität aufweist. Dies bedeutet, dass – mit Ausnahme von eineiigen Zwillingen – zwischen zwei Individuen immer mehr oder weniger ausgeprägte Unterschiede in den Gewebemerkmalen bestehen, so dass nach einer Organtransplantation das Immunsystem des Empfängers das neue Organ als „fremd" erkennt und dagegen reagiert. Ohne Unterdrückung des Immunsystems (immunsuppressive Behandlung) führt dies in der Regel zu einer Zerstörung des Organs innerhalb weniger Tage („akute Abstoßung"). Da genetisch identische Organspender in den seltensten Fällen zur Verfügung stehen, erfordert eine Organtransplantation praktisch immer eine starke immunsuppressive Behandlung des Empfängers.

Heute existiert ein breites Spektrum von immunsuppressiven Medikamenten, die in der Organtransplantation eingesetzt werden und mit denen akute Abstoßungen in den meisten Fällen verhindert oder gestoppt werden können. Dazu zählen Steroide, Proliferationshemmer von Lymphozyten (Azathioprin, Mycophenolat, Mofetil), Calcineurin-Inhibitoren (Ciclosporin, Tacrolimus), mTOR-Inhibitoren (Sirolimus, Everolimus), Anti-Lymphozyten-Antiköper (ATG, ALG, anti-IL-2R, anti-CD3 etc.) sowie viele weitere Substanzen[2,3].

Die Fortschritte in der immunsuppressiven Behandlung haben dazu geführt, dass für die meisten Transplantationsarten 1-Jahres-Patienten- und Organüberlebensraten von 90% oder darüber erreicht werden. Auch ist über die vergangenen 40 Jahre seit Beginn der allogenen Organtransplantation die immunsuppressive Behandlung wesentlich spezifischer und selektiver geworden. Dies bedeutet, dass die immunologischen Vorgänge, die zur Abstoßung führen (vorwiegend durch T-Lymphozyten vermittelt), gehemmt werden, während die Immunreaktion gegen Bakterien (vorwiegend durch Granulozyten oder B-Lymphozyten und Antikörper) größtenteils unbeeinflusst bleibt. Dadurch ist das Infektionsrisiko für transplantierte Patienten zwar immer noch erhöht – insbesondere für Virusinfektionen, die zum Teil ebenfalls durch T-Lymphozyten bekämpft werden –, aber insgesamt in einem akzeptablen Rahmen. Schließlich nimmt die Immunogenität des Transplantates mit der Zeit ab und das Immunsystem reagiert weniger stark dagegen, so dass die immunsuppressive Medikation in der Regel nach einigen Wochen bzw. Monaten deutlich reduziert werden kann. Dadurch besteht langfristig bei den Patienten keine relevante Erhöhung des Infektionsrisikos.

---

[2] Halloran, 2004.
[3] Lindenfeld et al., 2004.

Das Risiko der Entwicklung bestimmter Tumore (v.a. Hauttumore und Lymphome) nimmt allerdings mit zunehmender Zeit nach Transplantation und Dauer der immunsuppressiven Behandlung zu[4]. Weitere Probleme der langfristigen immunsuppressiven Behandlung sind nicht-immunologische Nebenwirkungen der Medikamente wie Hypertonie, Diabetes, Osteoporose, Nierenfunktionsstörungen etc.[5] Durch Kombinationen von Medikamenten mit unterschiedlichem Nebenwirkungsspektrum und durch individuelle Behandlungskonzepte wird versucht, diese Nebenwirkungen zu vermeiden bzw. zu minimieren.

Während die Reaktion von T-Lymphozyten gegen ein Transplantat mit den verfügbaren Medikamenten ausreichend kontrolliert werden kann, stellen antikörpervermittelte Immunreaktionen gegen das transplantierte Organ eine wesentlich größere und z.T. nicht überwindbare Hürde dar. So existiert z.B. eine große Menge von Antikörpern gegen Blutgruppen-Antigene, die auch auf Organen vorliegen. Eine Transplantation über eine Blutgruppenbarriere hinweg wird daher i.d.R. vermieden, kann aber prinzipiell erfolgreich sein, wobei eine sehr aufwändige Vorbehandlung des Empfängers erforderlich ist (s.u.).

Darüber hinaus können Patienten bestimmte Antikörper gegen andere Gewebemerkmale des Spenders aufweisen. Da auch diese Antikörper ein transplantiertes Organ nach nur wenigen Minuten bis Stunden zerstören können („hyperakute Abstoßung"), ist vor jeder Transplantation eine sogenannte „Kreuzprobe" erforderlich, bei der Serum des potentiellen Empfängers mit Zellen des Spenders vermischt wird. Bei positiver Kreuzprobe liegen Antikörper vor und die Transplantation kann nicht durchgeführt werden. Insbesondere Patienten, die öfter Bluttransfusionen erhalten haben oder die bereits einmal transplantiert waren oder Frauen in Folge von Schwangerschaften, können Antikörper gegen viele verschiedene Gewebemerkmale besitzen, so dass es schwierig sein kann, ein passendes Transplantat zu finden[6].

Schließlich können Antikörper, die sich nach der Transplantation bilden, auch bei akuter Abstoßung und im langfristigen Verlauf nach Transplantation („chronische Abstoßung") eine Rolle spielen. Zur Behandlung antikörpervermittelter Immunreaktionen können aufwändige Verfahren wie Plasmaaustausch oder Immunabsorption sowie die Behandlung mit Immunglobulinen, Cyclophosphamid oder Antikörpern gegen B-Lymphozyten zum Einsatz kommen – allerdings mit schlechterem Erfolg als bei Behandlung von T-Zell-vermittelten Immunreaktionen.

Fehlende Übereinstimmung von Blutgruppen ist heute allerdings keine absolute Kontraindikation für eine Organtransplantation mehr. Bei Trans-

---

4 Lutz et al., 2003.
5 Schlitt et al., 2001.
6 Fuggle et al., 2004.

plantation mittels Lebendspende, d.h. bei planbarem Operationszeitpunkt, stehen inzwischen Behandlungsverfahren zur Verfügung, die eine erfolgreiche Transplantation von Nieren und Leberteilen auch über Blutgruppen-Barrieren hinweg erlauben. Hierbei ist eine intensive (und kostenaufwändige) Vorbehandlung des Empfängers notwendig, bei dem die vorhandenen Blutgruppen-Antikörper mittels Plasmaaustausch entfernt werden und dann die Neubildung mittels Zerstörung der B-Lymphozyten durch Behandlung mit einem monoklonalen Antikörper gegen B-Lymphozyten (CD20, Rituximab) verhindert wird. Klinische Erfahrungen hierzu bestehen vor allem in Ländern mit hohem Anteil von Lebendspenden (Japan, USA), in Einzelfällen inzwischen aber auch in Deutschland[7].

1.3 Transplantation von Niere, Leber, Herz, Lunge, Pankreas, Dünndarm, Cornea

1.3.1 Niere

Eine Nierentransplantation ist prinzipiell bei allen Formen der terminalen (d.h. nicht erholungsfähigen) Niereninsuffizienz bzw. kurz davor indiziert. Dies gilt unabhängig von der Ursache der Niereninsuffizienz und trifft für Erwachsene wie auch für Kinder zu. Bei Vorliegen einer Niereninsuffizienz stehen als alternative (und häufig primär verwendete) Behandlungsverfahren die intermittierende Hämodialyse (i.d.R. 3x wöchentlich über 4 bis 5 Stunden) sowie die Peritonealdialyse (Bauchfelldialyse; i.d.R. kontinuierlich, wobei der Patient mehrfach täglich Flüssigkeit über einen eingelegten Katheter in den Bauchraum einfüllen und wieder ablassen muss) zur Verfügung. Mit beiden Verfahren können die Patienten prinzipiell jahre- bis jahrzehntelang überleben, wenngleich mit deutlich eingeschränkter Lebensqualität. Der Vorteil der Transplantation gegenüber der Dialyse sowohl in Bezug auf das Überleben wie auch auf die Lebensqualität ist durch viele Studien nachgewiesen, auch wenn keine prospektiv randomisierten Studien dazu vorliegen – die ethisch auch nicht vertretbar wären[8].

Für die Nierentransplantation kommen Organe von postmortalen Spendern wie auch von Lebendspendern in Frage. In der Regel wird nur eine Niere transplantiert, in Einzelfällen kann jedoch – bei Verwendung suboptimaler Organe bei postmortaler Spende – auch eine Doppel-Nierentransplantation erfolgen. Die Transplantation der Niere erfolgt entweder rechts oder links oberhalb der Leiste mit Anschluss der Transplantatgefäße an die Beckengefäße des Empfängers und Anschluss des Harnleiters an die Blase. Die eigenen Nieren werden fast immer belassen (heterotope Transplantation, d.h. Transplantation an einen anderen Ort). Kommt es nicht sofort zu einer Funktionsaufnahme des Transplantates, wird die Dialysebehandlung

---

[7] Tyden et al., 2005.
[8] Wolfe et al., 1999.

zunächst weitergeführt. Die Menge der Urinausscheidung und ein Rückgang der harnpflichtigen Substanzen im Blut (Kreatinin, Harnstoff) sind Zeichen einer guten Transplantatfunktion. Die Ischämiezeit (Zeit von der Organentnahme bis zur Transplantation) sollte unter 24 Stunden liegen; im Einzelfall kann die Transplantation jedoch auch nach längerer Ischämiezeit erfolgreich sein.

In Deutschland wurden im Jahr 2003 insgesamt 2.516 Nieren transplantiert, davon etwa 80% mittels postmortaler Spende und 20% mittels Lebendspende[9]. Das Risiko, nach der Operation innerhalb eines Jahres zu versterben, liegt um 2% und ist vor allem durch Begleiterkrankungen (z.B. Herzinfarkt) bedingt, dabei entspricht dies auch dem Sterblichkeitsrisiko von Patienten auf der Warteliste. Nach einer ersten Nierentransplantation funktionieren nach einem Jahr noch etwa 90% aller Transplantate, nach fünf Jahren noch 70% und nach zehn Jahren noch etwa 55%. Die Ergebnisse sind abhängig zum einen von dem Ausmaß der Gewebeübereinstimmung (bessere Gewebeübereinstimmung = (geringfügig) besseres Ergebnis), von der Art des Organspenders (Lebendspende besser als postmortale Spende), sowie von der Häufigkeit vorheriger Transplantationen (Erst-Transplantation besser als Zweit- und diese besser als Dritt-Transplantation). Ein relevanter Teil vor allem der älteren Patienten stirbt im langfristigen Verlauf mit funktionierendem Transplantat, zumeist an Begleiterkrankungen des Herz-Kreislauf-Systems. Inzwischen liegen Untersuchungen vor (etwa Thiel 2003), die zeigen, dass die (Langzeit-)Ergebnisse der Transplantation um so besser sind, je früher die Transplantation erfolgt, d.h. je kürzer die Zeit an der Dialyse ist[10] (siehe Abbildung 1.1).

Bisher war eine Kompatibilität der Blutgruppen zwischen Spender und Empfänger absolute Voraussetzung für die Durchführung einer Transplantation mittels Lebendspende, während eine weitergehende Gewebeübereinstimmung (wie sie bei der postmortalen Organtransplantation verlangt wird) nicht erforderlich erscheint. Auf Grund der Blutgruppeninkompatibilität war bislang in etwa 30% der Fälle, bei denen ein ansonsten geeigneter Lebendspender zur Verfügung steht, eine Transplantation durch Lebendspende nicht möglich. Hier ergeben sich Ausweitungsmöglichkeiten der Lebendspende durch neue Ansätze der immunologischen Vorbehandlung des Empfängers. Mehrjährige Erfahrungen von japanischen Transplantationszentren haben gezeigt, dass nach entsprechender (allerdings aufwändiger und sehr kostenintensiver) Vorbehandlung des Empfängers auch eine erfolgreiche Nierentransplantation über Blutgruppengrenzen hinweg möglich ist. Erste positive Erfahrungen dazu liegen inzwischen auch aus einigen europäischen und US-amerikanischen Zentren vor und vereinzelt wurden blutgruppen-inkompatible Nierentransplantationen erfolgreich auch schon

---

[9] aktuelle Daten unter: www.eurotransplant.nl.
[10] Meier-Kriesche et al., 2005.

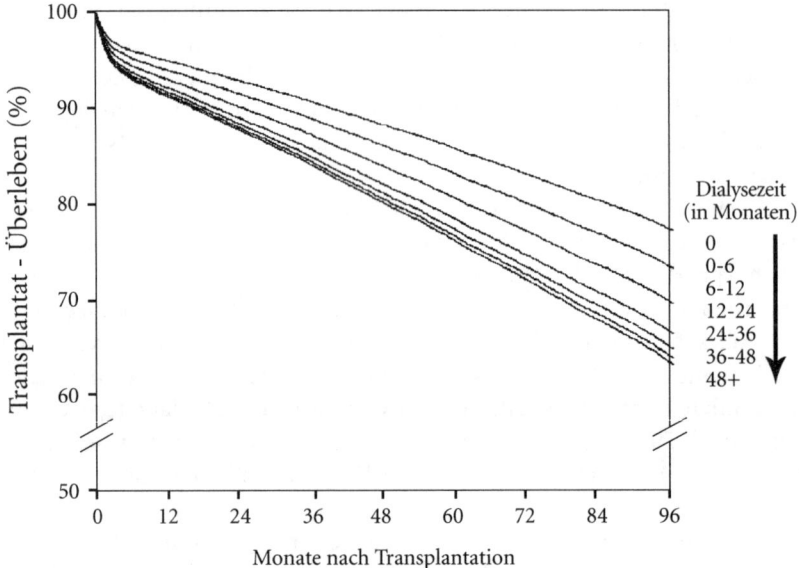

Abbildung 1.1:   Transplantat-Überleben in Abhängigkeit von Zeit an Dialyse.[11]

in Deutschland durchgeführt. Hierdurch ergibt sich eine innovative Möglichkeit zur Ausweitung der (Nieren-)Lebendspende.

Ursachen von Transplantatversagen im Langzeitverlauf sind chronische Abstoßung (die sich durch Medikamente kaum beeinflussen lässt), Nephrotoxizität durch immunsuppressive Medikamente sowie Rezidive der Grunderkrankung. Patienten mit Transplantatversagen sind Kandidaten für eine erneute Transplantation, die mit einem höheren immunologischen Risiko einhergeht. Retransplantationen machen inzwischen etwa 20% aller Nierentransplantatempfänger aus und sind deutlich im Steigen begriffen.

1.3.2 Leber

Eine Lebertransplantation kann bei vier Gruppen von Erkrankungen indiziert sein:

1. endgradige Leberzirrhose (bindegewebiger Umbau und Schrumpfung der Leber) aus unterschiedlichen Ursachen (Hepatitis, Alkohol, Autoimmunerkrankung, genetische Erkrankung, Gallengangsatresie etc.);
2. akutes Leberversagen unterschiedlicher Ursache (Hepatitis, Vergiftung etc.);
3. Lebertumoren (meist in Kombination mit Zirrhose);
4. Stoffwechselerkrankungen (oft mit Zirrhose, z.T. aber auch ohne, z.B. Oxalose, Amyloidose etc.).

---

[11] Abbildung nach: Meier-Kriesche et al., 2000.

Die individuelle Indikationsstellung sowie der optimale Zeitpunkt können in Abhängigkeit von der Art und dem Fortschreiten der Erkrankung und von Komplikationen bzw. dem Beschwerdebild des Patienten sehr variieren und müssen im interdisziplinären Gespräch im Transplantationszentrum in jedem Einzelfall festgelegt werden. Insbesondere bei Tumorpatienten werden allerdings von verschiedenen Zentren z.T. unterschiedliche Kriterien für die Indikationsstellung angewandt. Alternative Behandlungsverfahren stehen für die Patienten praktisch nicht zur Verfügung; die Überbrückung eines akuten Leberversagens mit intensivtherapeutischen Mitteln ist nur sehr kurzfristig möglich, echte „Leberersatzverfahren" („künstliche Leber", extrakorporale Perfusion einer Tierleber etc.) werden zwar experimentell erprobt; es konnte jedoch bisher kein klarer Nachweis einer klinischen Wirksamkeit erbracht werden. Patienten, die nicht transplantiert werden können, werden daher i.d.R. relativ kurzfristig an ihrer Lebererkrankung versterben.

Zur Lebertransplantation kommen sowohl komplette Organe wie auch Organteile („Split-Lebertransplantation") von postmortalen Spendern, aber auch Organteile von Lebendspendern in Frage. Die Lebertransplantation erfolgt orthotop, d.h. nach Entfernung der eigenen Leber an die gleiche Stelle im rechten Oberbauch. Aufgrund von Gerinnungsstörungen sowie oft ausgedehnten Umgehungskreisläufen der Gefäße im Bauch kann die Operation u.U. sehr schwierig sein und erfordert große Erfahrung beim Chirurgen wie beim Anästhesisten. Postoperativer Abfall des Laktats, Verbesserung der plasmatischen Gerinnungswerte sowie Abfall der Transaminasen bei Stabilisierung von Kreislauf und Nierenfunktion und Abfall des Bilirubins sind Zeichen einer guten Transplantatfunktion. Die Ischämiezeit sollte unter zwölf Stunden liegen. Eine eingeschränkte Funktion der Transplantatleber kann für einige Tage durch intensivmedizinische Maßnahmen überbrückt werden. Bei anhaltend schlechter Funktion des Transplantates oder Transplantatversagen ist eine notfallmäßige Retransplantation (i.d.R. innerhalb von 24–48 Stunden) erforderlich. In Deutschland wurden im Jahr 2003 insgesamt 855 Lebern transplantiert, davon etwa 90% mittels postmortaler Spende und 10% mittels Lebendspende[12].

Die Ergebnisse der Lebertransplantation sind sehr abhängig von der Grunderkrankung sowie vom klinischen Zustand des Patienten zum Zeitpunkt der Transplantation. Werden vorwiegend Patienten in noch relativ stabilem Zustand („elektive Transplantation", Eurotransplant-Meldestatus „T3" oder „T4") transplantiert, kann sowohl mittels postmortaler Spende wie auch mittels Lebendspende ein 1-Jahres-Patientenüberleben von 90% oder mehr erreicht werden; bei Kindern können die Ergebnisse noch besser sein[13]. Bei Transplantation von Patienten in dekompensiertem Zustand

---

[12] aktuelle Daten unter: www.eurotransplant.nl.
[13] Busuttil et al., 2005.

(„dringliche Transplantation", Eurotransplant-Meldestatus „T2") ist das Risiko von perioperativen Komplikationen deutlich erhöht, das 1-Jahres-Patientenüberleben liegt dann bei 75–80%, nach notfallmäßiger Transplantation (akutes Leberversagen, Eurotransplant-Meldestatus „T1") bei 70–80%[14]. Jenseits des ersten Jahres nach Transplantation sind die Überlebensraten vor allem von der Grunderkrankung abhängig (Rezidive vor allem bei Hepatitis C und bei Tumoren, bei anderen Grunderkrankungen kaum Rezidivneigung). Chronische Abstoßung als Ursache eines Transplantatverlustes nach Lebertransplantation ist eher selten (um 5% nach fünf Jahren).

1.3.3 Herz

Eine Herztransplantation kann bei verschiedenen Formen der fortgeschrittenen Herzinsuffizienz indiziert sein. Diese kann bedingt sein durch Erkrankungen der Herzkranzgefäße (koronare Herzkrankheit), durch virale Infektionen (Myokarditis/Kardiomyopathie), durch Stoffwechselerkrankungen oder durch angeborenen Herzfehler, sofern diese nicht anderweitig korrigierbar sind. Als alternative Behandlungsverfahren stehen inzwischen verschiedene mechanische Verfahren zur kurz- oder mittelfristigen Unterstützung der Herzfunktion (i.d.R. Unterstützung der linken Herzkammer mittels „left ventricular assist device", LVAD) zur Verfügung, die zunehmend zum Einsatz kommen. Durch die Weiterentwicklungen im Bereich des „künstlichen Herzens" stehen inzwischen Modelle zur Verfügung, die die komplette Herzfunktion für mehrere Monate übernehmen können[15]. Diese Patienten sind jedoch dauerhaft von einer „Maschine" abhängig und benötigen eine ausgeprägte Blutverdünnung (Antikoagulation), um Gerinnselbildungen zu vermeiden.

Die Transplantation des Herzens erfolgt orthotop (d.h. an die Stelle des alten Herzens) nach Entfernung des erkrankten Organs unter Verwendung eines extrakorporalen Kreislaufs („Herz-Lungen-Maschine"). Die Funktionsaufnahme des Transplantates ist bereits intraoperativ an seinen Kontraktionen sowie an einer Stabilisierung des Kreislaufs beim Empfänger erkennbar. Die Ischämiezeit sollte unter vier Stunden liegen.

In Deutschland wurden im Jahr 2003 insgesamt 393 Herzen transplantiert, wobei beim Herzen nur postmortale Organspende möglich ist[16]. Nach Herztransplantation überleben mehr als 80% der Patienten das erste Jahr. Chronische Abstoßungsprozesse, die sich durch eine koronare Herzerkrankung äußern, sind im langfristigen Verlauf ein relevantes Problem, so dass nach zehn Jahren nur noch etwa 60% der transplantierten Organe funktionieren[17]. Nach erfolgreicher Transplantation kann eine gute Leistungsfähig-

---

[14] Farmer et al., 2003.
[15] Boehmer, 2003.
[16] aktuelle Daten unter: www.eurotransplant.nl.
[17] Hoffmann, 2005.

keit erreicht werden: Herztransplantierte haben schon Berge wie das Matterhorn und den Kilimandscharo erfolgreich bestiegen.

1.3.4 Lunge

Gründe für eine Lungentransplantation sind endgradige Erkrankungen des Lungengerüstes oder der Lungengefäße wie z.B. die zystische Fibrose (Mukoviszidose) und die Lungenfibrose oder ein primär pulmonaler Hochdruck. Bei bestimmten Erkrankungen kann eine kombinierte Herz-/Lungentransplantation erforderlich sein, insbesondere wenn die Lungenerkrankung zu einer irreversiblen sekundären Schädigung des Herzens geführt hat. Bei einigen Erkrankungen reicht die Transplantation eines Lungenflügels aus (orthotop, d.h. an die gleiche Stelle nach Entfernung der erkrankten Lunge); bei anderen Erkrankungen – z.B. solchen, die mit einer Infektion einhergehen wie die zystische Fibrose – müssen beide Lungenflügel entfernt und transplantiert werden.

In Abhängigkeit von der Herzfunktion ist diese Operation mit oder ohne Herz-Lungen-Maschine durchzuführen. Patienten nach Lungentransplantation haben ein hohes Risiko von Infektionen. Dies ist dadurch bedingt, dass die Lunge mit ihrer großen Oberfläche der Umgebung ausgesetzt ist und dass der Hustenreflex durch die fehlende Nervenversorgung der transplantierten Lunge fehlt. Damit ist die Lunge auch für Schädigungen beim Spender besonders empfindlich und die Auswahl geeigneter Organe ist kritisch. Spender sollten in der Regel jünger als 40 Jahre und Nichtraucher sein. Die Ischämiezeit sollte unter sechs Stunden liegen.

In Deutschland wurden im Jahr 2003 insgesamt 212 Lungen nach postmortaler Spende transplantiert[18]. Bei Kindern und sehr kleinen Empfängern ist prinzipiell auch eine Transplantation mittels Lebendspende (einzelne Lungensegmente) möglich. Das Einjahres-Patientenüberleben liegt mit 70% deutlich schlechter als das bei anderen Organen, bedingt durch die o.g. Problematik[19]. Ein besonderes Problem stellt die Entwicklung einer chronischen Abstoßung dar, die mit verengenden Veränderungen der Atemwege einhergeht („Bronchiolitis obliterans").

1.3.5 Pankreas/Pankreas-Inselzellen

Eine Pankreastransplantation ist bei ausgeprägter Insuffizienz der Insulinproduktion des Organs, d.h. bei insulinpflichtigem Diabetes mellitus, sinnvoll zum Ersatz der hormonproduzierenden Funktion des Organs. In der Regel wird eine Pankreastransplantation jedoch erst durchgeführt, wenn der Diabetes weitere Organkomplikationen verursacht hat (Nierenfunktionsstörung mit der Notwendigkeit einer Nierentransplantation oder nach bereits stattgefundener Nierentransplantation; Nervenstörungen, Sehstörungen etc). In den meisten Fällen wird daher eine kombinierte Nieren-/Pankreastransplantation durchgeführt.

---

[18] aktuelle Daten unter: www.eurotransplant.nl.
[19] De Meester et al., 2001.

Die Transplantation des Pankreas erfolgt heterotop, d.h. unter Belassen des eigenen Organs in den Bauchraum mit unterschiedlichem Anschluss der Gefäße. Über ein belassenes Stück des Zwölffingerdarms werden die Verdauungssekrete des Pankreas entweder in die Harnblase oder (meist) in den Darm abgeleitet. Als Maß der Transplantatfunktion dient einerseits der Blutzuckerspiegel, andererseits das Maß an Insulin, das noch benötigt wird, um den Blutzucker im Normbereich zu halten.

Aufgrund der Produktion großer Mengen an (aggressiven) Verdauungssekreten durch das Pankreas ist die Transplantation dieses Organs mit einem hohen technischen Risiko behaftet. Experimentelle Forschungen fokussieren daher darauf, nicht das gesamte Pankreas, sondern selektiv die insulinproduzierenden Inselzellen (die weniger als 5% des Organs ausmachen) zu isolieren und zu transplantieren. Hier konnten bereits einige Fortschritte erzielt werden, so dass wenige Zentren dies bereits durchführen, bisher aber nur mit begrenztem Erfolg[20].

Prinzipiell wäre die Transplantation von Pankreas oder Inselzellen bereits zu einem frühen Zeitpunkt des Diabetes sinnvoll. Aufgrund des Mangels an Spenderorganen einerseits und der Risiken der Operation und der Nebenwirkungen der erforderlichen Immunsuppression andererseits werden Pankreastransplantationen derzeit aber nur bei fortgeschrittenen Stadien der Erkrankung und bei Problemen der Insulintherapie durchgeführt. In Deutschland wurden im Jahr 2003 insgesamt 191 Pankreata transplantiert[21], alle mittels postmortaler Spende – eine Pankreas-Teiltransplantation mittels Lebendspende ist prinzipiell möglich und wird in den USA in Einzelfällen durchgeführt.

Das perioperative Risiko liegt nach Pankreastransplantation deutlich höher als nach Transplantation anderer Organe, da die meisten Patienten unter verschiedenen Komplikationen des Diabetes leiden (Herz-Kreislauf-Probleme, Gefäßerkrankungen etc); bei etwa einem Drittel der Patienten ist eine Re-Operation aufgrund von Komplikationen erforderlich. Zwischen 40 und 80% der Patienten erreichen nach der Transplantation längerfristig einen normalen Blutzuckerspiegel ohne Notwendigkeit einer weiteren Insulintherapie[22]. Bei der Inselzell-Transplantation ist das perioperative Risiko minimal (i.d.R. werden die isolierten Inselzellen unter Ultraschallkontrolle in die Pfortader gespritzt, so dass keine Operation im eigentlichen Sinne erfolgen muss), die langfristigen Funktionsraten liegen allerdings bisher unter 20%.

1.3.6 Dünndarm

Indikationen zur Dünndarmtransplantation sind selten und betreffen zur einen Hälfte Kleinkinder mit Darmmissbildungen oder nach einer infektionsbedingten Durchblutungsstörung des Darms und zur anderen Hälfte

---

[20] Korsgren et al., 2005.
[21] aktuelle Daten unter: www.eurotransplant.nl.
[22] Demartines et al., 2005.

Erwachsene. Als Alternative steht die langfristige Ernährung über Infusionen („parenterale Ernährung") zur Verfügung, die jedoch in vielen Fällen durch infektionsbedingte Komplikationen, Probleme der Gefäßzugänge und sekundäre Leberfunktionsstörungen limitiert ist. Im Jahr 2003 wurden in Deutschland acht Dünndarmtransplantationen durchgeführt[23]. Ähnlich wie bei der Lunge führt die riesige Oberfläche des Organs mit intensivem Kontakt zur „Außenwelt" zu einem hohen Infektionsrisiko, sowohl früh nach der Transplantation wie auch im längerfristigen Verlauf[24]. In vielen Fällen ist wegen einer begleitenden Leberfunktionsstörung eine kombinierte Leber-/ Dünndarmtransplantation erforderlich.

1.3.7 Kombinierte Organtransplantationen

Bestimmte Erkrankungen erfordern die gleichzeitige Transplantation mehrerer verschiedener Organe, z.B. von Leber und Niere bei der Stoffwechselerkrankung Oxalose, von Leber und Lunge bei den Stoffwechselerkrankungen zystische Fibrose und Alpha-1-Antitrypsinmangel, von Niere und Pankreas bei Typ-1 Diabetes, von Leber und Dünndarm bei Kurzdarmsyndrom mit folgender Leberschädigung durch langfristige Ernährung über Infusionen etc. Diese kombinierten Transplantationen weisen prinzipiell ein höheres operatives Risiko auf, sind aber im Einzelfall mit guten Ergebnissen möglich.

1.3.8 Cornea

Die Transplantation einer Augenhornhaut (Cornea) ist bei verschiedenen Erkrankungen erforderlich, die zu einer Vernarbung der Hornhaut führen und damit das Sehvermögen des Patienten beeinträchtigen. In erster Linie sind es Menschen, deren Hornhaut schwer verletzt wurde und anschließend vernarbte. Ferner gehören Patienten dazu, deren Hornhaut von einer Entzündung betroffen war, die Narben hinterließ. Dies kommt zum Beispiel häufiger nach einer Herpesvirus-Infektion vor. Aber auch altersbedingt oder nach operativen Eingriffen kann es zu Hornhautveränderungen kommen, die eine Transplantation notwendig machen. Schließlich können auch angeborene Hornhauterkrankungen zur Notwendigkeit einer Cornea-Transplantation führen.

Bei der Cornea handelt es sich nicht wie bei den oben erwähnten Fällen um ein Organ, sondern um ein Gewebe, d.h. die Transplantation erfordert nicht den Anschluss von Blutgefäßen. Die Cornea-Transplantation unterscheidet sich von den Organtransplantationen auch dadurch, dass Augen-Hornhäute bei einem verstorbenen Spender noch bis zu 76 Stunden nach dem Tod entnommen werden können. Bei entsprechender Zustimmung werden die Augen des Spenders samt den Hornhäuten operativ entfernt und

---

[23] aktuelle Daten unter: www.eurotransplant.nl.
[24] Müller et al., 2003.

in eine Hornhautbank gebracht. Dem Verstorbenen werden Glasprothesen eingesetzt, die sich äußerlich kaum von den natürlichen Augen unterscheiden und auch die gleiche Farbe besitzen.

Bei der Cornea-Transplantation wird die erkrankte Hornhaut mit einem Rundmesser ausgeschnitten, d.h. der erkrankte Teil wird quasi „ausgestanzt". In die entstandene runde Lücke wird die klare, gesunde Hornhaut eingenäht. Das passiert unter dem Mikroskop mit entsprechender Vergrößerung und erfolgt mit sehr dünnem Nahtmaterial, das die neue Hornhaut festhält. Diese kann dann in Ruhe einheilen. Bei einem geübten Operateur dauert die Operation etwa 30 Minuten. Die menschliche Hornhaut besitzt keine Gefäße, so dass die zur Heilung notwendigen Substanzen nicht auf dem Blutweg herantransportiert werden. Der Einheilungsprozess dauert entsprechend lange, so dass die Fäden in der Regel erst nach neun bis zwölf Monaten gezogen werden können.

In Deutschland werden jährlich etwa 3.000–4.000 Cornea-Transplantationen durchgeführt. Der Bedarf ist damit aber nicht annähernd gedeckt, sondern ist mindestens doppelt so hoch. Die Erfolgsrate bei Hornhauttransplantationen ist sehr hoch. Bei unkomplizierter Ausgangslage, d.h. wenn keine Entzündungen, Gefäßeinsprossungen etc. in die Hornhaut vorhanden waren, liegt die Erfolgsrate bei etwa 95%; bei komplizierteren Voraussetzungen, die recht selten vorliegen, sinkt die Erfolgsrate auf etwa 60%, da hierbei das Risiko von Abstoßungsreaktionen durch den intensiveren Kontakt mit Abwehrzellen über das Blut höher ist[25]. Nur bei diesen Patienten ist es wichtig, auf eine Übereinstimmung von Gewebemerkmalen zu achten.

1.4 Arten der postmortalen Spende

Bei der postmortalen Spende ist die Feststellung des Todes beim Spender die essentielle Voraussetzung. In Deutschland ist diese durch das Transplantationsgesetz definiert über den Nachweis des kompletten und irreversiblen Ausfalls aller Hirnfunktionen (Großhirn, Kleinhirn und Stammhirn), der auch als „Hirntod" bezeichnet wird. Die Feststellung des Ausfalls aller Hirnfunktionen muss dabei nach den Richtlinien der Bundesärztekammer erfolgen[26]. Beim kompletten Ausfall der gesamten Hirnfunktion findet keine Eigenatmung mehr statt, so dass eine maschinelle Beatmung des potentiellen Spenders unumgänglich ist. Der Ausfall der Hirnfunktion führt auch zu einer Kreislaufinstabilität, was eine medikamentöse Unterstützung des Kreislaufs durch intensivtherapeutische Maßnahmen notwendig macht. Die Herzaktion hingegen ist unabhängig von der Hirnfunktion, so dass das Herz spontan weiter schlägt.

---

[25] Coster et al., 2005.
[26] Wissenschaftlicher Beirat der Bundesärztekammer, 1998.

Diese intensivtherapeutischen Maßnahmen müssen auch im Operationssaal während der Organentnahme weitergeführt werden, bis alle Organe präpariert und durch Konservierungslösung durchspült und gekühlt sind, so dass sie entnommen werden können. Da es beim Eröffnen des Bauches und Brustkorbes aufgrund von reflektorischen Nervenverschaltungen über das Rückenmark zu Anspannungen (und auch zu Zuckungen) der Muskulatur kommen kann, werden auch muskelentspannende Medikamente verabreicht, ähnlich wie bei einer normalen Operation und Narkose (die Muskelzuckungen, oft infolge äußerer Reize, verunsichern häufig unerfahrenere Ärzte, Pflegepersonal und Angehörige, da sie willkürliche Bewegungen vortäuschen). Am Ende der Organentnahmeoperation wird die Beatmungsmaschine abgestellt, die Operationswunde mit einer Naht verschlossen und – aus ästhetischen Gründen – mit einem Verband versorgt.

Trotz der exakt definierten Bedingungen – und des sicher nachzuweisenden Vorliegens – des Hirntods als Kriterium für den Tod des Menschen, das in der medizinischen Wissenschaft breit akzeptiert ist, besteht in Teilen der Bevölkerung die Sorge, dass bei einem potentiellen Spender die lebenserhaltenden Maßnahmen im Hinblick auf die Durchführung der Organspende zu früh beendet werden. Diese Sorge ist jedoch unbegründet. Wenn eine Organentnahme bei einem vermutlichen Hirntoten erwogen wird, wird zusätzlich eine extrem aufwändige und sorgfältige Diagnostik nach strikten gesetzlichen Vorgaben durchgeführt, um eine möglicherweise noch bestehende Restfunktion des Hirns auszuschließen. Darüber hinaus ist es im Fall der potentiellen Organspende sehr wichtig, Sauerstoffversorgung des Körpers und Kreislaufverhältnisse zu optimieren – also eine bestmögliche Behandlung bis zum Schluss durchzuführen[27].

In einigen Ländern (z.B. in Großbritannien und den USA) ist eine Organentnahme bei vorliegender Einwilligung unter bestimmten Bedingungen auch ohne formellen Nachweis des irreversiblen Ausfalls der Hirnfunktion möglich, wenn ein Herzstillstand vorliegt (sog. „non-heart-beating donor")[28]. Hierbei werden vier Kategorien (sog. Maastricht-Kriterien nach Kootstra) unterschieden:

– Tod bereits bei Aufnahme im Krankenhaus,
– Erfolglose Wiederbelebungsversuche im Krankenhaus,
– Kurz bevorstehender Herzstillstand,
– Herzstillstand bei bereits festgestelltem Hirntod.

In diesem Zusammenhang soll vor allem die II. Kategorie näher betrachtet werden: Wenn bei einem Patienten Wiederbelebungsmaßnahmen (im Sinne einer Herzdruckmassage und Beatmung) durchgeführt werden und

---

[27] siehe z.B. unter: Saner et al., 2004.
[28] Kootstra et al., 1997.

diese über 30–45 Minuten nicht zum Erfolg führen (z.B. bei einem Patienten mit Herzinfarkt), dann werden diese Maßnahmen beendet und der Patient ist tot. Ist eine Einwilligung zur Organspende vorhanden, dann wird der Patient zu diesem Zeitpunkt – zunächst unter Weiterführen der Herzdruckmassage und Beatmung – in den Operationssaal gebracht. Dort werden die Maßnahmen beendet. Nach Eintreten des Herzstillstandes werden dann in einer raschen Operation die nicht mehr durchbluteten Organe mit Konservierungslösung durchspült und entnommen. Aufgrund dieses Vorgehens besteht für die Organe eine längere Zeit mit Mangeldurchblutung im warmen Zustand (warme Ischämie), die zu einer Schädigung führt. Dies wird jedoch von den Nieren (und z.T. auch von der Leber) einigermaßen gut toleriert, so dass die entsprechenden Organe erfolgreich transplantiert werden können[29]. Insgesamt ist dies bezüglich der Organqualität insbesondere für Leber und Lunge – das Herz kommt dabei definitiv nicht zur Entnahme in Frage – jedoch als problematisch zu sehen.

1.5 Allokation postmortal gespendeter Organe

Nachdem Transplantationen zu Routine-Eingriffen wurden, bestand schon bald eine extreme Differenz zwischen der Zahl der Organe zur Transplantation, die mittels postmortaler Spende gewonnen werden, und der Zahl der Patienten, die von einem Transplantat profitieren könnten. Aus diesem Grunde war es erforderlich, Kriterien zur Allokation (Zuteilung) zu entwickeln, mit denen festgelegt wird, welcher Patient welches Organ zu welchem Zeitpunkt zugeteilt bekommt. Die zu Grunde liegenden Kriterien wurden in der Vergangenheit mehrfach modifiziert und es bestehen permanente Bemühungen, diese weiter zu verbessern. Hierbei wurde im deutschen Transplantationsgesetz festgelegt, dass die Allokation nach objektiv nachvollziehbaren medizinischen Kriterien zu erfolgen hat.

Zuständig für die Organisation und Durchführung der Organallokation ist die Eurotransplant International Foundation in Leiden, Niederlande, die im Jahre 1967 von Professor Jon van Rood gegründet wurde. In Eurotransplant sind die Länder Belgien, Deutschland, Luxemburg, Niederlande, Österreich und seit kurzem Slowenien organisatorisch zusammengeschlossen, um eine Verteilung von Organen mit bestmöglicher Gewebeübereinstimmung zu erreichen. Um sicherzustellen, dass die (zu wenigen) verfügbaren Organe auch den heimischen Patienten zur Verfügung stehen, wurde außerdem festgelegt, dass in den Transplantationszentren weniger als 5% der Patienten auf der Warteliste aus einem Land kommen dürfen, das nicht Mitglied von Eurotransplant ist („out-of-area" Patienten).

Die Organallokation erfolgt durch ein Computersystem, in dem umfangreiche Daten aller wartenden Patienten gespeichert sind und in das Daten des

---

[29] Manzarbeitia et al., 2004.

Spenders eingegeben werden. Grundlage für die individuelle Allokation sind Algorithmen, die bestimmte Daten des Spenders sowie die Daten aller potentiellen Empfänger mit einbeziehen[30]. Für die Niere sind wichtige Parameter:

- Blutgruppenidentität
- Medizinische Dringlichkeit (derzeit 3 Kategorien: 1. hoch-dringlich – z.B. bei fehlender Dialysemöglichkeit; 2. normal; 3. nicht transplantabel)
- Wartezeit (besser definiert über die Zeit seit Dialysebeginn)
- Ausmaß der Übereinstimmung von Gewebemerkmalen (HLA)
- Statistische Wahrscheinlichkeit, in naher Zukunft ein Angebot mit besserer Gewebeübereinstimmung zu bekommen
- Potentielle Konservierungszeit des Organs (definiert über Nähe von Spender- und potentiellem Empfängerzentrum)
- Zusatzparameter: z.B. kindlicher Empfänger (hat höhere Priorität)
- Nationale Import-Export-Bilanz

Hierbei handelt es sich vorwiegend um medizinische Kriterien, wobei in einigen Bereichen auch nicht-medizinische Aspekte mit einfließen, die nicht immer ganz klar von den medizinischen zu trennen sind.[31] Offensichtlich ist dies bei der Import-Export-Bilanz. Diese ist nötig, um die unterschiedlichen Spenderaten in den beteiligten Ländern abzubilden und ein Ausscheiden einzelner Länder aus dem übergeordneten Verbund zu verhindern. Die Konservierungszeit ist ein Parameter, der einerseits medizinisch bewertet werden kann (bessere Ergebnisse bei möglichst kurzer Ischämie- und Transportzeit). Andererseits ist die Definition des Parameters über räumliche Nähe von Spender- und Empfängerzentrum – etwa angesichts moderner Flugverbindungen – gerade nicht zuverlässig mit dem medizinisch relevanten Zeitgesichtspunkt verknüpft. Man muss ihn eher nicht-medizinisch als verschleierten Anreiz zur Stärkung der Motivation zur Organspende über die regionale Transplantation gewonnener Organe deuten (siehe Kapitel 5).

Alle diese o.g. Faktoren sind mit einem definierten relativen Gewicht versehen, so dass eine entsprechende Punktzahl für jeden Patienten auf der Warteliste berechnet werden kann. Die Zuteilung erfolgt also klar nachvollziehbar an einen bestimmten Patienten (den mit der höchsten Punktzahl). Ist dieser nicht transplantabel (z.B. wegen eines akuten Infektes oder weil eine aktuelle Kreuzprobe ein ungünstiges Ergebnis liefert), dann erhält der Patient mit der nächst höheren Punktzahl das Angebot. Dieser nächste Patient befindet sich jedoch u.U. in einem anderen Zentrum, so dass dies im Einzelfall zu logistischen Problemen (Verlängerung der Konservierungszeit mit Verschlechterung der Organqualität) führen kann.

Die Zuteilung von Organen zu einzelnen Patienten ist stark abhängig davon, wie die verschiedenen Parameter gewichtet werden. Um hier eine

---

[30] Wissenschaftlicher Beirat der Bundesärztekammer, 2000a.
[31] Vgl. Taupitz, 2003, S. 1145ff.

möglichst sinnvolle Verteilung zu erreichen, muss das System im praktischen Betrieb durch Modifikation der Gewichtungsfaktoren feinjustiert werden. Hat z.B. die Gewebeübereinstimmung eine hohe Priorität, dann kann dies dazu führen, dass ein Patient mit einem seltenen Gewebemuster extrem lange warten muss bzw. nie ein Angebot bekommt. Aus diesem Grunde wurde bei der letzten größeren Überarbeitung des Allokationssystems auch die Wahrscheinlichkeit, in naher Zukunft ein besser passendes Organangebot zu erhalten, miteinbezogen. Um diese Feinjustierung vorzunehmen und kontinuierlich zu überprüfen, bestehen bei Eurotransplant Organkommissionen (mit Vertretern aus Transplantationszentren der beteiligten Länder), die sich mehrmals jährlich treffen und im Konsens entsprechende Änderungen vornehmen.[32]

Für die Allokation von Lebern, Herzen, Lungen etc. bestehen ähnliche Allokationssysteme, wobei hier vor allem die Blutgruppenübereinstimmung wichtig ist; die Gewebeübereinstimmung spielt hingegen keine Rolle. Weitere Parameter für die Allokation dieser Organe sind die medizinische Dringlichkeit (klinischer Zustand des Patienten, definiert durch festgelegte Parameter) und die Zeit seit Aufnahme auf die Warteliste („Wartezeit"), z.T. spielen auch Größe/Gewicht von Spender und Empfänger und das Alter eine Rolle[33]. Parameter der Organqualität (optimales Organ, suboptimales Organ, Organ von kritischer Qualität) spielen für die formelle Organallokation derzeit keine Rolle. Es existieren jedoch „beschleunigte" Allokationsverfahren für Organe, die vom Entnahmeteam als kritisch eingestuft werden. Um eine Transplantation auch solcher Organe zu ermöglichen (die i.d.R. nicht auf kritisch kranke Empfänger transplantiert werden sollten und bei denen man eine sehr kurze Konservierungs- und Transportzeit sicherstellen muss), werden diese im beschleunigten Verfahren primär regional angeboten, wobei den entsprechenden Zentren die Auswahl eines passenden Empfängers überlassen wird (s.u. Kap. 5).

Die gesetzliche Vorgabe, die Organe zum einen nach medizinischer Dringlichkeit, zum anderen auch nach Erfolgsaussicht zu verteilen, führt allerdings in der Praxis wegen des Mangels an Organen zu Problemen, da z.B. bei der Leber der medizinisch dringlichste Patient meist die schlechtesten Erfolgsaussichten hat. Bei Priorisierung (vorrangiger Behandlung) der dringlichen Patienten haben somit die noch relativ stabilen Patienten mit den besten Erfolgsaussichten kaum eine Chance, ein Organangebot zu bekommen – sie kommen erst dann an die Reihe, wenn sich ihr Zustand und ihre Erfolgsaussichten selbst stark verschlechtert haben. Bei Priorisierung nach Erfolgsaussichten haben kritisch kranke Patienten kaum eine Chance, ein Transplantat zu bekommen, obwohl die Transplantation ihre einzige

---

[32] Vgl. Ahlert, Kliemt, 2001.
[33] Wissenschaftlicher Beirat der Bundesärztekammer, 2000b.

Überlebenschance darstellt. Somit kann durch die vorhandenen Allokationssysteme die Zuteilung zwar transparent und einheitlich für alle erfolgen. Wie sich an der stetigen Anpassung der Allokationsalgorithmen von Eurotransplant zeigt, müssen Fragen nach der „Verteilungsgerechtigkeit" und des fairen Interessenausgleiches jedoch kontinuierlich behandelt und akzeptablen Lösungen zugeführt werden.

Organe, die vom Entnahmeteam als nicht transplantabel eingestuft wurden oder die über Eurotransplant nicht zur Transplantation vermittelbar sind, können für die Gewebespende in Betracht kommen. Solche Organe bzw. die daraus gewonnenen Zellen und Gewebe werden dann zu Forschungszwecken verwendet mit dem Ziel, letztlich neue Behandlungskonzepte für Patienten zu entwickeln (z.B. Leberzell-Transplantation, Herzklappen-Ersatz etc.). Hierbei ist jedoch nicht ganz klar, inwieweit die Einwilligung zur Organspende – die ja i.d.R. als Spende zu Transplantationszwecken verstanden wird – diese Art der Gewebespende zu Forschungszwecken mit einschließt.

1.6 Lebendspende

Außer durch postmortale Spende können einige Organe für eine Transplantation auch mittels Lebendspende gewonnen werden. Wenngleich die bereits erwähnte erste erfolgreiche Transplantation vor 50 Jahren mittels Lebendspende durchgeführt wurde, gewann in der Folgezeit die postmortale Organspende die Oberhand. Hierbei ist zu berücksichtigen, dass für die Lebendspende nur bestimmte Organe in Betracht kommen (z.B. eine Niere oder ein Teil der Leber). Bei einigen Organen ist eine Lebendspende zwar prinzipiell möglich und wurde auch schon durchgeführt, aber mit deutlich erhöhtem Risiko für den Spender (Teil der Lunge, Teil des Pankreas, Teile des Dünndarms), so dass hier fast immer auf postmortale Spende zurückgegriffen wird. Bei wiederum anderen Organen und Geweben ist eine Spende nur postmortal möglich (Herz, Augen-Hornhaut). Aufgrund des steigenden Organbedarfs (als Folge der zunehmend guten Transplantationsergebnisse über die letzten Jahrzehnte) und bei gleichzeitigem Mangel an postmortalen Spendern ist der Anteil der Lebendspende an der Organtransplantation über die vergangenen 10–15 Jahre jedoch wieder deutlich steigend (s.u.). Minimal-invasive Operationsverfahren, die das Operationstrauma beim Spender minimieren, haben z.B. in den USA zu einer starken Zunahme an Lebendspenden beigetragen, da dadurch die Belastung für den Spender vermindert werden konnte[34].

Medizinische Voraussetzung für die Lebendspende ist ein normale Funktion des entsprechenden Organs beim potentiellen Spender sowie das Fehlen

---

[34] Raftopoulos et al., 2004.

medizinischer Kontraindikationen oder erhöhter Risikofaktoren; rechtlich sind in Deutschland die Einwilligung, Freiwilligkeit und enge persönliche Verbundenheit mit dem Empfänger erforderlich. Nachteil der Lebendspende ist, dass hierbei ein völlig gesundes Individuum einer Operation unterzogen wird, die nicht zu seinem eigenen gesundheitlichen Vorteil ist und die mit Risiken für ihn einhergeht.

Zur Nierentransplantation wird beim Lebendspender eine der beiden Nieren entnommen. Das Mortalitätsrisiko für den Spender beträgt bei dieser Operation ca. 0,025% (d.h. 1 von 4.000 Spendern); darüber hinaus kann es zu Nachblutungen, Wundinfektionen, einer Lungenentzündung sowie zu einer Thrombose und Lungenembolie kommen. Mögliche langfristige Komplikationen sind Narbenbrüche, Gefühlsstörungen an der Bauchwand, und – besonders gefürchtet – ein Nierenversagen mit Notwendigkeit der Dialyse oder Transplantation nach einem Verlust der zweiten Niere durch Unfall, Tumor oder Bluthochdruck/Diabetes etc.; das Risiko dafür liegt jedoch ebenfalls bei unter 0,1% (d.h. 1 von 1.000 Spendern)[35]. Dieses Risiko ist geringer als für die normale Bevölkerung, was aber auch darauf zurückzuführen ist, dass Lebendspender zum Zeitpunkt der Organentnahme überdurchschnittlich gesund sein müssen.

Zur Lebertransplantation erfolgt beim Lebendspender die Entnahme entweder des links-lateralen Leberlappens (Segmente II und III, die ca. 20% der gesamten Lebermasse ausmachen) für die Transplantation bei einem Kind oder (i.d.R.) des rechten Leberlappens (Segmente V-VIII, die ca. 60% der gesamten Lebermasse ausmachen) für die Transplantation bei einem erwachsenen Empfänger; in den meisten Fällen wird dabei auch die Gallenblase entfernt. Das Risiko des Spenders, in Folge der Operation zu versterben, beträgt bei der Spende für ein Kind weniger als 0,1%, bei der Spende für einen Erwachsenen ca. 0,2%[36,37]. Andere Komplikationen sind außer den bei der Niere genannten Problemen Gallengangslecks an der Schnittfläche der Leber sowie eine vorübergehende Leberfunktionsstörung mit leichter Gelbsucht, die sich jedoch rasch zurückbildet. Langfristige Probleme von Seiten der Leberfunktion sind aufgrund der Regenerationsfähigkeit des Organs auch nach ausgedehnter Resektion nicht zu erwarten. Nach wenigen Wochen hat der verbleibende Leberteil beim Spender (wie auch das Teilleber-Transplantat beim Empfänger) wieder die normale Größe erreicht – die Form ist jedoch nicht normal, da nicht der fehlende Teil „nachwächst", sondern der verbleibende oder transplantierte Leberteil sich im Ganzen vergrößert[38].

Die Lebendspende hat bei der Niere und der Leber eine Reihe von Vorteilen. Es ist dies zum einen das Vermeiden der Wartezeit, die für die Transplan-

---

[35] Sommerer et al., 2004.
[36] Umeshita et al., 2003.
[37] Pomfret, 2003.
[38] Hata et al., 2004.

tation eines postmortal entnommenen Organs in der derzeitigen Situation in Deutschland existiert und die z.B. bei der Niere ca. 5–6 Jahre beträgt. Für den nierenkranken Patienten bedeutet die Wartezeit auf ein postmortal gespendetes Organ eine lang dauernde Abhängigkeit von der Dialysebehandlung und eine deutliche Verschlechterung der Erfolgsaussichten einer Transplantation. Für leberkranke Patienten besteht bei einer langen Wartezeit ein hohes Risiko zu versterben, bevor ein Organ verfügbar ist: abhängig vom klinischen Zustand der Patienten bei Aufnahme auf die Warteliste versterben bis zu 25% vor Transplantation. Bei der Leber ist u.U. auch die Indikationsstellung zur Transplantation (z.B. bei fortgeschrittenem Tumor) davon abhängig, ob ein Lebendspender zur Verfügung steht oder nicht. Andere Vorteile der Lebendspende sind die Planbarkeit der Operation (optimaler Zeitpunkt, bestmögliches und ausgeruhtes Ärzteteam etc.) und eine geringere Schädigung des Transplantates im Rahmen des Hirntods beim Spender durch längere Konservierungszeit und lange Transportwege.

Diese Vorteile gelten uneingeschränkt jedoch nur für die Nierentransplantation, da hier bei Lebendspende und bei postmortaler Spende für den Empfänger die Größe des Transplantates und die Technik des Eingriffs praktisch identisch sind. Aufgrund der typischerweise besseren Organqualität sind die langfristigen Ergebnisse bei Lebendspende besser, da die oben bereits erwähnte Schädigung des Organs beim hirntoten Spender (z.B. durch Phasen von Kreislaufinstabilität, vorbestehenden Bluthochdruck oder Diabetes beim Spender, Alter des Spenders, intensivmedizinische Behandlung, Medikamentenwirkungen und Organschädigungen durch den Hirntod etc.) und die langen Transportwege wegfallen. Die langfristigen Ergebnisse nach Transplantation einer Niere mittels Lebendspende sind besser, auch wenn die Gewebeübereinstimmung (z.B. zwischen Ehepartnern) meist schlechter ist als bei Organen postmortaler Spender, die u.a. nach Gewebeübereinstimmung verteilt werden[39]. Hinzu tritt als positiver Einfluss auf die Langzeitergebnisse, dass Lebendspenden in der Regel nach kürzerer Dialysezeit durchgeführt werden können als postmortale Spenden (in Analogie zu Abb. 1.1).

Im Vergleich zur Nierentransplantation gelten bei der Lebertransplantation vergleichbare Argumente bezüglich der Organqualität. Bezüglich der Größe des Transplantates ist hier die Situation (zumindest für den Erwachsenen) anders zu beurteilen. Während bei einer postmortalen Organspende meist eine komplette Leber transplantiert wird, erhält der erwachsene Patient bei Lebendspende i.d.R. „nur" den rechten Leberlappen. Abhängig von Größe und Gewicht des Spenders sowie des Empfängers kann dies bedeuten, dass die transplantierte Lebermasse funktionell gerade eben so ausreicht – was bei einem kritisch kranken Patienten in den ersten Tagen und Wochen nach der Operation zu schwerwiegenden Problemen (bis zum Leberversagen) führen kann.

---

[39] Terasaki et al., 1995.

Darüber hinaus ist das Risiko chirurgischer Komplikationen nach Leber-lebendspende deutlich erhöht (kleine Gefäße, u.U. mehrere Gallengänge, große Resektionsfläche, suboptimaler venöser Abfluss aus dem Organ). Dies wird durch die exzellente Organqualität bei einer Lebendspende zum Teil kompensiert. Hier ist auch zu berücksichtigen, dass bei postmortaler Spende zunehmend auch suboptimale Organe (ältere Spender, verfettete Organe etc.) verwendet werden. Insbesondere für Patienten mit sehr fortgeschritte-ner oder dekompensierter Lebererkrankung sind die Ergebnisse bei Lebend-spende-Transplantation schlechter, da sie eine schlechte anfängliche Trans-plantatfunktion und mögliche Komplikationen weniger gut überstehen können als ein stabilerer Empfänger. Für Patienten in einem kritischen Zustand ist daher für ein gutes Ergebnis die Transplantation eines guten, kompletten postmortalen Spenderorgans vorzuziehen. Die Vor- und Nach-teile der Lebendspende müssen somit in jedem Einzelfall sehr sorgfältig abgewogen werden.

Kommt es jedoch zu einer guten Funktionsaufnahme des Organs und hat der Patient die ersten Wochen überstanden, dann nimmt die Lebermasse aufgrund der guten Regenerationsfähigkeit des Organs rasch zu. Langfristig ist daher durch die Transplantation einer Teilleber bei Lebendspende nicht mit Nachteilen für den Empfänger zu rechnen – allerdings liegen systemati-sche Untersuchungen hierzu noch nicht vor.

Eine Transplantation von Teilen des Pankreas (Pankreasschwanz) bzw. von Teilen der Lunge (einzelne Lungenlappen) mittels Lebendspende ist zwar prinzipiell möglich, wird klinisch jedoch extrem selten durchgeführt[40], so dass hier auf eine weitere Darstellung dazu verzichtet wird.

---

[40] Humar et al., 1997.

2 Organbedarf und Organaufkommen in Deutschland[41]

2.1 Organbedarf und Organmangel

In Deutschland warten derzeit knapp 12.000 Patienten auf ein Spenderorgan. Demgegenüber war die Zahl der durchgeführten Transplantationen in den vergangenen fünf Jahren relativ stabil bei nur ca. 4.000 (vgl. Abbildung 2.1), wobei sich nach einer Stagnation ein leichter Anstieg im Jahr 2003 verzeichnen lässt. Zu einem überwiegenden Teil finden Transplantationen von postmortal gespendeten Organen statt, wie aus Abbildung 2.2 hervorgeht. Ein Anstieg der Lebendorganspenden bei Nieren und Lebern in den vergangenen zehn Jahren ist jedoch zu erkennen. Abbildung 2.2 verdeutlicht auch, dass in Deutschland insgesamt mehr Organe transplantiert als gespendet werden. 2003 umfasste diese Differenz, die durch Nettoorganimporte aus

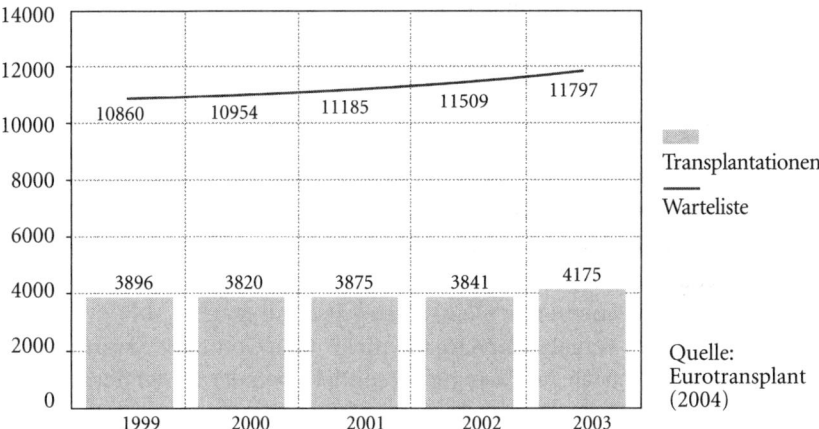

Abbildung 2.1: Warteliste und Organtransplantationen in Deutschland

---

[41] Das Datenmaterial in diesem Kapitel wurde von Florian Scheuer (Konstanz) im Jahr 2005 recherchiert und zusammengestellt. Zu diesem Zeitpunkt waren noch keine offiziellen Zahlen für das Jahr 2004 verfügbar. Bei Drucklegung waren diese zwar verfügbar, sie zeigen aber in der Tendenz keine Änderungen zu der im Text beschriebenen Situation. Die bei Drucklegung für das Jahr 2005 veröffentlichen Werte waren lediglich vorläufig.

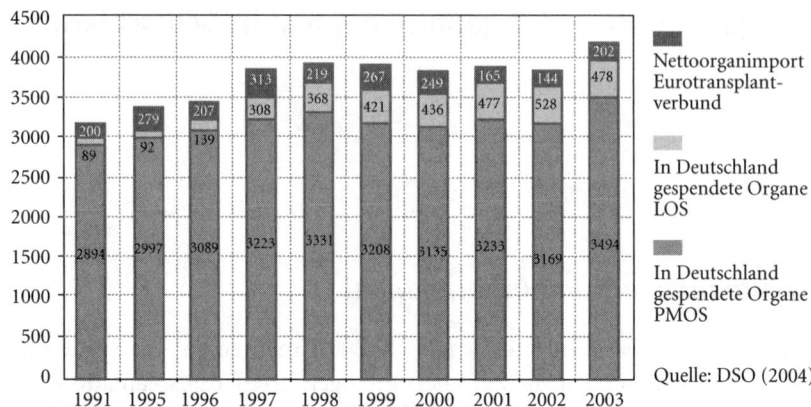

Nettoorganimport Eurotransplant-verbund

In Deutschland gespendete Organe LOS

In Deutschland gespendete Organe PMOS

Quelle: DSO (2004)

Abbildung 2.2: Organtransplantationen in Deutschland

anderen Ländern des Eurotransplant-Verbundes gedeckt wird, 202 Transplantate.

Der bedeutendste Teil sowohl des Organbedarfs als auch der Transplantationen entfällt auf Nieren. Hier zählte die deutsche Warteliste im Jahr 2003 knapp 9.500 Patienten (Abbildung 2.3), während nur 2.515 Nieren übertragen werden konnten (2.111 postmortal gespendete Organe und 404 Lebendspenden). Dabei ist ein deutlicher Anstieg des Anteils der Lebendspenden an sämtlichen Nierentransplantationen zu erkennen (2003: 16% gegenüber 1996: 6%), während die Zahl der Transplantationen postmortal gespendeter Organe relativ stabil ist. Wie aus der Abbildung hervorgeht, müsste die Transplantationsaktivität mehr als verdoppelt werden, um die Warteliste innerhalb von fünf Jahren abzubauen und gleichzeitig die laufenden Anmeldungen für die Warteliste zu decken.

Die Zahl der Patienten auf der Warteliste ist jedoch kein geeignetes Maß für den Bedarf an Nierentransplantaten, wie die Betrachtung der Zahl niereninsuffizienter Patienten in Deutschland deutlich macht (Abbildung 2.4). Vor allem seit die Vergabe der Organe nicht mehr von dem Zeitpunkt des Eintrages in die Warteliste abhängig ist, sondern von der Dauer der Dialysepflichtigkeit, kann die Warteliste kein Maß mehr für den tatsächlichen Bedarf sein, da keine Veranlassung mehr besteht, sich frühzeitig in die Warteliste eintragen zu lassen. 2003 befanden sich über 78.000 Patienten in chronischer Nierenersatztherapie, davon knapp 20.000 mit einem funktionierenden Transplantat und über 58.000 in Dialysebehandlung. Dabei ist im Durchschnitt der verganenen zehn Jahre ein jährlicher Anstieg von etwa 5% zu beobachten. Jedes Jahr werden etwa 15.000 neue Patienten in die Nierenersatztherapie aufgenommen, während ca. 10.000 Dialyse- und transplantierte Patienten sterben. Thiel (2005) weist darauf hin, dass für Dialyseärzte mit unterausgelasteten Kapazitäten ein Anreiz bestehen kann,

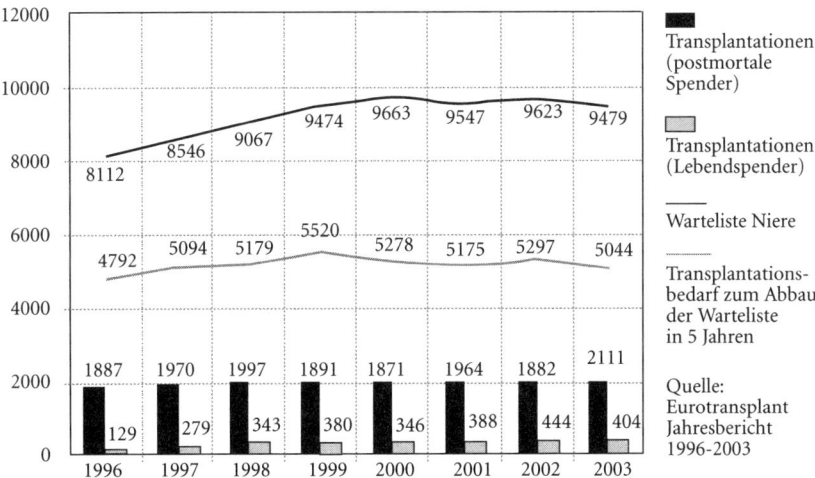

Abbildung 2.3: Aktive Warteliste und Nierentransplantationen in Deutschland

transplantierbare Patienten nur im geringen Maße über die Möglichkeit einer Transplantation aufzuklären. Dies kann ein Grund dafür sein, dass weniger als 20% der Dialysepatienten in Deutschland auf der Warteliste zur Nierentransplantation gemeldet sind. Es ist davon auszugehen, dass ein wesentlich höherer Teil der Dialysepatienten von einer Transplantation profitieren könnte.

Abbildung 2.5 stellt die Entwicklung der Wartelisten für Herz, Leber, Lunge und Pankreas im Zeitraum von 1996 bis 2003 zusammen. Offensichtlich ist die Zahl der Patienten, die auf diese Organtransplantate warten, deutlich niedriger als die Zahl der Patienten auf der Warteliste für Nie-

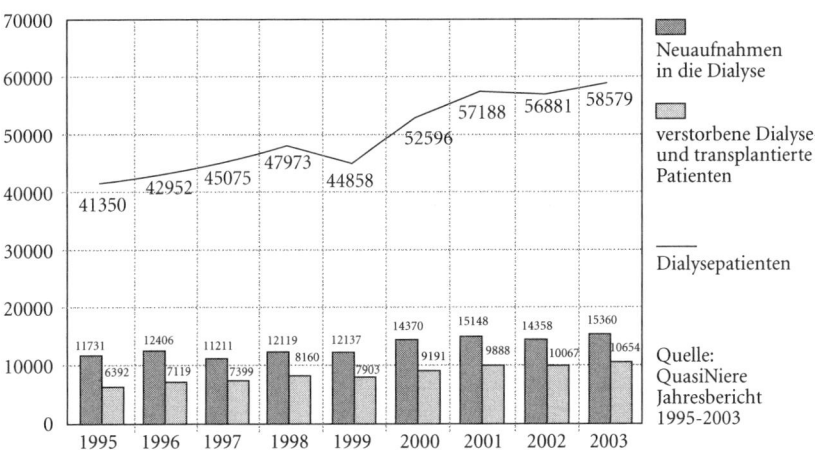

Abbildung 2.4: Niereninsuffizienz in Deutschland

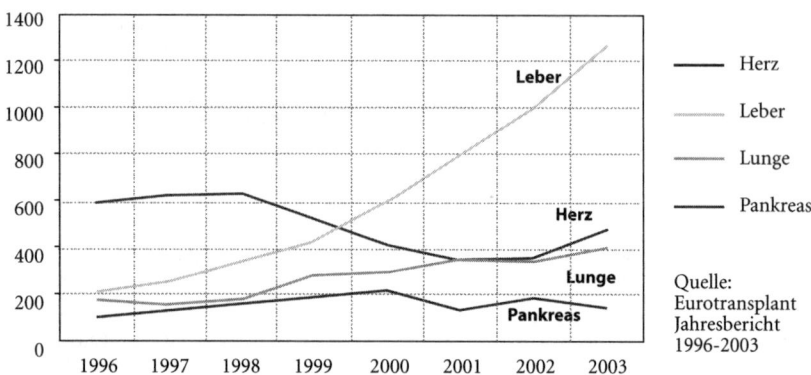

Abbildung 2.5: Aktive Warteliste (außer Niere) in Deutschland

ren. Während die Zahl der auf eine Lebertransplantation wartenden Patienten drastisch anstieg (im Durchschnitt um 25% pro Jahr), ist die Zunahme bei Lungen moderat und die Entwicklung bei Herzen und Pankreata ohne Trend. 2003 warteten 1.266 Patienten auf eine Leber (davon 41 zusätzlich auf eine Niere), 473 auf ein Herz (davon 37 auf Herz und Lunge), 397 auf eine Lunge und 145 auf ein Pankreas, wobei nur 25 dieser Patienten nur auf eine Pankreas- und 116 auf eine kombinierte Nieren-Pankreas-Transplantation warteten (drei weitere Patienten warteten auf ein Pankreas und eine Leber und eine Person auf Niere, Leber und Pankreas).

Während die Zahl der Patienten auf der Warteliste ein (wenn auch nur bedingt aussagekräftiges) Maß für die aufgestaute Nachfrage nach Organen bei gegenwärtiger Indikationslage darstellt, wenden sich die folgenden

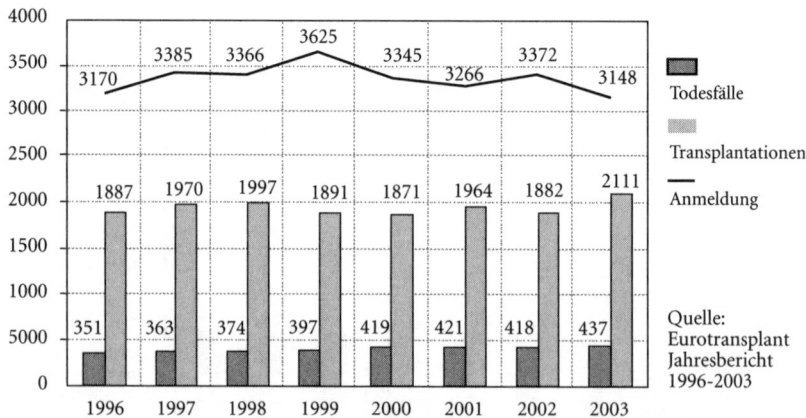

Abbildung 2.6: Aktive Warteliste Niere: Anmeldung, Transplantationen (nur postmortale Spender) und Todesfälle

Abbildungen 2.6 bis 2.10 dem laufenden Bedarf an den einzelnen Organen zu. Dabei können die Anmeldungen für die Warteliste unter den o.g. Vorbehalten als der jährliche Bedarf interpretiert werden, wenn die Warteliste vollständig abgebaut wäre und die Indikationslage zur Transplantation unverändert bliebe.

Abbildung 2.6 verdeutlicht die Diskrepanz zwischen jährlichen Zugängen auf der Warteliste für Nieren und Abgängen in Form von Todesfällen auf der Warteliste und Transplantationen, wobei in der Grafik nur Übertragungen postmortal gespendeter Organe berücksichtigt sind. Weitere Abgänge von der Warteliste erfolgen aufgrund des Empfangs einer Lebendspende, schlechter Gesundheitsbedingungen, Transplantation außerhalb des Eurotransplant-Verbundes oder mangelnden weiteren Interesses an einem Spenderorgan. Die Zugänge zur Warteliste umfassen sowohl Neuanmeldungen als auch wiederholte Anmeldungen. Im Falle der Niere wurden im Jahre 2003 3.148 Zugänge auf der Warteliste registriert (davon 455 zum wiederholten Mal), während nur 2.111 postmortal gespendete Transplantate übertragen werden konnten. Selbst unter Berücksichtigung der 404 Lebendspenden klafft also eine große Lücke zwischen laufenden Anmeldungen und Transplantationen. 437 Patienten auf der Warteliste starben im Jahr 2003.

Seit 1997 sinkt die Zahl der Herztransplantationen in Deutschland fast kontinuierlich, wie Abbildung 2.7 zu entnehmen ist. Bis zum Jahr 2002 galt dies auch für die Zugänge auf die aktive Warteliste. Demgegenüber wurde 2003 eine Zunahme der Anmeldungen auf insgesamt 783 registriert (davon 22 zum wiederholten Mal). 394 Transplantationen wurden durchgeführt, davon 18 in Verbindung mit einer Lungentransplantation. 149 Patienten auf der Warteliste starben. Der Rückgang der Herztransplantationen zeigt sich

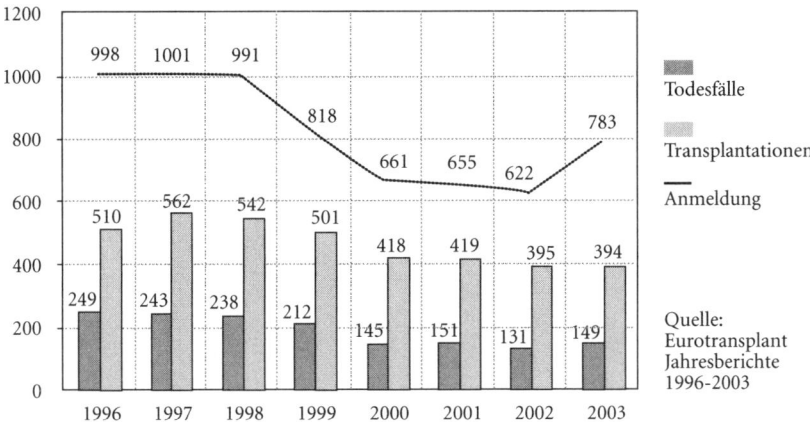

Abbildung 2.7: Aktive Warteliste Herz: Anmeldung, Transplantationen und Todesfälle

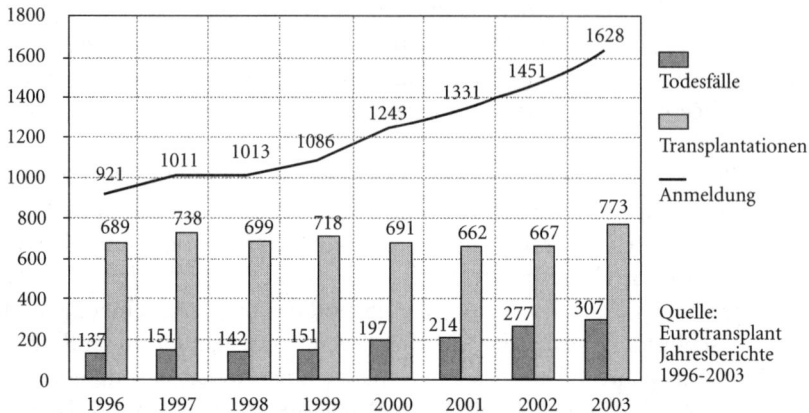

Abbildung 2.8: Aktive Warteliste Leber: Anmeldung, Transplantationen (nur postmortale Spenden) und Todesfälle

auch im internationalen Vergleich. Besonders deutlich, wenn auch auf einem vergleichsweise hohen Niveau, ist er in Österreich zu beobachten, wo 1996 noch 12,8 Transplantationen pro Millionen Einwohner durchgeführt wurden gegenüber 7,7 im Jahr 2003. Ursachen dafür sind zum einen verbesserte medikamentöse Behandlungsmöglichkeiten für Patienten mit Herzinsuffizienz, zum anderen die zunehmende Verwendung von implantierbaren Herzunterstützungssystemen („künstliches Herz").

Die jährlichen Anmeldungen auf der Warteliste für Lebern steigen seit 1996 ununterbrochen an, wohingegen die Zahl der Transplantationen postmortal gespendeter Organe bis 2002 stagnierte (vgl. Abbildung 2.8). 2003

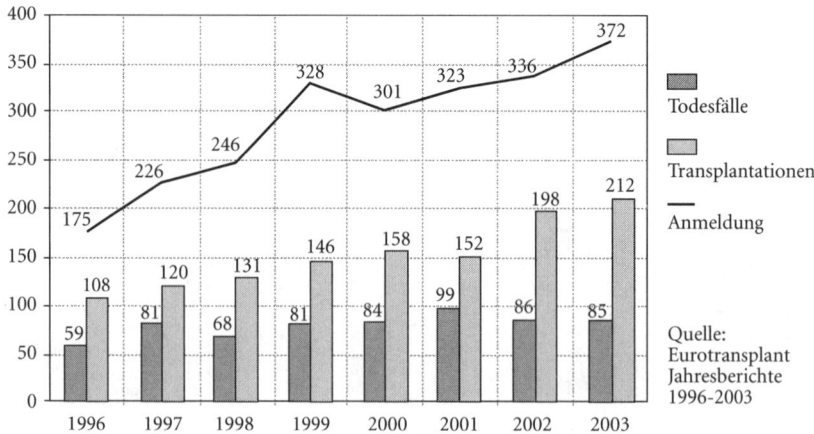

Abbildung 2.9: Aktive Warteliste Lunge: Anmeldung, Transplantationen und Todesfälle

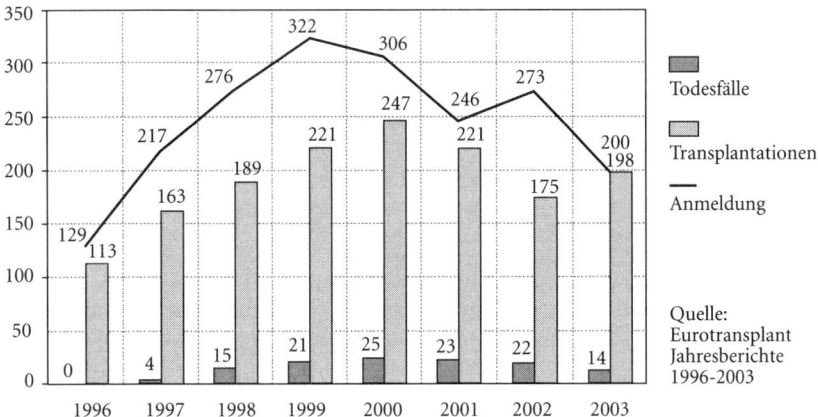

Abbildung 2.10: Aktive Warteliste Pankreas: Anmeldung, Transplantationen und Todesfälle

wurden 1.628 Patienten angemeldet (davon 199 zum wiederholten Mal), 773 empfingen ein postmortal gespendetes Transplantat, 82 eine Teilleber-Lebendspende und 307 starben. Bei der Zahl der Lebendspenden lässt sich ein deutlicher Anstieg seit 1996 verzeichnen (zehn Transplantationen 1996, durchschnittliche jährliche Zunahme 35%).

Auch bei Lungen besteht eine deutliche Differenz zwischen der Zahl für die Warteliste angemeldeter Patienten und der Zahl der Transplantationen, die durchgeführt werden können, wie in Abbildung 2.9 zu erkennen ist. Sowohl die jährlichen Anmeldungen als auch die Organtransplantationen weisen einen steigenden Trend auf. 2003 wurden 372 neue Patienten auf der Warteliste registriert (davon 19 zum wiederholten Mal), 212 erhielten ein Transplantat und 85 Patienten starben auf der Warteliste.

Im Jahr 2003 stieg die Zahl der Pankreas-Transplantationen zum ersten Mal seit drei Jahren wieder an (198 Transplantationen). Demgegenüber ist die Zahl der jährlichen Anmeldungen für die Warteliste seit 1999 deutlich gesunken. 2003 gab es 200 Anmeldungen (davon 31 zum wiederholten Mal). 14 Patienten, die auf ein Organ warteten, starben (vgl. Abbildung 2.9). Die 198 Transplantationen setzen sich zusammen aus 21 Transplantationen nur des Pankreas, 169 kombinierten Pankreas- und Nierentransplantationen, einer Übertragung von Pankreas, Niere und Leber, vier Übertragungen nur der Inselzellen und drei kombinierten Nieren- und Inselzellentransplantationen.

2.2 Organaufkommen

2.2.1 Studien zum potentiellen Spenderpool

Verschiedene Studien haben in der Vergangenheit versucht, den Umfang des potentiellen Spenderpools abzuschätzen. Unter einem potentiellen Organspender wird dabei ein Patient verstanden, der die Bedingungen des Hirntodkriteriums erfüllt und keine Gegenanzeigen wie Tumorerkrankungen oder HIV-Infektion aufweist. Das am häufigsten verwendete Maß für potentielle Organverfügbarkeit bezieht die Anzahl potentieller Spender in einem geografischen Gebiet auf die Einwohnerzahl (per million population, pmp) in einem Jahr. Darüber hinaus haben sich verschiedene Kennzahlen für das Ausmaß etabliert, in dem potentielle Spender erkannt und zu tatsächlichen Spendern werden. Zu diesem Zweck kann zunächst die Anzahl tatsächlicher Spender in einem Zeitraum ins Verhältnis zur Anzahl potentieller Spender gesetzt werden (Effizienzrate). Dass dieser Quotient in aller Regel kleiner als eins ist, hat verschiedene Ursachen. Zunächst werden nicht alle als Spender geeigneten Hirntoten als solche vom Krankenhauspersonal erkannt (Identifikationsrate) oder an die zuständige Organisation zur Organbeschaffung gemeldet (Melderate). In der Übersicht:

$$\textit{Effizienzrate} = \frac{\textit{Anzahl tatsächlich herangezogener Spender}}{\textit{Anzahl potenzieller Spender}}$$

$$\textit{Identifikationsrate} = \frac{\textit{Anzahl vom Krankenhauspersonal erkannter Spender}}{\textit{Anzahl potenzieller Spender}}$$

$$\textit{Melderate} = \frac{\textit{Anzahl vom Krankenhauspersonal weitergemeldeter Spender}}{\textit{Anzahl potenzieller Spender}}$$

$$\textit{Zustimmungsrate} = \frac{\textit{Anzahl der Zustimmungen}}{\textit{Anzahl vom Krankenhauspersonal weitergemeldeter Spender}}$$

Insbesondere amerikanische Studien stellen auch auf die sog. Ansprechrate ab, die sich als Relation der Zahl der zwecks Organspende kontaktierten Familien zur Zahl potentieller Spender ergibt. Doch selbst wenn ein potentieller Spender identifiziert, gemeldet und die Familie wegen einer Organspende gefragt wurde, kann eine Spende abgelehnt werden. Dies drückt sich in der Zustimmungsrate aus. Diese bestimmt sich aus der Zahl der Fälle, in denen einer Spende zugestimmt wurde, etwa durch schriftliche Erklärung oder Befragung der Angehörigen, dividiert durch die Anzahl gemeldeter Spender. Die Maßzahl der Effizienz beinhaltet alle diese Stufen des Organspendeprozesses und kann daher nur bedingt zur Ursachenanalyse herangezogen werden.

Im Anhang 1 wird ausführlich auf Studien eingegangen, die in jüngerer Zeit zur Abschätzung des potentiellen Spenderpools und der Wirksamkeit des Organbeschaffungssystems durchgeführt wurden, und ihre methodische

Vorgehensweise diskutiert. Einen Überblick darüber gibt Tabelle A.1 im Anhang 1. Die Untersuchungen beziehen sich überwiegend auf die USA. Die jüngste Studie[42], die für ein ca. 140 Millionen Einwohner umfassendes Gebiet in den USA durchgeführt wurde, schätzt den potentiellen Spenderpool auf durchschnittlich 41 pmp pro Jahr. Etwa die Hälfte aller in der Studie erfassten potentiellen Spender wurde zu tatsächlichen Spendern (Gesamteffizienz) und in 80% erging eine Meldung an die zuständige Organbeschaffungsorganisation. Guadagnoli et al. (2003) erhalten mit Hilfe einer methodisch anderen Vorgehensweise (vgl. Anhang 1) ein höheres Ergebnis von 62 potentiellen Spendern pmp pro Jahr und nur 35% Effizienz. Gortmaker et al. (1996) und Siminoff et al. (1995) haben kleinere geographische Gebiete in den USA untersucht. Sie erhalten auf dieser Grundlage Schätzungen von 55 bzw. 45 pmp für den potentiellen Spenderpool. Siminoff et al. (1995) ermitteln in ihrer Untersuchung eine Identifikationsrate von 92% und eine Ansprechrate von 86%. Tabelle A.1 listet auch nichtamerikanische Studien auf. Opdam et al. (2004) sind in einer jungen Studie den Ursachen für die im internationalen Vergleich sehr niedrige Organspenderate in Australien nachgegangen. Sie betrug zwischen 1997 und 2001 im Durchschnitt nur 9,8 pmp pro Jahr verglichen mit 12,8 in Deutschland, 13,5 in Großbritannien, 16,6 in Frankreich, 24 in den USA und 32,1 in Spanien. Die Autoren führen dies auf einen geringeren Spenderpool in der untersuchten australischen Region von lediglich 30 pmp/Jahr zurück. Pokorná et al. (2003) schätzen das Spenderpotential auf Basis von Krankenhäusern in Prag auf 56 pmp. Die Effizienz beträgt in ihrer Studie 32%, die Identifikationsrate nur 51%.

Trotz der offensichtlich geringen durchschnittlichen Spenderate in Deutschland bestehen ausgeprägte regionale Schwankungen, die Hinweise auf das Spenderpotential geben. Bei einer mittleren Spenderate von 13,1 pmp in Deutschland im Jahr 2004 bestanden de facto Spenderaten zwischen 8,6 pmp (Nordrhein-Westfalen) und 20,2 pmp (Region Nord-Ost). In der letztgenannten Region wiederum erreichte Mecklenburg-Vorpommern im Jahr 2004 eine Spenderate von 36,5 pmp (Abbildung 2.11).

2.2.2 Organaufkommen in Deutschland

Die dargestellten Untersuchungen legen nahe, dass der potentielle Spenderpool geografisch nicht homogen verteilt zu sein scheint. Obwohl die Varianz der Ergebnisse sowohl zwischen als auch innerhalb der verschiedenen Studien beträchtlich erscheint, sind diese Schwankungen aber nicht überzubewerten. Sie sind u. a. auf die methodische Vorgehensweise der Studien zurückzuführen (insbesondere bei Prognosemodellen), aber auch auf die stets insgesamt kleine absolute Zahl potentieller Spender innerhalb der betrachteten Regionen und die kurzen Zeiträume von meist nur einem

---

[42] Sheehy et al., 2003.

bis zwei Jahren. Eine Eingrenzung des Spenderpotentials zwischen 30 und 60 pro Millionen Einwohner pro Jahr erscheint möglich. Studien zur Ermittlung des potentiellen Spenderpools in Deutschland liegen bislang nicht vor. Eine – wenn auch problematische – Übertragung der Ergebnisse auf Deutschland ist deshalb notwendig. Im Allgemeinen wird das Spenderpotential auf ca. 50 pmp/Jahr geschätzt[43]. Diese Zahl wird von den vorliegenden Studien insgesamt bestätigt. Die Ergebnisse zur Effizienz und Mel-

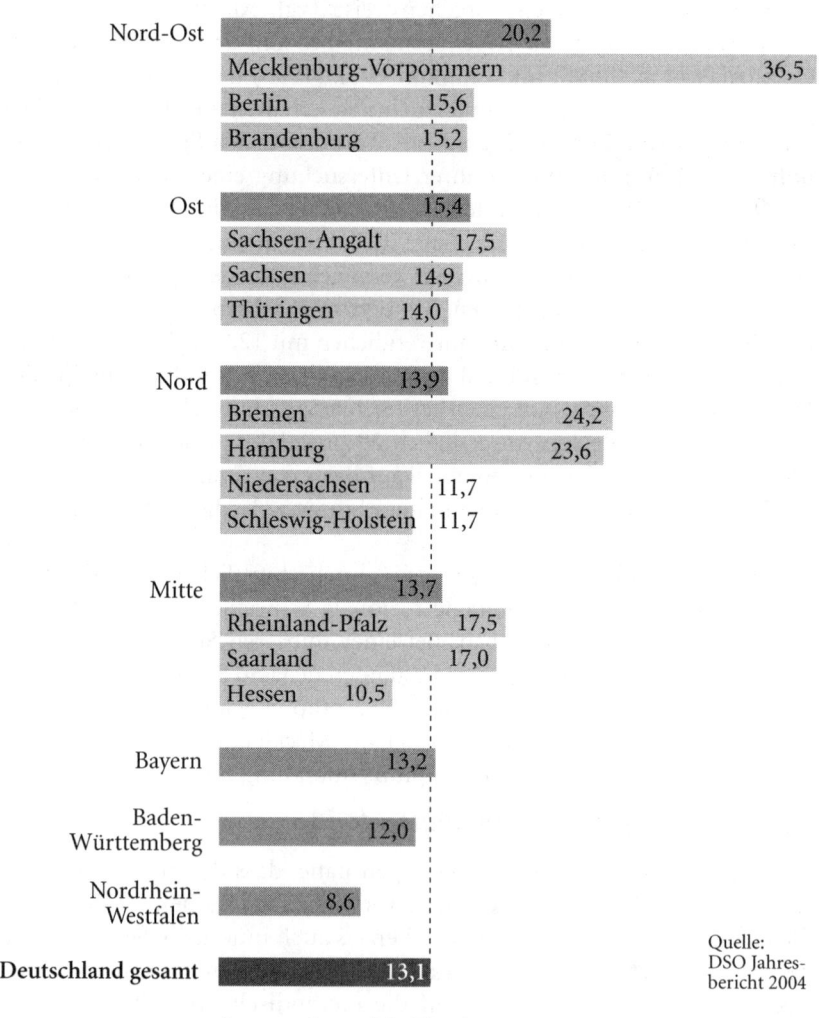

Organspenden pro Mio. Einwohner

Quelle: DSO Jahresbericht 2004

Abbildung 2.11: Spenderaten (in pmp) in verschiedenen Regionen Deutschlands im Jahr 2004

---

[43] Vgl. etwa Gold et al., 2001 oder den Richtwert des US General Accounting Office.

derate variieren weniger stark, wobei die Gesamteffizienz auf 50% und die Melderate auf 70% geschätzt werden kann. Eine Analyse von Forget et al. (2002) (siehe Anhang 1) deutet aber darauf hin, dass hier erheblicher Spielraum für Verbesserungsmaßnahmen existieren kann (vgl. auch Kapitel 4–6).

Eine vorsichtige Schätzung des Spenderpotentials von 45 pmp würde für Deutschland eine Gesamtzahl von 3.690 potentiellen Spendern pro Jahr ergeben. Abbildung 2.12 stellt dem die Zahl der an die Deutsche Stiftung Organtransplantation (DSO) gemeldeten Hirntoten gegenüber, bei denen keine medizinischen Kontraindikationen für die Organspende vorlagen. Sie betrug 1.928 im Jahr 2003. Dabei ist zu beachten, dass es sich hierbei um die der DSO bekannt gewordene Zahl zur Organspende geeigneter Hirntoter handelt. In einigen Fällen werden vom Krankenhaus identifizierte potentielle Spender entgegen den Vorgaben nicht an die DSO gemeldet, weil ohne deren Einbezug bereits die Angehörigen kontaktiert wurden und diese eine Organentnahme ablehnten. Die Zahl identifizierter potentieller Spender in Deutschland ist also höher einzuschätzen. Abbildung 2.12 gibt auch Aufschluss über die Entwicklung der Zahl tatsächlicher Organspender in Deutschland. Darunter versteht die DSO die Zahl der Hirntoten, denen mindestens ein Organ zur Transplantation entnommen wurde. Dies waren 2003 1.140 Patienten. Für ganz Deutschland betrug die Zustimmungsrate 2003 65,2%, im Jahre 2004 nur noch 61%.

Im Unterschied zur DSO erfasst Eurotransplant nur solche Organspender, deren entnommene Organe zu Transplantationen verwendet wurden. Wie aus Abbildung 2.13 hervorgeht, ist diese Zahl etwas niedriger, weil in einzelnen Fällen Organe zwar entnommen, aber nicht transplantiert werden. Abbildung 2.13 zeigt darüber hinaus, wie sich die tatsächlichen Spender in Deutschland in solche aufteilen, denen nur Nieren entnommen wurden (Nur-Nierenspender) und solche, die neben den Nieren noch andere Organe spenden (Multiorganspender). Letztere stellen zwei Drittel aller

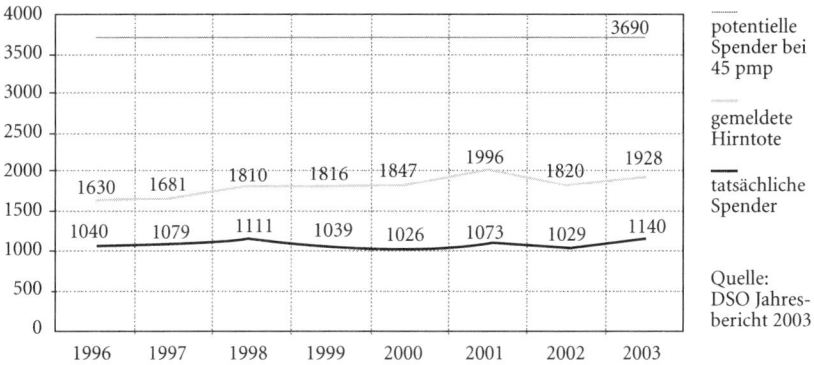

Abbildung 2.12: Potentielle und tatsächliche Organspender in Deutschland

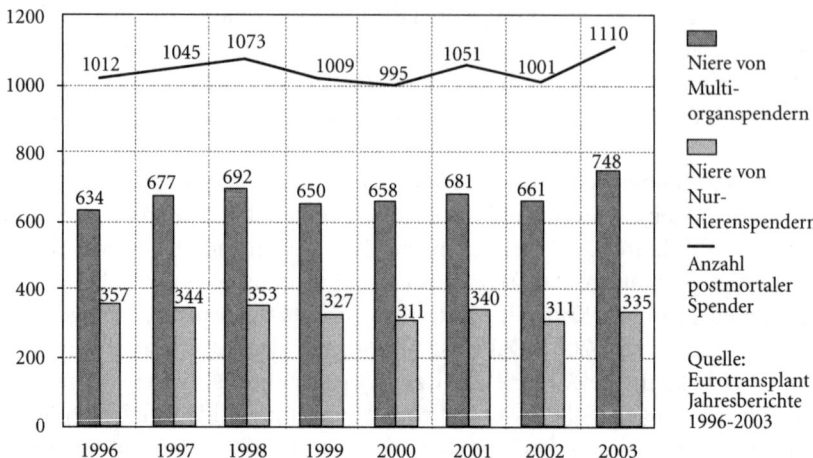

Niere von Multiorganspendern

Niere von NurNierenspendern

Anzahl postmortaler Spender

Quelle: Eurotransplant Jahresberichte 1996-2003

Abbildung 2.13: Postmortale Organspender in Deutschland

postmortalen Spender dar. Demgegenüber sehr klein ist die Zahl der Spender, denen keine Nieren, aber andere Organe entnommen werden (27 im Jahr 2003).

Abbildung 2.14 veranschaulicht, wie sich die auf die Gesamtbevölkerung bezogenen realisierten Organspenden zwischen den einzelnen Mitgliedsländern des Eurotransplant-Verbundes sowie Spanien und Norwegen unterscheiden. Dabei fällt auf, dass Deutschland eine relativ niedrige Zahl von postmortalen Organspenden realisiert (13,5 pmp im Jahr 2003). Demgegenüber erreichen Belgien und Österreich seit fünf Jahren stets Werte von über 20 pmp. Im Unterschied zu den Eurotransplant-Ländern erreicht Spanien seit 1998 stets Werte über 30 pmp (33,8 pmp im Jahr 2003).[44]

Anders stellt sich die Situation bei den Lebendspendern dar, die ebenfalls in Abbildung 2.14 dargestellt sind. Sie fassen Spenden von Nieren sowie Lebern zusammen. Hier liegen die Niederlande mit 12,3 pmp an der Spitze der Eurotransplant-Länder, wobei Belgien mit 11,1 pmp eine nur wenig niedrigere Aktivität aufweist. Deutlich übertroffen wird dies von Norwegen, das zum Scandiatransplant-Verbund gehört und wo mit 19,1 Lebendspenden pro Millionen Einwohnern die Hälfte aller Organspender Lebendspender sind. Im Gegensatz dazu ist in Spanien (1,4 pmp) vermutlich wegen des sehr hohen Aufkommens an postmortalen Organspenden der Anreiz gering, das Volumen der Lebendorganspenden auszubauen. Abbildung 2.14 deutet an, dass in Spanien und Norwegen mit der Steigerung von postmortalen bzw. Lebendorganspenden zwei verschiedene Wege zur Erhöhung des Organaufkommens erfolgreich verfolgt worden sind. Die hohe Zahl von

---

[44] Spanien verwendet allerdings einen breiteren Organbegriff, der die Cornea einschließt.

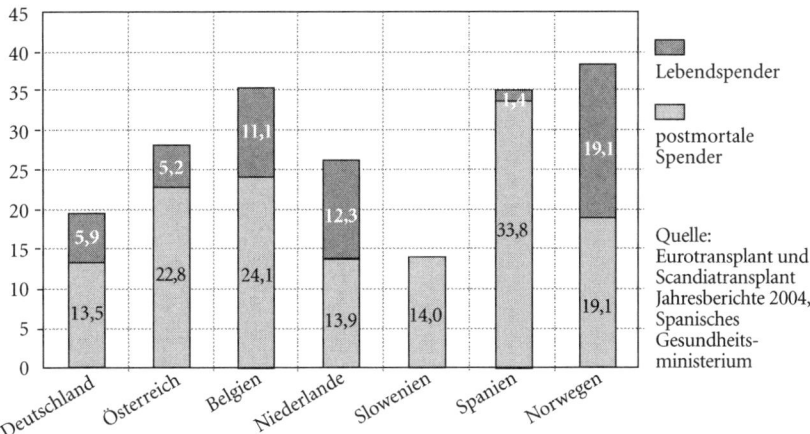

Abbildung 2.14: Anzahl tatsächlicher Spender pro Million Einwohner im Landesvergleich 2003

Lebendspenden in Norwegen ist auch auf die gesetzliche Regelung des sog. umgekehrten Subsidiaritätsprinzips zurückzuführen: diese Umkehrung des in Deutschland angewandten Prinzips beinhaltet, dass ein Patient nur dann eine postmortale Organspende erhalten kann, wenn keine Lebendspende verfügbar ist.

Zur Ermittlung des Organaufkommens ist es notwendig, über die bloße Betrachtung der Spenderzahlen hinaus zu gehen und die Zahl entnommener Organe zu untersuchen. Während jedem postmortalen Organspender im Durchschnitt etwa drei Organe entnommen werden, sind dies zu einem beträchtlichen Teil Nieren, wie bereits Abbildung 2.13 andeutet. Dies schlägt sich in der Gesamtstatistik aller in Deutschland gespendeten Organe nieder. Im Jahr 2003 wurden insgesamt 2.081 Nieren, 339 Herzen, 700 Lebern, 194 Lungen, 176 Pankreata und sechs Dünndärme postmortal gespendet. Abbildung 2.15 bezieht die Gesamtzahl gespendeter Organe auf die Zahl der Spender. Daraus wird ersichtlich, dass jedem postmortalen Spender im Durchschnitt 1,9 Nieren entnommen werden, aber nur sechs aus zehn Spendern eine Leber, jedem dritten Spender ein Herz und jedem fünften eine Lunge und ein Pankreas (Zahlen für 2003).

Unter der Annahme, dass es sich bei diesen Werten im Mittel um die maximale Zahl von Organen handelt, die einem Spender unter medizinischen Gesichtspunkten sinnvoller Weise zur Transplantation entnommen werden können, lässt sich mit Hilfe dieser Angaben ermitteln, wie viele Organe potentiell verfügbar wären, wenn in Deutschland ein Spenderpotential von 45 pmp pro Jahr erreicht würde. Im Idealfall einer Identifikation aller 3.690 potentiellen Spender und einer unveränderten Zustimmungsrate von 65% ergäbe sich eine Zahl tatsächlicher Spender von 2.399 und damit auf Grundlage der Werte aus Abbildung 2.15 ein Aufkommen von 4.485

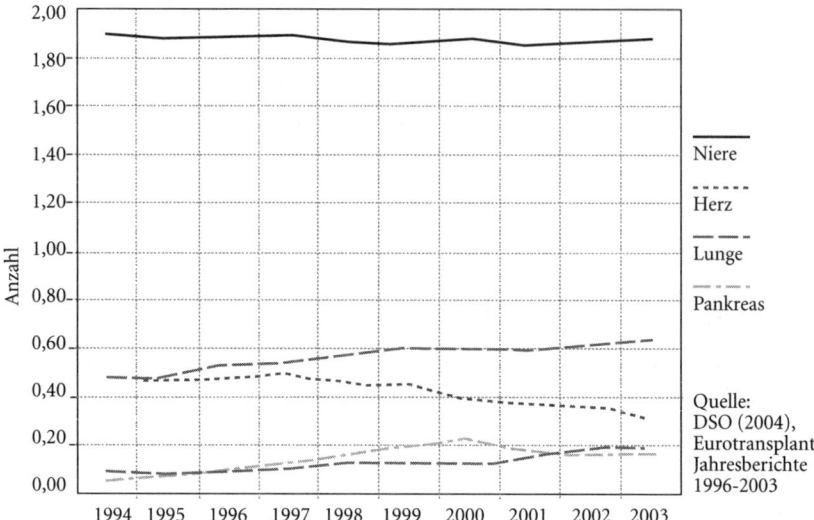

Abbildung 2.15: Gespendete Organe pro postmortalem Spender in Deutschland zur Transplantation geeignetes Organpotenzial pro Spender

Nieren, 744 Herzen, 1.511 Lebern, 408 Lungen und 384 Pankreata pro Jahr. Dem steht ein laufender Bedarf, gemessen in Form der jährlichen Zugänge zur Warteliste, von 3.148 Nieren, 783 Herzen, 1.628 Lebern, 372 Lungen und 200 Pankreata (Zahlen von 2003) gegenüber. Auf den ersten Blick könnte also der Bedarf an Nieren allein mit postmortalen Organspenden gedeckt werden.

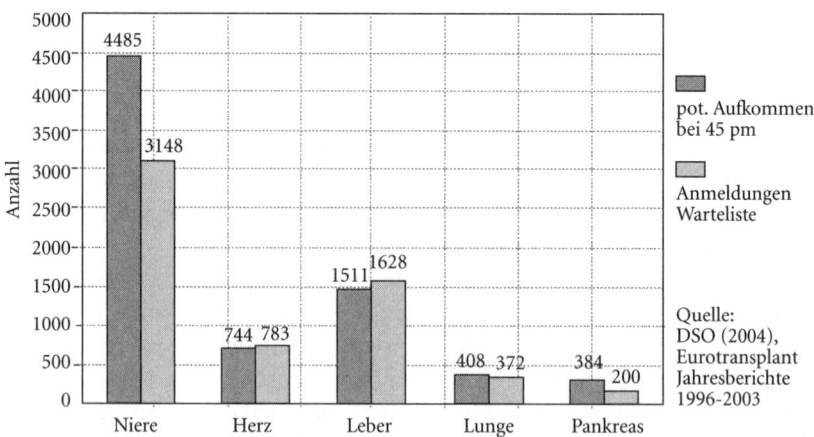

Abbildung 2.16: Potentielles Organaufkommen und Organbedarf in Deutschland; Identifikationsrate 100%, Zustimmungsrate 65%, Zahlen für 2003

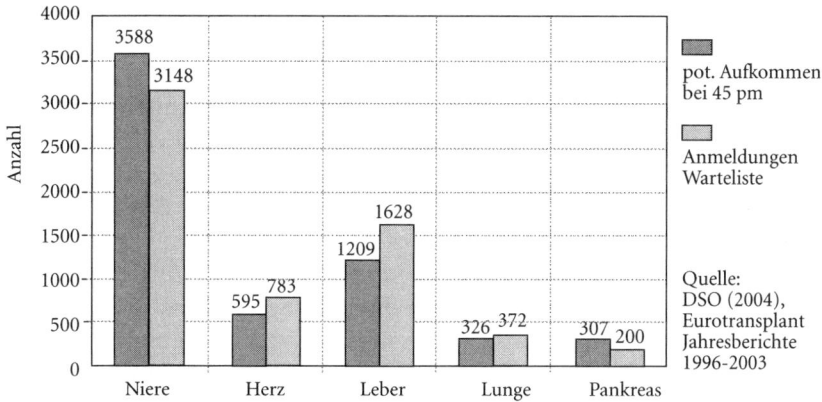

Abbildung 2.17: Potentielles Organaufkommen und Organbedarf in Deutschland; Melderate 52%, Zustimmungsrate 100%, Zahlen für 2003

Wie bereits in Abschnitt 1.6 erwähnt, wird der laufende Bedarf durch Betrachtung der Anmeldungen für die Warteliste jedoch drastisch unterschätzt, was bereits durch eine Zahl von 15.360 im Jahr 2003 in die chronische Nierenersatztherapie aufgenommenen Patienten zum Ausdruck gebracht wird (vgl. Abbildung 2.4). Bei Herzen und Lebern wäre die potentielle Verfügbarkeit niedriger als die laufenden Zugänge zur Warteliste. Der laufende Bedarf an Lungen und Pankreata scheint hingegen durch das potentielle postmortale Spenderpotential bei der aktuellen Zustimmungsrate gedeckt werden zu können. Abbildung 2.16 veranschaulicht die Berechnungen. Gezeigt ist das potentielle jährliche Organaufkommen für eine Identifikationsrate von 100%, eine Zustimmungsrate von 65% und ein

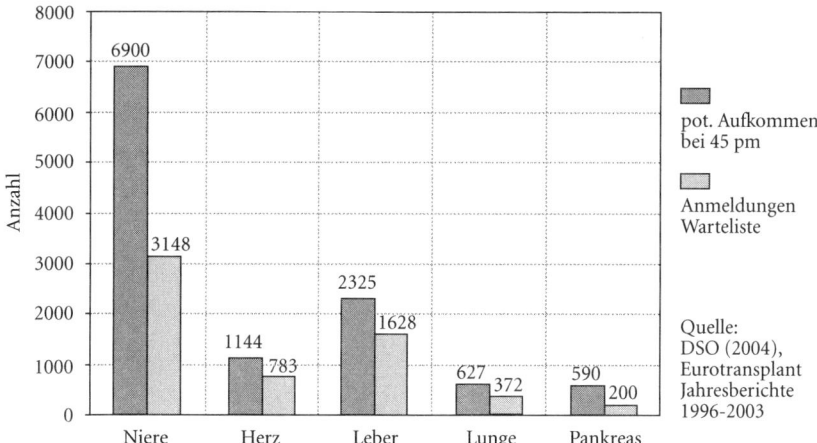

Abbildung 2.18: Potentielles Organaufkommen und Organbedarf in Deutschland; Melderate 100%, Zustimmungsrate 100%, Zahlen für 2003

Spenderpotential von 45 pmp. Dem sind die jährlichen Anmeldungen für die Warteliste der jeweiligen Organe wie oben beschrieben gegenübergestellt.

Abbildung 2.17 veranschaulicht ein alternatives Berechnungsszenario. Dabei wird das potentielle Organaufkommen für die aktuelle Melderate von 52% (vgl. Abbildung 2.12 für das Jahr 2003) und eine ideale Zustimmungsrate von 100% ermittelt. In diesem Falle könnte der aktuelle jährliche Bedarf an Herzen, Lebern und Lungen allein mit postmortal gespendeten Organen nicht gedeckt werden. Der Vergleich mit Abbildung 2.16 macht deutlich, dass eine Steigerung der Melderate von ihrem aktuellen Niveau auf ein Optimum das größere Potential zur Erhöhung des Organaufkommens entfaltet als eine Anhebung der Zustimmungsrate auf 100%. Als Referenzpunkte sind das in doppelter Hinsicht ideale Szenario einer Melderate und einer Zustimmungsrate von jeweils 100% (Abbildung 2.18) sowie der Status Quo (Abbildung 2.19) grafisch dargestellt.

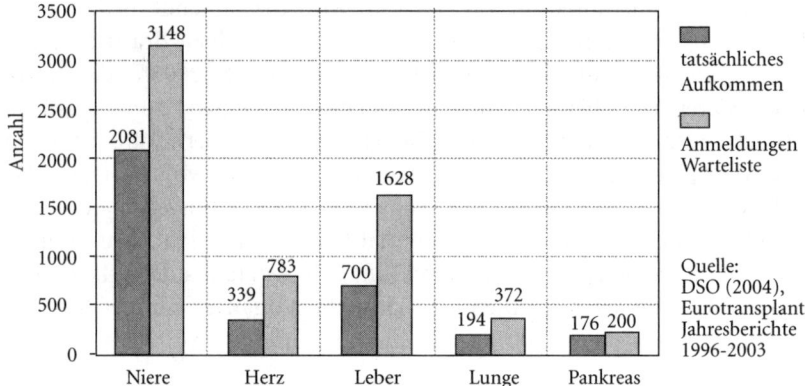

Abbildung 2.19: Tatsächliches Organaufkommen und Organbedarf in Deutschland, Zahlen für 2003

3 Rahmenbedingungen und Einflussfaktoren auf die Verfügbarkeit von Organen

Die Transplantationsmedizin ist heute vom experimentellen Verfahren zur therapeutischen Routinemethode gereift. Sie genießt Umfragen zufolge eine hohe Zustimmung in der Bevölkerung. Zudem hat das am 5. November 1997 in Kraft getretene deutsche Transplantationsgesetz (TPG) der Transplantationsmedizin einen gesellschaftlichen Auftrag erteilt und mehr Rechtssicherheit gebracht. Die erhoffte Milderung des eklatanten Mangels an Transplantaten wurde allerdings nicht erreicht. Tatsächlich blieb die Organspenderate nahezu unverändert, während sich die Indikationen für Organtransplantationen ausweiten und sich die Wartezeiten für Organempfänger verlängern. Wie das vorangehende Kapitel bereits aufwies, ist das potentielle Organaufkommen bei weitem nicht ausgeschöpft und der Abbau zumindest eines erheblichen Teils der Warteliste möglich. Eine Minderung des Organmangels ist nicht nur durch eine Ausweitung der Lebendorganspende (LOS), sondern auch zu einem Großteil durch die Verbesserung von Abläufen in der Organisation der Leichenorgan- bzw. der postmortalen Organspende (PMOS) zu erreichen (vgl. Kap. 4–6).

Die große Diskrepanz zwischen der Größe des potentiellen Spenderpools und der faktischen Organspenderate in der PMOS beruht auf Faktoren, die auf der Ebene der Spendererkennung und -meldung sowie auf der Ebene der Spenderzustimmung wirken. Jede Stufe im Organspendeprozess stellt eine Art Filter dar, an dem sich immer wieder neu entscheidet, ob ein potentieller Spender auch tatsächlich zum Organspender wird. Der größte Teil der Organe geht auf der ersten genannten Ebene durch fehlende Erkennung bzw. Meldung potentieller Spender im Krankenhaus verloren. So wirkten 2004 nur etwa 41% der Krankenhäuser mit Intensivstation an der Spendergewinnung aktiv mit[45,46]. Weitere Organe können auf der zweiten genannten Ebene aufgrund fehlender Spenderzustimmung nicht entnommen werden.

Im nächsten Abschnitt dieses Kapitels (3.1) wird die postmortale Organspende – gegliedert nach ihrem zeitlichen Ablauf – beschrieben. Im zweiten Teil des Kapitels (3.2) wird die Lebendorganspende (LOS) in Bezug auf ihre Rahmenbedingungen, den Organspendeprozess und die Ausweitungsmöglichkeiten dargestellt.

---

[45] Technisch sind alle Krankenhäuser mit Intensivstation in der Lage die Hirntoddiagnostik durchzuführen.

[46] http://www.dkgev.de/dkgev.php/cat/81/aid/1380/title/Jahresbericht+der+ Deutschen+Stiftung+Organtransplantation+(DSO)++%84Organspende+und+ Transplantation+in+Deutschland+im++Jahr+2004%93.

3.1 Postmortale Organspende (PMOS)

Die Zulässigkeit der Organentnahme und die Vermittlung bzw. Übertragung bestimmter Organe ist durch das Transplantationsgesetz (TPG) vom 5. November 1997 geregelt. Das TPG gilt nach seinem § 1 Abs. 1 Satz 1[47] für die Spende, Entnahme und Übertragung menschlicher Organe einschließlich diesbezüglicher Vorbereitungsmaßnahmen, sofern die Entnahme des Organs zum Zweck der Übertragung auf einen anderen Menschen erfolgt. Ferner regelt das Gesetz das Organhandelsverbot, § 1 Abs. 1 Satz 2. Vom gesetzlichen Anwendungsbereich ausgeschlossen sind nach § 1 Abs. 2 Blut, Knochenmark sowie embryonale und fetale Organe und Gewebe.[48] In § 1 Abs. 1 Satz 1 findet sich eine Legaldefinition des Begriffs „Organ". Das Gesetz fasst unter dem transplantationsrechtlichen Organbegriff sowohl Organe und ihre Teile als auch Gewebe zusammen. In medizinischer Hinsicht ist unter einem Organ eine aus Zellen und Geweben zusammengesetzte funktionelle Einheit eines Organismus zu verstehen.[49] Transplantierbare Organe im medizinischen Sinne sind Niere, Herz, Leber, Lunge, Darm, Pankreas und Haut. Als Organteile werden Leberlappen und Lungenflügel transplantiert. Im rechtlichen Sinne sind zudem Knochen, Gelenke, Gefäße und Hornhaut transplantierbare Organe.

Bezogen auf tote Spender erklärt das Gesetz die Feststellung des Todes in zweifacher Weise für maßgeblich: Positive Voraussetzung für die Zulässigkeit der Organentnahme ist gemäß § 3 Abs. 1 Nr. 2 der *nach den Regeln der medizinischen Wissenschaft* festgestellte *Tod* des Spenders. Dabei hat die Bundesärztekammer (BÄK) den Stand der medizinischen Erkenntnisse in Richtlinien festzustellen. *Unzulässig* ist die Organentnahme dagegen gemäß § 3 Abs. 2 bis zum endgültigen, nicht behebbaren Ausfall der Gesamtfunktion des Großhirns, des Kleinhirns und des Hirnstamms[50]. Damit wird der Gesamthirntod *von Gesetzes wegen* nicht als Todeskriterium gewertet, sondern lediglich nach Absatz 2 als Mindestentnahmevoraussetzung festgeschrieben. Somit gibt das TPG keine Auskunft, ab wann eine Entnahme zulässig, sondern lediglich bis wann sie verboten ist. Die erstgenannte Entscheidung hat der Gesetzgeber vielmehr der medizinischen Wissenschaft überlassen. Allerdings gilt nach den Richtlinien der BÄK der Hirntod, wie er in § 3 Abs. 2 als Mindestentnahmevoraussetzung festgeschrieben ist, (auch) als naturwissenschaft-

---

[47] In diesem Kapitel sind Paragraphennennungen ohne zusätzliche Angabe solche des TPG.

[48] Einschlägig sind das Transfusionsgesetz und das ärztliche Berufsrecht.

[49] Vgl. Roche Lexikon Medizin (2003) Stichwort „Organum".

[50] Dieser ist nach Verfahrensregeln festzustellen, die dem Stand der Erkenntnisse der medizinischen Wissenschaft entsprechen. Auch hierzu hat die BÄK Richtlinien aufzustellen.

lich-medizinischer Tod.[51] Im Ergebnis ist damit die Organentnahme nach Feststellung des Gesamthirntodes zulässig.

Zwischen dem Auftreten des Hirntodes eines potentiellen Spenders und einer realisierten Transplantation steht ein mehrstufiger Prozess. Parallel und verzahnt mit dem medizinischen Prozess verläuft der organisatorische Prozess, der durch die Entscheidung zur Organspende und die Organisation der Organspende geprägt ist. Das Transplantationsgesetz sieht in § 11 die Einrichtung einer Koordinierungsstelle vor, die für die Organisation der Organspende bundesweit die Verantwortung trägt. Am 27. Juni 2000 hat die Deutsche Stiftung Organtransplantation (DSO), die 1984 vom Kuratorium für Dialyse und Nierentransplantation e.V. (KfH) gegründet wurde, diese Aufgabe übernommen. Ihre Aufgaben wurden durch einen Vertrag mit der Bundesärztekammer, den Spitzenverbänden der Krankenkassen und der Deutschen Krankenhausgesellschaft festgelegt. Die DSO wurde verpflichtet, die Verantwortung für den gesamten Organspendeprozess einschließlich des Transports zu übernehmen. Ausgenommen ist die Organvermittlung, die der Stiftung Eurotransplant im niederländischen Leiden übertragen wurde. Die DSO ist eine rechtsfähige Stiftung des Bürgerlichen Rechts. Die Finanzierung der DSO als Koordinierungsstelle erfolgt durch ein Budget, welches die DSO mit den Krankenkassen aushandelt. Von 2004 bis 2006 ist dieses Budget festgelegt und dementsprechend von der tatsächlich erreichten Organspenderate entkoppelt.

Der Organspendeprozess mit den direkt involvierten Akteuren und Institutionen ist in Tabelle 3.1 dargestellt. Einzelne Stufen des organisatorischen Prozesses, wie zum Beispiel die Meldung eines potentiellen Organspenders bei der DSO, können zu unterschiedlichen Zeitpunkten des medizinischen Prozesses stattfinden. So kann es vorkommen, dass die DSO bereits bei dem ersten Verdacht eines Hirntodes informiert und hinzugezogen wird, oder aber erst nach der Klärung der Zustimmung zur Organspende. Die wichtigsten Stufen im Organspendeprozess sind: Spendererkennung und -meldung, Hirntoddiagnostik, Abklärung medizinischer Kontraindikationen, Klärung der Zustimmung zur Organspende, Fortsetzung von Intensivmaßnahmen beim Spender, Explantation, Transport und später dann Implantation in den jeweiligen Transplantationszentren.

---

[51] Hirntod ist der Zustand der irreversibel erloschenen Gesamtfunktion des Großhirns, des Kleinhirns und des Hirnstamms bei künstlicher Aufrechterhaltung der Herz- und Kreislauffunktion durch kontrollierte Beamtung, vgl. BÄK, DÄBl 95 (1998), S. B-1509, B-1516.

Tabelle 3.1 Organspendeprozess, beteiligte Akteure und Organisationsstruktur, PMOS

Prozess	Akteure	Organisationsstruktur
Erkennung		
erste Feststellung von klinischen Symptomen des unbeeinflussbaren fortschreitenden Verlustes der Hirnstammfunktionen unter Ausschluss von anderen Ursachen (Intoxikation u.a.) Feststellung der medizinischen Spendereignung (Alter, Vorerkrankungen u.a.) und Ausschluss von grundsätzlichen Kontraindikationen (z.B. HIV pos.)	behandelnder Arzt Pflegepersonal Beratung durch Transplantationsbeauftragten Laborpersonal	meldendes Krankenhaus eventuell Beratung Deutsche Stiftung Organtransplantation (DSO)
Nachweis		
Hirntoddiagnostik	zwei Ärzte (eventuell durch DSO vermittelt) eventuell medizinisches Personal für EEG, Perfusionszintigraphie	meldendes Krankenhaus Organisationszentrale der DSO
Meldung[52]		
Einleitung der Organspende eventuell Einholung eines orientierenden Konsils	behandelnder Arzt Koordinator	meldendes Krankenhaus Organisationszentrale der DSO
Fortsetzung von Intensivmaßnahmen		
Umstellung auf Intensivmaßnahmen zur Organerhaltung	behandelnder Arzt, Koordinator Transplantationsbeauftragte	meldendes Krankenhaus
Freigabe		
Freigabe durch die Staatsanwaltschaft bei nicht natürlicher Todesursache	Staatsanwalt Rechtsmediziner	Staatsanwaltschaft Polizei, Rechtsmedizin
Feststellung Spendereignung		
Feststellung potentieller Kontraindikationen, Labor (Virologie)	Arzt, Laborpersonal Konsilanfrage DSO möglich	meldendes Krankenhaus Organisationszentrale der DSO
Klärung der Zustimmung[53]		
Organspendeausweis oder Angehörigengespräch	Arzt, Angehörige, Koordinator medizinisches Personal	meldendes Krankenhaus Organisationszentrale der DSO ▶

---

[52] Die Meldung kann bereits beim ersten Verdacht auf Hirntod und spätestens nach der Zustimmung zur Transplantation stattfinden.

[53] Angehörigengespräch kann bereits nach der Hirntoddiagnostik stattfinden.

Prozess	Akteure	Organisationsstruktur
Organdistribution		
Meldung des Spenders an Eurotransplant (ET)	Koordinator DSO	Organisationszentrale der DSO
Entscheidung Organdistribution	Eurotransplant duty officer	Eurotransplant
Koordinierung der Organentnahme		
Koordinierung Organentnahmeteams, Transport, u.a.	Koordinator DSO	DSO
Organentnahme und Transport		
Explantation	Chirurgenteams der Transplantationszentren (als Konsiliarien der DSO) Anästhesist, OP-Personal	Transplantationszentren DSO meldendes Krankenhaus
Transplantation		
Transplantation (Implantation)	Operationsteam, Empfänger	Transplantationszentren

3.1.1 Spendererkennung und -meldung

Die Pflege eines Patienten mit schweren akuten Hirnschädigungen ist geprägt von ständigen Laborkontrollen, Infusionstherapien, Bilanzierungen der Ein- und Ausfuhr und diagnostischen Maßnahmen. In vielen Fällen sind es die Pflegekräfte einer Intensivstation, welche erste Anzeichen eines Hirntodes bemerken, wie zum Beispiel weite lichtstarre Pupillen oder das Fehlen eines Hustenreflexes beim Absaugen. Der verantwortliche Arzt entscheidet über das weitere Vorgehen und ob bereits zu diesem Zeitpunkt die DSO eingeschaltet wird, ob eine Hirntoddiagnostik durchgeführt wird und gegebenenfalls die Unterstützung eines von der DSO gestellten Konsiliararztes notwendig werden kann. In großen Universitätskliniken wird in der Regel die fachliche Kompetenz zur Hirntoddiagnostik im eigenen Haus vorhanden sein. Eine Meldung eines potentiellen Spenders bei der DSO findet im Idealfall bereits nach den oben beschriebenen ersten Verdachtsmomenten statt.

Der größte Teil der Organe geht durch fehlende Erkennung bzw. Meldung potentieller Spender im Krankenhaus verloren. Wie groß dieses Potential ist, zeigt sich schon allein daran, dass sich weniger als 50% der Krankenhäuser mit Intensivstation an der Organspende beteiligen und somit mehr als die Hälfte der betreffenden Einrichtungen ihrer im Transplantationsgesetz vorgesehenen Meldepflicht nicht nachkommen. Dafür gibt es verschiedene Gründe. Ein wesentlicher Einflussfaktor auf die Identifikationsrate der potentiellen Spender ist die nötige fachliche Qualifikation des medizinischen Personals. Häufig fehlt auch das Bewusstsein für die Möglichkeit der Explantation, da Ärzte und Pflegekräfte mit dem Thema nicht konfrontiert werden und Explantationen in der Praxis zu selten vorkommen. Organspende kommt an vielen Universitäten nicht im Studium vor, denn das Thema ist kein obligater Bestandteil des Medizinstudiums. Daraus folgt, dass vor allem in Krankenhäusern, in denen noch keine Organentnahmen durchgeführt wurden, der behandelnde Arzt häufig gar nicht erst auf den Gedanken kommt, den Patienten zu melden. Das gleiche gilt für das Pflegepersonal. Auch im Bereich der Pflege sind Hirntod, Organspende und Transplantation nicht Bestandteil der Ausbildung.

Falls dem medizinischen Personal die Möglichkeit der Explantation bewusst geworden ist, herrscht häufig eine große Unsicherheit im Umgang mit den technischen Details des Organspendeprozesses, wie zum Beispiel mit der Hirntoddiagnostik, dem Umgang mit den Angehörigen und dem weiteren organisatorischen und medizinischen Prozedere. An diesem Punkt spielt es eine große Rolle, ob es Bezugspersonen vor Ort gibt, wie zum Beispiel einen Transplantationsbeauftragten, der Auskunft erteilen und Hilfestellung leisten kann. Eine weitere wesentliche Rolle kommt der Motivation des Personals zu. Diese wird wiederum durch die persönliche Einstellung zur Organspende, die berufliche Belastung und nicht zuletzt von den er- bzw. entmutigenden Signalen der Klinikleitung beeinflusst. Die Politik der Klinikleitung bestimmt auch über die Ausgestaltung der Rolle des Transplantationsbeauftragten. Transplantationsbeauftragte sind in vielen Kliniken nicht oder nur *pro forma* benannt. Es gibt zudem keine Institution, die zwingend die Benennung eines Transplantationsbeauftragtens einfordert. Transplantationsbeauftragte haben häufig keine zeitlichen Kapazitäten zur Wahrnehmung der ihnen zugewiesenen Funktion. Werden sie aber nicht ausreichend von anderen Verpflichtungen freigestellt, dann signalisiert das deutlich, dass nur eine nominelle Wahrnehmung der Rolle erwartet wird.

3.1.2 Hirntoddiagnostik

Der Hirntod des potentiellen Spenders ist durch zwei Ärzte festzustellen, die nicht an Entnahme oder Übertragung beteiligt sind, vgl. § 5 Abs. 1 Satz 1, § 5 Abs. 2 Satz 1. Dies müssen für die Durchführung dieser Diagnostik qualifizierte Ärzte sein, die über eine mehrjährige Erfahrung in der Intensivbehandlung von Patienten mit schweren Hirnschädigungen verfügen. In der Regel stammen sie aus den Bereichen der Neurochirurgie, Anästhesie oder Neurologie. Zudem kann in vielen Regionen zur Unterstützung ein mobiles Hirntoddiagnostikteam von der DSO angefordert werden. Die DSO ist zu dieser Dienstleistung aufgrund von § 3 Abs. 1 Satz 4 des Vertrages, der nach § 11 TPG zustande gekommen ist, verpflichtet.

Der Hirntod wird in drei Schritten diagnostiziert: Im ersten Schritt werden die Voraussetzungen für die Feststellung des Hirntodes abgeklärt. Dieser

Schritt umfasst nach den Richtlinien der Bundesärztekammer die obligate Feststellung von Bewusstlosigkeit (Koma), die Feststellung der Hirnstamm-Areflexie und des Atemstillstandes (Apnoe). Zudem muss eine Intoxikation (typischerweise Barbituratvergiftungen), ein Schock oder eine Hypothermie ausgeschlossen werden. Im zweiten Schritt wird dann das Fehlen der Hirnstammreflexe überprüft. Dies wird an der fehlenden Reaktion der Pupillen bei Lichteinfall, dem Ausfall des okulozephalen Reflexes („Puppenkopfphänomen") und dem Ausfall des Hornhautreflexes erkannt. Anschließend wird im Gesichtsbereich ein starker Schmerzreiz gesetzt und das Ausbleiben des Würge- und Hustenreflexes überprüft. Darauf folgt der „Apnoetest" zum Beweis des Ausfalles des Atemantriebes. Der letzte Schritt zur Feststellung des Hirntodes ist der Nachweis der Irreversibilität. Die o.g. Untersuchungen müssen protokolliert und nach 12–72 Stunden wiederholt werden. Alternativ kann ohne diese Pause eine apparative Untersuchung durchgeführt werden. Der Hirntod kann ansonsten in jeder Intensivstation ohne ergänzende apparative Diagnostik festgestellt werden.

3.1.3 Klärung der Zustimmung zur Organentnahme

Kommt aus medizinischer Sicht eine Organspende in Betracht, ist zu klären, ob eine Organentnahme aus dem Blickwinkel des Selbstbestimmungsrechts des Spenders zulässig ist. In Deutschland bildet seit dem Inkrafttreten des Transplantationsgesetzes die *erweiterte Zustimmung* die gesetzliche Grundlage für eine Organentnahme. Nach dem TPG ist zunächst die schriftliche Einwilligung oder der schriftliche Widerspruch des potentiellen Spenders zu berücksichtigen, um die Zulässigkeit oder Unzulässigkeit einer postmortalen Entnahme zu ermitteln. Bei Nichtvorliegen einer solchen Erklärung sieht das TPG ein mehrstufiges System vor, das die Angehörigen des Verstorbenen in die Entscheidung einbezieht.

Einwilligung des Spenders
Nach § 3 Abs. 1 ist die Organentnahme zulässig, wenn der Spender zu Lebzeiten seine Einwilligung in den Eingriff erklärt hat. Der Spendewillige muss bei Abgabe der Einwilligung einsichtsfähig sein. Nach § 2 Abs. 2 Satz 3 ist die Einsichtsfähigkeit ab dem 16. Lebensjahr gegeben. Die Einwilligung ist persönlich abzugeben; sie ist keinem Formzwang unterworfen. Eine vorangehende ärztliche Aufklärung ist nicht notwendig, da der Spendewillige nach seiner eigenen ethischen Überzeugung entscheiden soll, die einer ärztlichen Aufklärung regelmäßig nicht zugänglich ist. Die Einwilligung umfasst – stillschweigend – auch die für die Transplantation notwendigen Vorbereitungsmaßnahmen, wie z.B. die Fortführung intensivmedizinischer Maßnahmen, die maschinelle Beatmung sowie die Entnahme von Blut oder von Teilen der Milz. Unabhängig von der Form ist bei mehreren sich widersprechenden Erklärungen die zuletzt abgegebene Erklärung wirksam.

Die Organentnahme ist nach § 3 Abs. 2 unzulässig, wenn ein Widerspruch des potentiellen Spenders vorliegt. Ein wirksamer Widerspruch ist ab dem 14. Lebensjahr möglich, § 2 Abs. 2 Satz 3. Er unterliegt keinem Formzwang.

Entnahme mit Zustimmung anderer Personen
Liegt dem Arzt, der die Organentnahme vornehmen soll, weder eine schriftliche Einwilligung noch ein schriftlicher Widerspruch des möglichen Organspenders vor, ist nach dem gestuften System der erweiterten Zustimmungslösung der nächste Angehörige[54] zunächst zu einer ausdrücklichen mündlichen Erklärung des Betroffenen zu befragen. Subsidiär hat der Angehörige unter Einbeziehung aller Anhaltspunkte, die die Einstellung des potentiellen Spenders zur postmortalen Spende vermuten lassen, dessen *mutmaßlichen Willen* zu berücksichtigen, § 4 Abs. 1 Satz 3. Erst auf dritter und letzter Stufe ist der Angehörige im Rahmen seines Totensorgerechts zu einer eigenen Ermessensentscheidung berufen.

Dokumentation der Spendebereitschaft
In Deutschland kann die Spendebereitschaft entweder formlos oder mit einem Organspendeausweis dokumentiert werden, den die Bundeszentrale für gesundheitliche Aufklärung herausgibt. Damit im Falle eines Hirntodes das klinische Personal Kenntnis von einem Organspendeausweis erhält, muss dieser entweder bei dem Patienten entdeckt werden oder die Angehörigen müssen die Ärzte auf das Vorhandensein eines Spenderausweises aufmerksam machen. Dabei kann es vorkommen, dass das Vorhandensein eines Ausweises nicht bekannt wird und der Spenderwille nicht berücksichtigt wird. Ein zentrales Organspenderegister könnte hier Abhilfe schaffen. Das ist vor allem auch dann von Bedeutung, wenn es sich um eine Person handelt, die ausdrücklich einer Organentnahme zu widersprechen wünscht. Befürchtungen, dass es durch einen solchen zusätzlichen Schutz der Persönlichkeitsrechte zu einer Absenkung der Zustimmungsraten kommt, scheinen eher gegenstandslos. Die Einführung eines Organspenderegisters in Großbritannien zum Beispiel hat zu einer Erhöhung der Organspenderate geführt. Das Transplantationsgesetz sieht die Möglichkeit der Einrichtung eines Spenderegisters vor: das Bundesministerium für Gesundheit kann durch Rechtsverordnung mit Zustimmung des Bundesrates einer Stelle die Aufgabe übertragen, die Erklärungen zur Organspende auf Wunsch der Erklärenden zu speichern und darüber berechtigten Personen Auskunft zu erteilen. Andere Formen der Dokumentation wie etwa der in Australien übliche Vermerk auf dem Führerschein können ebenso unentdeckt bleiben wie ein Spendenausweis und bieten daher im Gegensatz zu einem zentralen Register gerade nicht die an sich wünschenswerte Sicherheit, dass ein erklärter Spenderwille auch berücksichtigt wird.

---

[54] Das Gesetz regelt in § 4 Abs. 2 näher, wer „nächster Angehöriger" in diesem Sinne ist.

Aufklärung potentieller Spender

Das Transplantationsgesetz sieht vor, dass die nach Landesrecht zuständigen Stellen, die Bundesbehörden im Rahmen ihrer Zuständigkeit, insbesondere die Bundeszentrale für gesundheitliche Aufklärung sowie die Krankenkassen, die Bevölkerung über die Möglichkeiten der Organspende, die Voraussetzungen der Organentnahme und die Bedeutung der Organübertragung aufklären. Außerdem sollen sie Ausweise für die Erklärung zur Organspende (Organspendeausweise) zusammen mit geeigneten Aufklärungsunterlagen bereithalten. Momentan kommen bis auf wenige Ausnahmen die meisten Krankenkassen dieser Aufklärungspflicht nicht nach. Zudem wird das entsprechende Verhalten von keiner Institution überprüft. In Deutschland werden Bürger als potentielle Spender, wenn überhaupt, nur sehr selten mit der Frage der Organspende konfrontiert und es gibt keine flächendeckende Information, zum Beispiel in Schulen oder – wie in der Schweiz – beim Militär.

Angehörigengespräch

Das Angehörigengespräch hat momentan sehr hohe Relevanz, da in 80% der Fälle die Spender nicht zu Lebzeiten entschieden haben und somit die Angehörigen (eventuell nach deren vermutetem Willen) entscheiden müssen. Das hat zur Folge, dass zeitnah mit der Nachricht des Todes die Angehörigen zur möglichen PMOS befragt werden und ihnen in einer ohnehin extremen Situation eine weitere Belastung zugemutet wird. Häufig sind nicht nur die Angehörigen selber sondern auch das medizinische Personal mit der Situation überfordert.

Neben den Einstellungen und Werten der Angehörigen beeinflussen auch verschiedene situationsspezifische Faktoren den Ausgang des Gespräches. So scheinen – auch bei Kenntnis der Einstellung des Verstorbenen – die Erfahrungen der Angehörigen mit dem Intensivpersonal und der Zeitpunkt des Gespräches eine Rolle zu spielen. Zudem beeinflussen die Einstellung, das Engagement, die Gesprächsführungskompetenz und das Selbstvertrauen des beteiligten medizinischen Personals die Spendebereitschaft. Sind die Ärzte in Gesprächsführung geschult, hat dies in der Regel einen großen Effekt. Die richtige Gesprächsführung seitens der Ärzte und Schwestern ist wichtig, um zum Beispiel sicherzustellen, dass die Angehörigen das Konzept des Hirntodes verstehen. Nach Aussagen der DSO werden die höchsten Zustimmungsraten erreicht, wenn sowohl der behandelnde Arzt als auch der Koordinator der DSO bei dem Gespräch anwesend sind. Allerdings kann nach ethischen Maßstäben die Zustimmungsrate allein kein Kriterium für den Erfolg des Gespräches sein.

3.1.4 Weitere Regelungsmodelle zur Entnahme von Organen in Europa

In Europa gilt die *erweiterte Zustimmungsregelung* außer in Deutschland in Dänemark, Griechenland, Großbritannien/Irland, in den Niederlanden und in einigen Kantonen der Schweiz. Eine ebenfalls verbreitete Regelung zur Entnahme von Organen ist die *Widerspruchsregelung*. Bei der strikten Widerspruchsregelung ist eine Entnahme zulässig, wenn ein schriftlicher Widerspruch des Verstorbenen nicht vorliegt und sein Tod festgestellt wurde. Die Angehörigen müssen vor der Entnahme nicht informiert werden, so dass ihnen schon von daher keine Entscheidungskompetenz zukommen kann. Dagegen werden bei der erweiterten Widerspruchslösung die Angehörigen herangezogen, um einen eventuell mündlich geäußerten Widerspruch des Verstorbenen berücksichtigen zu können. Die strikte Widerspruchsregelung gilt in Italien, Luxemburg, Österreich, Portugal, Slowenien, Spanien, Tschechien und Ungarn. Eine Widerspruchsregelung mit Einspruchsrecht der Angehörigen gilt in Belgien, Finnland, Norwegen und in einigen Kantonen der Schweiz. Allerdings finden in vielen Ländern mit strikter Widerspruchsregelung Vetos von Angehörigen Beachtung, so dass *de facto* die strenge Unterscheidung zwischen strikter Widerspruchsregelung und Widerspruchsregelung mit Einspruchsrecht nicht möglich ist. In Frankreich und Finnland ist die *Informationsregelung* – eine weitere Form der Widerspruchsregelung – in Kraft. Bei Nichtvorliegen einer schriftlichen Erklärung und nach Feststellung des Todes werden die Angehörigen über die geplante Entnahme informiert. Sie haben ein Einspruchsrecht gegen den Eingriff.

Weder die so genannte *Enge Zustimmungsregelung* noch die *Notstandsregelung* ist in einem westeuropäischen Land zu finden. Bei der Engen Zustimmungsregelung ist die Entnahme ausschließlich bei ausdrücklicher Einwilligung des Spenders zulässig. Den Angehörigen kommt keine Entscheidungskompetenz zu. Weltweit hat sich lediglich Japan für die gesetzliche Verankerung der Engen Zustimmungslösung entschieden.[55] Bei der Notstandslösung ist eine Entnahme immer, auch bei Vorliegen eines Widerspruchs, zulässig. Im Rahmen der deutschen Rechtssystematik, die ja auch den § 323c StGB kennt, wäre eine Notstandslösung an sich nahe liegend, doch wird durch höherrangiges Verfassungsrecht und die darin enthaltene Privilegierung weltanschaulicher Grundüberzeugungen in jedem Falle ein Widerspruch zu beachten sein.

Es ist anzunehmen, dass die vergleichsweise hohen Organspenderaten in Ländern mit der Widerspruchsregelung zumindest teilweise auf das zugrunde liegende Regelungsmodell zurückzuführen sind.

---

[55] Die Regelung in Japan fordert im Falle eines hirntoten Spenders (im Gegensatz zu einem „Non-heart beating donor") zusätzlich zur Einwilligung des möglichen Organspenders eine Einverständniserklärung der Angehörigen.

3.2 Lebendorganspende (LOS)

Die Lebendorganspende repräsentiert im Bereich der Leber- und Nierenspende einen zunehmend größeren Teil des Organaufkommens und steht zurzeit im Zentrum der Diskussion um eine Entschärfung der Organknappheit. So plädiert beispielsweise die Ständige Kommission Organtransplantation der Bundesärztekammer (BÄK) für „weichere" Regeln bei der Lebendorganspende. Eine Ausweitung der Lebendspende bietet zudem Transplantationszentren die Möglichkeit, von der Organzuweisung durch Eurotransplant unabhängig zu werden. Grundsätzlich haben LOS und PMOS unterschiedliche Potentiale, den Mangel an Organen zu beheben. Im Vergleich zur PMOS ist die LOS auf bestimmte Organe begrenzt. Zudem sind keine Multiorganentnahmen möglich, so dass im Vergleich mehr Spender benötigt werden. Solange der Mangel an postmortalen Spenderorganen nicht behoben ist, bietet die LOS aber einen Ausweg für viele Patienten. Aus Erfahrungen in anderen Ländern (USA, Schweden, Norwegen) wird deutlich, dass hier noch ein relevantes Potential vorhanden ist: in diesen Ländern werden – bei ähnlichen Zahlen bezüglich der postmortalen Organspende – etwa 50% aller Transplantationen mittels Lebendspende durchgeführt.

3.2.1 Zulässigkeit der Entnahme bei lebenden Spendern, § 8 TPG

3.2.1.1 Allgemeine Voraussetzungen

§ 8 Abs. 1 Satz 1 TPG macht jede Organentnahme bei lebenden Spendern von vier kumulativ zu erfüllenden Voraussetzungen abhängig:

– § 8 Abs. 1 Satz 1 Nr. 1 stellt besondere Anforderungen an die Person des Spenders. Dieser muss volljährig und einwilligungsfähig sein.[56] Ferner muss er nach vorangegangener Aufklärung in den Eingriff eingewilligt haben. Schließlich verlangt § 8 Art 1 Satz 1 Nr. 1 die medizinische Eignung der spendewilligen Person als Spender sowie – nach ex-ante Beurteilung – den Ausschluss besonderer, über das Operationsrisiko hinausgehender gesundheitlicher Gefahren.
– § 8 Abs. 1 Satz 1 Nr. 2 fordert die Eignung des zu übertragenden Spenderorgans, das Leben des Empfängers zu verlängern oder zumindest seine Lebensqualität zu verbessern.
– Die Subsidiaritätsklausel des § 8 Abs. 1 Satz 1 Nr. 3 dient dem Schutz von Lebendorganspendern. Sie sagt aus, dass bei Verfügbarkeit eines geeigneten postmortal entnommenen Organs im Zeitpunkt der Organentnahme die Lebendspende unzulässig ist.
– § 8 Abs. 1 Satz 1 Nr. 4 sieht einen Arztvorbehalt vor.

---

[56] Einwilligungsfähig ist, wer alle mit der Entnahme einhergehenden Risiken und gegebenenfalls lebenslänglichen Beeinträchtigungen erkennen kann. Vgl. Carstens, 1978, S. 31.

- Gemäß § 8 Abs. 3 Satz 1 müssen sich zudem sowohl der Spendewillige als auch der potentielle Empfänger bereits vor der Transplantation zu einer Nachbetreuung bereit erklären.
- Unabhängig von der Regenerierungsfähigkeit des zu entnehmenden Organs normiert Abs. 3 als weitere Voraussetzung das Erfordernis einer gutachterlichen Stellungnahme. Dieser kommt die Aufgabe zu, die Freiwilligkeit der Spenderentscheidung zu überprüfen sowie kommerzielle Interessen auszuschließen.[57] Die Stellungnahme der Gutachterkommission stellt lediglich eine zusätzliche verfahrensrechtliche Sicherheit dar und bindet den Arzt bei seiner Entscheidung für oder gegen eine Organentnahme nicht.

3.2.1.2 Beschränkung des Empfängerkreises bei der Entnahme nicht regenerierbarer Organe

Bei der Entnahme nicht regenerierbarer Organe schränkt § 8 Abs. 1 Satz 2 den Kreis zulässiger Organempfänger ein. Durch diese Restriktion soll erklärtermaßen die Freiwilligkeit der Spenderentscheidung sichergestellt sowie der Organhandel bekämpft werden. Die Regelung erfasst die Transplantation von Nieren, Lungenlappen, Dünndarm- und Pankreasteilen sowie Lebersegmenten.[58] Diese Organe dürfen nur an Verwandte ersten oder zweiten Grades, Ehegatten, Lebenspartner, Verlobte sowie andere Personen, die dem Spender in besonderer persönlicher Verbundenheit offenkundig nahe stehen, übertragen werden.[59] § 8 Abs. 1 Satz 2 erfasst damit unstreitig Partnerschaften, familiäre Beziehungen sowie enge platonische Freundschaften.

Allerdings bereitet der Begriff des „offenkundigen Nahestehens in besonderer persönlicher Verbundenheit" Auslegungsprobleme. Umstritten ist insbesondere, welche Bedeutung dem Anlass der Spender-Empfänger-Verbindung sowie der Beziehungsdauer zuzumessen ist. So stellt sich die Frage, ob

---

[57] Diesem gesetzgeberischen Anliegen dient auch die Restriktion des Empfängerkreises nach § 8 Abs. 1 Satz 2.

[58] Hinsichtlich der Lebersegmente ist die Anwendbarkeit von § 8 Abs. 1 Satz 2 umstritten. Gegen die Einordnung als regenerierbar sprechen sich Nickel et al. (2001), § 8 Rn. 13 aus: Die verbleibende Leber vergrößere sich zwar zum Ausgleich des Gewebeverlusts und das Transplantat wachse beim Empfänger zur vollen Größe heran. Jedoch wüchsen die Segmente des entnommenen Teils an der Spenderleber nicht nach. Dagegen wird überwiegend von der Regenerierbarkeit ausgegangen und auf die Restriktionen des § 8 Abs. 1 Satz 2 TPG verzichtet: Die Entfernung eines Segments werde aufgrund der Anatomie der Leber durch das nachwachsende, verbliebene Gewebe ersetzt. Vgl. Esser in: Höfling, 2003, Rn. 65; Robert-Koch-Institut, 2003, S. 14. Auch die Gesetzesbegründung nennt im Zusammenhang mit § 8 Abs. 1 Satz 2 die Entnahme von Lebersegmenten nicht, vgl. dazu BT-Drs. 13/4355, S. 20.

[59] Mit Ausnahme des ausdrücklich genannten Verlöbnisses entspricht diese Aufzählung dem Wortlaut des § 4 Abs. 2 Satz 1. Dieser regelt, welche Angehörigen im Rahmen der erweiterten Zustimmungslösung zu befragen sind.

die besondere persönliche Verbundenheit unabhängig von der Transplantation entstanden sein muss oder ob gerade die geplante Organübertragung die Verbindung veranlasst haben kann.[60] Ferner ist unklar, ob und gegebenenfalls wie lange die Beziehung vor der Organübertragung bereits andauern muss. Die diesbezüglichen Ansichten weichen sowohl hinsichtlich der grundsätzlichen Entscheidung für oder gegen die Erforderlichkeit einer Mindestdauer als auch bezüglich ihrer Herleitung und der erforderlichen Zeitdauer erheblich voneinander ab.[61]

Diese Auslegungsprobleme sind nicht nur akademischer Natur, sondern weisen z.B. hinsichtlich der Frage der Zulässigkeit von so genannten Überkreuz-Lebendspenden eine erhebliche praktische Relevanz auf.[62] In diesem Zusammenhang hat das BSG entschieden, es könne nicht grundsätzlich vom Vorliegen oder Nichtvorliegen der Voraussetzungen nach § 8 Abs. 1 Satz 2 ausgegangen werden. Vielmehr sei die Intensität der Spender-Empfänger-Beziehung im konkreten Einzelfall entscheidend.[63]

3.2.2 Lebendorganspendeprozess

Im Vergleich zur PMOS zeichnet sich der Organspendeprozess bei der LOS dadurch aus, dass er weniger komplex ist und weniger Personen und Institutionen daran beteiligt sind. Involviert sind lediglich der Spender und Empfänger, die behandelnden Ärzte und die Mitglieder der Lebendspendekommission und auf der Ebene der Institutionen das Transplantationszentrum und gegebenenfalls das Dialysezentrum. Es ist demzufolge ein Prozess, der im Gegensatz zum Organspendeprozess der PMOS vorwiegend auf regionaler Ebene stattfindet. Der Organspendeprozess der LOS, die direkt involvierten Akteure und die Institutionen sind in Tabelle 3.2 dargestellt. Im ersten Schritt steht die Aufklärung potentieller Organempfänger über die Möglichkeit einer Lebendorganspende und die Kontaktaufnahme zu potentiellen Lebendspendern. Im weiteren ist der Lebendorganspendeprozess gekennzeichnet durch die Aufklärung des potentiellen Spenders über die Operation, das Prozedere und die Risiken, durch medizinische und psychologische Voruntersuchungen des Spenders und Empfängers und durch ein Interview durch eine interdisziplinäre Lebendspendekommission, die auf der Grundlage diese Gespräches und der medizinischen und psychologischen Unterla-

---

[60] Bickeböller et al., 1998, S. 332; Seidenath, 1998, S. 254; Nickel et al., 2001, § 8 Rn 17; Koch, 1999, S. 720.

[61] Edelmann, 1999, VersR 99, 1066; Esser in: Höfling, 2003, § 8 Rn. 78 unter Hinweis auf BT-Drs. 13/4355, S. 21. Schroth, 1999, S. 67; Nickel et al., 2001, § 8 Rn. 17.

[62] Aufgrund von Blutgruppen- oder Gewebeinkompatibilität scheitert eine Organübertragung bei zwei Spender-Empfänger-Paaren, die jeweils die Voraussetzungen des § 8 Abs. 1 Satz 2 erfüllen. Erweist sich eine Übertragung „über Kreuz" als medizinisch möglich und sinnvoll, so stellt sich die Frage nach deren rechtlicher Zulässigkeit.

[63] Urteil vom 18.2.2004, B 1 KR 5 / 02.

Tabelle 3.2: Organspendeprozess, LOS

Prozess	Akteure	Organisationsstruktur
Aufklärung Organempfänger		
Aufklärung eines Patienten auf der Warteliste über die Möglichkeit einer Lebendorganspende	behandelnder Arzt (Dialysearzt) Organempfänger	Transplantationszentrum (gegebenenfalls Dialyse-Zentrum, überweisendes Krankenhaus)
Kontaktaufnahme zu potentiellen Lebendspendern		
Kontaktaufnahme zu potentiellen Lebendspendern	Organempfänger Verwandte des Empfängers Personen in "besonderer persönlicher Verbundenheit"	keine
Aufklärung potentieller Spender		
Aufklärung des potentiellen Spenders über die Operation, das Prozedere und die Risiken	behandelnder Arzt des Organempfängers potentieller Spender	Transplantationszentrum
medizinische Voruntersuchung		
mehrstufige medizinische Voruntersuchung	mehrere Ärzte potentieller Spender	diverse Abteilungen des Krankenhauses, an das das Transplantationszentrum angeschlossen ist
psychologische Voruntersuchung		
Persönlichkeits- und Beziehungsdiagnostik mit potentiellem Spender und Organempfänger	Psychiater oder Psychologe potentieller Spender Organempfänger	Krankenhaus, an das das Transplantationszentrum angeschlossen ist
gegebenenfalls weitere Aufklärungsgespräche		
weitere Aufklärungsgespräche in zeitlichem Abstand, um dem Spender die Möglichkeit zu geben, die Lebendspende zu überdenken	behandelnder Arzt des Organempfängers potentieller Spender	Transplantationszentrum
Lebendspendekommission		
nicht bindende Empfehlung der Lebendspendekommission auf der Grundlage der medizinischen und psychologischen Unterlagen und/oder eines Gespräches mit den Betroffen	interdisziplinäre Kommission	Transplantationszentrum Ärztekammer oder Regelung nach Landesausführungsgesetz
Entscheidung zur Transplantation		
Entscheidung zur Transplantation	Transplanteur	Transplantationszentrum
Transplantation		
Transplantation	2 Ärzteteams, Organempfänger, Organspender	Transplantationszentrum

gen eine nicht-bindende Empfehlung ausspricht. Die endgültige Entscheidung zur Transplantation trifft der Transplanteur zusammen mit dem Spender und Empfänger.

3.2.3 Entwicklung der Lebendorganspende

Die Lebendspende von Nieren und Teilen der Leber durch verwandte und nicht-verwandte Spender hat in relativ wenigen Jahren in allen europäischen Ländern und den USA sprunghaft zugenommen. In Deutschland werden derzeit im Durchschnitt etwa 20% aller Nierentransplantationen mittels Lebendspende durchgeführt, wobei die Zahlen zwischen den einzelnen Transplantationszentren sehr stark variieren (von 3% bis etwa 30%), insgesamt jedoch eine steigende Tendenz aufweisen. Im Gegensatz dazu hat die Nieren-Lebendspende in den USA und Skandinavien einen Anteil von etwa 50%, in Japan – wo es kaum postmortale Organspende gibt – erfolgen praktisch 100% der Nierentransplantationen durch Lebendspende. Für die Lebertransplantation liegt der Anteil der Lebendspende in Deutschland wie in den USA bei ca. 10%, in Japan sind es aus den o.g. Gründen wiederum fast 100%. Diese unterschiedlichen Anteile der Lebendspende zwischen verschiedenen Ländern und auch zwischen verschiedenen Zentren in Deutschland – insbesondere bei der Nierentransplantation – haben eine Reihe von Gründen. Dies zeigt aber auch, dass deutliche Potentiale für die Ausweitung der Lebendspende grundsätzlich bestehen.

Einen wichtigen Anteil an der Steigerung der Lebendspende in Deutschland über die vergangenen 10–15 Jahre hat sicherlich die zunehmende generelle Akzeptanz dieses Behandlungskonzeptes in der Bevölkerung wie auch in medizinischen Fachkreisen. Die bessere Informiertheit über die Lebendspende und ihre guten Ergebnisse haben dazu geführt, dass die Möglichkeit der Lebendspende im konkreten Fall von Patienten und ihren Angehörigen in wachsendem Umfang ausdrücklich nachgefragt und von Nephrologen und Transplantationsmedizinern auch zunehmend aktiv angeboten wird. Die sehr unterschiedlichen Raten an (Nieren-)Lebendspende in der deutschen Transplantationszentren (und insbesondere die Daten aus den skandinavischen und US-amerikanischen Zentren) zeigen jedoch, dass bei uns noch deutliche Ausweitungsmöglichkeiten der Lebendspende bestehen.

Eine Erklärung für die höhere Rate an Lebendspenden in Skandinavien im Vergleich zu Deutschland ist die im Gesetz verankerte Subsidiarität der Lebendspende in Deutschland. In Skandinavien wird bei einem Patienten, der dialysepflichtig wird, zunächst die Option Lebendspende evaluiert. Wenn ein potentieller Lebendspender zur Verfügung steht, wird dieser entsprechend untersucht und gegebenenfalls die Transplantation durchgeführt. Nur wenn keine Möglichkeit zur Lebendspende besteht, erfolgt eine Anmeldung auf der Warteliste zur postmortalen Spende.

Wenngleich die gesetzlich verankerte Subsidiarität der Lebendspende in Deutschland im konkreten Einzelfall eine mögliche Lebendspende nicht verhindert, führt diese Regelung dennoch oft dazu, dass eine Lebendspende in Deutschland erst nach längerer Zeit auf der Warteliste überhaupt diskutiert und erwogen wird.

II Lösungsansätze

Der zweite Teil widmet sich der Diskussion verschiedener Ursachen und möglicher Strategien zur Überwindung des Organmangels. Das geschieht unter der Prämisse, dass durch den Organmangel so wichtige menschliche Interessen berührt werden, dass es moralisch geboten ist, vorurteilsfrei alle Möglichkeiten einer Steigerung der Effizienzrate (vgl. oben Kap. 2) – der Anzahl tatsächlicher Spender in einem Zeitraum im Verhältnis zur Anzahl potentieller Spender – in der Transplantation zu prüfen. Dazu sind zunächst etwaige Fehlsteuerungen im jetzigen System offen zu legen. Diese Fehlsteuerungen können grundsätzlich jede der drei für die Effizienzrate ausschlaggebenden „Teilraten" betreffen: die Identifikationsrate, die Melderate und die Zustimmungsrate. Die Kapitel dieses Teils befassen sich dementsprechend mit meldenden Krankenhäusern (Kap. 4), Transplantationszentren (Kap. 5) und der Koordinierungsstelle (Kap. 6) als den institutionellen Akteuren, die die Identifikations- und Melderaten potentieller Spender wesentlich beeinflussen. Im Anschluss daran werden, bezogen auf die postmortale Organspende, unterschiedliche Entnahmeregeln, die für die Zustimmungsrate nach Identifikation und Meldung bzw. bei Abgabe einer Spendenerklärung ausschlaggebend sind, diskutiert (Kap. 7). Schließlich werden in Kapitel 8 Möglichkeiten der Ausweitung der Lebendspende behandelt.

4 Meldende Krankenhäuser

Die in Deutschland realisierten Transplantationszahlen bleiben hinter denen anderer europäischer Länder weit zurück. Insbesondere im Vergleich zu Spanien fällt die Bundesrepublik deutlich ab. Von der Ärzteschaft und auch von der Deutschen Stiftung Organtransplantation (DSO) wird dies gewöhnlich unter Hinweis auf die mangelnde Spendenbereitschaft der Bevölkerung und die nach deutschem Recht vorgeschriebene *erweiterte Zustimmungslösung* erklärt. Für die These, dass die Spendenbereitschaft in der deutschen Bevölkerung grundsätzlich geringer ist als in anderen, vergleichbaren Ländern gibt es keine überzeugenden Anhaltspunkte (vgl. zur hohen Spendenbereitschaft Kap. 9). Die ebenfalls genannten unterschiedlichen Entnahmeregeln spielen zwar zweifellos eine große Rolle (s.o. 2.2).

Aber angesichts breiter Schwankungen in den Entnahmezahlen unter gleichen Entnahmeregeln, wie wir sie in verschiedenen Regionen Deutschlands unter der erweiterten Zustimmungsregel, aber auch etwa zwischen Österreich und Spanien unter einer in beiden Ländern praktizierten Widerspruchslösung finden, kann es nicht auf unterschiedliche Entnahmeregeln allein zurückzuführen sein, wenn in verschiedenen Regionen bzw. verschiedenen europäischen Ländern unterschiedliche Transplantationszahlen realisiert werden. Andere Gegebenheiten müssen ebenfalls eine wesentliche Rolle spielen.

4.1 Probleme bei der Re-Finanzierung von explantationsvorbereitenden Leistungen

Ausschlaggebend dafür, ob eine Explantation realisiert werden kann, sind zunächst Krankenhauseinrichtungen und Krankenhausbedienstete, die potentielle Spender erkennen und gegebenenfalls melden müssen. Die in Deutschland gegenwärtig vorherrschenden Rahmenbedingungen begünstigen die Mitwirkung von Krankenhäusern an explantationsvorbereitenden Maßnahmen jedoch nicht. Auch durchaus mitwirkungsbereite Krankenhauseinrichtungen und -bedienstete sehen sich im Gegenteil nicht unterstützt oder gar mit Hindernissen konfrontiert, wenn sie sich an der Erkennung und Meldung potentieller Organspender beteiligen wollen. Bislang riskieren in der Bundesrepublik Krankenhäuser, die sich *nicht* aktiv an der Förderung der Transplantationsmedizin beteiligen, kaum negative Konsequenzen für sich. Wenn sie aktiv explantationsvorbereitende Schritte unternehmen, tragen sie hingegen wesentliche Risiken sowohl in organisatorischer als auch in finanzieller, ethischer und juristischer Hinsicht selbst. Kurz: *Krankenhauseinrichtungen und Krankenhausbedienstete haben durch Nicht-Beteiligung an explantationsvorbereitenden Maßnahmen nichts und durch Beteiligung unter Umständen viel zu verlieren.* Es ist daher kaum verwunderlich, wenn sie zögern, sich aktiver an der Erkennung und Meldung potentieller Organspender zu beteiligen.

Die Tatsache, dass in Spanien nicht nur die Transplantationszahlen am höchsten sind, sondern dass dort der ganz außergewöhnlich hohe Anteil von etwa einem Drittel der Ausgaben für eine Transplantation für die Organentnahme und deren Vorbereitung aufgewendet wird, nährt die Vermutung, dass positive finanzielle Anreize bzw. ein hinreichender Ausgleich entstehender Kosten einen wesentlichen Beitrag zu den spanischen Erfolgen in der Gewinnung postmortal gespendeter Organe leisten. Zaghafte Ansätze, finanzielle Hindernisse auszuräumen bzw. sogar Anreize für die Teilnahme an explantationsvorbereitenden Maßnahmen einzuführen, hat es auch in Deutschland bereits gegeben. Im Bayerischen Landesausführungsgesetz etwa ist eine indirekte Bezahlung der Transplantationsbeauftragten für jede Spendermeldung bzw. pro Intensivbett vorgesehen. Dies hat nicht zu nachhaltigem Erfolg geführt. Daraus aber zu schließen, dass finanzielle Anreize zur Mitwirkung an explantationsvorbereitenden Maßnahmen in Deutschland anders als in Spanien generell unwichtig seien, ist verfehlt. Finanzielle Anreize sind zwar weder in jedem institutionellen Umfeld gleich annehmbar, noch in jedem Umfeld gleich wirksam (und Zahlungen von 5 € pro Intensivbett wie in Bayern kaum hinreichend, um überhaupt eine Wirkung zu erzielen). Doch ist es in jedem Fall zutreffend, dass ein Verhalten, bei dem die Krankenhäuser aus eigenen Mitteln zuzahlen müssen, von diesen nicht erwartet werden kann. Eine unzureichende Re-Finanzierung von explantationsvorbereitenden Maßnahmen muss daher als ein ernstes Hindernis für die Organgewinnung angesehen werden. Dass ein derartiges Hindernis ungeachtet verbesserter Entgelte immer noch besteht, zeigt der Blick auf die finanziellen Aspekte einer Mitwirkung an explantationsvorbereitenden Maßnahmen.

4.1.1 Pauschalierte Re-Finanzierung

Die Finanzierung, die Krankenhäuser für ihre Beteiligung an explantationsvorbereitenden Maßnahmen erhalten, beruht ausschließlich auf dem Prinzip der (pauschalierten) Re-Finanzierung erbrachter Leistungen, deren Wert statistisch ermittelt wird. Seit 1.1.2004 beinhaltet dieses System auch Pauschalen für bestimmte Leistungen, die letztlich nicht zur Entnahme und Transplantation eines Organs führen.

Die Re-Finanzierung ist in fünf Module aufgeteilt in Abhängigkeit davon, ob der Spendeprozess als Ein- oder Mehrorganentnahme zu Ende gebracht wurde. Sie hängt nicht nur davon ab, ob Organe tatsächlich entnommen wurden, sondern auch davon, ob die Organe später im Transplantationszentrum auch transplantiert werden oder ob der Prozess vorzeitig abgebrochen werden muss. Voraussetzung dafür, dass überhaupt die erste Stufe der Re-Finanzierung erreicht wird, ist eine abgeschlossene Hirntoddiagnostik sowie die Klärung einer möglichen Einwilligung zum Beispiel in Form eines Angehörigengespräches einerseits und die frühzeitige Kontaktaufnahme mit der Koordinierungsstelle andererseits. Wenn diese Aufwände von einem Krankenhaus betrieben werden und es letztlich doch nicht zur Organentnahme kommt, bleibt es bei der eingeschränkten Finanzierung und es entfällt die weitere transplantationsbedingte Re-Finanzierung. Das bedeutet aber, dass das entsprechende Risiko dem meldenden Krankenhaus aufgebürdet wird. Die Tabelle 4.1 gibt einen Überblick über die gegenwärtig geltenden Re-Finanzierungsparameter.

Die seit 2004 günstigeren Re-Finanzierungsparameter sind möglicherweise in den Krankenhäusern nicht hinreichend bekannt. Der Informationsstand lässt sich vermutlich verbessern und damit der unter Kliniken und Klinikärzten anscheinend immer noch vorherrschende Eindruck extremer Unterfinanzierung der explantationsvorbereitenden Maßnahmen korrigieren. Ein näherer Blick auf die Re-Finanzierung zeigt allerdings, dass die

Tabelle 4.1 Refinanzierungsparameter

	Bezeichnung	ITS-Pauschale	OP-Pauschale	Summe
Modul 1	Einorganentnahme	1.270 €	820 €	2.090 €
Modul 2	Mehrorganentnahme	1.270 €	2.100 €	3.370 €
Modul 3	Abbruch bei Ablehnung (DSO muss im Akutprozess involviert sein)	200 €	–	200,€
Modul 4	Abbruch des Organspendeprozesses während der Aufrechterhaltung der Homöostase auf der Intensivstation bei Zustimmung	1.270 €	–	1.270 €
Modul 5	Abbruch des Organspendeprozesses im Operationssaal	1.270 €	820 €	2.090 €

gemachten Fortschritte in vielen Fällen noch nicht ausreichen, um auch nur Kostenneutralität einer Beteiligung sicherzustellen.

4.1.2 Unzureichende Erstattung der Kosten von explantationsvorbereitenden Maßnahmen

Die Re-Finanzierung explantationsvorbereitender Maßnahmen aus Mitteln der Transplantationsmedizin ist an gewisse Voraussetzungen gebunden. Die Schaffung dieser Voraussetzungen, insbesondere die Durchführung der aufwändigen Hirntoddiagnostik nach den Richtlinien der Bundesärztekammer ist bereits ein kostenintensiver diagnostischer Vorgang, dessen Ergebnis in vielen Fällen nicht die tatsächliche Feststellung des Hirntodes ist. Wird aber durch die eingeleitete Diagnostik eindeutig festgestellt, dass kein Hirntod vorliegt, so können die Organe nicht entnommen werden. Dann entfallen insoweit die Voraussetzungen für eine weitere Re-Finanzierung aus Mitteln der Transplantationsmedizin.

Der finanzielle Aufwand für die Hirntoddiagnostik wird insbesondere dann, wenn zusätzliche Maßnahmen erforderlich sind, deutlich über der für einen abgebrochenen Spendeprozess vorgesehenen Re-Finanzierung von 200 € liegen. Dies gilt zum Beispiel dann, wenn toxikologische Gutachten eingeholt werden müssen oder aufwändige apparativ-technische Maßnahmen für die Hirntodfeststellung gegebenenfalls sogar mehrfach erforderlich sind. Falls gerade bei diesen sehr aufwändigen Diagnostiken das Ergebnis nicht „Hirntod" lautet, erfolgt überhaupt keine Re-Finanzierung. Nicht zuletzt aus diesen Gründen wird häufig selbst von Universitätskliniken auf ein von der Koordinierungsstelle angebotenes mobiles Konsiliarteam für die Hirntoddiagnostik – jedenfalls in denjenigen Regionen, in denen ein solches Team vorhanden ist – zurückgegriffen.

Um die Eignung von Organen für Transplantationszwecke zu evaluieren beziehungsweise die Transplantabilität von Organen zu verbessern, fordern Transplantationszentren häufig die Durchführung aufwändiger Maßnahmen von den Kliniken. Zum Beispiel werden die Durchführung einer Angiographie zur Feststellung der Herzeignung oder einer Bronchoskopie zur Frage der Lungeneignung erwartet. Ferner werden nicht selten Maßnahmen wie intensives kardiopulmonales Monitoring gefordert, was die Verwendung teurer Diagnose- und Überwachungssysteme voraussetzt. Es handelt sich um kosten- und personalintensive Prozesse, für die es keine zusätzliche Re-Finanzierung gibt, da mit der vorhandenen pauschalen Re-Finanzierung jeglicher Aufwand als abgegolten gilt. Zugleich ist die apparative und personelle Durchführbarkeit derartiger Maßnahmen nicht immer leicht zu gewährleisten. Daraus ergibt sich der Anreiz, die Phase der Spenderkonditionierung, das heißt die Phase zwischen Feststellung des Hirntodes und gegebener Einwilligung einerseits und tatsächlicher Organentnahme andererseits, im Krankenhaus möglichst kurz und billig zu gestalten oder, da solche Maßnahmen immer häufiger von Seiten der Koordinierungsstelle von den Kliniken gefordert werden, zur Vermeidung unabsehbarer Kosten den potentiellen Spender lieber gar nicht erst zu melden.

Kann der Hirntod nicht zweifelsfrei nachgewiesen werden, was in einer nicht unbeträchtlichen Anzahl von Fällen vorkommt, entsteht ein weiteres erhebliches Problem, wenn die Behandlungsmaßnahmen eingestellt werden sollen. Dann muss gegebenenfalls eine an sich aussichtslose Behandlung, deren Abbruch ohne Hirntoddiagnostik als klar indiziert gegolten hätte, aufgrund der Unmöglichkeit, den Hirntod festzustellen, fortgesetzt werden. Selbst in den anscheinend sicheren Fällen, in denen die behandelnden Ärzte vom Vorliegen des Hirntodes ausgehen und zur Absicherung der Diagnose ein mobiles Konsiliarteam hinzuziehen, stellt dieses in knapp 25% der Fälle fest, dass dennoch kein Hirntod vorliegt. Dabei kann es zum ersten der Fall sein, dass der Hirntod zwar eingetreten ist, sich aber nicht in einer Weise diagnostizieren lässt, die den Richtlinien der Bundesärztekammer entspricht. Dann wird sich die Situation aus medizinischen Gründen relativ schnell klären. Im zweiten Falle, in dem tatsächlich kein Hirntod vorliegt, aber aus anderen Gründen ein Behandlungsabbruch indiziert gewesen wäre, kann es dazu kommen, dass eine starke Verlängerung des Sterbeprozesses mit allen ethischen und ökonomischen Konsequenzen eintritt.

4.1.3 Entgangene Deckungsbeiträge durch Hilfsdienste bei der Organentnahme

Da Explantationen häufig in der Nacht und praktisch immer aufgrund ihrer mangelnden Planbarkeit außerhalb der gewöhnlichen Dienstpläne erfolgen müssen, stellen sie insbesondere kleinere und mittlere Häuser vor organisatorische Probleme. In Kliniken, die keinen „rund um die Uhr"-Dienst vorhalten, muss nach zusätzlichen Arbeitsbelastungen in der Nachtzeit das Personal am nächsten Tag Freizeitausgleich nehmen und steht deshalb für ein reguläres OP-Programm nicht mehr zur Verfügung. Der Ausfall von Personal führt nicht nur zum Leerstand bei den OP-Sälen, was direkte finanzielle Verluste beinhaltet, sondern auch zum Imageschaden, da Operationen verschoben werden und Patienten deshalb einen längeren Krankenhausaufenthalt hinnehmen müssen. Angesichts der mit Operationen für den durchschnittlichen Patienten ohnehin verbundenen psychischen Belastungen sind das keineswegs untergeordnete Gesichtspunkte für die Patienten und Angehörigen.

Auf ihre Reputation bedachte Kliniken müssen diesen Aspekten einer eigenen Beteiligung am Transplantationsgeschehen sehr wohl Beachtung schenken. Sie müssen auch berücksichtigen, dass unabhängig von regionalen Gegebenheiten in bestimmten Gruppen der Bevölkerung der Hirntod nach wie vor nicht akzeptiert ist. Diese Gruppierungen geben sich gewöhnlich nicht offen zu erkennen, sondern machen ihre Opposition gegenüber Hirntod und Transplantationsmedizin insgesamt eher indirekt geltend. Allein die Unsicherheit, ob die eigene Klinik sich in einem ablehnenden Umfeld befindet oder gar unter dem eigenen Personal Gegner des Hirntodkriteriums oder von Transplantation aufweist, lässt viele leitende Ärzte von der Durchführung von Organentnahmen abrücken.

Für das Krankenhaus geht es um die Güterabwägung zwischen der im Transplantationsgesetz festgelegten (bislang bloß appellativen, sanktionsfreien) Pflicht zur Auffindung und Meldung aller potentiellen Organspender und der Vermeidung von Risiken und Kosten. Die Tatsache, dass finanzielle Risiken unkompensiert bleiben, bildet ein klares Hindernis dafür, sich aus freien Stücken an explantationsvorbereitenden Maßnahmen zu beteiligen. Eine Klinikleitung, die ihre Kosten im Blick hat, wird zögern, die Erkennung von möglichen Spendern im eigenen Hause zu fördern.

4.2 Probleme auf der Intensivstation

Wenn Klinkleitungen sich ungeachtet entgegenstehender finanzieller Anreize für die Spendererkennung und die Organentnahme einsetzen, so ist das begrüßenswert. Allerdings ist es gewiss nicht vernünftig, auf solchen Idealismus als verlässliche Grundlage der Transplantationsmedizin zu setzen. Was für die Klinikleitungen gilt, trifft in bestimmter Weise, wenn auch aus anderen Gründen, auch auf die Mitarbeiter in Intensivstationen zu. Selbst in Häusern, in denen die Klinikleitung nicht darauf hinwirkt, eine Beteiligung an explantationsvorbereitenden Maßnahmen zu unterlassen, sehen mitwirkungswillige Mitarbeiter sich in ihrem unmittelbaren Tätigkeitsfeld Hindernissen gegenüber, die sie von einer Teilnahme am Transplantationsgeschehen eher abhalten müssen.

4.2.1 „Natürliche" Priorisierung anderer gegenüber explantationsvorbereitenden Maßnahmen

Offenkundig sollten auf einer Intensivstation diejenigen Patienten Vorrang haben, deren Behandlung Aussicht auf Erfolg hat. Die Aufmerksamkeit der behandelnden Ärzte und des Pflegepersonals muss naturgemäß zunächst ihnen gelten. Es mag zwar zutreffen, dass es keinen praktisch relevanten Zusatzaufwand darstellt, ein Auge darauf zu haben, ob Patienten möglicherweise die Kriterien des Hirntodes erfüllen. Der behandelnde Arzt wird ohnehin zu einer entsprechenden Verdachtsdiagnose im Zuge seiner Tätigkeit auf der Intensivstation gelangen. Aber die Lage ändert sich zwangsläufig, wenn der Arzt konkrete Schritte einzuleiten hat, um seinen Verdacht abzuklären bzw. wenn nach entsprechender Klärung die Behandlung auf die Vorbereitung einer Transplantation umgestellt wird. Die Weiterbehandlung eines potentiellen Organspenders dient nicht mehr dem Überleben der behandelten Person. Sie steht zugleich in Konkurrenz zur Durchführung von unmittelbar überlebenssichernden Maßnahmen für andere Patienten auf der betreffenden Station. Es ist schon von daher klar, dass explantationsvorbereitende Maßnahmen im Vergleich zu direkt überlebenssichernden Interventionen auf einer Intensivstation tendenziell geringere Priorität aufweisen müssen.

Der zweite hier zu nennende Faktor ist mit dem ersten eng verknüpft, doch durchaus von eigenständiger Bedeutung: Der Patient auf seiner Station, der nicht für eine Organentnahme vorgesehen ist, sondern durch intensivpflegerische Maßnahmen potentiell wiederhergestellt werden kann, ist für den behandelnden Arzt ein konkretes Leben, zu dem er persönlich in einer direkten Beziehung steht. Der Patient, der sich in einer anderen Einrichtung auf der Warteliste für ein Organ befindet, stellt hingegen für den die Intensivbehandlung seines Patienten durchführenden Arzt nur ein abstraktes Leben dar. Konkrete Leben priorisieren Menschen generell gegenüber abstrakten bzw. nur statistisch gefährdeten Leben. Dieser psychologische Faktor tritt neben die ohnehin gegebene besondere rechtliche Garantenstellung des Arztes gegenüber den je eigenen Patienten. Psychologie und rechtliche Lage sprechen beide zugunsten der auf der eigenen Intensivstation zu behandelnden nicht hirntoten Patienten gegen die Interessen der anderswo auf ein Organ wartenden Patienten.

Es gibt demnach gewichtige rechtliche Faktoren, die auf jeder Intensivstation einer prioritären Beteiligung an der Organentnahme entgegenwirken. Das sollte man keineswegs beklagen, da dies ethisch, rechtlich und medizinisch als angemessen erscheint. Man darf diese Faktoren aber auch nicht ausblenden, wenn man zu einem ausgewogenen Ausgleich der Interessen der Transplantationsmedizin und der auf Organe wartenden Patienten mit den Interessen anderer Personen – etwa der Intensivpatienten und der diese behandelnden Ärzte – gelangen möchte.

4.2.2 Furcht vor eigenen Fehlern

Ein negativer Einflussfaktor kann auch die Furcht vor fachlicher Blamage oder juristischen Konsequenzen sein. So ermuntert der Vorwurf schlechter Organspenderführung mit Organverlust, welcher von Transplantationsmediziner gelegentlich geäußert, den betroffenen Mediziner nicht gerade zur nächsten Spendermeldung. Der Mediziner, der seine Autorität im eigenen Krankenhaus einmal untergraben sah, wird eventuell eine weitere Beteiligung vermeiden wollen. Noch gravierender sind die Folgen, wenn aufgrund eines vermuteten oder tatsächlichen Fehlverhaltens der betreuenden Ärzte Anzeige gegen Krankenhausärzte erstattet wird. Unabhängig vom Sachverhalt sind aus den betroffenen Krankenhäusern schwerlich weitere Spendermeldungen zu erwarten.

4.2.3 Mangelnde Bereitschaft und Fähigkeit zum Angehörigengespräch

Das auf einer Intensivstation tätige Personal sieht sich ohnehin großen Belastungen ausgesetzt. Kommt es nach abgeschlossener Hirntoddiagnostik dazu, die Zulässigkeit einer Organentnahme zu prüfen, so ist unter den heute in Deutschland geltenden Entnahmeregeln in jedem Falle ein Angehörigengespräch erforderlich. Das gilt selbst dann, wenn beim potentiellen Spender ein Organspenderausweis mit positiver Spendenbereitschaftserklärung gefunden wird, da man auch in einer solchen Situation keine Entnahme ohne vorheriges Gespräch mit den Angehörigen durchführen wird. Besonders schwierig wird die Situation in den – seltenen – Fällen, in denen sich Angehörige trotz vorliegenden Spenderausweises gegen die Organentnahme aussprechen. Hier ist höchstes Einfühlungsvermögen notwendig. um die Angehörigen nachhaltig zu überzeugen, dass ihnen ein solches Recht gar nicht zukommt und sie mit der Entscheidung der/des Verstorbenen weiterleben müssen. Unter Umständen müssen solche Gespräche zweiseitig geführt werden. Aber auch in weniger heiklen Situationen bleibt das Angehörigengespräch immer eine psychische Hürde für das Personal der Intensivstation.

Angesichts der Tatsache, dass das Personal auf der Intensivstation noch bis vor kurzem versucht hatte, das Leben der nun hirntoten Person zu retten und in der Regel die Angehörigen auch über die entsprechenden Versuche informierte, muss es ihm besonders schwer fallen, nicht nur die Nachricht des Todes zu überbringen, sondern zugleich die Zustimmung zu einer Explantation von Organen zu erbitten. Angesichts der in solchen Fällen gebotenen Eile ist es nur schwer möglich, den trauernden Angehörigen nach Erbringung der Todesnachricht eine angemessene Frist zu lassen, bevor man sie mit einem weiteren belastenden Ansinnen behelligt. Die Frage nach der Zustimmung zu einer Explantation muss daher fast immer unzeitig erfolgen: Es ist die „unmöglichste Frage zum unmöglichsten Zeitpunkt an die unglücklichste Familie".

Selbstverständlich ist es in einem solchen Kontext hilfreich, wenn der Verstorbene eine ausdrückliche Willenserklärung hinterlassen hat. In der überwiegenden Zahl aller Fälle – jedenfalls in mehr als 90% der Fälle – liegt aber keine schriftliche Willenserklärung etwa in Form eines ausgefüllten Spenderausweises vor. Gewöhnlich können die Angehörigen noch nicht einmal auf eine mündliche Äußerung der verstorbenen Person zurückgreifen, in der diese sich entweder für oder gegen die Explantation geäußert hat. Das konterkariert die in den Beratungen um das TPG immer wieder geäußerte Absicht, sich in Fragen der Organentnahme primär am Willen des Verstorbenen zu orientieren.

Damit wird die Situation nicht nur für die Angehörigen schwieriger, sondern auch für das Krankenhauspersonal, das eine entsprechende Frage an sie richten soll. Verantwortlich handelnde Mitarbeiter der Intensivstation werden eine dem Geist des TPG entsprechende ergebnisoffene Gesprächsführung im Respekt vor dem Toten und dessen Angehörigen anstreben, während das Umfeld von denjenigen, die solche Gespräche führen, „Erfolge" im Sinne hoher Zustimmungsraten erwartet. Damit sehen sie sich über die zuvor geschilderten Konflikte hinaus einem weiteren ausgesetzt.

In früheren Jahren hat die DSO sogenannte EDHEP-Programme (European Donor Hospital Education Program) angeboten, um das Intensivpflegepersonal in einer ergebnisoffenen Gesprächsführung und im eigenen Umgang mit dem Sterben und dem Tod von Intensivpatienten zu schulen. Diese Trainingsprogramme wurden nunmehr stark reduziert zu Gunsten eines Vorgehens, bei dem speziell gesprächsgeschulte Mitarbeiter der DSO auf die Station kommen, um mit oder ohne behandelnde Ärzte mit den Angehörigen zu reden, mit dem Ziel, durch eine angemessene Gesprächsführung eine umfassende Einwilligung herbeizuführen. Das entspricht nicht dem Geist des TPG, welchem nur eine ergebnisoffene Gesprächsführung gerecht werden könnte.

Es kann insgesamt nicht verwundern, dass angesichts der geschilderten Belastungen Konflikte und Probleme das Angehörigengespräch mit Hinterbliebenen von hirntoten Patienten von den Mitarbeitern von Intensivstationen gescheut wird. Auch die meisten Verstorbenen würden sich bei entsprechender Befassung mit den Folgen des eigenen Todes gewiss wünschen, dass ihren Angehörigen die entsprechenden Belastungen erspart bleiben.

Soweit zur Diagnose der Probleme, denen sich Krankenhäuser und das an explantationsvorbereitenden Maßnahmen beteiligte Personal gegenübersehen. Welche Optionen gibt es, materielle und ideelle Anreize zur Mitwirkung an der Organgewinnung in Krankenhäusern zu verbessern?

4.3 Handlungsoptionen und ihre Vor- und Nachteile

Nach dem bislang Gesagten ist es nicht verwunderlich, wenn sich insbesondere kleinere und mittlere Häuser in Deutschland nur unzureichend an der Erkennung potentieller Organspender in ihren Intensivpflegeeinrichtungen beteiligen. Materielle wie ideelle negative Anreize stehen einer aktiven Unterstützung der Transplantationsmedizin im Wege. Will man Verhaltensänderungen insoweit herbeiführen, so muss man versuchen, die bestehenden Hindernisse zu beseitigen. Man kann grundsätzlich vier Strategien erwägen:

- Man kann daran denken, verstärkt bei den Krankenhauseinrichtungen und insbesondere auch in den Intensivpflegeeinrichtungen kleinerer und mittlerer Häuser für die Mitwirkung an der Transplantationsmedizin zu werben. Nicht nur die direkte Ansprache der Klinikeinrichtungen und des Klinikpersonals in Form von Appellen und Schulungen, sondern auch die Benennung spezieller Ansprechpartner in Kliniken kann zu diesen „klima-verbessernden" appellativen Maßnahmen gerechnet werden.
- Man kann aber auch geradezu das Gegenteil klima-verbessernder Maßnahmen in Form einer Strategie der Sanktionsdrohung in Erwägung ziehen. Mit der Verhängung von Sanktionen gegenüber Krankenhäusern, die nur unzureichend an explantationsvorbereitenden Maßnahmen mitwirken, verändert man die Anreizstrukturen in direkter und nahe liegender Weise.
- Man kann schließlich positive monetäre Anreize für die Mitwirkung an explantationsvorbereitenden Maßnahmen setzen. Dazu wäre vor allem die Finanzierung solcher Maßnahmen zu verbessern.
- Man kann die Entnahmeregeln so verändern, dass ein Angehörigengespräch nur mehr Informationszwecken dient, jedoch keinerlei Entscheidungswirkungen oder -zwänge mit sich bringt.

Alle vier genannten Handlungsoptionen sollen nun der Reihe nach betrachtet werden (wobei die vierte nur ganz knapp angesprochen wird, da sie ausführlicher Gegenstand des gesonderten Kapitels 7 sein wird).

4.3.1 Appelle

Appelle bewirken in der Politik einiges. Die Bürger gehen zu den Wahlen, sie spenden für Parteien oder auch für Opfer von Katastrophen. In häufig wiederkehrenden Situationen kann verlässlich abrufbares Verhalten aber nicht über Appelle in der Form von Aufrufen erzeugt werden. Bloße Aufrufe sind für Ausnahmesituationen oder selten wiederkehrende Ereignisse, die einen eher geringen Aufwand beinhalten (wie etwa periodische allgemeine Wahlen) geeignet, kaum jedoch für den alltäglich wiederkehrenden Regelfall, dessen Erledigung überdies auch noch einen beträchtlichen Aufwand beinhalten mag. Um das Verhalten in solchen Situationen verlässlich beeinflussen zu können, wird man primär an stetig und in jedem Einzelfall wirkende, insbesondere finanzielle Anreize zu denken haben.

Trotzdem spielen Aufrufe möglicherweise eine gewisse Rolle für das generelle Meinungsklima einer Gesellschaft. Sie können die Situationswahrnehmung beeinflussen und damit den Boden für wirksamere Appelle bereiten. Beispielsweise zielen Politiker gegenwärtig in Aufrufen zur Mitwirkung an der Organspende nur auf uneigennützige Hilfsbereitschaft. In einem System, in dem die Reziprozität in der Organallokation angemessen Berücksichtigung fände und Organempfänger, nachdem sie über einen gewissen Zeitraum ihre eigene Spendenbereitschaft dokumentierten, einen gewissen Vorrang beim Organzugang hätten, könnten sie durch öffentliche Aufrufe auch an Fairness appellieren. Jene, die sich selbst ausdrücklich zuvor zur Entnahme bereit erklärten, hätten „reziprok-solidarisch" bevorzugte Versorgungsanrechte. Unter diesen Bedingungen könnten auf die Transplantation wartende potentielle Empfänger nicht nur demütig um eine Spende bitten, sie könnten an Krankenhäuser und Öffentlichkeit weit nachdrücklicher appellieren. Denn die Abwendung einer Ungerechtigkeit motiviert gewöhnlich stärker und erzeugt auch stärkeren wechselseitigen sozialen Druck als die bloße Gelegenheit zu einer mildtätigen, guten Tat.

Nicht alle Appelle müssen die Form von Aufrufen haben. In sozialen Netzwerken „appellieren" die Beteiligten fortwährend in einem weiteren Sinne an ihre wechselseitige Hilfsbereitschaft. Die Wirksamkeit informeller Netzwerke und des in ihnen aufgebauten Sozialkapitals darf man auch und gerade in der Transplantationsmedizin nicht unterschätzen.[64] In regionalen Netzwerken wird immer wieder „strukturell" an die Mitwirkungsbereitschaft derjenigen, die in das Netzwerk eingebunden sind, „appelliert". Solche Arten von Appellen besitzen typischerweise eine organisatorische Unterstützung. Regionalbeauftragte etwa der Deutschen Stiftung Organtransplantation sind für bestimmte Unterregionen verantwortlich und pflegen dort Kontakte zu Krankenhäusern und deren Personal. Die Regionalbeauftragten werden für ihre Tätigkeit entlohnt und als Bezieher solcher Entlohnung haben sie einen Anreiz, an andere stetig zu „appellieren" und ihre Netzwerke zu pflegen (vgl. dazu unten 6.2).

Netzwerke und informelle Appelle an die Beteiligten können für das Transplantationsgeschehen und die Mitwirkung an explantationsvorbereitenden Maßnahmen von großer Bedeutung sein. Dennoch sind manche der Auffassung, dass man nicht nur appellieren, sondern auch sanktionieren sollte. Das führt unmittelbar zu der zweiten der drei grundlegenden Handlungsoptionen, deren man sich zur Steigerung der Mitwirkungsbereitschaft der Krankenhäuser und ihrer Bediensteten bedienen kann.

---

[64] Vgl. zum Sozialkapital insbesondere Putnam, 2000, 2001.

4.3.2 Verhängung von Sanktionen für mangelnde Beteiligung

Angesichts der bestehenden Meldepflicht könnten Sanktionen für Krankenhäuser an statistische Größen wie das durchschnittlich zu erwartende Spenderaufkommen einer Einrichtung der betreffenden Art geknüpft werden. Man könnte somit die Beweislast zumindest partiell auf das Krankenhaus verlagern. Sollte der statistisch zu erwartende Wert an Spendermeldungen unterschritten werden, hätte das betreffende Krankenhaus die Pflicht darzulegen, warum diese Unterschreitung des erwarteten Wertes unvermeidlich war. Solche Begründungen abgeben zu müssen, stellt durchaus bereits eine gewisse „Sanktion" dar. Eine finanzielle Sanktion etwa durch Abschläge im Rahmen der Krankenhausfinanzierung könnte erfolgen, sofern die Begründungen als unzureichend angesehen werden.

Darüber hinaus könnte man natürlich auch daran denken, auf direktem Wege negative – möglicherweise nicht nur finanzielle – Sanktionen gegenüber Intensivmedizinern und anderen Bediensteten intensivmedizinischer Einrichtungen zu verhängen. Die Verhängung von Sanktionen ist allerdings mit einigen Problemen verbunden.

4.3.2.1 Probleme der Trennschärfe der Sanktionsmaßnahmen

Maßnahmen der Sanktionsverhängung wären vermutlich nicht von vornherein zur Wirkungslosigkeit verdammt. Man verfügt über einigermaßen verlässliche Statistiken darüber, wie viele potentielle Organspender etwa auf der Intensivstation eines Unfallkrankenhauses bei durchschnittlicher Belegung der Intensivbetten anfallen. Man könnte deshalb dem Krankenhaus als Ganzem finanzielle Sanktionen für den Fall androhen, dass statistisch signifikante Abweichungen von den zu erwartenden Meldezahlen potentieller Organspender eintreten. Durch Abgleich der Abrechnungsziffern, die für Erkrankungen erhoben werden, die zwangsläufig eine schwere Hirnläsion mit Ausgang im Hirntod zur Grundlage haben, könnte man die Trennschärfe der Sanktionsverhängung zusätzlich erhöhen.

Zwar könnten Ärzte nach wie vor in jedem Einzelfall eine unanfechtbare Begründung konstruieren, warum gerade dieser Fall nicht für explantationsvorbereitende Maßnahmen in Frage kam. Dennoch ist es bei Einbeziehung von statistischen Daten und Abrechnungsziffern möglich, im Bezug auf das Krankenhaus als Ganzes ziemlich objektiv und zuverlässig eine mangelhafte Mitwirkung an explantationsvorbereitenden Maßnahmen im Allgemeinen festzustellen und zu sanktionieren. Die zuständigen Bundesländer schreckten jedoch zumindest bislang davor zurück, durch Landesausführungsgesetze entsprechenden Druck auf Krankenhäuser und das in diesen beschäftigte Personal auszuüben. Diese Unterlassung wird man aus Sicht der Transplantationsmedizin zunächst beklagen wollen. In ihr könnte jedoch eine gewisse Weisheit liegen. Denn es gibt ethische, juristische und motivationspsychologische Gründe, die gegen eine Verhängung (negativer) Sanktionen zu sprechen scheinen.

4.3.2.2 Sanktionen gegenüber dem Klinikpersonal

Die ethische Problematik erwächst daraus, dass die Verhängung von Sanktionen auch Einrichtungen und Ärzte beziehungsweise Pflegepersonal, die einer Organentnahme aus grundsätzlichen weltanschaulichen Gründen negativ gegenüberstehen, zur Mitwirkung zwingen würden. Selbstverständlich darf eine generell legitime Politik einem Bürger eine Mitwirkung auch dann abverlangen, wenn der betreffende Bürger sich persönlich andere politische Regelungen wünschen würde. Unsere übrigen gesellschaftlichen und rechtlichen Praktiken versuchen allerdings, eine Mitwirkung soweit möglich nicht einzufordern, wenn ihr ganz grundsätzliche weltanschauliche Gründe entgegenstehen könnten.

In Analogie etwa zur Mitwirkung an legalen Abtreibungen, die man auch nicht erzwingt, gibt es in der Regel gewiss die Möglichkeit, Personen mit fundamentalen Vorbehalten gegen die Transplantationsmedizin durch entsprechende Organisation interner Klinikabläufe von der Mitwirkung weitgehend freizustellen, ohne die Beteiligung der Klinik an der Spendererkennung insgesamt zu gefährden. Allerdings sollte man beachten, dass zumindest diejenigen, die sich bewusst zur Organspende entschließen, ein Recht darauf haben, dass auch ihre weltanschaulichen und moralischen Motive respektiert werden. Ebenso ist es relevant, dass jedenfalls nach deutscher Rechtslage Abtreibungen als rechtlich problematisch angesehen werden, während die Transplantation von Organen als grundsätzlich förderungswürdig betrachtet wird.

Vor diesem Hintergrund wird man allenfalls die Interessen der bereits in Intensivstationen beschäftigten Personen zu berücksichtigen haben. Ein Pflichtenheft bzw. eine Stellenbeschreibung für Intensivmediziner und das Personal auf Intensivstationen, mit dem diese Personen (insbesondere mögliche Leiter von Intensivstationen) vor Anstellung konfrontiert werden, erscheint hingegen als eine angemessene Maßnahme.[65] Gegner etwa des Hirntod-Kriteriums bzw. der Organtransplantation insgesamt sollten auf einer Intensivstation nicht eingesetzt werden. Soweit Krankenhäuser öffentlich betrieben werden beziehungsweise wesentlich aus Vertragsbeziehungen mit öffentlichen Versicherungsträgern finanziert werden, erscheint es legitim, eine entsprechende Anstellungspolitik von den betreffenden Häusern zu verlangen.

Sofern Sanktionen nicht nur im Entzug finanzieller Förderungen wie etwa Krankenhaussubventionen bestehen, sondern verwaltungsrechtliche, ordnungs- oder gar strafrechtliche Folgen intendiert sein sollten, ergeben sich jedoch grundsätzliche Schwierigkeiten juristischer Art. Denn derartige Sank-

---

[65] Die Studie verdankt den wichtigen Hinweis auf die Möglichkeit eines solchen Pflichtenkataloges Gilbert Thiel, der ebenso wie die Autoren davon ausgeht, dass die weltanschaulichen Überzeugungen bereits auf Intensivstationen Beschäftigter zu schützen sind, zugleich aber kein Anrecht besteht, als Gegner der Transplantationsmedizin in Einrichtungen der Intensivpflege neu eingestellt zu werden.

tionen müssten sich auch in den rechtlich vorgegebenen Rahmen des Einzelfallnachweises fügen. Das scheint aus Gründen mangelnder Nachweisfähigkeit aber schwierig. Es ist einem auf einer Intensivstation verantwortlich tätigen Arzt u.U. möglich, den Organspendeprozess unter Hinweis auf akzeptable und kaum widerlegbare Gründe zu blockieren. Hinzu kommen motivationale Probleme, die entsprechende Maßnahmen, selbst soweit sie im Rahmen unseres Rechtssystems möglich wären, als unklug erscheinen lassen.

4.3.2.3 Sanktionen gegenüber Kliniken

Statistische Auffälligkeiten bilden kaum ein geeignetes Instrument, um einzelne Ärzte zu kontrollieren. Dem steht auch die strikte Einzelverantwortung des Arztes für jeden seiner Patienten entgegen. Sanktionen für ganze Krankenhäuser, die etwa finanzierungsseitig in Anknüpfung an statistische Größen verhängt würden, scheinen jedoch – wie bereits erwähnt – möglich. Sie könnten indirekt zu geeigneten positiven Sanktionen für Ärzte führen. Denn eine Klinikleitung, die sich extern mit Drohungen negativer finanzieller Art konfrontiert sieht, erhält dadurch einen Anreiz, intern auf die am Haus beschäftigten Mitarbeiter einzuwirken und diese zur Mitwirkung an der Spendererkennung anzuhalten. Der Klinikleitung steht das ganze Arsenal von motivational wirksamen Steuerungsmöglichkeiten von Beförderung über nachdrückliche symbolische Anerkennung über Vergünstigungen bei Bereitschaften bis hin zu monetären Vereinbarungen zur Verfügung. Eine entsprechend motivierte Klinikleitung könnte sich aller dieser positiven Sanktionsmechanismen gegenüber Mitarbeitern bedienen, um die Spendererkennung zu fördern. Nur mit einer solchen indirekten Wirkung sind negative Sanktionen mit „Übersetzung" in positive denkbar, die direkte Verhängung strafender Sanktionen jedoch ist mit Skepsis zu sehen. Belohnungen und positive Anreize erscheinen als sinnvoller.

4.3.3 Setzung positiver finanzieller Beteiligungsanreize

4.3.3.1 Ausweitung der Pauschalen

Die Finanzierung der Krankenhäuser unterliegt „offiziell" dem Prinzip der Re-Finanzierung. Dies lässt an sich keinen Gestaltungsspielraum für die bewusste Einrichtung von Anreizsystemen in der Transplantationsmedizin. Andererseits beinhaltet jedes System der Finanzierung auch die Setzung von Verhaltensanreizen. Es ist unmöglich, dass etwa Fallpauschalen in allen Fällen einen fix vorgegebenen Aufwand genau ersetzen. Die „Leitidee" der Fallpauschale besteht im Gegenteil darin, einen Anreiz zu schaffen, mit möglichst geringem Aufwand eine zureichende Behandlung von Fällen zu erreichen. Damit wird der Behandlungsaufwand bei der Festlegung von Fallpauschalen gerade nicht als exogene Größe betrachtet. Exogen gegeben ist die Nachfrage nach Leistungen. Allerdings fehlt eine von außen kommende Nachfrage nach speziellen Leistungen der Explantationsvorbereitung. Insoweit kann hier die Nachfrage auch keine Steuerungswirkung entfalten. Man kann natürlich sagen, dass die erklärten Organspender darauf bestehen, zur Spende herangezogen zu werden. Aber es ist doch eindeutig so, dass das primäre Behandlungsziel nicht die Organentnahme ist (das würde eine unerlaubte Tötung auf Verlangen implizieren), sondern die Rettung des Betroffenen.

Die Hauptsteuerungswirkung für die Spendererkennung, die ja gewöhnlich schon vor Bekanntwerden eines Spendenwunsches zu erfolgen hat, muss von anderen Faktoren als den Wünschen des potentiellen Spenders ausgehen. Deshalb gewinnt die Festlegung von Honoraren für die Beteiligung an explantationsvorbereitenden Maßnahmen zusätzliche Bedeutung.

Die Bürger werden generell damit einverstanden sein, dass Krankenhäusern die vollen Kosten erstattet werden, wenn sie an der Organtransplantation teilnehmen. Darüber hinaus hängt alles davon ab, wie gut oder schlecht sich die Transplantationsmedizin in der Öffentlichkeit darstellt. Die Furcht, Bemühungen um die Lebensrettung der potentiellen Spender könnten nur halbherzig betrieben werden, wird sich – ob nun berechtigt oder nicht – kaum aus irgendwelchen Details der Rechnungslegung und der Fallpauschalen herleiten. Insofern gibt es vermutlich große Spielräume, finanzielle Hindernisse, die gegenwärtig einer verstärkten Mitwirkung an explantationsvorbereitenden Maßnahmen entgegenstehen, durch großzügiger bemessene Re-Finanzierungspauschalen auszuräumen, ohne den Verdacht zu schüren, Bemühungen um die Rettung potentieller Spender würden aus finanziellen Gründen unterlassen.

4.3.3.2 Einzel-Entgelte

Man kann daran denken, einzelne Leistungen, die Krankenhäuser im Rahmen einer Organentnahme erbringen, gesondert zu vergüten. So könnte insbesondere erreicht werden, dass die Belegung eines Operationssaales für die im Zuge der Explantation erforderlichen chirurgischen Maßnahmen finanziell angemessen ausgeglichen wird. Die Einschränkung der Operationskapazität während des betreffenden Zeitraums ebenso wie die notwendigen Maßnahmen für die Vorbereitung der Einrichtungen für eine weitere Operationsmaßnahme könnten entgolten werden. Es wäre möglich, nicht nur ein Sonderentgelt für die Beteiligung an der Explantation vorzusehen, sondern die Transplantationsmedizin als Nachfrager von Leistungen bei der Klinik auftreten zu lassen, in der Organe entnommen werden sollen. Es wäre beispielsweise denkbar, den Operationssaal für die Explantation durch das Explantations-Team anmieten zu lassen. Das Honorar für die Miete des Operationssaales könnte ohne weiteres so bemessen werden, dass sich die Beteiligung an Explantationsmaßnahmen für die Klinik, die den Operationssaal zur Verfügung stellt, lohnt. Die Miete könnte die durch Belegung des Operationssaales anfallenden Kosten und die entgangenen anderweitigen Deckungsbeiträge ersetzen. Es gibt kalkulatorische Spielräume, die man zur

Setzung positiver Anreize nutzen könnte, ohne einen unmittelbaren Zusammenhang zwischen Meldung eines Transplantationskandidaten und monetären Belohnungen herzustellen.

Es wäre auch möglich, beispielsweise die Leistungen von Anästhesisten und anderen Klinikbediensteten im Rahmen von Explantationen gesondert abzurechnen. Leistungen, die von der Klinik erbracht werden, in der sich der potentielle Organspender zur Behandlung aufhielt, als sein Hirntod diagnostiziert wurde, könnten so insgesamt als Leistungen der Transplantationsmedizin gesehen werden. Allerdings sind auch hier gewisse Nebenbedingungen zu beachten. Es wäre beispielsweise kaum akzeptabel, wenn Sonderentgelte für die Betreuung von potentiellen Spendern höher lägen als die Entgelte für die regulären Patienten einer Intensivstation. Denn dann würde die Totenbetreuung besser entgolten als die Pflege der lebenden Patienten. Gezielte Entgelte für bestimmte diagnostische Maßnahmen würden jedoch nicht in gleicher Weise Anstoß erregen.

4.3.4 Vermeidung der Belastungen des Angehörigengespräches im Krankenhaus

Die Belastungen eines Angehörigengespräches im Krankenhaus lassen sich nur dann vermeiden, wenn die heute in Deutschland geltenden Regelungen für die Entnahme von Organen grundsätzlich verändert werden. Zum einen wäre dazu die bereits im jetzigen Gesetz vorgesehene Möglichkeit der Einrichtung eines zentralen Registers für Willenserklärungen zur Organentnahme zu nutzen. Ein solches Register könnte eingerichtet werden und es könnte zudem verlangt werden, dass entsprechende Willenserklärungen eines potentiellen Spenders erst dann abgefragt werden dürfen, wenn eine Hirntoddiagnostik erfolgt und der Hirntod des potentiellen Spenders festgestellt ist.

Die Einrichtung eines zentralen Registers ist in jedem Falle insbesondere auch zur Sicherung der Berücksichtigung von Widersprüchen gegen eine Entnahme wünschenswert und im Rahmen bereits bestehender gesetzlicher Regelungen durchführbar. Damit eine solche Maßnahme jedoch große Zahlen von Individuen und Fällen erfasst, wäre die weit grundlegendere und mit dem TPG in seiner jetzigen Fassung nicht vereinbare Veränderung der Entnahmeregelungen hin zu einer strikten Widerspruchslösung erforderlich. Bei einer solchen strikten Widerspruchslösung ist eine Organentnahme ohne Befragung der Angehörigen immer gestattet, es sei denn der ausdrückliche Widerspruch des potentiellen Spenders liege beim zentralen Register vor. Durch diese Umkehrung der Erklärungslast, die gewiss nicht unverhältnismäßig wäre, würde das Zentralregister automatisch für alle Entnahmen relevant und könnte verbindlich über die Zulässigkeit einer Entnahme Auskunft geben.

Da dem Thema der Entnahmeregelungen das gesamte Kapitel 7 gewidmet sein wird, erübrigen sich an dieser Stelle entsprechende weitere Ausführungen. Was mögliche Handlungsoptionen zur Verbesserung der Lage anbelangt, handelt es sich insoweit ohnehin um Vorhaben, die nur unter grundlegenden Gesetzesänderungen zu realisieren wären, während Fehlsteuerungen in der Krankenhausfinanzierung und -organisation durchaus ohne Gesetzesänderungen und bei entsprechendem Willen sehr schnell angegangen werden könnten.

4.4 Schaffung von ausgewogenen Anreiz- und Motivstrukturen

Selbstverständlich spielt die ärztliche Ethik im Arztberuf eine große Rolle. Zugleich kann aber nicht davon ausgegangen werden, dass die Ärzteschaft ausschließlich von selbstlosen Motiven ärztlicher Aufopferung für den Patienten angetrieben würde. Auch Ärzte üben ihren Beruf aus, um damit ihren Lebensunterhalt zu verdienen. Darüber hinaus ist das Gefühl des Leistungserbringers, fair behandelt zu werden, eine Voraussetzung dafür, dass auch in Fällen, in denen die Qualität der Leistungserbringung nur unzureichend oder gar nicht von Dritten beurteilt werden kann, gute Leistungen aus innerer Motivation erbracht werden.

Umgekehrt trifft die Unterstellung einer ausschließlich pekuniären Motivation auf Mediziner ebenso wenig zu wie auf Vertreter anderer Berufe. Angesichts mannigfacher Informationsasymmetrien zwischen Nachfragern professioneller Leistungen und den anbietenden Spezialisten („Prinzipalen und Agenten") müssen Nachfrager, die sich der Leistungen solcher Professionen bedienen wollen, immer darauf vertrauen, dass bestimmte Standards von den Leistungserbringern aus intrinsischer Motivation eingehalten werden. Hier kann ein Anreize schaffendes Vorgehen, welches sich am Modell eines ausschließlich pekuniär motivierten Akteurs orientiert, sogar Schaden anrichten, indem es sogenannte Verdrängungseffekte provoziert (das hat in jüngerer Zeit vor allem Frey (1997) betont und im Anschluss daran mit besonderem Bezug auf den Arztberuf und die Organisation medizinischer Leistungserbringung Le Grand 2003). Akteure, die durchaus eine intrinsische Motivation zur Mitwirkung an bestimmten erwünschten Aufgaben besitzen, tendieren dazu, sich in ihrer speziellen Motivationslage nicht hinreichend gewürdigt oder gar herabgesetzt zu sehen, wenn nur an ihre Einkommensmotive appelliert wird.

Alltägliche Lebensklugheit legt es nahe, die Wahrheit zwischen den beiden Extremen rein pekuniärer und rein ideeller beruflicher Motivation zu vermuten. Selbst Ärzte, die sich in ihrer täglichen Arbeit nicht um finanzielle Aspekte ihrer Tätigkeit kümmern wollen, möchten zumindest gesichert sehen, dass sie sich durch ihr Tun nicht Nachteile finanzieller Art einhandeln. Krankenhäuser, die grundsätzlich an der Gestaltung der Organspende bzw. der Organentnahme und der Meldung potentieller Entnahmekandidaten mitwirken wollen, werden das ungern tun und schwer verantworten können, wenn sie es auf Dauer gegen ihre finanziellen Interessen mit Verlust vollziehen müssen. Deshalb werden auch die betreffenden Klinkleitungen nur dann motiviert sein, die an den Kliniken beschäftigten Chefärzte und deren nachgeordnete Mitarbeiter zur Mitwirkung an Organentnahmen anzuhalten, wenn diese Mitwirkung den Kliniken keine Nachteile und womöglich gewisse Deckungsbeiträge einbringt.

Es erscheint als klare Aufgabe der für die Finanzierung von Krankenhäusern zuständigen Instanzen, für eine angemessene Re-Finanzierung der für die Spendererkennung geleisteten Aufwände zu sorgen. Sie werden ihrer moralischen Verantwortung gegenüber den auf Transplantationen wartenden Kranken nicht gerecht, wenn sie an dieser Stelle zu sparen suchen. In einem so stark regulierten Gesundheitsversorgungssystem wie dem der Bundesrepublik Deutschland ist eine entsprechende Reform der Finanzierung jederzeit möglich, wenn dazu nur ein ausreichender politischer Wille besteht. Eine angemessene Re-Finanzierung wird am Ende auch dafür sorgen, dass diejenigen, die für die Spendererkennung ausschlaggebend sind, dafür fair entgolten werden und die ihnen gebührende Anerkennung erfahren.

Das von bestimmten Entgeltschemata systematisch erzeugte Gefühl ungerechter Behandlung gerade jener Berufsgruppen, die für die initiale Spendererkennung zuständig sind, ist jedenfalls bedenklich. So hat beispielsweise die bislang sehr unterschiedliche Bezahlung von Chirurgen und Anästhesisten, die aus dem Haus kommen, an dem die Organentnahme stattfindet, zumindest im Bereich der Universitätskliniken mit Transplantationszentren häufig zu erheblicher Demotivation an sich mitwirkungswilligen Personals geführt. Gerade diejenigen, die im Bereich der Anästhesie auf den Intensivstationen die Spender erkennen und den Vorgang der Organspende überhaupt erst einleiten sollen, werden von den Transplantationszentren häufig besonders stiefmütterlich behandelt. – Die allgemeine Rolle der Transplantationszentren im Transplantationsgeschehen ist im nächsten Kapitel ausführlicher zu betrachten.

5 Transplantationszentren

Die Transplantation von Organen gehört zu den faszinierenden Gebieten moderner Medizin. Vor kurzem noch sicher dem Tode geweihte Patienten werden heutzutage fast schon routinemäßig durch Transplantation nicht nur gerettet, sondern einem fast normalen Leben wieder zugeführt. Diese Erfolge haben der Transplantationsmedizin zu so großem Ansehen verholfen, dass Einrichtung und Erhalt von Transplantationszentren von Bundesländern, Regionen und auch Kliniken aus Prestigegründen angestrebt werden. Insoweit überrascht es auch nicht, dass angesichts der beabsichtigten Einführung von Mindestmengenregelungen für die Zulassung von Klinikeinrichtungen als Transplantationszentren einige Landesministerien bereits angekündigt haben, dass die Transplantationszentren ihrer Länder unabhängig vom Erreichen von Mindestmengen in jedem Falle bestehen bleiben.

Unter anderem dies bewirkt eine Fehlsteuerung hinsichtlich der Größe von Transplantationszentren. Diese hat Auswirkungen auf die Fähigkeit und Bereitschaft bestimmter Zentren, auch mit „Problem-Transplantaten" umzugehen. Unerfahrene Zentren lehnen womöglich eine Transplantation, die an sich möglich wäre, ab, obwohl sie an größeren Zentren durchgeführt werden könnte. Je nachdem, wieweit der Verteilungsvorgang und die kalte Ischämie-Zeit fortgeschritten sind, bleibt nach solch einer Ablehnung keine Zeit für die Weitervermittlung, und das Organ geht verloren. Die gesonderten Regelungen der sogenannten „Rescue allocation" sollen dies verhindern, indem im entnehmenden Zentrum transplantiert werden kann. Damit ergibt sich aber eine partielle Rückkehr zu den Praktiken vor Einführung der Regeln für die zentrale patientenbezogene Organvergabe. Die Anreize zu einem die zentrale Allokation unterminierenden Missbrauch der Regeln der „Rescue allocation" sind jedenfalls offenkundig. Denn dadurch, dass man ein Organ als kritischer einstuft, als es den Tatsachen entspricht, sichert man sich den unmittelbaren Zugang.[66]

---

[66] Organe werden von kleineren Zentren häufig schon deshalb abgelehnt, weil einzelne Misserfolge sich bei kleinen Transplantationszahlen sehr nachhaltig auf prozentuale Erfolgskennziffern auswirken. Größere Zentren können solche Risiken weit eher eingehen, zumal die Organe in größeren Zentren aufgrund von deren höherer Erfahrung weit eher mit hinreichender Aussicht auf Erfolg transplantiert werden können.

Die Transplantationszentren erscheinen insgesamt ebenso wie die von ihnen betreuten Patienten als Opfer des Organmangels, doch sollte dies nicht über problematische Aspekte des Verhaltens und der Rolle der Transplantationszentren hinwegtäuschen. Die Situation der Transplantationsmedizin insbesondere an den deutschen Universitätskliniken ist durch ein komplexes Wechselspiel zwischen den Spender meldenden und den Organe transplantierenden Abteilungen geprägt, von dem sowohl positive als auch negative Einflüsse auf die Beteiligung an explantationsvorbereitenden Maßnahmen ausgehen können.

5.1 Die Lage an deutschen Universitätskliniken mit Transplantationszentren

Der Effekt von Wechselwirkungen zwischen Transplantationszentren und anderen Klinikabteilungen auf die Organgewinnung kann von Klinik zu Klinik sehr unterschiedlich sein. Bemerkenswerterweise lässt sich allerdings insgesamt für die Bundesrepublik feststellen, dass in den vergangenen Jahren (nach Einführung von TPG und zentralisierter Organallokation, vgl. zu letzterem unten 5.2.2) gerade Universitätskliniken häufig drastische Einbrüche bei den Zahlen realisierter Spenden zu verzeichnen hatten. Obwohl Transplantationszentren auf den Zufluss an Transplantaten angewiesen sind, ist es keineswegs garantiert, dass andere Abteilungen von Kliniken mit Transplantationszentren (besonders) aktiv an der Erkennung von potentiellen Spendern teilnehmen. Das lässt den Schluss zu, dass die Transplantationszentren selbst entweder keinen fördernden Einfluss auf die Organgewinnung nehmen wollen oder dass sie dies im Klinikalltag nicht können. Einige der Hindernisse für eine stärkere Mitwirkung an der Spendererkennung und Organgewinnung sind nun zu untersuchen.

5.1.1 Interessenkonflikte zwischen medizinischen Spezialitäten

Die Behandlung durch Organtransplantation ist ein umfassendes Therapiekonzept, welches viele Disziplinen bis hin zur Rehabilitation einschließt. Gleichwohl ist der chirurgische Vollzug der Transplantation nach wie vor das herausragende Ereignis, das von Patienten, Angehörigen und in den Medien wahrgenommen wird. Die Transplantationschirurgen haben es immer wieder verstanden, medienwirksam auf spektakuläre Erfolge der Transplantationsmedizin hinzuweisen. Dass die Erfolge vor allem den Chirurgen gutgeschrieben wurden, war in der Pionierphase zudem keineswegs unberechtigt. In dieser Zeit bestimmten Chirurgen mit zumeist auch erheblicher internistischer und vor allem immunologischer Kompetenz das Gebiet. Das erleichterte es den Spezialisten aus dem immunologischen und internistischen Bereich, die herausgehobene Stellung ihrer Chirurgen-Kollegen in der Außenwahrnehmung des Transplantationsgeschehens zu akzeptieren.

Nachdem die Transplantationsmedizin das explorative Stadium hinter sich gelassen hat, treten jedoch Chirurgen nach wie vor als alleinige Vertreter der Transplantationsmedizin insgesamt in den Medien auf. Das gilt selbst bei solchen Erfolgen, die überhaupt nichts mehr mit besonderer Chirurgie zu tun haben, sondern allein auf Entwicklungen in anderen Gebieten zurückzuführen sind. Bestes Beispiel ist die jüngst von chirurgischer Seite als neuer großer Erfolg der Transplantationschirurgie propagierte AB0-inkompatible Nierentransplantation, die es erlaubt, durch massiven immunologischen Sonderaufwand – unter großen Zusatzkosten – auch die Grenze zwischen den Blutgruppen zu überwinden. Diese neue Möglichkeit der Transplantation ist ausschließlich auf Entwicklungen im Bereich der angewandten Immunologie zurückzuführen. Der chirurgisch-technische Vorgang ist der gleiche wie bei jeder anderen simplen Nierentransplantation; dennoch hält sich die Chirurgie den transplantationsmedizinischen Fortschritt in der Öffentlichkeit zugute.

Der Alleinvertretungsanspruch transplantierender Abteilungen schlägt sich aber nicht nur bei spektakulären Ereignissen in den Medien nieder. In ihm liegt es auch im Klinikalltag begründet, dass sich Mitarbeiter von Abteilungen, die maßgeblich an der Spendererkennung beteiligt sind, institutionell wie auch persönlich im Einzelfall zurückgesetzt fühlen. Das verschärft die ohnehin vorhandenen Konflikte zwischen verschiedenen medizinischen Spezialitäten, die alle um die Nutzung knapper Klinikressourcen konkurrieren.

5.1.2 Konflikte im Zugang zu Klinik-Ressourcen

Während Kostendeckung in der Nierentransplantation insgesamt gegeben ist, ist die Durchführung von Transplantationen extrarenaler Organe häufig nicht oder kaum kostendeckend. Insbesondere bei Patienten in einem kritischen Zustand und bei bestimmten Indikationen können die tatsächlichen Kosten exorbitant steigen und die Re-Finanzierung um ein vielfaches übersteigen. Doch abgesehen von diesen direkten finanziellen Folgen spielen Kapazitätsprobleme im unmittelbaren Klinikalltag eine womöglich noch größere Rolle. Durch Transplantationspatienten, die zum Teil monatelang auf der Intensivstation liegen, wird ein extremer Ressourcenverbrauch verursacht. Das trifft zwar für andere Patienten ebenfalls zu, doch ist dies gewöhnlich schicksals- und nicht in gleich unmittelbarer Weise durch ärztliches Handeln bedingt. Die langwierigen Verläufe werden durch die Transplantationsmedizin selbst unmittelbar mitverursacht, weil aufgrund des Organmangels die Akzeptanz besonders kritischer Organe notwendig wird. Das ist zwar ärztlich berechtigt, doch nichtsdestoweniger psychologisch schwierig, weil das betreffende ärztliche Handeln so unmittelbar zu dem erhöhten Ressourcenverbrauch führt. Diese Ressourcen an Personal, Sachmitteln und Bettenkapazitäten stehen den anderen Abteilungen nicht mehr zur Verfügung.

Das bewirkt, dass unter Umständen eine ganze Reihe anderer Behandlungen, die von der Nutzung der intensivmedizinischen Einrichtungen abhängen, entfallen müssen. Damit geht der betreffende Deckungsbeitrag den anderen Abteilungen verloren. Doch auch ein intensivmedizinisches Personal, das anders als die Klinikleitungen diese Effekte der Intensivmedizin auf andere Abteilungen gar nicht beachten würde, ist sich der großen Knappheit von Intensivkapazitäten bewusst. Es kann und wird häufig im weiteren Sinne ethische Vorbehalte gegenüber Nutzungen der Intensivkapazitäten haben, die es als ungerecht(fertigt) empfindet. Dies kann sich selbstverständlich auf die Intensität der Mitwirkung am Prozess der Spendererkennung auswirken.

An Transplantationszentren mit sehr großer Warteliste oder spezifischen Transplantationsprogrammen wie z.B. für Kindertransplantation kann grundsätzlich damit gerechnet werden, dass die in der eigenen Klinik gewonnenen Organe aufgrund regionaler und spezifischer Zuteilungsfaktoren mit einer gewissen Wahrscheinlichkeit auch in der eigenen Klinik transplantiert werden können. So beträgt der regionale Faktor bei Nieren 20%, d.h. der Anteil der Warteliste in der Region bestimmt den Anteil an der 20%-Wahrscheinlichkeit regionaler Zuteilung. Dies mag zunächst wenig erscheinen, wirkt sich aber im Zusammenwirken mit anderen Faktoren u. U. ganz erheblich aus. Bei anderen Organen, die innerhalb der Region quantitativ nur an einem Zentrum transplantiert werden, wie z. B. bei Lungen, kann der Anteil eines Zentrums am u.U. sehr hohen regionalen Faktor nahezu 100% erreichen. Bei Kindern werden Organe mit hoher Wahrscheinlichkeit im Kindertransplantationszentrum verbleiben.

Zusätzlich zu diesen, trotz zentraler Verteilung ohnehin in den vergangenen Jahren schon bestehenden regionalen Zuteilungen, werden derzeit weitere regionale Zuteilungsfaktoren verstärkt berücksichtigt bzw. neu geschaffen, z. B. durch Einführung der oben erwähnten so genannten Rescue-Allocation, bei der von Entnahmechirurgen kritisch beurteilte Organe im Entnahmezentrum selbst transplantiert werden können. Diese Regelung wird damit gerechtfertigt, dass sonst ein Verlust des Spenderorgans zu befürchten sei. Insofern ist heute in einer Universitätsklinik ungeachtet des Systems der zentralen empfängerbezogenen Organzuteilung davon auszugehen, dass häufig ein oder mehrere Organe eines an einer Klinik erkannten Spenders dort selbst transplantiert werden können.[67] Damit hat aufgrund der Präsenz eines Transplantationszentrums an der eigenen Klinik die Meldung eines potentiellen Spenders erkennbare Rückwirkungen auf die in der meldenden Abteilung zur Verfügung stehenden Ressourcen. Diejenigen, die die Möglichkeit einer Organspende erkennen und melden sollen, sind gleichzeitig in den Abteilungen tätig, die durch den aus ihrer Sicht übermäßigen Ressourcenver-

---

[67] Es gibt hier einen offenkundigen „trade-off" zwischen den Gesichtspunkten der möglichen Nutzung aller knappen Organe und der Funktionsfähigkeit der zentralen patientenbezogenen Organallokation.

brauch der Transplantationsmedizin in Bedrängnis kommen können. Ungeachtet der positiven Anreizeffekte, die vom Verbleib von Organen an der gewinnenden Klinik auf die Organgewinnung ausgehen können, erwachsen aus den skizzierten Faktoren somit auch Gegenkräfte. Die bislang skizzierten bilden jedoch nicht die einzigen Kräfte, die der Bereitschaft, sich an der Spendererkennung und Organgewinnung zu beteiligen, an Universitätskliniken mit Transplantationszentren entgegenwirken können.

5.1.3 Negative transplantationsmedizinische Vorkommnisse

Insbesondere an den Universitätskliniken werden Anästhesisten, die einen potentiellen Organspender erkennen sollen, grundsätzlich auch in der Behandlung von Transplantatempfängern intra-operativ ebenso wie auf der Intensivstation eingesetzt. Den betreffenden Anästhesisten sind deshalb auch die Erfolge und Misserfolge der Transplantationsmedizin auf anschauliche Weise bewusst. Da die Patienten mit problemlosen Verläufen sehr schnell auf der Normalstation versorgt und dann entlassen werden, entschwinden die Erfolgsbeispiele der konkreten Anschauung der beteiligten Ärzte und Pflegenden. Demgegenüber verbleiben die Problempatienten unter Umständen sehr lange Zeit auf der Intensivstation und sterben dort womöglich. Dies ist eine hohe Belastung für das gesamte Personal. Insbesondere dann, wenn auch die Fürsorge der Transplantationschirurgen für ihre Patienten bei hoffnungslosen Verläufen deutlich nachlässt, muss es zu Vorbehalten in den intensivpflegerischen Einrichtungen kommen, die einer intrinsischen Motivation zur Beteiligung and der Spendererkennung und -betreuung abträglich sind.

5.2 Die Rolle der Transplantationszentren in der Leichenorgangewinnung

5.2.1 Die Situation vor Inkrafttreten des TPG

Vor Verabschiedung und Inkrafttreten des Transplantationsgesetzes im Jahre 1997 gab es keine einheitliche empfängerbezogene Allokation insbesondere von Nieren. Die im Eurotransplantverbund zusammengeschlossenen Transplantationszentren hatten sich freiwillig verpflichtet, die Organe in Dringlichkeitsfällen und bei bestmöglicher Übereinstimmung auszutauschen. So war es bei Vorliegen eines so genannten „Full-House-Matches" (wenn also alle MHC (main histocompatibility complex) Antigene des HLA (human leucocyte antigen) -Systems zwischen Empfänger- und Spendergewebe übereinstimmen) eine freiwillige Verpflichtung, derartige Nieren auszutauschen. Ansonsten hatten die Transplantationszentren grundsätzlich prioritären Zugriff auf von ihnen selbst gewonnene Organe. In der Organgewinnung besonders erfolgreiche Zentren konnten daher tendenziell mehr Transplantationen durchführen als andere. Zudem konnten Zentren mit großen Einzugsgebieten mehr Transplantationen durchführen als Zentren mit kleinem Einzugsbereich; wobei die Bereiche durch Tradition und informelle Absprachen abgesteckt waren. Es gab deshalb vor Verabschiedung des Transplantationsgesetzes für Transplantationszentren unmittelbare Anreize, an der Gewinnung von Transplantaten postmortaler Spender mitzuwirken.

Am Beispiel der Niere, die mit Bezug auf die Transplantationszahlen ohnehin das wichtigste Organ darstellt, kann man die vor 1997 bestehende Lage im Grundzug skizzieren. Zwar wurden grundsätzlich alle Organe über Eurotransplant als Vermittlungsstelle zugeteilt, aber die Regeln erlaubten die in vielen Zentren geübte Praxis, dass von zwei gewonnenen Leichennieren eine am gewinnenden Zentrum bzw. an dem Zentrum, in dessen Einzugsgebiet die Organe gewonnen wurden, verblieb, während die andere Niere an Patienten an anderen Zentren weitergegeben wurde. Im Prinzip führte diese Regelung dazu, dass jedes Transplantationszentrum ein Interesse hatte, in seinem eigenen Klinikumfeld und in seiner Region auf die Gewinnung von Organen hinzuwirken.

Die Anzahl von Patienten, die auf den jeweiligen Wartelisten der Transplantationszentren geführt wurden, ebenso wie die Wartezeiten differierten zwischen den Zentren um ein Vielfaches. Die Chance, ein Organ zu erhalten, war davon abhängig, an welchem Zentrum man sich zur Transplantation anmeldete. Und sie hing auch davon ab, welcher individuelle Stellenwert dem Patienten in Relation zu den jeweils anderen auf der Warteliste des betreffenden Zentrums stehenden Patienten in medizinischer wie nichtmedizinischer Hinsicht von dem betreffenden Zentrum nach den zentrumsspezifischen Kriterien beigemessen wurde.

Aufgrund mangelnder Patientenmobilität konnte man nicht davon ausgehen, dass jeder Patient frei das Zentrum wählen konnte, das ihm die aus seiner Sicht beste Kombination von Wartezeitregelungen, Vergabepraktiken, medizinischer Betreuung etc. bot. Vielfalt des Leistungsangebots von Transplantationszentren erschien angesichts der regionalen Monopolstellung der Zentren nicht erstrebenswert (weil nicht zu einem von den autonomen Wahlentscheidungen der Patienten bestimmten Gleichgewicht führend). Durch Unterschiede zwischen den Vergabepraktiken der Zentren geriet die Organallokation nach den alten Regelungen vielmehr zunehmend unter den Generalverdacht einer ungerechtfertigten Ungleichbehandlung der wartenden Patienten. Da die Organe postmortaler Spender zugleich als Gemeineigentum der Gesellschaft und nicht einzelner Zentren angesehen wurden, schien es zwingend, inter-individuelle Gleichbehandlung durch eine einheitliche zentrumsübergreifende Allokation anzustreben. Zudem gab es gute Gründe öffentlich-rechtlicher Natur dafür, die Allokationspraxis allgemein gesetzgeberisch zu kontrollieren. Denn eine überlebenswichtige Entscheidung konnte aus grundsätzlichen rechtlichen Erwägungen heraus nicht einzelnen Zentren überlassen, sondern musste hoheitlich und insoweit zentral wahrgenommen werden (vgl. dazu 10.2.3.6.2).

5.2.2 Die Veränderung der Situation durch das Transplantationsgesetz

Die Gesichtspunkte Gleichbehandlung und Gerechtigkeit überwogen in der Diskussion des TPG die Effizienzgesichtspunkte vollkommen. Die Setzung von Anreizen zur Erhöhung des Organaufkommens, die einen Vorteil der alten Regelung darstellte, wurde gegenüber den Nachteilen in der Gleichbehandlung nahezu vollständig übersehen oder doch aus dem öffentlichen Bewusstsein verdrängt. Durch das Transplantationsgesetz und die Implementierung des Wujciak-Opelz-Allokationsalgorithmus zur Allokation insbesondere von Nieren verkehrten sich die Vor- und Nachteile gleichsam in ihr jeweiliges Gegenteil.[68] Nun ist interpersonale Gleichbehandlung aller in Deutschland wartenden potentiellen Organempfänger zwar gesichert, doch sind alle Anreize für Zentren, sich um eine Erhöhung des Organaufkommens für das eigene Zentrum durch Mitwirkung an der Organgewinnung zu bemühen, verschwunden. Wir haben höhere Gerechtigkeit auf niedrigerem Versorgungsniveau der Patienten erreicht.

Durch Einführung des TPG und der ausschließlich und unmittelbar auf den individuellen Patienten bezogenen Organallokation fiel mit den Transplantationszentren die neben der Deutschen Stiftung Organtransplantation, einzige organisatorisch gut aufgestellte Gruppe von Interessenten an der Organgewinnung aus. Da nun jedes Organ, das in der Region eines Zentrums gewonnen wurde, in den gemeinsamen Pool von Organen ging, entstanden für die Zentren und alle anderen an der Organtransplantation beteiligten Gruppen die typischen Anreize, die ein Freifahrerverhalten in Situationen der Kollektivgutproduktion begünstigen. Selbst zuvor sehr rührige Transplantationszentren reduzierten ihre Aktivitäten auf dem Gebiet der Organgewinnung. Das geschah durchaus in verständlicher Weise, da sie keinen hinreichenden Anreiz zur Teilnahme mehr hatten und damit rechnen mussten, durch ihre Aktivitäten insbesondere auch jene zu begünstigen, die weniger aktiv waren. Durch die bereits mehrfach erwähnte Aufweichung der zentralen patientenbezogenen Organallokation durch Berücksichtigung regionaler Faktoren sind insoweit gewisse Korrekturen vorgenommen worden. Ohne dass man sich dieser Tatsache immer hinreichend bewusst war, hat man so in dem sprichwörtlichen Konflikt von Effizienz und Gerechtigkeit wiederum das Effizienzziel stärker betont. Dies reicht jedoch vermutlich nicht aus und man muss sich überlegen, ob man nicht noch stärkere Anreize für Transplantationszentren schafft, sich wieder vermehrt aktiv an der Spendererkennung zu beteiligen. Das würde sicherlich auch zu einer Klimaverbesserung zwischen Transplantationszentren und anderen Abteilungen einer Universitätsklinik beitragen, da die Transplantationszentren dann auch auf der Ebene der Organgewinnung von einem guten Verhältnis etwa zu den angeschlossenen Intensivstationen profitieren könnten.

---

[68] Vgl. zur Einführung des Algorithmus die Beiträge in Ahlert und Kliemt 2001.

Die Situation ist in der Lebendspende eine andere. Insbesondere im Falle der Lebendspende von Nieren ist es den Transplantationszentren gelungen, ihre Tätigkeit in den vergangenen Jahren stark auszuweiten. Dafür hatten sie medizinische und nicht-medizinische Gründe.

5.3 Transplantationszentren: Gründe für die Bemühung um die Lebendorganspende

5.3.1 Medizinische Gründe

Die Wartelisten für Organe postmortaler Spender werden insbesondere im Falle der Niere länger und länger, die Wartezeiten bis zur Transplantation dementsprechend ebenfalls. Das hat angesichts der mittlerweile zwingenden evidenzbasierten Argumente, dass die Wartezeit bis zur Nierentransplantation nicht nur ein Aspekt der Verteilungsgerechtigkeit, sondern auch insbesondere für den Langzeiterfolg der Transplantation ausschlaggebend sein kann, fatale Konsequenzen. Je kürzer die Zeit, die nach dem Einsetzen der Dialyse bis zur Transplantation vergeht, desto besser die Erfolgsaussichten der Transplantation und desto länger wird das Nierentransplantat im Allgemeinen funktionsfähig bleiben (vgl. oben Abschnitt 1.3). Da man Lebendorganspenden typischerweise schneller realisieren kann als die Übertragung eines Leichenorgans, gibt es von daher einen durch die Organknappheit und die bestehenden Allokationsregeln bedingten medizinischen Grund für die Favorisierung der Lebendspende von Nieren.

Man darf zwar nicht übersehen, dass insbesondere im Falle präemptiver Transplantation (also bevor die Dialysepflichtigkeit überhaupt einsetzt) ähnlich günstige Ergebnisse bei Leichen- wie bei Lebendorganen erzielt werden. Solange es jedoch Wartelisten und Gerechtigkeitsintuitionen gibt, die eine Priorisierung kurz wartender gegenüber lang wartenden Patienten in den Allokationsregeln praktisch ausschließen, bleibt es ein zutreffendes Argument, dass die Transplantation von Lebendspenderorganen allein aufgrund der Wartezeitverkürzung einen medizinischen Vorteil gegenüber der Transplantation von Leichenorganen besitzt. Zwar gibt es auch einen darüber hinaus reichenden Effekt höherer Qualität der gespendeten Organe von Lebendspendern – da diese im Allgemeinen besonders gesund sein müssen, um zur Lebendspende zugelassen zu werden, sind auch die von ihnen gespendeten Organe von besonders guter Qualität – doch scheint dieser Effekt gegenüber der reinen Wartezeit eher geringer zu sein.

5.3.2 Nicht-medizinische Gründe

Zudem haben Transplantationszentren unter den Allokationsregeln des heutigen TPG auch nicht-medizinische Gründe, bevorzugt die Transplantation von Lebendorganen zu fördern. Transplantationen von Lebendorganen erfolgen zum einen elektiv und können daher sorgfältig geplant und mit den sonstigen Operationsplänen abgestimmt werden. Die Vorteile, die dies für eine medizinische Einrichtung hat, sind offenkundig. Von der Verstetigung der Kapazitätsauslastung, der Möglichkeit, die eigenen Mitarbeiter vor extremen Spitzenbelastungen zu unangenehmen Arbeitszeiten zu bewahren, bis zur Vereinfachung der Qualitätssicherung reichen hier die aus Sicht des Zentrums positiven Aspekte der Lebendspende. Andere, die Transplantationschirurgie unterstützende Abteilungen der betreffenden Krankenhauseinrichtungen werden angesichts dieser auch für sie günstigen Umstände ebenfalls weniger Vorbehalte gegen Lebendtransplantationen als gegen die PMOS haben.

Die Lebendtransplantation ist zudem finanziell attraktiv, denn aufgrund der elektiven Situation lassen sich die Prozesse optimieren. Darüber hinaus können die Kliniken und beteiligten Ärzte im Falle von Selbstzahlern gleich zweimal einen Eingriff abrechnen. Da der jeweilige Lebendorganspender an einem ganz spezifischen Zentrum sein Organ für die Transplantation an einen Patienten dieses spezifischen Zentrums hingibt, haben die Zentren im Gegensatz zur Teilnahme an der Auffindung postmortaler Spender ein auf sie speziell wirkendes Interesse, an der Gewinnung von Lebendorganspendern mitzuwirken: Der Lebendspender ist an dem Zentrum, das ihn für eine Transplantation gewonnen hat, zu operieren und stellt sein Organ damit gerade an diesem und nicht an irgendeinem anderen Zentrum zur Transplantation zur Verfügung.

Betrachtet man die Entwicklung der Organspende in Deutschland insgesamt, dann muss man feststellen, dass die von negativen Mitwirkungsanreizen verschärfte extreme Knappheit an postmortalen Transplantaten und die daraus erwachsende erhöhte medizinische Dringlichkeit der Organgewinnung zum Abbau von Vorbehalten gegen die Lebendtransplantation geführt haben. Die in 1.3 und im vorangehenden Abschnitt erwähnten empirischen Nachweise, dass zumindest in der Nierentransplantation ein transplantiertes Organ um so länger, eher und besser funktionstüchtig sein wird, je frühzeitiger die Transplantation erfolgt, haben diesen Trend verstärkt. Die umgekehrte Abhängigkeit zwischen der Zeit der Dialysepflichtigkeit und dem voraussichtlichen Funktionszeitraum des Transplantates bildet angesichts der Unmöglichkeit, die Wartelisten postmortaler Spender auf eine Priorisierung der kürzer wartenden Patienten umzustellen, ein recht schlagendes Argument für die Lebendspende im Bereich der Nierentransplantation.

Anreize, sich um die Ausweitung der Lebendspende von Teillebern zu bemühen, bestehen ebenfalls. Auch hier gibt es angesichts der Elektivität des Eingriffes Vorteile der Prozessoptimierung, auch hier besteht die Zuordnung von Spender und Empfänger zum gleichen Zentrum. Angesichts der größeren Komplexität der Lebendtransplantation von Lebersegmenten bleiben die Aussagen zur medizinischen Vorteilhaftigkeit beziehungsweise Unvorteilhaftigkeit allerdings weniger eindeutig als im Falle der Niere. In der Lebendspende von Leberteilen spielt es darüber hinaus eine gravierende Rolle, dass anders als durch eine Lebendspende der Betroffene nicht gerettet werden kann. Das hat einen Druck zu einer über die Indikationen der postmortalen Organspende von (Teil-)Lebern hinausgehenden ethisch wie rechtlich problematischen Indikationsausweitung erzeugt.

Es verdient festgehalten zu werden, dass der starke Fokus auf eine Ausweitung der Lebendorganspende, der gegenwärtig zu verzeichnen ist, insgesamt nicht dem auf Subsidiarität abstellenden Geist des TPG bzw. den Intentionen, die im Gesetzgebungsprozess geäußert wurden, entspricht. Von daher wäre es angezeigt, prioritär die Ausweitung der postmortalen Organspende zu betreiben. Allerdings spielt die Subsidiarität in der Mikroallokation eines Organs praktisch ohnehin keine Rolle. Der Empfänger kann immer ein bestimmtes ihm angebotenes Organ ablehnen, bis dann zu einem Zeitpunkt nur das Organ des Lebendspenders zur Verfügung steht. Entsprechende Wünsche autonomer Spender und Empfänger sollten auch respektiert werden.

Wieweit Wünsche, eine Lebendspende zu realisieren, gerade unter einander nahe stehenden Menschen aus der Not geboren sind und inwieweit sie einen über die unmittelbare Notlage hinausweisenden Hintergrund besitzen, kann man jedoch nur zuverlässig in Erfahrung bringen, wenn es Alternativen zu den betreffenden Verhaltensweisen gibt, die nicht tragischer Natur sind. Daher ist es auf der gesamtgesellschaftlichen Ebene bedeutsam, immer wieder auf den Gedanken der Subsidiarität zu verweisen. Nur wenn man die Gesellschaft nicht aus der Pflicht entlässt, lässt sich erreichen, dass gesellschaftlich nicht nachgelassen wird, alle Optionen zur Milderung des Mangels an postmortal gespendeten Organen wahrzunehmen. Nur so kann man sicherstellen, dass den freiwilligen Lebendspendern nicht unbillig Opfer zugemutet werden. Es ist daher auch erforderlich, die Transplantationszentren weiterhin zu Anstrengungen in der postmortalen Organgewinnung anzuhalten und ihnen keine einseitige Ausweitung der Lebendspende unter Verdrängung der Anstrengungen in der postmortalen Organgewinnung zu erlauben.

5.4 Zur möglichen Neubestimmung der Rolle der Transplantationszentren

Insoweit es darum geht, dem Organmangel dadurch zu begegnen, dass man Zentren Beteiligungsanreize an der Lebensorganspende bietet, besteht vermutlich – zumindest im Falle der Niere – wenig Handlungsbedarf. Es liegt nach dem vorangehend Gesagten ohnehin im Interesse der Zentren, die Lebendorganspende auszuweiten. Dringender ist es, sich Gedanken darüber zu machen, wie man die offenkundigen Anreizvorteile des früheren, dem Erlass des TPG vorausgehenden Systems der zentrumsbezogenen Organallokation in der postmortalen Spende möglicherweise reaktivieren könnte. Das sollte geschehen, ohne gänzlich zu dem früheren System mit dessen ebenfalls offenkundig vorhandenen Nachteilen auf der Ebene interindividueller

Gleichbehandlung und extremer Ungleichgewichte in der Länge der Warte-listen an den einzelnen Zentren zurückzukehren.

Einige der jüngeren Reformen der Allokationsregeln, insbesondere die Einführung der Sonderregelungen für kritische Organe, die zuvor beschrie-ben wurden, scheinen in eine entsprechende Richtung zu weisen. Kritisch eingestufte Organe könnten durch regionale Teams ohne allzu großen orga-nisatorischen und finanziellen Aufwand beurteilt und – nach den Erfahrun-gen früherer Jahre – häufig entnommen und erfolgreich im regionalen Transplantationszentrum mit entsprechend kurzer Ischämiezeit transplan-tiert werden. Insbesondere im Bereich von Herz-Lungen-Transplantationen könnten Sonderregelungen den Organmangel spürbar senken. Etwas Ähnli-ches wie für die Sonderregelungen für kritische Organe gilt für den verkapp-ten Regionalfaktor der sogenannten kalten Ischämiezeit (die man abhängig von der Entfernung zwischen Explantations- und Implantationsort bestimmt). Es ist zu überlegen, ob man nicht das Gewicht beider Faktoren im Allokationsverfahren noch verstärken sollte.

In Analogie zu den im Allokationsalgorithmus enthaltenen Sonderrege-lungen für den internationalen Ausgleich könnte man an einen stärkeren Ausgleich zwischen den Regionen denken. Wenn man dies in einer geeigne-ten Weise vollziehen würde, könnte man dazu gelangen, regionale Erfolge in der Organgewinnung wieder für die Transplantationszentren einer Region auf eine zurechenbare Weise spürbar werden zu lassen. Ein Zentrum bzw. eine Region, das Organe zur zentralen Verteilung weitergibt, erwirbt dadurch automatisch den Anspruch, ein Organ in einem angemessenen Zeitraum zurückzuerhalten. Dabei könnte man zentrumsbezogen durchaus weiterhin an der Zuteilung nach dem zentralen empfängerbezogenen Algo-rithmus festhalten. Allerdings müsste es beispielsweise in Jahresfrist in etwa zum Ausgleich der Bilanzen kommen (ganz analog zu den internationalen Rahmenbedingungen).

Derartige Regelungen könnten mit regionalen Organspenderorganisatio-nen ganz in Analogie zum jetzt bestehenden regionalen „Old-for-old-pro-gram" (alte Spenderorgane für alte Empfänger innerhalb einer Region) rela-tiv leicht organisiert werden. Regionalfaktoren würden zum Ausgleich der Bilanzen zwischen den Regionen führen und damit starke Anreize schaffen, sich um die Organgewinnung im jeweiligen Einzugsgebiet eines regionalen Zentrums zu bemühen. Vor Realisierung solcher und verwandter Regelun-gen müsste allerdings im Einzelnen durchgespielt werden, wie man in Regio-nen mit mehreren womöglich unterschiedlich großen Transplantationszen-tren vorgehen will. Diese wären einem Kollektivgutproblem ausgesetzt, da die Bemühungen eines jeden Zentrums immer auch den anderen zugute kämen. Ein entsprechender Ausgleich zwischen großen und kleinen Trans-plantationszentren könnte allerdings vereinbart werden.

Die vorangehenden Überlegungen sind vor allem dann relevant, wenn man von der Hypothese ausgeht, dass das vor Verabschiedung der zentralen patientenbezogenen Allokation von Organen bestehende, weitgehend spontan entstandene regionalisierte System der Organzuteilung bei Fortentwicklung zu einer Steigerung des Aufkommens geführt hätte. Angesichts der implizit in dem System vorhandenen Anreize, sich institutionell von Seiten der Transplantationszentren um die Organgewinnung zu bemühen, ist das keineswegs unplausibel. Die Zentren hätten sich dann intensiver um die regionalen Krankenhäuser gekümmert und Verbesserungen wären bei dieser Alternative zum jetzigen Vorgehen in Gang gekommen. Indem man durch die zentrale patientenbezogene Organverteilung die interpersonale Gleichbehandlung der Organempfänger in der Bundesrepublik stärkte, hat man jedoch zugleich die vorher für die Transplantationszentren bestehenden Anreize zur Organgewinnung eliminiert und damit die seit 1997 zu verzeichnende Stagnation der Spenderzahlen ungewollt begünstigt.

Vorteile des alten von den Transplantationszentren getragenen Systems der Organgewinnung wenigstens in Teilen erneut nutzen zu wollen, ist a priori keineswegs abwegig. Da stets möglichst alle Optionen zu prüfen sind, muss auch diese Option erwogen werden. Die rechtlichen Rahmenbedingungen ebenso wie die allgemein vorherrschende Gerechtigkeitsintuition scheinen jedoch eine zentrale patientenbezogene Allokation von Organen zu erfordern und damit eine Rückkehr zum alten System auszuschließen. Es ist denkbar, dass die früher geltenden Anreize für Transplantationszentren dann verzichtbar sind, wenn die übrigen Rahmenbedingungen für die PMOS entsprechend geändert werden. Deshalb wendet sich die Studie in den nächsten Schritten zunächst der zentralen Koordinierungsstelle zu, die die Gewinnung und Verteilung von postmortalen Spenderorganen unter den heutigen zentralisierten Strukturen begleiten soll (Kapitel 6), und dann möglichen *Veränderungen der Anreizstrukturen*, die mit der *zentralen patientenbezogenen Verteilung* vereinbar sind (Kapitel 7).

6 Koordinierungsstelle

Für ein Verständnis der heutigen Situation ist es erforderlich, die Entstehungsgeschichte der Koordinierungsstelle zu betrachten. Die folgenden Ausführungen beziehen sich dabei für die Zeit vor der Wiedervereinigung ausschließlich auf die Verhältnisse in der alten Bundesrepublik.

6.1 Organisation der Organspende in der Zeit vor dem Transplantationsgesetz

In der Anfangsphase der klinischen Organtransplantation wurden die organisatorischen Notwendigkeiten, wie z.B. Telefonate bei Organangebot, Hereinholen des Empfängers etc., mit den bestehenden Strukturen abgewickelt, d.h. genauso organisiert wie bei anderen Operationen auch. In der Regel war es das Pflegepersonal, das hierfür zuständig war und bei Fachfragen entsprechende Rücksprache mit den Ärzten hielt. Im seltenen Falle einer Organtransplantation konnten die zur Durchführung der aufwändigen Eingriffe notwendigen Leistungen durch das bestehende Personal abgedeckt werden. An den zwei „großen" Zentren der Bundesrepublik, Hannover und München, an denen die Eingriffe häufiger waren, hatten es einige besonders interessierte Mitarbeiterinnen aus dem Pflegebereich übernommen, sich schwerpunktmäßig neben ihren anderen Aufgaben auch um die Organspende zu kümmern. Schließlich wurden für diese engagierten Personen eigens Stellen geschaffen und die Arbeit im Bereich der Organspende wurde zu ihrer Hauptaufgabe. An anderen Zentren verblieb die Aufgabe in den bestehenden Strukturen.

Je höher die Frequenz der Transplantationen Ende der 70er und Anfang der 80er Jahre wurde, desto mehr wurde klar, dass an immer mehr Zentren Koordinatoren und auch administratives Personal notwendig waren, um die vielfältigen Aufgaben im Rahmen der sich entwickelnden Transplantationsmedizin zu bewältigen. Von den Universitätskliniken wurden hierfür allerdings zumeist keine zusätzlichen Stellen geschaffen. Es ist zweifellos das große Verdienst des KfH (Kuratorium für Dialyse und Nierentransplantation), die Transplantationszentren mit zusätzlichen Stellen unterstützt zu haben. Der Unterstützungsumfang war beträchtlich. An einigen großen Zentren wurden zusätzliche Personalstellen in zweistelligem Umfang sowie zusätzliche Finanzmittel und auch persönliche Honorarzahlungen für repräsentative und andere Leistungen an die Leiter der Transplantationszentren (so genannte Leitungspauschalen) zur Verfügung gestellt. Für die Akutversorgung jedoch blieb es in sehr vielen Zentren bei den alten Strukturen. Konkret liefen beispielsweise nach wie vor Telefonate von Spenderkrankenhäusern auf der Intensivstation oder in der Notaufnahme auf, wo sie nicht immer zeitgerecht bearbeitet werden konnten. Oft mussten Telefonate an die Operateure im OP weitergeleitet werden, die sich dann erst am Ende des Arbeitstages darum kümmern konnten. Auf diese Weise ist sicherlich eine ganze Reihe von potentiellen Organspenden verloren gegangen. Andererseits war die Häufigkeit von Spendermeldungen aus Versorgungskrankenhäusern zu jener Zeit ohnehin eher gering.

Mit steigenden Transplantationszahlen konnte man die Organisation in der Organspende nicht mehr „nebenher" abwickeln. Professionelle Strukturen wurden erforderlich und auch geschaffen. Das KfH, satzungsgemäß auf die Niere beschränkt, gründete die DSO, um auch die Spende extrarenaler Organe koordinieren und organisieren zu können. Dies änderte aber nichts an den grundlegenden Kompetenzen: Die Koordinatoren von KfH/DSO wurden von dieser Organisation bezahlt, unterstanden aber in fachlicher und faktischer Hinsicht den Leitern der Transplantationszentren, die in jedem Fall weisungsbefugt blieben. Die Definition des Aufgabengebietes der Koordinatoren blieb den Leitern überlassen. Es gab keine Stellenbeschreibung, sondern die Mitarbeiter wurden nach eigenem Ermessen so eingesetzt, wie es gerade die Notwendigkeiten der Transplantationszentren bestimmten.

Dies hatte sicherlich den Vorteil kurzer Informationswege, aber den Nachteil, dass es keine einheitlichen, klaren Abläufe und Verfahrensregeln und auch keine über das persönliche Engagement des jeweiligen Koordinators bzw. des Transplantationszentrums hinausgehenden Möglichkeiten für die Etablierung bestimmter Dienstleistungsstrukturen gab. Dieser Nachteil wurde zwar zumeist durch ein hohes Engagement der beteiligten Personen ausgeglichen. Der geleistete Aufwand war aber eben auch dem Belieben dieser Personen unterworfen. Kostenintensive Dienstleistungsstrukturen, wie z.B. ein ständig verfügbares neurologisches Konsiliarteam für die Bestimmung des Hirntodes in Krankenhäusern, die keine eigene Hirntoddiagnostik durchführen konnten, konnten nicht eingerichtet werden. Nur hin und wieder war „auf Zuruf" ein Neurologe verfügbar, der sich auf freiwilliger Basis zur Durchführung einer Hirntoddiagnostik bereit erklärte. Dass diese Zustände angesichts der Ausweitung der Transplantationsmedizin und ihrer Etablierung als medizinisches Standardverfahren nicht auf Dauer fortgeschrieben werden konnten, wurde im Zeitablauf zunehmend deutlicher.

6.2 Diskussion neuer Strukturen in der Zeit vor dem Transplantationsgesetz

Die ständig wachsende Zahl der wartenden Patienten einerseits und die auf niedrigem Niveau stagnierenden Spenderzahlen andererseits führten zu verstärkter Kritik an der Ineffizienz des bis dahin bestehenden Systems. Die Organisation und Koordination der Organgewinnung wurde umfassend diskutiert. Anfang der 90er Jahre stand diese Diskussion unter dem Zeichen so genannter „Regionalisierung" sowie möglicher weitergehender konzeptioneller Veränderungen.

6.2.1 Regionalisierung

Unter dem Begriff der Regionalisierung wurden sehr unterschiedliche Ansätze gefasst. Es wurden unter anderem auch verschiedene Formen und Modelle der Zusammenarbeit von Transplantationszentren auf dem Gebiet der Organspende diskutiert, ohne dass eine Umsetzung jemals ernsthaft von den beteiligten Akteuren in Erwägung gezogen worden wäre. Letztlich fürchteten die Transplantationszentren bei jeder Art der Zusammenarbeit einen Verlust eigener Kompetenzen und Zugriffsmöglichkeiten und vor allem den Verlust von Ressourcen personeller und finanzieller Art. Das Interesse an der Bewahrung des Status quo überwog. Die kleinen Zentren fürchteten, von den großen „geschluckt" zu werden. Doch auch relativ große Zentren arbeiteten auf die Bewahrung des Status quo hin. Besonders argwöhnisch wurde deshalb beispielsweise eine den Status quo in Frage stellende Zusammenarbeit des damals sehr großen Transplantationszentrums Hannover mit seinem sehr großen Einzugsbereich bezüglich der Organspende und dem relativ kleinen Transplantationszentrum Hannoversch-Münden mit seinem kleinen Einzugsbereich betrachtet. Dieses Projekt bildete einen Test für die Umsetzung eines umfassenden Konzeptes für die Neustrukturierung der Organspende. Das daran anschließende „Pilotprojekt Niedersachsen/Ostwestfalen" wird im Folgenden wegen seines Modellcharakters dargestellt.[69]

6.2.2 Pilotprojekt Niedersachsen/Ostwestfalen

Das Projekt wurde Anfang der 90er Jahre entwickelt und war deutlich mehr als der Versuch, durch pragmatische Ansätze eine unmittelbare Steigerung der Spenderzahlen herbeizuführen. Es handelte sich vielmehr um ein umfassendes Konzept mit Modellcharakter, das alle Aspekte der Organgewinnung erfasste. Das mit dem Pilotprojekt erprobte Konzept beruht auf drei Basiselementen:

1. Organspende als Gemeinschaftsaufgabe
Der postmortale Spender will typischerweise, dass die gespendeten Organe an die wartenden Patienten verteilt werden, unabhängig davon, an welchen Transplantationszentren sie transplantiert werden sollen. Er will keineswegs

---

[69] Vgl. dazu Gubernatis, 1994, 1999; Gubernatis et al., 1997.

seine Organe einzelnen Transplantationszentren oder einzelnen Transplantationsmedizinern zur freien Verfügung überlassen, sondern erwartet vielmehr, dass alle beteiligten Institutionen und Personen ebenso am Wohl der Gesamtheit der wartenden Patienten interessiert sind wie er selbst.

Hieraus folgt, dass die Organe nach dem typischen Spenderwillen in einen fiktiven „Pool" gespendet werden, aus dem sie nach einheitlichen Regeln auf die wartenden Patienten ohne Berücksichtigung von sozialem Status, Zahlungskräftigkeit etc. verteilt werden sollen. Hieraus folgt ebenso ein gemeinschaftliches Mitwirken aller Beteiligten an der Versorgung der wartenden Empfänger. Letztlich ergibt sich also genau das, was später im Gesetz als „Gemeinschaftsaufgabe Organspende" definiert wurde.

2. Professionalisierung der Organspende

Der Ablauf einer Organspende ist in verschiedener Hinsicht aufwändig und erfordert umfangreichen Ressourceneinsatz. Appelle an die Mitwirkungsbereitschaft von Krankenhäusern ergeben keinen Sinn, wenn die meisten Krankenhäuser aufgrund ihrer Ressourcenausstattung überhaupt nicht in der Lage sind, nachhaltig mitzuwirken. Hieraus ergibt sich eine Verpflichtung der verantwortlichen Organisationen, durch Professionalisierung von Hilfsleistungen die Krankenhäuser umfassend zu unterstützen (siehe hierzu 6.3).

3. Regionale Identität

Insbesondere in einem so hoch sensiblen und facettenreichen Gebiet wie der Organspende ist es nicht nur hilfreich, sondern unter Umständen zwingend notwendig, dass sich die handelnden Personen gegenseitig kennen und insofern Vertrauen aufbauen können. Die Bedeutung dieser so genannten informellen Netzwerke darf keineswegs unterschätzt werden.[70] Der Aufbau derartiger Netzwerke dauert Jahre und bedingt auch bei häufigerem Personenwechsel in leitenden Positionen ein ständiges Bemühen um kontinuierliche Kommunikation. Allerdings stößt je nach Größe der zusammenarbeitenden Region ein solches Bemühen rein arbeitstechnisch an Grenzen. Je größer die Region gemacht wird, um so eher besteht die Gefahr der Anonymisierung und damit des Verlustes der entscheidenden personalen Bezüge derartiger vertrauensbildender Netzwerke.[71] Es ist gerade für die Meldung eines potentiellen Spenders (unter Umständen mit kritischen Nach-/Fragen) wichtig, ob sich die Personen kennen und vertrauen oder ob die Spendermeldung an ein anonymes Call-Center zu richten ist.

Umsetzung der drei Basiselemente:

Zu 1.: Das Basiselement der Organspende als Gemeinschaftsaufgabe konnte naturgemäß nur in einzelnen Bereichen umgesetzt und realisiert werden, da für eine umfassende Umsetzung das Zusammenwirken aller Bereiche not-

---

[70] Vgl. dazu von soziologischer Seite grundsätzlich Granovetter (1972/73) und Coleman (1988/89).
[71] Vgl. zur personalen Grundlage von Vertrauensbezügen umfassend Lahno 2002.

wendig ist. Das kann nur durch gesetzliche Vorgaben erreicht werden, weil ganz wesentliche Aspekte an der Verteilung der Organe hängen: Werden die Organe in einen fiktiven bundesweiten Pool gespendet, so müssen sie auch aus diesem Pool nach regionsübergreifenden Prinzipien (und damit auch unabhängig von den Einzugsbereichen der Transplantationszentren!) verteilt werden. Dies kann regional nicht organisiert oder veranlasst werden. Ein weiterer Aspekt liegt darin, dass jede Organisation nur für sich die Beteiligung an der Gemeinschaftsaufgabe regeln kann, nicht jedoch für andere Organisationen, die sich dem Einfluss entziehen können. Auch dies bedingt eine gesetzliche Lösung (wie sie dann später auch erfolgt ist).

Zu 2.: Die Professionalisierung der Abläufe der Organspende war ein Hauptschwerpunkt der Arbeit der regionalen DSO und basierte auf vier übergeordneten Prinzipien, die sich an den Bedürfnissen der Krankenhäuser und in ihnen tätiger Ärzte orientierten. Diese Prinzipien ergaben sich in Reaktion auf die Beobachtung dreier Hindernisse für die Ausweitung des Organaufkommens:

a. Organspender werden in den Kliniken nicht erkannt.
b. Organspender werden in den Kliniken zwar erkannt, Explantationen können aber aufgrund fehlender materieller oder personeller Ressourcen nicht realisiert werden.
c. Organspender werden in den Kliniken erkannt und Explantationen könnten realisiert werden, werden aber wegen der Befürchtung negativer Auswirkungen auf Ressourcenverbrauch und Störung anderer Abläufe mit negativen Folgen für die anderen Patienten vorsichtshalber nicht realisiert.

Zur Bewältigung der Hindernisse wurden vier Prinzipien entwickelt:

1. Es muss über die Kriterien für Eignung und Ausschluss als potentieller Organspender umfassend informiert werden.
2. Es müssen kontinuierlich Anstrengungen unternommen werden, Krankenhäuser und ihre Bediensteten dazu zu motivieren, sich an der Gemeinschaftsaufgabe Organspende überhaupt zu beteiligen.
3. Es muss eine organisatorische Unterstützung der Krankenhäuser durch ein umfassendes Dienstleistungsangebot erfolgen, das sich nach den jeweiligen Bedürfnissen und Wünschen des Krankenhauses richtet und alle notwendigen Zusatzleistungen für die Realisierung eine Organspende umfasst.
4. Es ist sicherzustellen, dass das Dienstleistungsangebot zu jeder Zeit und unter Optimierung des Organspendeprozesses besteht.

Ein Krankenhaus muss wissen, worauf es sich einlässt, wenn es einen potentiellen Organspender meldet. Ist die Meldung mit unübersehbaren Risiken für den Routineablauf behaftet, so wird sie eher unterbleiben. Kann sich jedoch ein Mitarbeiter des Krankenhauses darauf verlassen, dass grundsätzlich die Abläufe rasch und reibungslos in kurzer Zeit abgeschlossen werden können, so wird auch die Meldung eines potentiellen Spenders weniger problematisch sein. Deshalb muss die verantwortliche Organisation die reibungslose Gestaltung der Abläufe in inhaltlicher wie zeitlicher Hinsicht weitestgehend garantieren können. Dass dies so ist, muss zudem transparent und überprüfbar sein. Aus diesem Grunde wurde im Rahmen des Pilotprojektes ein umfassendes Qualitätsmanagement eingeführt und extern nach DIN EN ISO 9001 zertifiziert. Dieses dokumentierte, dass sich Krankenhäuser der Region auf Unterstützung und Abläufe verlassen und bei einer Meldung davon ausgehen konnten, dass der gesamte Prozess nach wenigen Stunden für das Krankenhaus beendet war. Nicht zuletzt erfolgte auch eine Rückmeldung an die beteiligten Personen sowie eine Weiterbetreuung der Angehörigen.

Zu 3.: Zur Betonung der regionalen Identität in dem Pilotprojekt sei ausdrücklich angemerkt, dass diese der Auffassung, dass es sich bei der Organgewinnung (und -allokation) um eine Gemeinschaftsaufgabe handelt, nicht entgegensteht. Da es sich nicht um das regionale Identitätsgefühl der potentiellen Spender handelt, sondern um die regionale Zusammenarbeit von meldenden Ärzten und Organspendeorganisation, orientiert sich die regionale Identität nicht an landsmannschaftlichen, ethnischen, geographischen oder sonstigen Vorlieben, Prioritäten bzw. Abgrenzungen (Westfalen spenden nur für Westfalen, Norddeutsche nicht für Bayern und umgekehrt etc.). Es geht um die wechselseitige Bekanntheit der von medizinischer Seite aus beteiligten bzw. handelnden Personen. Es geht um das Vorhandensein informeller medizinischer Netzwerke und Kommunikation im Zuge der Spenderermittlung.

Ergebnisse des Pilotprojektes:
Im Rahmen des Pilotprojektes Niedersachsen/Ostwestfalen konnten die Zahlen realisierter Organspenden aus den kleineren Krankenhäusern fast verdoppelt und insgesamt ein Niveau von über 20 pmp pro Jahr erreicht werden.

Aus den Erfahrungen kann gleichzeitig ein Fazit für die Größe möglicher Regionen im Rahmen einer Regionalisierung gezogen werden:

> Die *minimale Größe* einer Organspenderegion ist ökonomisch bestimmt. Die Region muss mindestens so groß sein, dass sie aufgrund der Zahl der Organentnahmen und damit des Volumens der Refinanzierung in der Lage ist, das notwendige Dienstleistungsangebot in qualitativer, quantitativer und zeitlicher Hinsicht zu finanzieren.
>
> Die *maximale Größe* einer Region ist durch die Möglichkeit zu regionaler Identitätsbildung begrenzt. Je größer die Region wird, desto schwächer wird das informelle Netzwerk und desto weniger können persönliche Beziehungen bewirken. Je anonymer der Bereich Organspende (sowie der Bereich wartender Patienten) wird, als desto schwächer wird die moralische Verpflichtung zur eigenen Beteiligung empfunden.

Die Basiselemente des Pilotprojektes Niedersachsen/Ostwestfalen haben teilweise Eingang in das Transplantationsgesetz gefunden: Die Organspende sieht das Gesetz als Gemeinschaftsaufgabe, die Professionalisierung der Abläufe der Organspende durch Etablierung der bundesweiten Koordinierungsstelle wurde teilweise als Ziel übernommen. Hingegen berücksichtigt das Transplantationsgesetz überhaupt nicht, dass Gemeinschaftsaufgaben nicht schon allein deshalb gelöst werden, weil deren Erledigung im gemeinsamen Interesse liegt. Will man auf formale Anreizsysteme wie finanzielle Belohnungen wegen der besonderen Eigenschaften der Aufgabe verzichten, dann ist eine Förderung der Beteiligung nur durch Schaffung von sozialem Kapital und damit der Ausbildung regionaler Identitäten und kleinerer sich informell stützender Gruppen und Netzwerke möglich. Auf Bundesebene ist dies unerreichbar. Das hat man nicht hinreichend beachtet, hat jedoch zugleich versucht, bundesweit operierende zentrale Strukturen zu schaffen.

6.3 Die Einrichtung der Koordinierungsstelle

Das Transplantationsgesetz trifft normative Vorgaben für die Organisation der Transplantationsmedizin mit ungewöhnlicher Detailtiefe und schreibt grundlegend die Aufteilung der Verantwortlichkeiten in die Bereiche Organspende, Organvermittlung und Transplantation vor. Zusätzlich verpflichtet das TPG ausnahmslos alle Krankenhäuser zur Meldung potentieller Organspender. Die Meldung soll an das jeweils zuständige Transplantationszentrum erfolgen, ohne dass aus dem Gesetz klar wird, welche Transplantationszentren für welche Bereiche zuständig sind bzw. wer die Zuständigkeiten festlegen soll. Allerdings wird festgelegt, dass die Zusammenarbeit der Transplantationszentren und der übrigen Krankenhäuser im Bereich der Organspende durch die so genannte Koordinierungsstelle organisiert werden muss. Die Transplantation von Organen, die innerhalb der Bundesrepublik Deutschland gewonnen werden, ist nur zulässig, wenn die Koordinierungsstelle in die Gewinnung der Organe eingebunden wurde (und die Organe über die Vermittlungsstelle vermittelt wurden).

Zur Struktur der Koordinierungsstelle sowie ihrer Beauftragung legt das TPG fest, dass die Organisation aufgrund einer finanziell und organisatorisch eigenständigen Trägerschaft sowie ihrer Gesamtausstattung die Gewähr bieten muss, dass die Vorgaben des TPG erfüllt werden können. Die Spitzenverbände der Krankenkassen, die Bundesärztekammer, die Deutsche Krankenhausgesellschaft und die Bundesverbände der Krankenhausträger gemeinsam regeln die Aufgaben der Koordinierungsstelle durch Vertrag. Außerdem ist im Gesetz geregelt, dass die Transplantationszentren in der Koordinierungsstelle angemessen vertreten sein müssen.

Als Koordinierungsstelle wurde durch Vertrag im Juli 2000 die Deutsche Stiftung Organtransplantation (DSO) beauftragt. Der Vertrag regelt die einzelnen Aufgaben im Rahmen der postmortalen Organspende sowie die Vertretung der Transplantationszentren in der Koordinierungsstelle über die neu gegründeten Fachbeiräte. Er bestimmt zusätzlich die regionale Untergliederung der Koordinierungsstelle in sieben Regionen, die jeweils von einer unselbständigen Verwaltungsstelle geleitet werden. Als Leiter dieser unselbständigen Verwaltungsstellen wurden Geschäftsführende Ärzte bestellt.

6.4 Die Negativ-Wirkungen der vom TPG eingeleiteten Zentralisierung und Monopolisierung

Krankenhäuser, die sich an der Organspende beteiligen wollen, bedürfen der umfassenden Unterstützung durch die Koordinierungsstelle, um den komplexen und aufwändigen Vorgang „Organspende" überhaupt bewältigen zu können. Dies gilt vor allem für die vielen Krankenhäuser der Grund- und Regelversorgung, die nach wie vor insgesamt die meisten Organspenden realisieren können. Es gilt aber auch für die Krankenhäuser der Zentral- und Maximalversorgung – selbst die Universitätskliniken können z. B. nicht zu jeder Zeit die nach den Regeln der Bundesärztekammer sehr aufwändige Hirntoddiagnostik durchführen.

Durch den bundesweiten Auftrag an nur eine Organisation wurde jedoch ein Monopol geschaffen, das alle Krankenhäuser und Transplantationszentren dazu zwingt, mit der DSO zusammen zu arbeiten, gleichgültig welche Qualität deren Dienstleistung haben mag. Strafbewehrte Exklusivität (es dürfen unter strafrechtlicher Androhung keine Organe transplantiert werden, die in der Bundesrepublik Deutschland gewonnen und deren Gewinnung nicht von der Koordinierungsstelle betreut wurde) gibt der Organisation in ihrem Aufgabenbereich eine starke Machtposition.

Die DSO rechtfertigt ihre Monopolstellung damit, dass nur mit einem Monopol verhindert werden könne, dass verschiedene Organisationen um die Organe postmortaler Spender konkurrieren. Dieses Argument ist allerdings nicht zwingend, denn auch bei Aufhebung des Monopols könnten die Krankenhäuser verpflichtet bleiben, potentielle Spender zentral nachvollziehbar zu melden. Sie könnten dann aber dessen ungeachtet zwischen mehreren Koordinierungsstellen diejenige Organisation wählen, die für sie die jeweils beste Dienstleistung zur Verfügung stellt. Wenn den Krankenhäusern angemessene Fallpauschalen geboten würden und diese nur dann voll realisiert würden, wenn es schließlich zu einer erfolgreichen Transplantation kommt, dann hätten alle beteiligten Akteure angemessene Anreize. Die für die Spendererkennung ausschlaggebenden Krankenhäuser wären zugleich weitgehend Herr des Verfahrens. Die DSO müsste sich ebenso wie ihre zuzulassenden Konkurrenten um die Krankenhäuser bemühen. Eine solche Situation wäre der Spendererkennung vermutlich sehr förderlich.

Fehlende Konkurrenz und Kontrolle dürften ein Grund dafür sein, dass die DSO derzeit ihre Dienstleistungen – die Unterstützung der Hirntoddiagnostik für die meldenden Krankenhäuser, zu der sie vertraglich verpflichtet ist – zunehmend abbaut und sie teilweise ganz einstellen will.[72] Gleichzeitig werden immer mehr Ressourcen – mittlerweile mehr als 50% des Personals – in der Zentrale gebunden. Eine weitere Fehlentwicklung, die aus der Monopolstellung folgt, ist die sachfremde Nutzung der ausschließlichen Kontrolle über den Meldeweg für Zwecke der Gewebegewinnung: DSO-eigenes Personal, Finanzmittel und der Meldeweg werden zu Gunsten der DSO-eigenen Gewebe-GmbH genutzt.

Anstatt den Krankenhäusern durch unterstützende Leistungen die Teilnahme an der Organgewinnung zu erleichtern und finanzielle Risiken auf die Koordinierungsstelle zu verlagern, wird ihnen mit Sanktionen für den Fall gedroht, dass sie sich nicht weiterhin an der Organspende beteiligen – und das, obwohl sich diese für sie zu einem permanenten finanziellen Risiko entwickelt. Dies hat vorhersehbare Folgen für die Beteiligungsbereitschaft von Krankenhäusern und Universitätskliniken und ist Hauptursache für das Ausbleiben der erhofften Steigerung der Organspenderaten.

Die Tatsache, dass die Landessozialministerien bislang keine Maßnahmen ergriffen haben, um die Meldepflicht durchzusetzen, zeigt, dass diese sich – anders als die DSO – vermutlich der Begrenzungen einer auf (negativen) Sanktionen gegründeten Politik der Drohungen bewusst sind. Derartige Maßnahmen wären in der Praxis ohnehin nicht durchsetzbar. Dass allerdings zugunsten einer solchen Politik der Organgewinnung die wesentlichen politischen Vorgaben für die weitere Entwicklung des Gesundheitswesens außer Kraft gesetzt wurden, ist schwer nachzuvollziehen. Das Leitprinzip „Das Geld folgt der Leistung" sollte Anwendung finden. Die Erbringung qualitätsgesicherter Dienstleistungen in Strukturen, die bewusst Konkurrenz zulassen, muss auch im Bereich der Transplantationsmedizin gewollt sein, wurde politisch jedoch nicht umgesetzt.

6.5 Umsetzung der gesetzlichen Vorgaben für die Koordinierungsstelle

Das Transplantationsgesetz hat im § 11 Struktur und Zusammenarbeit mit der Koordinierungsstelle festgelegt und die Aufgaben im Absatz 2 im Prinzip aufgelistet. Allerdings hat das BMG (Bundesministerium für Gesundheit) hieraus niemals einen Aufgabenkatalog oder ein Anforderungsprofil entwickelt. Das BMG hat sich auch nicht aktiv an der Gestaltung der Koordinierungsstelle beteiligt und keine EU-weite Ausschreibung für potentielle Bewerber um die Koordinierungsstelle veranstaltet. Statt dessen hat es das BMG den im alten System etablierten Organisationen und damit vor allem

---

[72] siehe Ndrs. Ärzteblatt, Juli 2005.

der bereits in diesem Bereich tätigen DSO überlassen, sich vertraglich mit den Auftraggebern zu einigen und den letztlich vorgelegten Vertrag ohne Änderungen genehmigt (gleiches vollzog sich auch in den Verhandlungen mit der Vermittlungsstelle).

Die im Gesetz vorgesehene eigenständige Trägerschaft bedingte, dass sich die DSO offiziell vom KfH trennen musste, eine Forderung, die insbesondere von Vertretern des bayerischen Staatsministeriums für Umwelt, Gesundheit und Verbraucherschutz erhoben wurde. Die vorgeschlagene Form der Trennung wurde vom BMG gebilligt. Gleichwohl ist festzustellen, dass die Zusammenarbeit zwischen DSO und KfH sowie die handelnden Akteure vor und nach der Trennung fast identisch geblieben sind.[73] Bemerkenswert ist auch, dass der Vertrag ausdrücklich die Möglichkeiten für die Unterstützung bei der Wartelistenführung in den Zentren sowie die Organisation der Lebendspende vorsieht, also all die Aufgabenbereiche umfasst, die von der DSO auch in der Zeit vor dem Transplantationsgesetz betreut wurden. Letztlich ist der Vertrag auf die DSO zugeschnitten worden. Die nur nominelle Trennung der Trägerschaften und die maßgeschneiderte Anpassung von Zuständigkeiten an die DSO ist Ausdruck der fortbestehenden Interessenverflechtungen. So können die Transplantationszentren durch die Besetzung des Stiftungsrates der DSO – der immerhin den Vorstand der DSO bestellt – mit Mitgliedern aus den eigenen Reihen auf die Politik der Koordinierungsstelle und damit indirekt auf die dort zur Verfügung stehenden Ressourcen einwirken.

Dass die DSO ihre Monopolstellung in der skizzierten Weise nutzen konnte, ist auch darauf zurückzuführen, dass es keine wirksame Aufsicht gibt, etwa durch das Bundesministerium für Gesundheit. Die negativen Auswirkungen der Passivität, die das BMG bei der Umsetzung des TPG im Rahmen der Beauftragung von Koordinierungs- und Vermittlungsstelle (für diese gilt sinngemäß dasselbe) walten ließ, werden insbesondere deutlich, wenn Struktur und Effizienz der beauftragten Organisation DSO genauer betrachtet werden.

6.6 Struktur und Effizienz der als Koordinierungsstelle beauftragten Organisation

Weder durch Einführung des Transplantationsgesetzes noch durch die Beauftragung der Koordinierungsstelle konnte eine deutliche und nachhaltige Steigerung der Zahl von Organspenden erreicht werden. Es verwundert insoweit nicht, dass zunehmend Kritik an der DSO geübt wird. So wurde in den jährlichen Berichten der Überwachungskommission[74], die von den Auftraggebern (BÄK, DKG, Spitzenverbände der Krankenkassen) eingesetzt wurde, wiederholt beklagt, dass die DSO (im Gegensatz zu anderen Anbie-

---

[73] Vgl. dazu auch Nitsche, 2004.
[74] Die Berichte sind nicht öffentlich.

tern im Gesundheitswesen) nach wie vor kein Qualitätsmanagement eingeführt hat und dementsprechend auch keine Zertifizierung in naher Zukunft in Aussicht steht. Von Verbänden wie dem VLK (Verband leitender Krankenhausärzte) wurde auf diesen Mangel sowie auf eine Reihe weiterer Defizite hingewiesen, ohne dass dies zu einer Reaktion der drei Auftraggeber geführt hätte. Auch die Überwachungskommission selbst forderte bisher keine Konsequenzen aus den von ihr festgestellten Missständen, wobei es zumindest als bemerkenswert erscheint, dass der Vorsitzende der Überwachungskommission selbst über Jahrzehnte konsiliarischer Mitarbeiter der DSO war.

Insgesamt ist festzustellen: Die möglichen Vorteile einer bundesweiten Koordinierungsstelle wurden nicht realisiert. Die Abläufe in den Regionen sind weiterhin nicht standardisiert, weder innerhalb noch zwischen den sieben Organspenderegionen. Mögliche Synergieeffekte blieben deshalb aus. Beispielsweise kann das Personal nicht flexibel in mehreren Regionen eingesetzt werden, um Engpässe zu kompensieren, weil Verantwortlichkeiten und Abläufe von Region zu Region stark variieren. Dementsprechend kommt es nicht zu Kostensenkungen bei gleich bleibender oder gesteigerter Leistungsqualität. Vielmehr sollen die Kosten dadurch gesenkt werden, dass die DSO ihr Dienstleistungsangebot in den Regionen reduziert. Damit wird aber die eigentliche Aufgabe der Förderung der Spendererkennung und -meldung in den Regionen gerade nicht gefördert.

Eine überregionale Koordinierungsstelle hat nur dann eine Existenzberechtigung, wenn dadurch Dienstleistungen erst ermöglicht, verbessert oder verbilligt werden, die von einzelnen Transplantationszentren bzw. lokal operierenden Einheiten nicht in gleicher Weise oder nur zu höheren Kosten erbracht werden können. Bei richtiger Ausrichtung könnte eine zentrale Koordinierungsstelle bestehende regionale Organisationsformen durch eine übergreifende Koordination ergänzen und bestehende Schwächen kompensieren. Diese Aufgabenstellung wurde jedoch nicht angegangen und so wurde wenig dazu beigetragen, die Stagnation auf dem Felde der Spendererkennung zu überwinden. Die Stagnation wurde vielmehr durch inadäquate Zentralisierungstendenzen noch begünstigt. Da die Zentralisierung zudem ein ‚bench marking' durch Vergleich verschiedener Regionen verhindert, gibt es auch von daher wenige Faktoren, die auf eine Verbesserung der Lage hinwirken.

6.7 Voraussichtliche und mögliche Entwicklungen

6.7.1 Voraussichtliche Entwicklungen ohne institutionelle Strukturveränderung

Die DSO hat auf ihre relative Erfolglosigkeit bei der Ausweitung der Zahl postmortaler Organspenden mit folgenden Vorschlägen reagiert[75]:

1. Monatlicher Zugriff der DSO auf das Controlling jedes Krankenhauses, insbesondere auf die Leistungskennziffern, die u.a. auch darüber Auskunft geben, ob Patienten mit Erkrankungen verstorben sind, die u.U. zum Hirntod führen.
2. Verpflichtende Übernahme des Angehörigengespräches durch Koordinatoren der DSO.
3. Anweisung an die Koordinatoren, durch „adäquate Gesprächsführung eine Zustimmung einzuholen".
4. Einleitung von Maßnahmen zur Feststellung der Eignung des potentiellen Spenders für die Organentnahme und Maßnahmen zur Vorbereitung der Verteilung von Organen bereits vor Feststellung des Hirntodes.

Es ist fraglich, ob diese Vorschläge zum Erfolg führen können: Punkte 1. und 2. sind nicht ohne Zustimmung der Krankenhäuser umzusetzen. Zu Punkt 1 wurde bereits Protest von Seiten der Krankenhausgesellschaften angemeldet. Der 3. Punkt ist heute bereits eine konkrete Forderung und explizite Zielvorgabe innerhalb der DSO, könnte allerdings in Widerspruch zum Recht von Spendern geraten, zu Lebzeiten die Organspende abzulehnen bzw. erschwert den Angehörigen, im Falle einer Ablehnung diese im Sinne des Spenders in der psychisch extrem belastenden Situation auch tatsächlich gegenüber dem gesprächsgeschulten Mitarbeiter der DSO durchzusetzen.

Der unter 4. genannte, von der DSO angestrebte Erlass von Richtlinien durch die Bundesärztekammer, wonach behandelnde Ärzte bereits vor Feststellung des Hirntodes dazu verpflichtet werden sollen, Maßnahmen zu ergreifen, um die Eignung der Organe festzustellen und deren Verteilung vorzubereiten, muss als überaus bedenklich gelten. Diese Bestrebungen sind geeignet, den Gegnern der Transplantationsmedizin in die Hände zu spielen, indem sie die von diesen immer wieder zu Unrecht geschürten Befürchtungen, es werde um der Organe willen für einen Sterbenden nicht mehr alles getan, geradezu zu beweisen scheinen.

Alle vier genannten Punkte dürften von den Krankenhäusern ausgesprochen kritisch gesehen werden und eher zur Ablehnung als zur Mitarbeit führen. Zudem ist damit zu rechnen, dass der dritte und vierte Punkt auch auf Ablehnung in der Öffentlichkeit stoßen. Beides wäre dem Ziel der Förderung der postmortalen Organspende abträglich.

---

[75] Siehe Bericht zur Anhörung vor der Enquete-Kommission vom 14.3.2005 und Bericht der Süddeutschen Zeitung vom 27.7.2005: Siegmund-Schultze „Im Vorgriff auf das Ende".

In die gleiche Richtung wirkt es, wenn die DSO die Unterstützung für die Krankenhäuser bei der Hirntoddiagnostik in Form von qualitätsgesicherten mobilen Konsiliarteams, dort wo sie bisher existent war, abbaut und damit die Krankenhäuser zukünftig mit dieser Aufgabe allein lässt. Auf eine Qualitätssicherung, sowohl im Hinblick auf den organisatorischen Prozess wie auch bezüglich der Qualifikation der handelnden Personen, wird verzichtet. Die Auffassung der DSO, dass die Tätigkeit des bei der Ärztekammer Niedersachsen qualitätsgesicherten mobilen Konsiliarteams für die Hirntoddiagnostik der „Entwicklung einer solidarischen Organspendekultur nicht förderlich" sei[76], ist jedenfalls schwer nachzuvollziehen.

6.7.2 Entwicklungen mit institutionellen Strukturveränderungen

Bei zentraler Organallokation und bei bestehender Gesetzeslage wird den Gegebenheiten des deutschen Gesundheitssystems vermutlich das bereits besprochene regionale Strukturmodell noch am besten gerecht. Als räumliche und funktionelle Basis dieser Einheiten dienen primär jeweils die einzelnen Bundesländer, wobei sich mehrere Bundesländer zusammenschließen können – und bei kleinen Bundesländern wohl auch aus finanziellen Gründen müssen. Derartige Verbünde beruhen auf einer vertraglich ausgehandelten Basis. Träger dieser Organspendeorganisationen sind auf Landesebene die Auftraggeber, die auch derzeit bundesweit die Koordinierungsstelle beauftragen und finanzieren. Allerdings gibt es zwei elementare Unterschiede: Im Gegensatz zur BÄK haben die Landesärztekammern einen öffentlich-rechtlichen Status, der der BÄK fehlt. Die Landeskrankenhausgesellschaften haben ebenso wie die Landesärztekammern einen eigenen Status. Die Landesinstitutionen können aufgrund der sehr viel genaueren regionalen Kenntnis ganz im Sinne informeller Netzwerkstrukturen auch die Tätigkeit der regionalen Koordinierungsstelle unmittelbarer und damit auch effektiver beaufsichtigen bzw. konstruktiv lenken. Schließlich führt die Regionalisierung dazu, dass unter dem Dach einer bundeseinheitlichen Gemeinschaftsaufgabe, die aus übergeordneten Gründen gewünscht wird, dennoch zumindest ansatzweise kompetitive Prozesse ablaufen; denn die regionalen Träger müssen sich zumindest im Sinne eines ‚bench markings' dem Vergleich mit anderen regionalen Trägern stellen.

Das skizzierte regionale Strukturmodell könnte unmittelbar ohne Änderung des Transplantationsgesetzes umgesetzt werden. Das ist ein klarer Vorteil, wenn man an schnellen Änderungen interessiert ist. Wenn es um nachhaltige Änderungen geht, reicht ein solcher „Zwischenschritt" aber nicht aus, da es sich wirtschaftlich nach wie vor nur um *eine* Organisation handelt. Man sollte nicht nur an eine Regionalisierung unter dem Dach einer Monopolstruktur denken. Stattdessen sollte die Aufhebung des Monopols der Koordinierungsstelle angestrebt werden. Hierfür ist eine Gesetzesänderung

---

[76] Niedersächsisches Ärzteblatt 7/2005, S. 10–11.

notwendig. Diese wäre allerdings ganz im Sinne der sonstigen politischen Vorgaben für die Entwicklung im Gesundheitswesen. Denn es ist schwer einzusehen, warum die Transplantation von Organen von mehr als 40 selbständig operierenden und miteinander in Konkurrenz stehenden Transplantationszentren durchgeführt wird, während die Organspende ausschließlich durch ein Monopolunternehmen organisiert werden darf.

Anderweitige strukturelle Änderungen, die – wie es BMG, BÄK und DSO erwägen – eine stärkere Beteiligung der DSO an der Gewebespende beinhalten, sind demgegenüber mit Skepsis zu betrachten. Angesichts der starken kommerziellen Interessen, die hier ins Spiel kommen, würde man den Bereich der Organspende so lange einschlägigen Verdächtigungen und einer unnötigen Gefährdung aussetzen, wie es nicht generell zu einem Umdenken in Fragen finanzieller Anreize in der Organspende gekommen ist.

7 Postmortale Organspender

7.1 Einleitung

Möglichkeiten zur Steigerung der Identifikations- und Melderate wurden in den drei vorangegangenen Kapiteln ausführlich diskutiert. Dieses Kapitel befasst sich demgegenüber mit Strategien zur Erhöhung der Zustimmungsrate. Unter anderem wird es darum gehen, ob potentiellen Spendern Anreize geboten werden sollten und wenn ja, welche Form diese Anreize annehmen können.

Die Diskussion von Anreizsystemen setzt allerdings voraus, dass es für die Zulässigkeit der Organgewinnung überhaupt maßgeblich auf „motivationsfähige" Willenserklärungen des Spenders ankommt. Dies ist bei der Lebendspende selbstverständlich. Im Falle der postmortalen Organspende spielen Willenserklärungen des Spenders (bzw. seiner Angehörigen) nur dann eine Rolle, wenn die Zulässigkeit der Entnahme von Organen von früheren Willenserklärungen insbesondere des postmortalen Spenders abhängig gemacht wird. Unter einer (erweiterten) Zustimmungsregelung sind Willenserklärungen und deshalb auch Anreize dafür, solche Erklärungen abzugeben, bedeutsamer als unter einer Widerspruchslösung. Denn eine Regelung, die eine Organentnahme für zulässig erklärt, wenn es unterlassen wird, Widerspruch zu erheben, ist lediglich – wenn überhaupt – auf Unterlassungsanreize angewiesen, während eine Regelung, die eine aktive Zustimmung erfordert, auf Handlungsanreize setzen muss. Handlungen können erfahrungsgemäß nur schwieriger initiiert werden als Unterlassungen.

Die Frage danach, ob und welche Anreize man dafür geben könnte oder sollte, tatsächlich zu Lebzeiten eine Willenserklärung zur Organspende abzugeben, stellt sich in Deutschland insbesondere deshalb, weil das deutsche Recht die Autonomie des potentiellen Spenders anderen Gesichtspunkten vorordnet und zugleich eine große Kluft zwischen einer überwiegend positiven Einstellung zur Organtransplantation und einer nur geringen Verbreitung in Spenderausweisen manifestierter Willenserklärungen herrscht. So sind einer repräsentativen Umfrage zu Folge 67% der Deutschen prinzipiell bereit, nach ihrem Tod ihre Organe zu spenden.[77] Diese Zahl steht jedoch in krassem Widerspruch zum Anteil der Inhaber eines Spenderausweises. Von allen im Jahr 2002 in Deutschland durchgeführten Organent-

---

[77] Nitsche, 2004, S. 142.

nahmen konnten sich nur 5% auf den schriftlich bekundeten Willen des Spenders stützen; in weiteren 12% aller Fälle lag nach den Angaben der Angehörigen eine mündlich geäußerte Bereitschaft zur Spende vor. In allen übrigen Fällen mussten die Angehörigen entweder nach dem anderweitig geäußerten oder vermuteten Willen des Spenders (75%) oder nach ihren eigenen Wertvorstellungen (8%) entscheiden.[78]

Der Frage nach der Setzung von Anreizen ist somit die Frage vorgelagert, wer über die Organe verfügen darf. Insoweit kann man zwei idealtypische Modelle unterscheiden:

– *Das Modell der privaten Verfügung:* Hier geht man im Prinzip von einer zum Erbrecht analogen Verfügungsgewalt des potentiellen Spenders als des Vorbesitzers der Organe aus. So wie im Erbrecht gewisse Einschränkungen etwa bezüglich eines Pflichtteils etc. bestehen, kann es auch hier gewisse Beschränkungen der Verfügungsrechte geben; jedoch verbleiben diese Rechte grundsätzlich beim potentiellen Spender. Dem entspricht die insbesondere in der deutschen Diskussion immer wieder von allen politisch und rechtlich maßgeblichen Seiten geäußerte Auffassung vom Primat des Spenderwillens und des Respekts vor der Autonomie des Spenders. Spielt aber der Wille des (potentiellen) Spenders eine so entscheidende Rolle, dann muss diesem konsequenter Weise auch das Recht zugebilligt werden, über die Verwendung der Organe nach seinem Tod zu verfügen, so wie es bei der LOS auch der Fall ist. Äußert der potentielle Spender sich nicht, dann geht das Verfügungsrecht ganz analog zu den üblichen privatrechtlichen Gepflogenheiten auf die Angehörigen über, was de facto weitgehend der deutschen Situation entspricht, mag man auch offiziell die Angehörigen an den mutmaßlichen Willen des Spenders binden.

– *Das Modell der öffentlichen Verfügung:* Hier gehören die Organe nach dem Tod prinzipiell der Solidargemeinschaft aller Einwohner des Nationalstaats oder eines größeren Verbundes, dessen Institutionen die Verteilung regeln können. Deutlichste Ausprägung ist die sog. „Notstandslösung", nach der Organe völlig unabhängig von den („privaten") Willenserklärung des potentiellen Spenders oder seiner Angehörigen immer dann in Wahrung des öffentlichen Interesses entnommen werden dürfen, wenn dies der Rettung von Menschenleben dient.

Das derzeit in Deutschland geltende Recht ist als eine Mischform zwischen diesen beiden Idealtypen anzusehen: Die private Verfügung erstreckt sich nur auf die Frage, ob überhaupt Organe gespendet werden, während über die Verwendung der Organe im positiven Fall öffentlich bestimmt wird.

Im Folgenden wird unter 7.2 zunächst eine Klassifikation möglicher Formen von Anreizen für Organspender vorgenommen. Der anschließende

---

[78] Deutsche Stiftung Organtransplantation, 2002, S. 8.

Abschnitt 7.3 befasst sich mit Möglichkeiten der Steigerung der postmortalen Organspende, nämlich der Notstandslösung (7.3.1), bei der auf Anreize für Organspender im eigentlichen Sinn verzichtet werden kann, der Widerspruchslösung (7.3.2), die gewissermaßen zwischen den beiden Idealtypen angesiedelt ist, da sie zwar generell von der öffentlichen Verfügung ausgeht, aber die Möglichkeit des Widerspruchs als Element der Privatautonomie enthält, und der Reziprozitätslösung (7.3.3), die einen expliziten Anreiz zur Organspende beinhaltet. Abschnitt 7.3.4 befasst sich mit möglichen finanziellen Anreizen für postmortale Organspender.

7.2 Formen von Anreizen für Organspender

Ein positiver Anreiz kann insbesondere darin bestehen, dass jemandem, von dem ein bestimmtes Verhalten erwartet oder zumindest erhofft wird, eine Gegenleistung in Aussicht gestellt wird. Im Falle von Anreizen zur Organspende ist es sinnvoll, die Bereiche

– der postmortalen Spende und
– der Lebendspende

zu unterscheiden. Ferner kann die Art der Anreize

– finanziell oder
– nicht-finanziell

sein. Es ergibt sich die folgende tabellarische Übersicht:

Art der Spende / Art der Anreize	PMOS	LOS
nicht-finanziell	1	2
finanziell	3	4

Die vier in der Tabelle aufscheinenden Fälle werden im Sinne der aufsteigenden Nummerierung generell als zunehmend problematisch empfunden. Das gilt für die moralische ebenso wie für die rechtliche Beurteilung, die in Deutschland sogar alle finanziellen und nicht-finanziellen positiven Anreize zur Spende oder zur Abgabe von Spendenerklärungen rechtlich auszuschließen sucht.

Eine weitere wichtige Unterscheidung muss man danach vornehmen, welche Leistung honoriert werden soll, nämlich

– die zu Lebzeiten dokumentierte Spendebereitschaft oder
– die tatsächliche Organentnahme.

Die bekannteste Form einer nicht-finanziellen Gegenleistung für eine Organspendebereitschaft besteht darin, dass Spendenwillige bei der Organverteilung bevorzugt werden. Dieses „Reziprozitäts-Modell" wird in Abschnitt 7.3.3 ausführlich diskutiert werden. Eine finanzielle Gegenleistung kann in der ersten Variante so aussehen, dass jedem Inhaber eines Spenderausweises einmalig oder pro Zeiteinheit eine geldwerte Leistung gewährt wird, etwa in Form einer Ermäßigung von Krankenkassenbeiträgen.

Während im Fall der Lebendspende eine Auszahlung auch nach realisierter Organentnahme noch an den Spender selbst erfolgen kann, ist dies bei der postmortalen Spende naturgemäß nicht möglich. Nach der postmortalen Organspende kann die Gegenleistung nur an die Angehörigen des Spenders bzw. an einen von diesem bestimmten Empfänger(kreis) erfolgen. Diese Gegenleistung könnte man mit einer beitragsfreien Lebensversicherung vergleichen, die für den Fall der Organentnahme zugesagt wird.

Eine weitere Unterscheidung bezieht sich darauf, von wem das Angebot einer Gegenleistung ausgeht, nämlich von

– der Versichertengemeinschaft,
– dem Empfänger des Organs oder
– den potentiellen Spendern selbst.

Im Falle der finanziellen Gegenleistungen bedeutet die zuerst genannte Alternative, dass die Solidargemeinschaft, vertreten durch die Krankenkasse bzw. -versicherung des Organempfängers, die Zahlung leistet, so wie sie auch die sonstigen Kosten einer Transplantation übernimmt. Bei dieser Variante können die Regeln der Organzuteilung genau so bleiben, wie sie im gegenwärtigen System sind. Demgegenüber ist die zweite Variante besser als „Organhandel" bekannt, denn hier sichert sich eine Person, die einen Organbedarf hat (beispielsweise bei Niereninsuffizienz), ein Ersatzorgan durch Zahlung eines Geldbetrags an einen Lebendspender.

Die zuletzt genannte Variante kommt in Zusammenhang mit dem oben bereits erwähnten Reziprozitäts-Modell in Frage. Hier entsteht der Anreiz zur Organspende indirekt dadurch, dass mehrere (potentielle) Spender den Kreis der Empfänger ihrer eigenen Organe auf Personen einschränken, die selbst im Besitz eines Spenderausweises sind.

7.3 Strategien zur Steigerung der postmortalen Organgewinnung

7.3.1 Die Notstandslösung

Wenn es darum geht festzulegen, wer nach seinem Tod als Organspender in Frage kommt, ist es nicht abwegig, „alle Bürger" als potentielle Spender einzubeziehen, da auch alle Bürger potentielle Organempfänger sind. Die generelle Zulässigkeit der postmortalen Entnahme wird daher häufig auch mit der Idee einer Solidargemeinschaft gerechtfertigt. Da man davon ausgehen könne, dass jedes Gesellschaftsmitglied im Ernstfall gerne ein Organ erhalten würde, um weiter leben zu können, müsse ein denkbares Anliegen, dass der eigene Leichnam „unversehrt" bleiben solle, hinter das zuerst genannte Anliegen zurücktreten.[79] Dies rechtfertige ein kollektives Zugriffsrecht auf die Organe eines Verstorbenen. Bedenkt man, dass Eingriffe in den Leichnam auch zu anderen Zwecken zugelassen werden (z.B. bei der Anordnung einer Obduktion zur Wahrung des staatlichen Strafanspruches), erscheint eine vergleichbare Höherbewertung der öffentlichen Interessen bei der postmortalen Organentnahme nicht unplausibel.

Gegen die Notstandslösung kann allerdings eingewendet werden, dass ein derart weitgehender und vom Spender nicht abwehrbarer Eingriff in die postmortale Integrität des menschlichen Körpers dem Verhältnismäßigkeitsgrundsatz zuwider liefe. Denn die relativ niedrige Widerspruchsrate in Rechtsordnungen, in denen die Widerspruchslösung verwirklicht ist, legt den Schluss nahe, dass das Organaufkommen durch die Einräumung eines Widerspruchsrechts nur unwesentlich verringert wird. Trifft dies zu, so wäre die Notstandslösung letztlich mit einem überschießenden Eingriff in das Selbstbestimmungsrecht des Verstorbenen verbunden, dem keine ausreichend großen Vorteile gegenüber stehen. Der von der Verfassung vorgesehene besondere Schutz weltanschaulicher Grundüberzeugungen tritt hinzu.

7.3.2 Die Widerspruchslösung

Während die Notstandslösung den öffentlichen Interessen an der Organgewinnung absoluten Vorrang einräumt, verwirklicht die Widerspruchslösung eine Kompromissvariante. Im Spannungsverhältnis zwischen den öffentlichen Interessen an der Gewinnung ausreichend vieler Spenderorgane und den Interessen des Verstorbenen bzw. der Angehörigen an der Wahrung der Integrität des Leichnams strebt sie einen Ausgleich an: Sie verpflichtet den Spender nicht zur Duldung der Organentnahme, bürdet diesem aber die Erklärungslast auf, indem sie die Organentnahme erlaubt, solange kein Widerspruch abgegeben worden ist. Auf diese Weise hat jeder die rechtlich geschützte Möglichkeit, durch eine nicht weiter begründungspflichtige Erklärung eine postmortale Organspende zu verhindern. Ganz auf der Linie des Grundgesetzes schützt dies insbesondere die Angehörigen bestimmter Glaubensgemeinschaften oder Weltanschauungen, die die Integrität des Körpers nach dem Tode höher bewerten als die Hilfeleistung gegenüber wartenden Organempfängern. Unterlässt der Bürger es hingegen, Widerspruch zu erheben, so wirkt sich dies im Sinne der Zulässigkeit der Entnahme aus.

Eine Beurteilung der Widerspruchslösung kann sich neben der Wahrung des Selbstbestimmungsrechts an zwei weiteren Kriterien orientieren, nämlich

1. ob sie das Problem der Organknappheit besser löst als alternative Modelle und
2. ob sie verbreiteten Gerechtigkeitsvorstellungen entspricht.

---

[79] Hoerster, 1997.

Ad 1. Zur Beantwortung der ersten Frage kann man auf die Erfahrungen vergleichbarer Länder verweisen, in denen die Widerspruchslösung im geltenden Recht umgesetzt wurde. Allerdings kann die Widerspruchslösung in unterschiedlichen Ausprägungen in Bezug auf den Kreis der Widerspruchsberechtigten verwirklicht sein: In Belgien und im Vereinigten Königreich gilt z.B. eine erweiterte Variante, bei der auch den Angehörigen nach festgestelltem Hirntod des potentiellen Spenders noch ein Widerspruchsrecht eingeräumt wird. Auch aus Österreich wird – obgleich das Gesetz ein „enges" Widerspruchsmodell vorsieht – de facto von einer Rücksichtnahme auf Widersprüche der Angehörigen berichtet. Dennoch haben diese Länder ein etwa doppelt so großes Organaufkommen pro Kopf der Bevölkerung wie vergleichbare Länder mit der Erweiterten Zustimmungslösung (Deutschland, Niederlande). In Spanien wird die Widerspruchslösung im engeren Sinn praktiziert, bei der es lediglich auf den Willen des Spenders selbst ankommt. Hier ist das Organaufkommen pro Kopf ca. dreimal so groß wie in Deutschland. Dieser Befund legt den Schluss nahe, dass die Widerspruchslösung – unabhängig von Details der Ausgestaltung und der Gewichtung zusätzlicher Einflussfaktoren – ein wesentlich höheres Organaufkommen ermöglicht als die Zustimmungslösung. Eine mögliche Deutung der Unterschiede zwischen der Erweiterten Zustimmungs- und der Erweiterten Widerspruchslösung wäre, dass sich auch die Angehörigen von jener Regelung leiten lassen, die gesetzlich als „Norm" formuliert ist.

Ad 2. Der für die Begründung für die Widerspruchslösung bisweilen angeführte Solidaritätsgedanke wird von den heute praktizierten Varianten dieser Lösung nicht gut verwirklicht. Zwar kann sich Solidarität auch in einseitiger Hilfe niederschlagen, der Begriff bezieht sich typischerweise jedoch auf wechselseitige Hilfe bzw. Hilfsbereitschaft. Dieses Verständnis schlägt sich in unseren alltäglichen Praktiken ebenso nieder wie in der Begrifflichkeit, mit der wir auf diese Praktiken Bezug nehmen. So heißt es in der Charakterisierung des Solidaritätsbegriffs in Meyers Großem Lexikon (1981, Band 13, S.134): „Zusammengehörigkeitsgefühl von Individuen oder Gruppen, ..., das sich in *gegenseitiger* Hilfe und Unterstützung äußert" (Hervorhebung durch die Autoren). Das allen Solidargemeinschaften zugrunde liegende Prinzip, wonach jeder, dessen Interessen solidarisch gewahrt werden, ebenso solidarisch im Rahmen seiner Fähigkeiten beizutragen hat, wird von den praktizierten Widerspruchslösungen verletzt, da der Einzelne einer postmortalen Organentnahme wirksam widersprechen kann, ohne seinen eigenen Leistungsanspruch zu schmälern.

Solidarität verlangt zwar durchaus auch einseitige Hilfeleistungen gegenüber jenen, die zu einer eigenen fairen Beteiligung an einem gemeinschaftlichen Gut oder Projekt nichts beitragen können. Sie verlangt aber ganz eindeutig die Beteiligung nach „Leistungsfähigkeit". Diese nach Beitragsfähigkeit bzw. Leistungsfähigkeit gestufte Einforderung von Gegenleistungen ist gerade auch für die im gegenwärtigen Kontext besonders einschlägige gesetzliche Krankenversicherung charakteristisch. Dieses System versucht, jedem nach seinen Bedürfnissen gerecht zu werden, und verlangt zugleich, dass jeder nach seinen Fähigkeiten beiträgt. Diesem Prinzip wird das Widerspruchsmodell in seinen bislang praktizierten Varianten nicht gerecht.

Beschränkt man sich auf Gesichtspunkte der Fairness, so ist es nicht akzeptabel, dass derjenige, der ausdrücklich erklärt, an dem „gemeinsamen Projekt" der Ermöglichung einer postmortalen Organentnahme nicht teilnehmen zu wollen, dennoch gleichberechtigt als potentieller Empfänger auftreten und einen Beitragenden verdrängen darf. Dieser Einwand trifft im Übrigen auch auf die Erweiterte Zustimmungslösung zu, denn auch hier wird ein Widerspruch gegen eine Organentnahme (einschließlich eines mündlich gegenüber seinen Angehörigen geäußerten) berücksichtigt, ohne dass dies die Ansprüche auf ein Spenderorgan im Bedarfsfall schmälern würde.

Dass sich eine „Freifahrer-Mentalität" in den Ländern mit Widerspruchslösung noch nicht stärker ausgebreitet hat, könnte an mehreren Gründen liegen: Einerseits könnte ihr Gerechtigkeitsempfinden die meisten Menschen daran hindern, sich als Freifahrer zu verhalten; andererseits dürfte es ein Teil der Bevölkerung aus Trägheit oder mangelnder Information unterlassen, vom Widerspruchsrecht Gebrauch zu machen. Damit könnte weiterhin die Konsequenz verbunden sein, dass weniger Gebildete und damit auch ärmere Bevölkerungsschichten unter den postmortalen Spendern überrepräsentiert sind. Empirische Belege für die Richtigkeit dieser Vermutung gibt es bislang allerdings nicht.

Der gegen die Widerspruchslösung ins Treffen geführte „Freifahrer-Einwand" stellt dann kein gewichtiges Argument gegen dieses Modell dar, wenn man die dahinter stehende abstrakte Gerechtigkeitsvorstellung – dass der Freifahrer geringere Ansprüche verdient als der Organspender – geringer bewertet als die gesundheitspolitischen Vorteile der Widerspruchslösung in Bezug auf das (höhere) Organaufkommen. Vor allem aber spricht eine Gesamtabwägung durchaus für das Widerspruchsmodell: Denn es verbindet die Vorteile einer quantitativen Steigerung des Organaufkommens mit der – wenn auch durch die Verschiebung der Erklärungslast belasteten – Wahrung des postmortalen Selbstbestimmungsrechts des Spenders. Die Gefahr von „Freifahrern" kann in dieser Abwägung in Kauf genommen werden, wenn das quantitative Ausmaß von Widerspruchserklärungen gering ist.

Nach internationalen Erfahrungen ist die Widerspruchsrate in der Tat sehr gering; sie liegt z.B. in Österreich bei ca. 1 Promille der Gesamtbevölkerung. Es bleibt allerdings fraglich, ob sich die österreichischen Erfahrungen ohne weiteres auf ein Land wie Deutschland übertragen lassen, in dem die Widerspruchslösung erst eingeführt werden müsste. Denn im Zuge einer Gesetzesnovellierung könnte es aufgrund der Unwägbarkeiten einer nicht immer rational geführten öffentlichen Debatte zu einer verzerrten Wahrnehmung der Vor- und Nachteile der Widerspruchslösung in der Bevölkerung und dementsprechend auch zu einer höheren Ablehnung kommen. Dann müsste man auch die Standardform der Widerspruchslösung um Reziprozitätselemente, die nun zu besprechen sein werden, ergänzen.

7.3.3 Das Reziprozitäts-Modell

7.3.3.1 Motivation und Umsetzungsvarianten

Eine Alternative zu den bisher diskutierten Modellen könnte darin bestehen, zwischen dem eigenen Anspruch auf Empfang eines Organs im Bedarfsfall und der Erbringung der Gegenleistung in Form der Spendebereitschaft eine Verbindung herzustellen. Diese Verbindung ist die Grundidee zur Milderung oder gar Lösung des Knappheitsproblems, deren teilweise recht unterschiedliche Varianten unter verschiedenen Bezeichnungen bekannt geworden sind, darunter „Club-Lösung", „Solidar-Modell" und neuerdings auch „Vorsorge-Modell".[80] Nach den vorstehenden Ausführungen, wonach gegenseitige oder wechselseitige Hilfe das Kennzeichen von Solidarität ist, liegt die Bezeichnung „Solidar-Modell" nahe. Wir wollen im Folgenden gleichwohl die Bezeichnung *Reziprozitäts-Modell* verwenden, um auf den Kerngedanken einer „reziproken" Verknüpfung von eigener Spendebereitschaft mit dem Zugang zu Organen zu verweisen: Bei Zuteilung eines knappen Spenderorgans werden Personen mit dokumentierter Spendenbereitschaft vorrangig berücksichtigt.

Für diesen Grundgedanken gibt es mindestens drei konkrete Umsetzungsvorschläge, die man nach dem Grad der Verbindlichkeit der Organisation ordnen kann:

a) Die Spendebereitschaft wird in die offiziellen Regelungen der Organverteilung z.B. im Eurotransplant-Verbund aufgenommen.[81] Diese Organisationsform trifft auch auf den Gesetzentwurf zu, den Blankart, Kamecke und Kirchner (2000) in die parlamentarische Beratung eines neuen Schweizerischen Transplantationsgesetzes eingebracht haben. Konkret beruht ihr Vorschlag auf dem Konzept einer *„Qualifizierten Wartezeit"*, d.h. bei der Festlegung der Position einer Person auf der Warteliste schlägt negativ zu Buche, wie viele Jahre nach Erreichen der Volljährigkeit sie *keine* Einwilligung in die Organentnahme erklärt hat.

b) Eine zweite, stärker privatrechtliche Möglichkeit der Umsetzung besteht darin, dass eine Gruppe von Organspendewilligen einen „Versicherungsverein auf Gegenseitigkeit" gründen, indem sie sich gegenseitig versprechen, ihre Organe postmortal zu spenden, aber exklusiv an Clubmitglieder. Derartige Vereine existieren in den USA bereits. Einer von ihnen

---

[80] Dieses Modell wurde wohl erstmals von Joshua Lederberg in der Washington Post vom 10.12.1967 (!) vorgeschlagen. Einen ausgezeichneten Überblick über die Geschichte dieses Vorschlags geben Nadel und Nadel, 2004. Vgl. auch Kliemt, 1993, Gubernatis/Kliemt, 1999, Blankart/Kirchner/Thiel, 2002, Kolber, 2003.

[81] Vgl. Gubernatis und Kliemt, 1999, 2000.

heißt „LifeSharers".[82] Ihre Funktionsfähigkeit setzt allerdings eine gesetzliche Regelung voraus, nach der es erlaubt ist, die eigenen Organe postmortal an eine bestimmte Empfängergruppe zu spenden und damit eventuell die herrschende Zuteilungsregel zu durchkreuzen.

c) Auf einem noch niedrigeren Organisationsgrad ließe sich das Reziprozitäts-Modell noch deutlicher als eine Variante des Modells privater Verfügung verwirklichen, nach dem der Gesetzgeber allen Organspendern das auch für die Option b) erforderliche Recht einräumt, den Kreis der potentiellen Empfänger ihrer Organe einzuschränken, und bei der Organzuteilung durchsetzte, dass diese Verfügungen respektiert werden. An der Stelle der formellen Gründung eines Clubs genügte es dann, wenn sich z.B. auf Grund von Informationskampagnen bei einer ausreichend großen Bevölkerungsgruppe die Einsicht durchsetzte, dass die Einschränkung auf die Personen, die selbst als Organspender registriert waren, geeignet ist, das Freifahrer-Problem zu lösen. Noch leichter durchsetzbar wäre das Modell, wenn eine bestimmte Institution (z.B. die DSO oder das Gesundheitsministerium) standardisierte Organspender-Ausweise herausgäbe, auf denen alternativ angekreuzt werden kann:

– ich spende meine Organe nur (bzw. bevorzugt) an Personen, die ebenfalls Organspender sind,
– ich spende meine Organe an alle potentiellen Empfänger.

Neben der Einfachheit der Organisation werden eine Reihe weiterer Gesichtspunkte für die zuletzt genannte Umsetzungsmöglichkeit angeführt. Zum einen dient es der Gewebe-Kompatibilität und damit den Erfolgschancen von Transplantationen, wenn der Pool der potentiellen Spender möglichst groß ist. Die Gründung privater und gegebenenfalls mehrerer Clubs läuft diesem Ziel zuwider. Zum zweiten wird ins Treffen geführt, es entspreche dem Grundgedanken einer freiheitlichen Gesellschaft, dass der Mensch das volle Verfügungsrecht über die eigenen Organe auch über seinen Tod hinaus besitzt[83], wozu konsequenter Weise auch die Bestimmung des Empfängerkreises gehört. Schließlich ist das Verfügungsrecht über die eigenen Organe im Falle der Lebendspende von Nieren oder Leberteilen nach dem TPG bereits realisiert – dort muss sogar ein bestimmter Empfänger festgelegt werden –, und es ist schwer zu begründen, dass es bei der postmortalen Spende anders sein soll.

Zu bedenken ist auch, dass das deutsche Rechtssystem mit der Zustimmungsbedürftigkeit zur postmortalen Organspende – auch gegen die Überlebensinteressen der potentiellen Empfänger – die individuelle Entscheidungsautonomie der Spender sehr hoch ansiedelt. Um so erstaunlicher ist es dann, dass man dann nicht auch autonom bestimmen darf, was mit den Organen geschehen soll.

---

[82] Man findet ihn unter http://www.lifesharers.com.
[83] Kliemt, 1997.

Ein Problem, das beim Modell der privaten Verfügung gelöst werden muss, ist jedoch die Frage, ob jedwede Verfügung unterschiedslos respektiert werden muss oder ob gewisse Grenzen zu beachten sind, die z.B. durch das Diskriminierungsverbot des Grundgesetzes gesetzt werden.[84] Doch auch wenn diese Einschränkung insgesamt zu machen ist, stellt sie kein Argument dafür dar, jede Art der Beschränkung des Empfängerkreises auszuschließen. Derjenige, der das allgemeine Wohl durch Abbau von Freifahrteinladungen zu fördern sucht und anderen Anreize geben will, ebenfalls zur Wahrung des allgemeinen Wohls beizutragen, verfolgt Motive, die moralisch fraglos Respekt verdienen.

7.3.3.2 Das Reziprozitäts-Modell als Variante der Widerspruchslösung

Trotz der auf den ersten Blick bestehenden deutlichen Gegensätze lässt sich die Reziprozitätslösung auch als Modifikation der Widerspruchslösung interpretieren. Im Extremfall muss danach mit dem Widerspruch gegen eine postmortale Entnahme von Organen aus dem eigenen Körper gleichzeitig der Verzicht auf den Erhalt von Spenderorganen im Falle des Versagens der eigenen Organe erklärt werden, wenn ersterer gültig werden soll. Denkbar wäre auch eine Regelung, nach der Personen, die einen Widerspruch erklärt haben, bei der Verteilung von Spenderorganen eine geringere Priorität erhalten als andere Personen auf der Warteliste.

Diese „Reziproke Widerspruchslösung" kann vielleicht von manchen eher akzeptiert werden als die (offene) Reziprozität; sie hat jedoch den Nachteil, dass eine solche Verzichtserklärung nicht jederzeit revidierbar sein darf, da der Einzelne sonst einen Anreiz hätte, die Erklärung erst dann zu revidieren, wenn bei ihm selbst ein Bedarf an einem Spenderorgan auftritt. Zumindest müsste die Revision mit einer längeren Wartefrist (von einigen Jahren) verbunden sein oder der Zeitraum, in dem der Widerspruch bestanden hat, muss im Rahmen eines Punktesystems gegen die sonstigen Zuteilungskriterien abgewogen werden.

Den mit der erst verzögert wirkenden Revidierbarkeit verbundenen Problemen (administrativer Aufwand der Datenverwaltung, zentrale Datenerfassung aller Widersprüche und deren Verknüpfung mit den Wartelisten etc.) steht als Vorteil dieser Variante vor allem die Vereinbarkeit mit dem Fairnessprinzip gegenüber. Ein denkbarer zusätzlicher Vorteil wäre gegeben, wenn sie als Motivationsfaktor diente, indem sie eine große Zahl von Widersprüchen verhindern könnte. Wenn es aber – wofür die Erfahrungen in Österreich sprechen – zutrifft, dass ohnehin nur ein sehr geringer Teil der Bevölkerung einen Widerspruch erhebt, dann wäre die Motivationswirkung dieses Modells – und damit auch seine Leistungsfähigkeit zur Erhöhung des Organaufkommens – zu vernachlässigen.

---

[85] Wie etwa gegen eine Verfügung der Art: „Ich spende nicht an Katholiken/Frauen/ Homosexuelle etc."

7.3.3.3 Vergleich des Reziprozitäts-Modells mit den anderen Lösungen

Stellt man das Reziprozitäts-Modell einschließlich der „Reziproken Widerspruchslösung" der (reinen) Widerspruchslösung, der gegenwärtig in Deutschland praktizierten Erweiterten Zustimmungslösung und der Engen Zustimmungslösung gegenüber, so ergeben sich folgende Unterschiede:

1. Bei der Erweiterten Zustimmungslösung muss die Entscheidung über die Organspende(bereitschaft) entweder vom Spender selbst oder von seinen Angehörigen getroffen werden. Die Entscheidung durch den Spender erfordert die gedankliche Beschäftigung mit dem eigenen Tod, die von den meisten Menschen vor allem im jungen und mittleren Alter gescheut wird. Hat der Verstorbene keine Entscheidung getroffen, wird sie seinen Angehörigen in einer – meist völlig unerwarteten – Trauersituation abverlangt, was eine erhebliche psychische Belastung bedeutet. Bei einer auf der engen Zustimmungsregel basierenden Reziprozitätslösung setzt die Entscheidung über die Organspende dagegen voraus, dass man darüber nachdenkt, wie stark das eigene Interesse an einem Überleben im Falle des Versagens eines eigenen Organs ist. Solche sogenannten „Framing"-Effekte sind von großer Bedeutung für menschliches Entscheidungsverhalten und können insbesondere in expressiven Situationen, wie sie aus Anlass einer Spendenbereitschaftserklärung vorliegen, nachhaltigen Einfluss auf das Entscheidungsverhalten haben.

2. Die in der Bevölkerung bestehenden Bedenken gegen eine Organspende (s.u., Kapitel 9) schlagen sich bei der Zustimmungslösung unmittelbar in dem Unterlassen einer Zustimmung bzw. in einem Widerspruch nieder, weil den Betreffenden daraus keine Nachteile erwachsen. Beim Reziprozitäts-Modell muss der Einzelne dagegen eine Abwägung dieser Bedenken gegen den eigenen potentiellen Organbedarf vornehmen, die ihm vor Augen führt, dass es keine Transplantation ohne Spender gibt.

3. Gegen jede Form der Reziprozität kann vorgebracht werden, dass sie mit einer in Deutschland und anderen Ländern lange geübten Tradition bricht, nämlich mit dem Prinzip des gleichen Zugangs zu Gesundheitsressourcen, unabhängig vom eigenen Vorverhalten. Ob an diesem Prinzip ausnahmslos festgehalten werden kann und sollte, wird allerdings auch in anderen Bereichen der Gesundheitspolitik (alkoholbedingte Krankheiten, Unfälle bei Extremsportarten) diskutiert. Zudem kann diesem Einwand entgegengehalten werden, das sich das Prinzip gleichen Zugangs lediglich auf staatlich verteilte Gesundheitsressourcen beziehen kann und daher nur auf die Variante a) des Reziprozitäts-Modells zutrifft, nicht jedoch auf die Varianten b) und c), bei denen es sich um Ressourcen handelt, die von Individuen für einen bestimmten Zweck zur Verfügung gestellt worden sind. Überdies muss man festhalten, dass das Prinzip des gleichen Zugangs in der deutschen Pflichtversicherung immer verknüpft

war mit der Forderung eines der eigenen Leistungsfähigkeit entsprechenden Beitrags. Im Falle der Organspende kann jeder diesen Beitrag leisten (wobei jene, die selbst empfangsbedürftig sind oder aus anderen Gründen nicht als Spender in Frage kommen, nur deshalb keinen Beitrag leisten müssen, weil ihre Leistungsfähigkeit auf null reduziert ist – analog zur Beitragsfreiheit in der GKV für Personen ohne eigenes Einkommen). Die entscheidende Frage lautet also, ob das deutsche Sozialstaatsmodell eine *unbedingte* „Solidarität mit den Unsolidarischen" vorsieht, ohne eine relative Bevorzugung der Solidarischen zuzulassen.

4. Als ein Nachteil des Reziprozitätsmodells könnte es gesehen werden, dass seine Umsetzung innerhalb des Eurotransplant-Verbundes, in dem jedes Land seine eigenen Entnahmeregelungen und Zuteilungskriterien hat, die Organallokation noch komplizierter macht, als sie es bisher schon ist. Allerdings wird das Organaufkommen auf nationaler Ebene (in Form der letztlich reziprozitätsbasierten „Austauschbilanz") schon heute bei der Organverteilung berücksichtigt. Geht man zudem davon aus, dass moralisch ohnehin nur Regelungen akzeptabel sind, die Reziprozitätsgesichtspunkte nicht eklatant verletzen, gäbe es einen guten Grund, die Eurotransplant-Regeln insgesamt anzupassen.

Aus dieser Gegenüberstellung wird deutlich, dass das Reziprozitäts-Modell deshalb, weil es die Verbindung zwischen Organspende und Organempfang für den Einzelnen herstellt, manche Schwächen der beiden übrigen Lösungen vermeidet. Es führt zu einer Entschärfung des Allokationsproblems knapper Organe und auch möglicherweise der Organknappheit selbst, da es einen Anreiz zur Spendenerklärung bietet, bei höchstmöglicher Wahrung des Selbstbestimmungsrechts über den eigenen Körper. Sein Nachteil liegt in einem zusätzlichen administrativen Aufwand. Wenn es zu der ohnehin zur zuverlässigen Wahrung des Spenderwillens erforderlichen Einführung eines zentralen Spenderregisters (vgl. Kap. 3.1.3) kommen würde, dürfte sich der dann noch notwendige zusätzliche Aufwand jedoch sehr in Grenzen halten.

7.3.4 Möglichkeiten der Bezahlung bei postmortaler Spendebereitschaft

Das Prinzip, dass eine größere Bereitschaft zur postmortalen Organspende – unter dem Regime der engen Zustimmungslösung – eine „Belohnung" erfordert, kann prinzipiell auch auf andere Weise berücksichtigt werden als durch eine Bevorzugung bei der Organverteilung. So hat Hansmann vorgeschlagen, dass Organspende-Willige mit einer Reduktion der Krankenkassenbeiträge belohnt werden könnten.[86] Dieser Vorschlag bringt allerdings eine Reihe von ungelösten Problemen mit sich, insbesondere das einer adäquaten Höhe der Prämienreduktion: Diese müsste sich nach dem

---

[86] Hansmann, 1989.

Produkt aus der Wahrscheinlichkeit einer Organgewinnung mit dem erwarteten monetären Wert des Organs bemessen. Der erste Faktor hängt dabei vom Alter des Versicherten und der Wahrscheinlichkeit eines Hirntods bei gesunden Organen ab. Der Organwert seinerseits darf nicht nur die Einsparung an Behandlungskosten widerspiegeln – die ja nur bei Nieren positiv ist –, sondern muss auch den Wert der gewonnenen Lebensjahre beim Organempfänger einbeziehen. Beide Werte dürften schwer zu ermitteln sein; vor allem aber ist der erste Wert – die Wahrscheinlichkeit, Organspender zu werden – extrem klein. Es ist daher nicht zu vermuten, dass die mögliche Reduktion der Versicherungsprämie so groß ausfallen wird, dass sie einen nennenswerten Anreiz bietet, sich als Organspender zur Verfügung zu stellen.

Eine andere Möglichkeit der Bezahlung knüpft an der tatsächlich realisierten Organspende an. Da trotz des steigenden Alters der postmortalen Organspender ein großer Anteil in einem jungen oder mittleren Alter verstorben sind, in dem man typischer Weise noch Verantwortung, auch finanzielle, für Kinder und andere Angehörige trägt, wäre eine Zahlung an die Angehörigen in der Art einer Lebensversicherung aus der Sicht des Betroffenen, könnte er noch selbst entscheiden, in vielen Fällen erwünscht. Diesen Zusammenhang könnte man nun dadurch berücksichtigen, dass jedem Inhaber eines Organspenderausweises für den Fall der Realisierung der Organentnahme ein Anspruch auf Auszahlung einer bestimmten Lebensversicherungssumme an die Angehörigen zuerkannt wird. Der Anspruch müsste dann von der Krankenkasse des Organempfängers eingelöst werden.

Eine solche Regelung erscheint besonders dann als unproblematisch, wenn die Angehörigen in den Prozess der Entscheidung über eine Organentnahme nicht selbst einbezogen sind, weil sich andernfalls unerwünschte Interessenkollisionen ergeben könnten. Oben wurde jedoch generell argumentiert, dass die Angehörigen in ihrer Trauersituation nicht mit der Entscheidung über die Organspende belastet werden sollten. Daher bietet sich eine Bezahlung in dieser Form vor allem im Zusammenhang mit der Engen Zustimmungslösung oder der oben vorgeschlagenen Modifizierten Widerspruchslösung (der Widerspruchlösung mit gleichzeitigem Malus beim Organerhalt) an. In beiden Fällen ist die Entscheidung über die Organspende eindeutig durch den Spender selbst getroffen worden, und über die Realisierung entscheiden ausschließlich die zuständigen Ärzte ohne Einschaltung der Angehörigen.[87]

---

[87] Dies wurde etwa von Cohen, 1989, vorgeschlagen.

8 Lebendspender

In Kapitel 2 (Abschnitt 2.2.2) wurde aufgezeigt, dass auch bei maximaler Ausschöpfung des Potentials postmortaler Organspender ein Mangel an transplantierbaren Nieren bestehen würde, so dass in Deutschland in letzter Zeit vermehrt nach einer Ausweitung der Lebendspende verlangt wird. Diese könnte alternativ erfolgen durch

1. eine Ausweitung des Spenderkreises, insbesondere durch vermehrten Einsatz von Überkreuz-Spenden,
2. Umkehrung der Subsidiarität der Lebendspende gegenüber der postmortalen Spende, oder
3. finanzielle Anreize.

Alle genannten Strategien erfordern eine Änderung der entsprechenden Regelungen des Transplantationsgesetzes; finanziellen Anreizen stehen dabei noch weitere rechtliche Hürden entgegen (vgl. dazu Kapitel 10).

8.1 Ausweitung des Spenderkreises

Eine Erweiterung des Spenderkreises könnte vor allem in zwei Bereichen zu einer Ausweitung der Lebendspende führen. Zum einen betrifft dies Patienten, die einen blutgruppen-inkompatiblen potentiellen Lebendspender haben. Hier könnten sich entweder zwei entsprechende Paare zusammenfinden, bei denen der potentielle Spender des Patienten A seine Niere an den Patienten B spendet und im Gegenzug der potentielle Spender des Patienten B an den Patienten A („Überkreuz-Spende"). Dieser Fall kann unter dem geltenden TPG nur schwer über die Generalklausel des „offenkundig Nahestehens" erfasst werden. Unter Umständen ist bei entsprechender Konstellation auch ein größerer „Ring" erforderlich (Spender A spendet an B, Spender B spendet an C, Spender C spendet an A). Beide Fälle werden in anderen europäischen Ländern (z.B. Schweiz und Niederlande) erfolgreich praktiziert.

Neben der Überkreuz-Spende zwischen ein oder mehr Paaren von Lebendspendern und Empfängern besteht im Falle der Blutgruppen-Inkompatibilität prinzipiell die Möglichkeit, dass die vom Lebendspender abgegebene Niere einem geeigneten Patienten auf der Warteliste zu Gute kommt, während der zu begünstigende Verwandte des Spenders das nächste geeignete postmortal gespendete Organ erhält. Auch diese Form der Überkreuz-Spende ist im TPG nicht vorgesehen.

Auch wenn neue immunologische Ansätze (siehe 1.3.1) inzwischen die Transplantation über Blutgruppengrenzen hinweg prinzipiell ermöglichen, sind diese Verfahren doch sehr teuer. Daher sprechen ökonomische Erwägungen durchaus für die Zulassung der Überkreuzspende.

Schließlich wäre ein Erweiterung des (gesetzlich zulässigen) Spenderkreises hilfreich für Patienten, bei denen ein entfernter Verwandter, Bekannter oder auch ein anderer „altruistischer" Spender sich zur Verfügung stellt, ohne dass die im Gesetz geforderte „enge persönliche Verbundenheit" besteht. Darüber hinaus könnte in Erwägung gezogen werden, die Beschränkungen des Spenderkreises vollständig aufzuheben. Dies würde die anonyme Lebendspende zu Gunsten von Patienten auf der Warteliste ermöglichen, wobei die Zuteilung nach den üblichen Regeln erfolgen könnte. Dieser Fall dürfte jedoch vergleichsweise selten sein.

8.2 Umkehrung der Subsidiarität zwischen postmortaler und Lebendspende

Einen viel entscheidenderen Einfluss als die Definition des potentiellen Spenderkreises dürfte jedoch die generelle Rangordnung haben, die der Gesetzgeber und die umsetzenden Institutionen den beiden Formen der Organspende PMOS und LOS zuweisen. In Deutschland herrscht das Prinzip der „Subsidiarität der Lebendspende gegenüber der postmortalen Spende", mit dem die Zahl der Lebendspenden auf das zur Versorgung der Organbedürftigen unbedingt erforderliche Maß beschränkt werden soll. Das kann damit begründet werden, dass bei der Lebendspende eine gesunde Person durch eine Operation, die nicht ihr selbst dient, dem Risiko des Todes bzw. einer gesundheitlichen Beeinträchtigung ausgesetzt wird und dass dies nach Möglichkeit vermieden werden soll. Das Prinzip hat allerdings zwei verschiedene Interpretationen:

1. Auf individueller Ebene bestimmt Art 8 Abs. 1 Satz 3, dass eine Lebendspende nur dann zulässig ist, wenn zum Zeitpunkt der Organentnahme ein geeignetes Organ eines Leichenspenders nicht zur Verfügung steht („Mikro-Subsidiarität").
2. Wichtiger erscheint die sog. Subsidiarität auf der politischen Ebene („Makro-Subsidiarität"). Danach darf oder sollte eine Ausweitung der bzw. ein aktives Werben für die Lebendspende nur dann vorgenommen werden, wenn zuvor alle Möglichkeiten zur Steigerung des postmortalen Organaufkommens ausgeschöpft worden sind.

Die Mikro-Subsidiarität ist, wie unten (Abschnitt 10.2.3.4.1) argumentiert wird, in der Praxis ohne Bedeutung, da die genannte Bedingung bei enger Auslegung der Begriffe „zum Zeitpunkt der Organentnahme" und „ein geeignetes Organ" in jedem Falle erfüllt ist. Daher befassen wir uns im Folgenden ausschließlich mit der Makro-Subsidiarität. Nimmt man das so interpretierte

Subsidiaritätsprinzip ernst, so müsste zwar – im Rahmen der jetzigen Rechtsauffassungen – die Lebendspende zwischen nahen Angehörigen erlaubt werden, potentielle Spender und Empfänger dürften jedoch nicht von den Ärzten aktiv zu einer Lebendspende ermuntert werden. Zumindest müsste dies so lange gelten, wie in Deutschland noch nicht die Widerspruchslösung eingeführt ist und geeignete Maßnahmen im Krankenhausbereich getroffen worden sind, um die Melderate so weit wie irgend möglich zu steigern.

Erst wenn das Prinzip der Subsidiarität auf der politisch-rechtlichen Regelungsebene fallen gelassen wird, könnte man politisch legitim Ärzte dazu anhalten, ihre nierenkranken Patienten auf der Warteliste gezielt auf die Möglichkeit (und gegebenenfalls die Vorteile) einer Lebendspende sowie die prinzipielle Möglichkeit einer Überkreuz-Spende hinzuweisen. Angesichts der Tatsache, dass es gerade im Falle der Lebendspende ganz besonders geboten ist, den Erfolg der Transplantation sicherzustellen, damit dem großmütigen Spender das Gefühl der Vergeblichkeit des von ihm erbrachten großen Opfers erspart bleibt, sollte man die Lebendspende möglichst früh oder gar präemptiv durchführen. Daher wäre es zu wünschen, dass auch in Deutschland die behandelnden Ärzte ihre Patienten rechtzeitig vor dem häufig recht lang im Voraus absehbaren vollständigen Funktionsverlust der Nieren auf alle Optionen aufmerksam machen.

Diese Strategie des aktiven Werbens für die Lebendspende könnte durchaus zu einer weiteren Steigerung des Organaufkommens beitragen, sie birgt jedoch auch Gefahren in sich: Wenn allgemeiner sozialer Druck zur Lebendspende aufgebaut würde, dann könnten etwa Ethik-Kommissionen mit noch geringerer Sicherheit als heute ausschließen, dass auf Angehörige sozialer Druck ausgeübt wurde, bevor sie sich zu einer Lebendspende entschlossen. Die für die so genannte Verwandtenspende stets getroffene Unterstellung der Freiwilligkeit der Lebendspende wäre noch problematischer, als sie es heute schon sein kann. Als Strategie zur Behebung des Organmangels sollte daher die Ausweitung der Lebendorganspende gegenüber der Förderung der postmortalen Spende grundsätzlich als subsidiär angesehen werden.

8.3 Finanzielle Anreize für Lebendspender

Im folgenden Abschnitt werden zwei Fragen behandelt. Zum einen geht es darum, ob bei der heute schon üblichen Spende von Nieren und Lebersegmenten, die allein als Organe einer Lebendorganspende in Betracht kommen,[88] unter Verwandten von der Krankenkasse des Organempfängers eine „Anerkennungszahlung" bzw. ein besserer Ausgleich für erlittene Nachteile

---

[88] In diesem Zusammenhang kann man noch die Knochenmarkspende erwähnen, die keine Organspende im Sinne des TPG darstellt, weil des TPG Knochenmark von seinem Anwendungsbereich ausdrücklich ausnimmt und heutzutage für den Spender auch keine vergleichbaren Risiken mehr mit sich bringt.

geleistet werden sollte. Anschließend wird gefragt, ob neben der Lebend-spende zwischen Nahestehenden noch eine weitere Form der Lebendspende zugelassen werden soll, bei der der „Geber" des Organs eine monetäre Kompensation erhält.

8.3.1 Nachteilsausgleich bei Lebendspende unter Verwandten

Bereits heute wird gelegentlich diskutiert, ob an diejenigen Personen, die eine Niere oder ein Lebersegment an einen Verwandten gespendet haben, eine Geldzahlung (auch „Anerkennungszahlung" genannt) geleistet werden sollte. Immerhin nimmt auch hier der Spender erhebliche Risiken und Nachteile in Kauf, allein schon durch das Opfer an Zeit für den stationären Aufenthalt bei der Explantation und für die Nachsorge. Insbesondere freibe-ruflich Tätige können dieses Opfer in der Regel in einem Geldbetrag bezif-fern. Da jedes unter Verwandten gespendete Organ in der gegenwärtigen Mangelsituation auch den auf ein postmortal gespendetes Organ Wartenden dient und überdies im Falle der Niere die Versichertengemeinschaft, der der Empfänger angehört, entlastet, wäre eine monetäre Kompensation auch in diesem Fall gut begründbar. Bei einer moderaten Bestimmung dieser Aner-kennungszahlung wird sie aller Voraussicht nach keinen negativen Effekt auf die Spendenbereitschaft haben (vgl. zu der Frage, inwieweit moderate unter-halb von „Marktpreisen" liegende Zahlungen die Mitwirkungsbereitschaft erhöhen können, wiederum LeGrand 2003).

Zusätzlich kann es ein psychologischer Vorteil sein, wenn der Empfänger weiß, dass der Spender wenigstens einen finanziellen Ausgleich für sein Opfer erhalten hat. Der Entwicklung von Schuldgefühlen, von denen in der Literatur häufig berichtet wird, könnte auf diese Weise entgegengewirkt wer-den. Das gilt insbesondere auch dann, wenn das Organ verloren gehen sollte. Da in einer solchen Situation die Schuldgefühle des Empfängers besonders stark zu sein scheinen, kann es für ihn ein für die Beziehung zum Spender günstiger Einfluss sein, wenn der Spender zwar nicht die Befriedigung erfährt, eine Besserung des Empfängerzustandes bewirkt zu haben, doch wenigstens einen gewissen Gegenwert erhielt.

8.3.2 Zur Problematik des Organankaufs

8.3.2.1 Organisationsformen des Organankaufs

Alle Kommentare von offizieller oder ärztlicher Seite sind sich in der strikten Ablehnung des so genannten „Organhandels" einig. Diese Ablehnung verzich-tet in der Regel auf an sich notwendige Unterscheidungen und hat oftmals dog-matischen Charakter, indem keine oder nur eine sehr allgemeine Begründung dafür gegeben wird, warum „Organhandel" von Übel sei. So schreibt das Bun-desministerium für Gesundheit (1998) in seiner Informationsbroschüre „Das Transplantationsgesetz", S.35: „Sowohl der Verkauf von Organen als auch Organspenden gegen Entgelt sind mit der Würde des Menschen und unserer verfassungsrechtlichen Werteordnung nicht vereinbar und daher abzulehnen. Die Bereitschaft zur Organspende darf nicht von Profitstreben bestimmt sein." Durch die negativ besetzte Wortwahl („Profitstreben") wird ein ansonsten völlig normaler Vorgang, dass nämlich für eine Leistung eine Gegenleistung erbracht wird, zu einem gesellschaftlich geächteten Verhalten hochstilisiert.

Eine nüchterne Abwägung von Vor- und Nachteilen erfordert zunächst einmal eine klare Bestimmung dessen, woran man konkret denkt, wenn man den extrem weit verwendeten Begriff „Organhandel" benutzt. Prinzipiell kann man darunter viele ganz verschiedene institutionelle Regelungen fassen. Keineswegs sind alle diese Regelungen mit freiem Handel von Organen verbunden. Um die Komplexität nicht unnötig zu erhöhen, seien an dieser Stelle nur drei betrachtet:

1. Inländische Lebendspender[89] dürfen außer an Verwandte auch an die Versichertengemeinschaft von GKV und PKV eine Niere oder einen Teil ihrer Leber abgeben. Diese kommt nicht nur (wie bisher) für die beim Spender entstehenden Behandlungskosten auf, sondern entrichtet zudem einen Kaufpreis für das Organ. *Die Auswahl des Empfängers erfolgt wie bisher.*
2. Inländische Lebendspender dürfen eine Niere an inländische Käufer abgeben, *die dadurch im Gegensatz zum jetzigen Verteilungssystem exklusiven Zugang zu dem Organ erhalten.* Ein privatrechtlicher Kaufvertrag bestimmt die Höhe des Preises, den der Organempfänger entrichtet. Der Gesetzgeber muss dabei regeln, ob die beim Spender bzw. beim Empfänger entstehenden Behandlungskosten von der Versichertengemeinschaft getragen werden.
3. Deutsche Transplantationszentren dürfen ihren (inländischen oder ausländischen) Patienten Organe beliebiger Herkunft, zu denen diese entweder selbst Zugang erhalten oder die sie ihnen vermittelt haben, *nach ihren je eigenen Verteilungskriterien* transplantieren.

Die weitestgehende Liberalisierung, Regelung 3, wird in der Öffentlichkeit vor allem mit dem Argument abgelehnt, die reichen Nationen würden damit die Bewohner armer Länder „schamlos ausbeuten".[90] Es sei hier nur am Rande erwähnt, dass Vertreter dieser Länder, z.B. Indiens, dies unter Umständen ganz anders sehen. So verteidigt Reddy (1997) die Bezahlung von Nierenspendern in Indien mit dem Argument, dass Spender und Empfänger mit dem Tauschgeschäft ihre gegenseitigen Bedürfnisse befriedigten.

---

[89] Wir lassen es an dieser Stelle offen, ob mit dem Begriff „Inland" nur Deutschland oder die gesamte Europäische Union gemeint ist. Gemeinschaftsrechtliche Vorgaben könnten dazu führen, dass ein Mitgliedstaat, der ein reguliertes System des Organankaufs einführt, als Organverkäufer alle EU-Bürger akzeptieren muss.

[90] Fälle, in denen genau dies geschehen zu sein scheint, schlagen dann auch in regelmäßigen Abständen in der Presse hohe Wellen. Vgl. etwa die Süddeutsche Zeitung vom 15.1.2002 (Berndt, 2002).

Im gegenwärtigen Diskussionskontext ist zunächst Regelung 2 zu betrachten, die wohl überwiegend mit dem Begriff „Organhandel" in Verbindung gebracht wird. Diese Regelung stößt vor allem deshalb auf Ablehnung, weil die meisten Menschen eine Aversion gegen den Gedanken haben, dass man sich in unserer Gesellschaft mit viel Geld nicht nur ein angenehmeres, sondern auch ein längeres Leben kaufen kann. Diese Haltung mag inkonsequent sein, da es viele andere Wege gibt, sich – zumindest im statistischen Sinne – ein längeres Leben zu kaufen, z.B. durch ein sichereres, aber teureres Auto oder ein Haus in einem Wohngebiet mit gesünderer Luft. Dennoch kann dieser Haltung im Rahmen der Einrichtung finanzieller Anreize für die LOS Rechnung getragen werden, indem auf die Regelung 2 ebenso wie auf die Regelung 3 zugunsten der Regelung 1 verzichtet wird. Bei der Regelung 1 verschafft sein privater Reichtum einem potentiellen Organempfänger keinen Vorteil im Organzugang. Vielmehr erhält die Allgemeinheit durch Zahlungen an Spender verstärkt Zugang zu Organen, die sie wie bisher nach öffentlich definierten Maßstäben medizinischer Bedürftigkeit und nicht nach Zahlungsfähigkeit des potentiellen Empfängers verteilt.

Pro und Contra dieser Variante des Organkaufes, die mit Organhandel so gut wie nichts gemein hat, seien im Folgenden gegeneinander abgewogen. Da diese Frage in der Literatur heftig und kontrovers diskutiert, in der öffentlichen Debatte jedoch als Tabu behandelt wird, ist ihr hier recht breiter Raum gewidmet. Daraus sollte der Leser jedoch nicht den Schluss ziehen, dass die Autoren diese Handlungsoption den zuvor diskutierten Strategien zur Steigerung des Organaufkommens grundsätzlich vorziehen würden. Doch kann eine rationale Entscheidung für eine aus einer Menge möglicher Optionen erst erfolgen, nachdem man alle Optionen sachlich auf ihre Tauglichkeit geprüft hat. Die Frage des Organmangels ist so bedeutsam, dass man es den Kranken schuldet, sich mit allen Möglichkeiten der Hilfe auseinander zu setzen.

8.3.2.2 Argumente für die Bezahlung von inländischen Lebendorganspendern durch die Krankenversicherung

Dafür, die Möglichkeit der Bezahlung von Lebendspendern in Erwägung zu ziehen, spricht vor allem das mit der Einführung einer monetären Kompensation aller Voraussicht nach verbundene zusätzliche Organaufkommen. Gerade bei Nieren hat sich im Laufe des vergangenen Jahrzehnts eine immer länger werdende Warteliste gebildet, da die Zahl der jährlichen Neuanmeldungen um ca. 1.000 über der Zahl der Transplantationen liegt, die wiederum vom Aufkommen determiniert ist. Mit der Knappheit von Nieren ist eine Reihe von Nachteilen verbunden, die durch ein größeres Aufkommen vermieden werden könnten (vgl. Abschnitt 1.6).

– Jahr für Jahr sterben einige hundert Menschen auf der Warteliste, entweder weil sie nicht mehr dialysiert werden können, aber noch kein geeignetes Spenderorgan zur Verfügung steht bzw. sie noch nicht „an der Reihe" sind, oder aber an Sekundärschädigungen, die mit der Dauer der Dialyse-abhängigkeit zunehmen und zu einem vorzeitigen Tod führen.

– Die Lebensqualität eines Dialysepatienten ist in der Regel erheblich geringer als die Lebensqualität eines Menschen, der mit einer Spenderniere lebt.

– Neuere Untersuchungen (vgl. oben 1.3.1) zeigen, dass die Funktionsfähigkeit einer Spenderniere um so größer ist, je kürzer der Empfänger zuvor dialysiert wurde, so dass ein Abbau der gegenwärtig sehr langen Wartezeiten sich auch in der Zukunft in einer Steigerung der Lebenserwartung von Nierenempfängern und einer geringeren Rate der Re-Transplantation auswirkt.

– Im Unterschied zur Transplantation eines anderen Organs stellt eine Nierentransplantation für die Krankenkasse des Empfängers und damit für die Beitragzahler im Allgemeinen eine erhebliche Kostenersparnis dar. Denn die Kosten der Dialyse pro Jahr betragen ca. 40.000 Euro. Eine Transplantation kostet einmalig ca. 50.000 Euro, und die Nachsorge pro Jahr etwa 10.000 Euro. Wenn man von einer durchschnittlichen Funktionsdauer des transplantierten Organs von zehn Jahren ausgeht – zumindest liegt der Median derzeit bei diesem Wert –, dann kostet die Transplantation über diesen Zeitraum 150.000 Euro und damit eine Viertelmillion Euro weniger als zehn Jahre Dialyse. Unabhängig von den speziellen Annahmen, die man für die jeweiligen Überschlagsrechnungen machen muss, ist es klar, dass mit der Transplantation neben den gesundheitlichen Vorteilen in jedem Falle auch eine erhebliche Ersparnis verbunden ist. Hinzu kommen überdies noch andere soziale Kostenersparnisse, die darin bestehen, dass etwa ein früh und insbesondere ein präemptiv transplantierter Patient eine große Chance hat, weiterhin aktiv am Berufsleben teilzunehmen. Diesen Ersparnissen müssten die – vergleichsweise geringen – sozialen Kosten gegengerechnet werden, die beim Lebendorganspender durch temporäre Arbeitsunfähigkeit und das erhöhte Krankheitsrisiko entstehen.

Man darf nicht außer Acht lassen, dass der Spender einer Niere – und a fortiori der Spender eines Leberteils – erhebliche Nachteile und Risiken in Kauf nimmt:

– das Risiko, bei der Operation zu versterben oder bleibende gesundheitliche Schäden davon zu tragen, das im Falle der Nierenentnahme gering, aber nicht null ist (vgl. oben 1.6),

– den möglichen Einkommensausfall und den Verlust von Lebensqualität während der Rekonvaleszenz und in der gesamten Nachsorgephase,

– möglicherweise erhöhte Prämien in der Privatversicherung (vor allem Lebens-, Kranken- und Berufsunfähigkeitsversicherung; wobei viele Lebendorganspender sogar berichten, dass momentan kein Unternehmen zu finden sei, das bereit wäre, eine Lebens- oder Berufsunfähigkeitsversicherung mit ihnen abzuschließen),

- das subjektiv empfundene Risiko, mit einer Niere krankheitsanfälliger zu sein als mit zweien, auch wenn diese Befürchtung nach bisheriger Erfahrungen statistisch unbegründet ist,
- die Gefahr, dass die verbliebene Niere z.B. durch Unfall oder Tumor geschädigt wird.

Auch wenn die Risiken aus heutiger Sicht eine Lebendorganspende nicht von vornherein ausschließen, würde man sie an sich keinem Menschen zumuten, es sei denn er erhielte dafür eine Kompensation. Auch im Falle einer Verwandtenspende muss man ja annehmen, dass der Spender ein Hilfsziel zu Gunsten einer anderen Person verfolgt und dass in der Erreichung dieses typischer-, doch nicht notwendigerweise weitgehend altruistisch verfolgten Zieles eine „Belohnung" für den Spender liegt. Darüber hinaus eine Geldzahlung zu gewähren, erscheint keineswegs unangebracht, wenn man daran denkt, dass alle, der Empfänger, die Gesellschaft und die im medizinischen Bereich Beschäftigten durchaus auch finanziell profitieren. Gegenüber nicht-nahestehenden Spendern wäre die einzige mögliche Kompensation eine Geldzahlung in einer solchen Höhe, dass sie eine nachhaltige Steigerung der Lebensqualität ermöglicht. Nach dem oben Gesagten betragen ja allein die Ersparnisse der Krankenversicherung des Empfängers ca. eine Viertelmillion Euro. Wenn dieser Betrag oder doch ein erheblicher Teil davon zur Kompensation des Spenders verwendet würde, dürfte man davon ausgehen, dass auch Menschen, die sich nicht in einer extremen Notsituation befinden, solche Angebote aus nachvollziehbaren Gründen wie der Gründung einer beruflichen Existenz oder der Erfüllung eines kostspieligen Wunsches („Weltreise") freiwillig annehmen könnten.

Umgekehrt ist die Freiwilligkeit einer Nierenspende unter Verwandten, bei der der Spender keine Gegenleistung erhält, keineswegs garantiert, da man in vielen Fällen einen erheblichen psychischen und auch sozialen Druck auf diejenigen Angehörigen vermuten muss, die prinzipiell als Spender in Frage kommen. Dass insoweit ein Problembewusstsein existiert, zeigt allein schon die Tatsache, dass nach heutigem Recht (§ 8 Abs. 3 TPG) eine Ethikkommission die Freiwilligkeit feststellen muss. Da es einer solchen Kommission regelmäßig unmöglich sein wird, in die persönlichen Beziehungen zwischen Mitgliedern einer Familie hineinzuschauen, ist die beratende Tätigkeit von Ethikkommissionen und psychologischen Experten ein ungeeignetes Mittel, um zuverlässig auszuschließen, dass auf den Spender Druck ausgeübt wurde. Man weiß demgegenüber, dass gerade das Geschäftsmäßige an kommerziellen Beziehungen zu einer nüchterneren Abwägung des Für und Wider von Handlungen führen kann.

Wenn es darum geht, die Autonomie der Spender zu sichern, ist es daher durchaus nicht abwegig, in der Zahlung von monetären Anerkennungen und Gegenleistungen auch einen autonomiefördernden Faktor zu sehen. Die Annahme, die Hergabe von Organen gegen Geld deute von vornherein auf eine „Zwangshandlung" hin, während die Gabe eines Organs ohne Gegenleistung auf Freiwilligkeit schließen lasse, erscheint demgegenüber als sehr zweifelhaft. In beiden Fällen kann Freiwilligkeit gleichermaßen bestehen, wobei diese entgegen landläufigen Vorurteilen gegen monetäre Zahlungen bei der Lebendorganspende durch solche Zahlungen eher gefördert und nicht behindert wird. Wenn Freiwilligkeit der Organhergabe und Autonomie des Spenders, wie häufig erklärt, tatsächlich die obersten Leitprinzipien einer Regelung der Lebendorganspende sein sollten, dann spräche das dafür, die Gewährung monetärer Vorteile sogar bei der Lebendorganspende unter einander im Sinne des TPG nahe stehenden Personen zuzulassen. Warum die Freiwilligkeit unter nicht-nahestehenden Personen prinzipiell nicht gewahrt werden können soll, bleibt unerfindlich. Es scheint vielmehr so zu sein, dass man ganz anders geartete Vorbehalte gegen monetäre Gegenleistungen für den Erhalt von Lebendorganen als Sorge um die Autonomiewahrung des Spenders maskiert.

8.3.2.3 Argumente gegen die Bezahlung[91]

In der Öffentlichkeit wie in der wissenschaftlichen Diskussion in medizinischen und ethischen Fachzeitschriften trifft der Vorschlag einer Bezahlung von Lebendspenden verbreitet auf Vorbehalte. Die wichtigsten Argumente gegen den Ankauf von Nieren seien im Folgenden diskutiert:

1. Ausbeutung der Armen
Es wird argumentiert, es sei moralisch falsch, Menschen Geld dafür zu bieten, dass sie ihre körperliche Unversehrtheit opfern. Da die Verkäufer einer Niere vermutlich überwiegend aus ärmeren Bevölkerungsschichten stammen würden, führe dies dazu, dass diese neben ihrer an sich schon schlechteren Lebenslage auch noch ein größeres Risiko für Leib und Leben übernehmen. Letztlich würden dadurch arme Menschen durch den Rest der Gesellschaft ausgebeutet.

Die Ablehnung einer finanziellen Kompensation für die Übernahme eines Risikos für Leben und Gesundheit mag einleuchtend klingen. Zu berücksichtigen ist jedoch, dass es auch in einer zivilisierten Gesellschaft zahlreiche Berufe gibt, deren Ausübung mit einem erhöhten Risiko für Leben und Gesundheit verbunden sind, z.B. Bergmann, Holzfäller, Soldat(in), Polizist(in) oder Feuerwehrmann. In einer funktionierenden Marktwirtschaft sind die Einkommen in diesen Berufen höher als in anderen, weniger riskanten Berufen mit ansonsten vergleichbaren Voraussetzungen (z.B. Dauer der

---

[91] In der Fachliteratur werden die nachfolgenden Argumente u.a. von Guttman (1991), Kass (1992), Schneider (2003) und Wilkinson und Garrard (1996) vertreten, vgl. auch Reiter (2005). Gegenargumente stammen von Adams, Barnett und Kaserman (1999), Aumann und Gaertner (2004), Cohen (1998), Erin und Harris (1994), Hansmann (1989), Harvey (1990), Kliemt (2005) und Veatch (2003). Eine überzeugende Synthese findet sich bei Munzer (1995).

Ausbildung).[92] Umgekehrt könnte man es als moralisch fragwürdig kritisieren, wenn für die Übernahme eines besonderen Risikos *keine* „Gefahrenzulage" gezahlt wird. Dabei ist auch zu bedenken, dass einige dieser Berufe notwendig sind, um das Überleben und die Unversehrtheit anderer Menschen zu sichern. Niemand würde die Forderung erheben, die Ausübung derartiger gefährlicher Berufe zu verbieten (oder die mit ihnen verbundenen Tätigkeiten nur ohne Bezahlung zu erlauben). Die Analogie zur Organspende ist offensichtlich: Auch sie ermöglicht es einem anderen Menschen zu überleben. Die Vermutung, dass hauptsächlich ärmere Personen eine solche Option wahrnehmen dürften, diskreditiert die Option ebenfalls nicht schon per se, solange das medizinische Risiko für den Spender gering ist und dafür eine Kompensation gezahlt wird, die es dem Spender ermöglicht, seine Armut zu überwinden. Im Falle bestimmter gefährlicher Berufe, die keine weitgehende Ausbildung verlangen und die typischerweise auch Personen mit ansonsten geringen Einkommenschancen anziehen, redet man jedenfalls in Gesellschaften wie unseren kaum von einer Ausbeutung der Armen, wenn diesen die betreffenden Stellen angeboten werden.

2. Fehlende Freiwilligkeit bei materieller Not

Befürworter einer Legalisierung des Verkaufs von Nieren begründen diese häufig mit dem Selbstbestimmungsrecht des Individuums über seinen Körper. Gerade die Selbstbestimmtheit wird von Kritikern jedoch mit dem Argument angezweifelt, für Menschen in materieller Not werde ein Organverkauf faktisch zum Zwang. Daher sei die gebotene Freiwilligkeit nicht mehr gesichert.

Dieses Argument, das mit dem „Ausbeutungs"-Argument eng verknüpft ist, hat in einer Gesellschaft mit einem ausgedehnten sozialen Sicherheitsnetz wie der deutschen nicht die gleiche Überzeugungskraft wie z.B. in den USA. Da es für alle nicht Leistungsfähigen die Sozialhilfe gibt, ist niemand darauf angewiesen, eine Niere zu verkaufen, um sein Existenzminimum zu sichern. Auch zur Abtragung von Schulden wäre es heute, nach Einführung der Möglichkeit der Restschuldbefreiung, nicht klug, seine Niere zu verkaufen, da man damit nur seinen Gläubigern mehr Geld zukommen ließe.

Problematischer noch erscheint die Gleichsetzung der Unterbreitung eines besonders attraktiven Angebots mit der Ausübung von Zwang[93], denn nach dieser Logik müsste man auch das Angebot einer Stelle mit einer – im Vergleich zum augenblicklichen Verdienst – deutlich höheren Dotierung an einen Arbeitnehmer als „Zwang" bezeichnen. In diesem Fall würde jedoch wohl jeder zustimmen, dass es sich einfach um eine zusätzliche Option handelt, die demjenigen, der sie erhält, nicht schaden kann. Dem entsprechend muss man fragen, ob man Menschen in einer materiellen Notlage allein

---

[92] Dies lehrt die Theorie der „kompensierenden Lohndifferentiale", die schon von Adam Smith (1776) formuliert wurde. Einen Überblick über empirische Evidenz liefert Viscusi (1993).

[93] Veatch, 2003.

schon dadurch hilft, dass man ihnen eine Option zur Befreiung aus der Notlage entzieht.

3. Irreversibilität der nicht hinreichend überdachten Entscheidung
Ein weiterer Einwand gegen die Bezahlung von Lebendspendern beruht auf der Forderung, Menschen müssten vor unüberlegten Handlungen, die sie später bereuen könnten, bewahrt werden. Hier sind zwei Aspekte zu unterscheiden, zum einen die Irreversibilität bestimmter Entscheidungen und zum anderen deren Unbedachtheit. Gegen das Problem der Irreversibilität gibt es insoweit schon keine Abhilfe, als das Leben insgesamt irreversibel ist, wobei es allerdings Entscheidungen mit weitreichenderen und weniger weitreichenden Folgen gibt. Gegen das Problem unbedachter Augenblicksentscheidungen, das unser gesamtes Leben in Form von Versuchungen durchzieht, gibt es allerdings häufig nahe liegende Abhilfe (wie etwa dem Rücktrittsrecht von bestimmten Verträgen).

Was die Irreversibilität von Organspendeentscheidungen insbesondere im wichtigsten Fall der Niere anbelangt, wird argumentiert, dass vor allem bedacht werden müsse, dass die einzige noch verbliebene Niere ausfallen könnte. Dann werde der Spender seine Spende bereuen und er müsse daher schon im Vorhinein davor bewahrt werden, entsprechende Handlungen zu vollziehen. Der allgemeine Grundsatz, dass Menschen vor Handlungen bewahrt werden sollten, die sie bereuen könnten, ist allerdings einer freiheitlichen Gesellschaft wenig angemessen und in anderen Handlungsbereichen auch nicht konsequent verwirklicht. Der Mensch trifft in seinem Leben eine Vielzahl irreversibler Entscheidungen, die er potentiell später bereut, von der Berufswahl über die Zeugung von Kindern bis hin zum Beispiel der mangelnden Vorsorge für sein Alter. Nirgendwo wendet die Gesellschaft hier Zwang an, um den mündigen Bürger vor sich selbst zu schützen. Sofern dies dennoch geschieht – etwa bei der Pflicht zur Altersvorsorge – erfolgt dies nicht nur zur Wahrung seines Interesses, sondern vornehmlich auch deshalb, damit er nicht der Gesellschaft zur Last fällt, ohne eigene Vorleistungen erbracht zu haben.

Auch im medizinischen Bereich werden irreversible Operationen wie Sterilisation oder Brustverkleinerung vorgenommen, ohne dass dagegen noch in größerem Umfange (wie etwa früher gegen die so genannte „Gefälligkeitssterilisation") moralische Einwände vorgebracht und gesellschaftlich diskutiert würden. Im Übrigen trifft der Hinweis auf die Irreversibilität der Entscheidung im gleichen Maße für die heute schon zugelassene Lebendspende unter Verwandten oder engen Freunden zu. Geht etwa die Freundschaft später in die Brüche, könnte der Spender seine Freigiebigkeit ebenfalls bereuen.

Als spezifische Vorkehrung gegen einen „vorschnellen" und „unüberlegten" Nierenverkauf könnte man eine Frist von mehreren Monaten zwischen Anmeldung und Durchführung der Organentnahme vorsehen. Zusätzlich zu dieser Wartefrist könnte eine obligatorische Aufklärung über die Risiken des Eingriffs und des Lebens mit nur einer Niere vorgeschrieben und ein

Mindestalter für Spender festgelegt werden, das über dem Alter der Volljährigkeit liegt. Dies sollte dann jedoch auch für die Spende unter Verwandten gelten. Weiterhin könnte ein Teil des Verkaufspreises nicht als Einmalbetrag, sondern als monatliche „Rente" ausbezahlt und an die Wahrnehmung der notwendigen Nachsorgetermine gebunden werden.

Kritischer ist die Frage zu beurteilen, was die Gesellschaft tun sollte, um die Lebensgefahr im Falle des Versagens der verbleibenden Niere möglichst klein zu halten. Hier wäre es legitim zu fordern, dass Lebendspendern eine besonders hohe Priorität bei der Organzuteilung eingeräumt wird. Dieser Grundsatz befindet sich im Übrigen im Einklang mit dem Reziprozitäts-Gedanken aus Abschnitt 7.3.3. In diesem Zusammenhang ist zu kritisieren, dass die heute geltende Vergabepraxis eben dieses Vorrecht für Lebendspender, die einem Angehörigen eine Niere gespendet haben, nicht vorsieht, wie der Fall des verstorbenen Nierenspenders Johannes Ideus aus Wangerooge zeigt, der im Jahr 1997 durch die Presse ging.[94] Im deutschen Recht wird die Norm aufrechterhalten, dass es sich bei der Lebendspende um eine freiwillige Spende ohne Gegenleistung handeln muss und daher sogar die „Gegenleistung" des bevorrechtigten Anspruchs auf ein Organ abzulehnen ist.

4. Profit aus dem Leiden von Menschen
Während die zuvor geschilderten Einwände darauf beruhen, dass eine Bedrohung des Wohls des Lebendspenders gesehen wird, wird häufig noch grundsätzlicher argumentiert, dass es moralisch falsch sei, aus dem Leiden anderer Menschen Profit zu ziehen. Die Verbindung von Leben und Gesundheit auf der einen Seite und dem Profitmotiv auf der anderen Seite wird von vielen Menschen sehr skeptisch gesehen, was auch damit zusammenhängt, dass das Profitstreben insgesamt ein geringes Maß an gesellschaftlicher Akzeptanz hat.

Die geschilderte Argumentation verkennt jedoch, dass in Deutschland vier Millionen Erwerbstätige und ihre Familien davon leben, dass sie versuchen, das Leiden anderer Menschen zu heilen oder lindern, nämlich als Ärzte, Pflegekräfte, Apotheker, Arzneimittelhersteller und in sonstigen Gesundheitsberufen. Niemand findet es anstößig, dass diese Menschen für ihre Tätigkeit für den Patienten bezahlt werden, oftmals mit recht hohen Einkommen. Daher sollte es umgekehrt begründungsbedürftig sein, wenn der Lieferant des Organs, mit dem ein Weiterleben oder eine wesentliche Erhöhung der Lebensqualität eines Patienten erreicht wird, als einziger keine Kompensation erhalten soll.

5. Kommodifizierung des menschlichen Körpers
In der medizinethischen und -politischen Diskussion ist der Einwand verbreitet, der Verkauf einer Niere sei der erste Schritt zu einer Degradierung des menschlichen Körpers zur Ware, der Einhalt geboten werden müsse.

---

[94] Vgl. Nordwest Zeitung Oldenburg, 14.10.1997.

Besonders drastisch wird dieser Einwand vom Präses der EKD, Bischof Huber (2004), vorgetragen: „Erst werden Organe zur Handelsware, dann der ganze Mensch."

Dies ist ein typisches Beispiel einer „schiefe Ebene"-Behauptung, die als solche schwer zu widerlegen ist. Sicherlich ist die Mehrzahl der Bevölkerung der Auffassung, dass es „unveräußerliche" Dinge geben muss und dass der menschliche Körper als Ganzes dazu gehört. Letztlich kann diese Auffassung aber in einer säkularen Gesellschaft nur mit dem Schutz des Gesundheitsinteresses des betroffenen Bürgers begründet werden. Führt man dieses Interesse ins Feld, dann müssen die Gesundheitsinteressen der potentiellen Organempfänger, deren Leiden massiv gemildert und deren Leben verlängert werden kann, allerdings ebenfalls berücksichtigt werden.

Nun könnte man argumentieren, dass gerade die Tatsache, dass es um den Schutz von so fundamentalen Interessen geht, wie sie im Falle des Organempfangs berührt werden, uns auf eine schiefe Ebene führen kann. Gerade weil die potentiellen Organempfänger ein so massives Interesse am Empfang eines Organs haben und weil wir gesellschaftlich die Realisierung von Gesundheitsinteressen so sehr wünschen, müssen wir darauf achten, nicht selbst gesellschaftlich in die Versuchungen der Machbarkeit geführt zu werden. „Wir" müssen nach dieser Sicht der Dinge darauf achten, dass „wir" uns im Kampf um das Überleben unserer Mitbürger nicht als Gesellschaft auf eine schiefe Ebene begeben, die am Ende zu massiven Rechtsverletzungen führen könnte. Gefährdet ist nicht die Population der potentiellen Spender, sondern die Gesellschaft, die in solchen Fragen nicht versuchungsfest ist.

Hier ist allerdings mit Hegselmann (1991) zu beachten:

Wer eine Schiefe-Bahn-Argumentation vorträgt, sollte nicht auf der Basis ungerechter Vergleiche, die lediglich die Vorzüge des Status quo mit den Nachteilen einer Reform vergleichen, zu seiner These gekommen sein, dass ein moralisches Desaster drohe; er sollte also über gute Gründe dafür verfügen, dass das, wohin nach seiner Auffassung eine bestimmte Praxis führe, auch dann noch gegenüber dem Status quo eine moralische Verschlechterung darstellt, wenn man den Status quo in allen seinen positiven und negativen Aspekten bedenkt und mit den entsprechenden Reformfolgen vergleicht. (S. 208 f.)

Aus diesem Blickwinkel kann man kaum behaupten, dass der Status quo, der von den negativen Aspekten des Organmangels gekennzeichnet ist, nicht das Eingehen minimaler Risiken zur Milderung dieses Mangels rechtfertigen könnte. Solange die Rechtsordnung mit dem Grundrechtsschutz intakt ist und die Bürger vor einer unzumutbaren Ausweitung der Hilfeleistungspflicht z.B. nach § 323c StGB geschützt sind, spricht selbst in einer Gesellschaft, die durchaus rechtliche Eingriffe in individuelle Abwehrrechte kennt, nichts dafür, dass die bloße Erlaubnis, finanzielle Vergütungen für die Hingabe eines Organs auszuhandeln, größere Gefahren für den Bestand der Grundrechte heraufbeschwören könnte. Angesichts der übrigen rechtlichen Institutionen eines intakten Rechtsstaates spricht praktisch nichts dafür, dass ausgerechnet die Einführung von Geldzahlungen für die Bürger, die zur

Lebendorganspende motiviert werden sollen, die Freiwilligkeit gefährden könnte. Denn die Tatsache, dass Geldzahlungen vom Staat angeboten werden, zeigt gerade an, dass er sich nicht auf die Anwendung fundamentaler staatlicher Zwangsgewalt verlässt, sondern auf freivertragliche Beziehungen und Freiwilligkeit der Bürger setzen muss.

Solange die Lebendspende weiter zugelassen ist, lautet zudem ein weiterer Einwand gegen das Argument der „Kommodifizierung": Warum sollte es einem Vater zwar erlaubt sein, seiner nierenkranken Tochter eine Niere zu spenden, aber nicht, eine Niere zu verkaufen, um ihr eine andere lebenswichtige Operation zu ermöglichen?[79,81]

6. Benachteiligung von Menschen mit nicht-transplantierbaren Nieren
Bisweilen wird auch eingewendet, die Schaffung einer Verkaufsmöglichkeit für Nieren benachteilige Personen, deren Gesundheitszustand es nicht zulässt, eine Niere zu entnehmen, so wie es heute schon bei der LOS unter Verwandten der Fall ist. Während dies im Status quo von den Betroffenen eventuell sogar als Vorteil gedeutet werden kann, entgehe ihnen bei Einführung einer Bezahlung eine Verdienstmöglichkeit.

Auch wenn dieser Einwand im Prinzip richtig ist, sollte er für sich genommen die Bezahlung von Spendern jedoch nicht diskreditieren, da es auch in vielen anderen Lebenssituationen zutrifft, dass Gesunde bessere Verdienstchancen haben als Kranke. So wird bei einer Reihe von gut bezahlten Berufen (z.B. Piloten) eine weit überdurchschnittliche Gesundheit als Zugangsvoraussetzung verlangt.

7. Rückgang der altruistischen Organspende
Neben den oben genannten theoretischen Argumenten werden auch empirische Beobachtungen und Analysen gegen die Legalisierung des Verkaufs von Organen angeführt. Diese nehmen nicht nur auf bloß denkbare, sondern auf Wirkungen finanzieller Anreize Bezug, die durch Erfahrungen in anderen Bereichen belegt sind.

So wird die Gefahr gesehen, dass durch die Zahlung von Geld die intrinsische Motivation zur Spende geschwächt und das Gesamtaufkommen an gespendeten Organen im Bereich der Lebendorganspende dadurch sogar zurück gehen könnte. Das Argument muss angesichts bestimmter Indikatoren für derartige Verdrängungseffekte ernst genommen werden. Insbesondere eine immer wieder angeführte Studie von Titmuss (1970) zu den Auswirkungen monetärer Zahlungen bei der Blutspende scheint im gegenwärtigen Zusammenhang einschlägig. Nach den Ergebnissen der Studie waren die monetären Anreize zu gering, um eine nachhaltige Steigerung der Blutspen-

---

[95] Reddy, 1997.
[96] Dieser Fall ist zwar in Deutschland wegen des umfassenden Krankenversicherungsschutzes nicht praxisrelevant (außer in Einzelfällen wie etwa dann, wenn eine besonders aufwändige Operation im Ausland geplant ist), das ändert aber nichts an der Berechtigung des ethischen Arguments.

debereitschaft gegen Geld zu bewirken. Zugleich führte das Vorhandensein dieser geringen Geldzahlungen dazu, dass sich die freiwilligen Spender motivational herabgesetzt fühlten und sich abwandten. Man gewann durch Einführung der Geldzahlungen weniger, als man verlor.

Auch bei hohen monetären Leistungen, wie sie im Bereich der Lebendorganspende nötig wären, könnte der positive Effekt auf die Verfügbarkeit von Lebendorganen aufgrund der vorhandenen starken Ressentiments zur Abnahme der Bereitschaft zur Leichenspende führen. Die Größe dieses Effektes hängt allerdings in hohem Maße davon ab, welche anderweitigen institutionellen Regelungen im Bereich der Organspende vorliegen und welche entgegenstehenden Anreize diese setzen. Wenn beispielsweise im Bereich der Leichenspende die Widerspruchslösung oder eine Form der Reziprozitätslösung eingeführt würde, so müsste man mit einem weit geringeren – vermutlich minimalen – Effekt im Bereich der postmortalen Spende rechnen, als wenn es bei der gegenwärtigen Erweiterten Zustimmungslösung bliebe, die gerade die Uneigennützigkeit der Spende so stark betont.

Dem Argument vom Verdrängungseffekt kann zwar auch entgegen gehalten werden, dass schon jetzt der Anteil der Bürger, die einen Spenderausweis haben, äußerst gering ist. Die intrinsische Motivation kann also faktisch nicht allzu stark sein, so dass auch kein nennenswerter Rückgang der intrinsischen Motivation zur Spendenerklärung bei der postmortalen Spende befürchtet werden muss. Es ist allenfalls denkbar, dass durch Einführung einer Bezahlung der LOS emotionale Widerstände gegen die Organspende bei den Angehörigen von hirntoten potentiellen Organspendern mobilisiert würden und es daher zu einer verringerten Zustimmungsrate käme.

Dies würde jedoch bedeuten, dass etwaige negative Effekte eines staatlichen Ankaufs von Organen auf die postmortale Spende eher den ungenügenden, ungerechten und ineffizienten etablierten Regelungen für die postmortale Spende als der Einführung monetärer Anreize als solcher anzulasten wären. Deshalb sprechen die betreffenden Argumente als solche nicht gegen die Einführung monetärer Anreize in der Lebendspende, sondern allenfalls für die Änderung der Regelungen für die postmortale Spende.

Weiterhin wäre ein möglicher Rückgang der „altruistischen" LOS unter nahen Angehörigen nicht von vornherein negativ zu beurteilen, da bei dieser Form der Organspende die Freiwilligkeit besonders schwer zu überprüfen ist und man einen Druck innerhalb der Familie auf einen potentiellen Organspender praktisch nicht ausschließen kann.

8. Negative Erfahrungen aus anderen Ländern

Organhandel wird des Weiteren nicht selten unter Hinweis auf die negativen Erfahrungen aus jenen Ländern abgelehnt, in denen der Organhandel schon jetzt gebräuchlich ist. Dazu zählt die Tatsache, dass am Organhandel in erster Linie sog. „Organbroker" verdienten, während die Organspender selbst mit sehr geringen Beträgen angespeist würden. Dazu passt auch die Beobachtung, dass die Mehrzahl der Personen, die z.B. in Indien eine Niere verkauft haben, einige Jahre später in Umfragen angibt, diesen Schritt zu bereuen, da sie immer noch in großer Armut leben oder gesundheitliche Probleme haben.[97]

Als Begründung wird unter anderem angeführt, dass versprochene Geldbeträge nicht in voller Höhe ausgezahlt wurden und dass es an medizinischer Nachsorge fehlte. Diese Phänomene sind aber typisch für illegale Märkte oder für Märkte in Ländern mit ungesicherter Eigentumsordnung, in denen man die Erfüllung von Verträgen nicht wirksam einklagen kann. Sie können daher gerade nicht den staatlich organisierten Ankauf von Organen unter genau spezifizierten gesetzlichen Rahmenbedingungen in einem Rechtsstaat diskreditieren.

9. Sinkende Organqualität

Gelegentlich wird auch eine sinkende Organqualität als Argument gegen die Gewährung einer finanziellen Zuwendung angeführt. Denn Organe, deren Abgabe durch finanzielle Anreize motiviert wurde, seien tendenziell von schlechterer Qualität als altruistisch gespendete Organe.[98] Verwiesen wird darauf, dass auch bei kommerziellen Blutbanken staatliche Anreizzahlungen mit einer Abnahme der Blutqualität einhergingen.[99] Gegen diese Argumentation lässt sich allerdings einwenden, dass sich Organe und Blut nicht vergleichen lassen. Zu berücksichtigen ist zum einen, dass vor der Entnahme eines sich nicht wieder bildenden Organs umfangreiche Voruntersuchungen des Spenders durchgeführt werden, die durchaus geeignet sind, die Qualität des Organs sicherzustellen.[100] Zum anderen bezogen sich die negativen Erfahrungen mit der Blutspende überwiegend auf Drittweltstaaten,[101] deren hygienischen Verhältnisse nicht auf die deutsche Situation übertragbar sind. Schließlich dürfte die Entgeltlichkeit der Organspende zu einer größeren Spendebereitschaft und damit zu einem größeren Organaufkommen führen. Dies hätte aber wiederum zur Folge, dass Organe von mangelnder Qualität, die in der derzeitigen Knappheitssituation noch benötigt werden, nicht mehr transplantiert werden müssen.[102]

10. Gefahr des Missbrauchs

Neben den grundsätzlichen Einwänden gegen die Bezahlung könnte bezweifelt werden, dass sich der oben beschriebene regulierte Ankauf von Nieren bei inländischen Organspendern durch die Krankenkassen gegen Missbrauch schützen lasse. Zum einen dürfte es dem Recht der Europäischen Union widersprechen, wenn die Möglichkeit des Verkaufs von Nie-

---

[97] Goyal et al., 2002
[98] Sasse, 1996, S. 116.
[99] Sasse, 1996, S. 114.
[100] Schutzeichel, 2002, S. 160.
[101] Sasse, 1996, S. 117.
[102] Oberender, 1995, S. 21.

ren gegen Bezahlung auf Deutsche beschränkt und nicht gegenüber allen EU-Bürgern geöffnet würde. Zum anderen könnte ein „Organtourismus" befürchtet werden, bei dem Verkaufswillige aus ärmeren Ländern nach Deutschland einreisen, um sich hier mit dem Verkauf einer Niere Geld zu verdienen.

Vor allem die zweite Befürchtung dürfte als gravierend gelten, weil hierin von vielen die Gefahr der „Ausbeutung" der Bevölkerung ärmerer Länder gesehen wird. Dem ist allerdings entgegen zu halten, dass es Fälle von Organtourismus schon unter heutigem Recht gibt, bei denen sich die nach Deutschland einreisenden Nierenspender und -empfänger als Verwandte ausgeben. Bei einem regulierten Ankauf müsste und könnte dem Missbrauch durch Vorkehrungen wie einer Wartezeit zwischen Erklärung der Verkaufsbereitschaft und tatsächlicher Entnahme entgegengewirkt werden. Der bloße Hinweis auf die Möglichkeit eines Missbrauchs, der sich überdies kontrollieren ließe, spricht zudem nicht gegen die Durchführung einer ansonsten für zweckdienlich gehaltenen Maßnahme.

8.3.2.4 Gesamtbewertung der Einwände gegen den öffentlichen Organkauf

Als Fazit aus den angestellten Überlegungen ist festzustellen, dass die genannten Einwände gegen den staatlich organisierten Organankauf bei nüchterner Betrachtung entweder nicht triftig oder zumindest nicht hinreichend gravierend sind, um die möglichen Vorteile aus einem erhöhten Organaufkommen aufzuwiegen. Radcliffe-Richards (1996, S. 401) bezeichnet sie daher als Versuche der Rationalisierung einer im Grunde emotionalen Abwehr, die viele Menschen teilen und die deshalb auch politisch wirksam sind (vgl. auch Kapitel 9).

Ebenfalls sei an das zuvor bereits erwähnte Argument, dass die Zahlung von Geld im Bereich der Verwandtenspende einen eher distanzierenden und damit autonomiesichernden Effekt haben könnte, erinnert. Denn aus freiheitlich-rechtsstaatlicher Sicht muss diese Erwägung unterschiedslos im Bereich der Spende unter Nahestehenden wie einer möglichen Spende unter einander fern Stehenden von primärer Bedeutung sein. Die Begründungslast für Regelungen, die die private Autonomie einschränken, liegt jedenfalls zunächst bei denen, die diese Einschränkungen durchsetzen wollen. De lege lata mag es scheinen, als wenn jede Diskussion des Organkaufs völlig müßig wäre. Aber die Tabus von gestern sind gerade in unserer Gesellschaft häufig zu den Selbstverständlichkeiten von heute geworden. Immer wieder haben sich auch fest gefügte allgemeine Rechtsüberzeugungen (man denke nur an die Strafbarkeit homosexueller Beziehungen unter Erwachsenen) recht dramatisch geändert und weitreichende Änderungen des geltenden Rechts nach sich gezogen. Eine demokratische Gesellschaft des 21. Jahrhunderts, die die vielen drängenden Probleme lösen will, die sich gerade auch im Gesundheits- und Sozialwesen stellen, wird dies nur bewältigen können, wenn sie die Probleme und Lösungsmöglichkeiten in einem offenen Diskurs anspricht.[103]

Eine sich daran anknüpfende Frage ist die, ob die verbreiteten Widerstände gegen jede Form des Organkaufs eher überwunden werden könnten, wenn man die Geldzahlung mit einer weithin akzeptierten Begründung versieht. So ist u.a. von Robert Sells vorgeschlagen worden, sie als „Schmerzensgeld" zu interpretieren. Dieser Vergleich verkennt allerdings einen entscheidenden Punkt. Denn ein Schmerzensgeld wird im Zivilrecht üblicherweise dann zuerkannt, wenn eine Person gegen ihren Willen an Leib oder Seele geschädigt worden ist, z. B. durch einen Verkehrsunfall, während es hier um einen freiwillig abgeschlossenen Vertrag geht. Der rechtsstaatliche Respekt vor der Autonomie seiner Bürger schließt deren „Entschädigung" für selbstverantwortetes Tun ebenso aus wie die einer Irreführung mittels „nobler Lügen". Deshalb sollte man nicht verschleiernd von einem „Schmerzensgeld" sprechen.

Stattdessen ist offen darauf hinzuweisen, dass der Spender tatsächlich nicht unerheblichen körperlichen und sonstigen Belastungen ausgesetzt ist. Dafür muss er eine angemessene, seine freiwillige Zustimmung honorierende Entschädigung erhalten. Insoweit bietet sich der Begriff „Aufwandsentschädigung" an, wie er auch für jenes Entgelt verwendet wird, das der Blutspender für die Prozedur der Blutentnahme und die Hingabe des Blutes erhält. Der von Ökonomen ins Spiel gebrachte Begriff des „Kaufpreises" verengt den Blick dagegen auf die Hingabe des Organs als solches, ohne deutlich zu machen, dass das Organ nicht einfach – wie eine Ware in einem Geschäft – abgegeben wird, sondern die Entscheidung zur Explantation und die Explantation mit Sorgen, Zweifeln, Schmerzen, Zeitaufwand und gegebenenfalls finanziellen Verlusten verbunden ist.

---

[103] In anderem Zusammenhang dazu Schultheiss, 2001.

III Umsetzungsmöglichkeiten und deren Grenzen

9 Problembewusstsein in der Bevölkerung

Jeder Vorschlag, wie der Organmangel zu beheben sei, muss am Problembewusstsein in der Bevölkerung anschließen. Strategien, die an den Wertungen der Menschen vorbeigehen oder diese nicht ebenfalls weiterentwickeln, sind zum Scheitern verurteilt. Allerdings ist das Problembewusstsein in der Bevölkerung keine einfach feststellbare Größe. Organmangel ist nicht ein Problem, das die Menschen im Alltag bewegt. Wer gesund ist, hat wenig Anlass, sich damit auseinander zu setzen, ob er vielleicht auf der Warteliste sterben würde, wenn sein Herz oder seine Nieren versagen würden. Natürlich bekommt man auf die Frage, was getan werden sollte, um den Organmangel zu beheben, als Reaktion irgendwelche Antworten. Jede Umfrage erzeugt Antworten. Das heißt aber nicht, dass solche Antworten stabilen Einstellungen und Wertungen oder handlungsrelevanten Präferenzen entspringen. Mit abfragbaren Einstellungen, Wertungen und Präferenzen der Bevölkerung wird man eher in Bezug auf die einzelnen Hintergrundvariablen rechnen können, von denen das Problem des Organmangels abhängt bzw. die den Spielraum für die Lösung des Problems einschränken. In Bezug auf die Bereitschaft, Organe zu spenden, die Reichweite der Solidarität mit betroffenen Patienten, die Fairness von Verfahren zur Gewinnung und Verteilung von Spenderorganen sowie die Zulässigkeit finanzieller Anreize zur Organspende kann man so gewisse Anhaltspunkte gewinnen.

Zu vielen dieser Hintergrundvariablen gibt es Ergebnisse aus empirischen Untersuchungen. Diese Ergebnisse werden im Folgenden zugrunde gelegt. Über ihre Bedeutung kann im Einzelfall gestritten werden. Es sind die für die empirische Sozialforschung üblichen methodischen Vorbehalte zu berücksichtigen. Dazu gehört, dass sich aus Untersuchungen mit kleinen Fallzahlen zwar qualitative Typologien von Reaktionen ableiten lassen, nicht aber deren quantitative Verteilung; dass Fragebogenerhebungen, bei denen die Antwortrate niedrig ist, ein verzerrtes Bild der untersuchten Gruppen zeichnen können, weil Selbstselektion bei den Antwortenden vorliegt; und dass auch repräsentative Umfragen nicht immer verlässlich sind, weil sie als Reaktion auf die Befragung Stellungnahmen zu Themen provozieren können, zu denen die Befragten eigentlich gar keine Meinung haben. Trotz solcher Vorbehalte bleibt der Rückgriff auf die verfügbaren empirischen Untersuchungen unverzichtbar, will man nicht bei der Erfassung der Wirklichkeit sozialen Handelns allein auf Spekulation und politische Meinung setzen.

Die vorliegenden Daten ergeben das Bild eines fragmentierten Problembewusstseins. Menschen haben Meinungen und Einschätzungen zu den verschiedenen Aspekten des Problems, aber diese Meinungen und Einschätzungen bleiben separiert. Sie werden nicht zueinander ins Verhältnis gesetzt und schon gar nicht unter dem Gesichtspunkt integriert, dass nach Wegen gesucht werden muss, wie das Problem des Organmangels angemessen zu lösen ist. Dass eine solche Integration im Alltagsbewusstsein der Bevölkerung nicht erreicht wird, ist vielleicht nicht überraschend. Bedenklicher ist, dass sie auch in öffentlichen Debatten und politischen Regulierungen verfehlt wird. Oft wird Eindeutigkeit durch Einseitigkeit erzielt und Prinzipien können nur deshalb bruchlos hochgehalten werden, weil konkurrierende Wertungen und mögliche Kosten (insbesondere für betroffene Patienten) ausgeblendet bleiben. Am ehesten scheinen noch professionelle Expertendiskurse in der Lage, die heterogenen Wahrnehmungen, Erwartungen und Wertungen, die die Komplexität des Problems des Organmangels ausmachen, vollständig abzubilden und in ein reflexives „Überlegungsgleichgewicht"[104] zu bringen. Ohne Kompromisse bei den Prinzipien, die hier ins Feld geführt werden, ist das nicht zu erreichen.

Wie die Bevölkerung auf integrative Lösungen, die solche Kompromisse enthalten, reagieren würde, lässt sich aus den vorliegenden Befunden nicht ableiten. Einschätzungen und Wertungen, die sich im gegenwärtigen fragmentierten Problembewusstsein niederschlagen, bilden zwar Randbedingungen, an denen sich grundsätzlich die Akzeptanz oder Zurückweisung politischer Regulierung entscheidet. Doch können sich diese Randbedingungen durchaus auch unter dem Einfluss von Argumenten verschieben, die nachvollziehbar auf ein „Überlegungsgleichgewicht" zwischen allen relevanten Aspekten des Problems abzielen.

9.1 Organtransplantation als legitime medizinische Option

9.1.1 Vom Experiment zur medizinischen Routine

Die Tatsache, dass sich die Organtransplantation in den vergangenen vier Jahrzehnten von einem oft umstrittenen Experiment am Menschen (Heilversuch) zu einer Standardmethode in der Medizin und zur lebensrettenden ärztlichen Routine entwickelt hat, schlägt sich in einer überwältigenden öffentlichen Akzeptanz nieder. Die folgende Tabelle 9.1 fasst repräsentative Studien zur Einstellung der deutschen Bevölkerung zusammen.

Diese Daten zeigen, wie die (postmortale) Organtransplantation als medizinische Option bewertet wird. Davon zu unterscheiden ist die Frage, ob man selbst bereit wäre, nach seinem Tode als Organspender zur Verfügung zu stehen

---

[104] Rawls, 1971, vgl. auch Hahn, 2000.

Tabelle 9.1: Akzeptanz der Organtransplantation als medizinische Option im Zeitverlauf (in Prozent der deutschen Bevölkerung)

Jahr	Fragestellung	positiv	negativ	neutral	Quelle/Studie
1997	„Halten Sie Organverpflanzungen für sinnvoll und richtig oder sind Sie gegen Organverpflanzungen?"	83,5	10,1	4,4	Emnid (1997) N = 1.006 über 14 Jahre
1998	„Halten Sie Organverpflanzungen für sinnvoll und richtig oder sind Sie gegen Organverpflanzungen?"	73,8	13,2	13	Emnid (1998) N = 1.011 über 14 Jahre
1999	„Ich stehe der Organspende generell positiv gegenüber."	78	10	12	Forsa (1999) N = 1.003, über 18 Jahre
2001	„Stehen Sie der Organspende eher positiv oder negativ gegenüber?"	82	8	9	Forsa (2001) N = 3.254, über 14 Jahre
2003	„Was halten Sie generell von Organspende? Stehen Sie dem eher positiv oder eher negativ gegenüber?"	85	7	8	Forsa (2003) N = 1.001, 14 – 24 Jahre

(dazu unten Abschnitt 9.2). Ähnlich hohe Akzeptanzraten gibt es in vielen anderen Ländern.[105] Allerdings verbirgt sich hinter den Durchschnittszahlen eine erhebliche Varianz zwischen Bevölkerungsgruppen. Abbildung 9.1 zeigt, dass die Akzeptanz zwischen 63% und 88% schwankt, je nachdem ob die Befragten sich „gar nicht", „wenig" oder „intensiv" mit dem Thema befasst haben.[106]

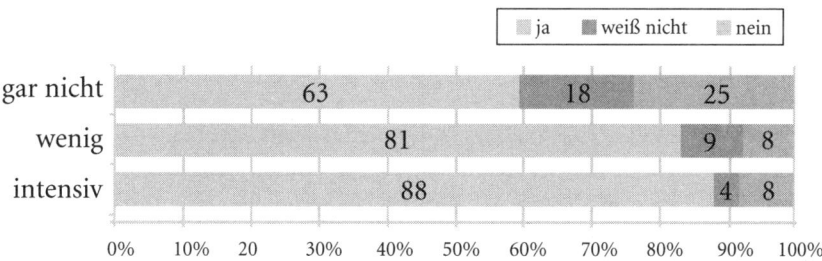

Abbildung 9.1: Akzeptanz der Organspende in Abhängigkeit von der Beschäftigung mit dem Thema

Quelle: Forsa, 1999, nach Gold et al., 2001, S. 21

---

[105] Nach Becker, 2000, S. 40 ff., betrug die Zustimmung zur Organtransplantation in den 1990er in Frankreich und Großbritannien 70, in den Niederlanden 84 und in Spanien 95%; allerdings fehlen zu diesen Angaben die Belege. In den USA bekundeten 1993 in einer repräsentative Umfrage (N=6.127) 85% ihre generelle Zustimmung zur Organspende (Gallup, 1993, Tabelle 1).

[106] In der Forsa-Umfrage 2001 gaben 24% an, sie hätten sich nicht mit dem Thema befasst, 43% wenig und 32% intensiv.

Es deutet sich allerdings auch an, dass ein harter Kern von Befragten, der nach dieser Studie bei etwa acht Prozent liegen könnte, die Organspende grundsätzlich ablehnt. An dieser Ablehnungsrate ändert sich nichts bei intensiver Beschäftigung mit dem Thema; sie wird sich – so darf man schließen – auch durch gezielte Aufklärungskampagnen nicht reduzieren lassen.[107]

9.1.2 Marginalisierung von Fundamentalkritik

Einwände, die den medizinischen Sinn von Organtransplantationen oder die Legitimität von Organspenden grundsätzlich in Frage stellen, finden nur geringe Resonanz in der Bevölkerung. Aufschlussreich sind in dieser Hin-

Tabelle 9.2: Beurteilung von Organtransplantationen (Angaben in Prozent)

Beurteilung von Organ-transplantationen (OT)	Studenten		Andere Personen	
	Medizin	Andere	Kranken-hauspersonal	Andere Angestellte
	N = 746	N = 516	N = 189	N = 254
OT sind eine wirksame Behandlungsmethode, die Leben verlängern	88,6	89,0	80,4	78,7
OT sind medizinische Experimente, die viel Geld kosten, aber Patienten wenig helfen	0,8	0,4	2,1	1,2
OT sind ein Eingriff in den Lauf der Natur und daher grundsätzlich abzulehnen	0,8	2,3	3,7	5,5

Quelle: Künsebeck et al., 2000, S. 41, Tabelle 2. Die Stichprobe gewährleistet nicht, dass die Ergebnisse repräsentativ für die untersuchten Gruppen sind (keine Zufallsstichprobe); die Rücklaufquote vollständig ausgefüllter Fragebogen lag zwischen 95% (Medizinstudenten) und 73% (andere Angestellte).

---

[107] Noch größer als bei der Allgemeinbevölkerung ist die Akzeptanz der Organtransplantation offenbar bei Ärzten und sonstigem medizinischem Personal. Sie liegt in vielen Studien über 90%. Vgl. die Nachweise bei Gold et al. (2001, S. 31 ff.). Dort wird allerdings auch darauf hingewiesen, dass den meisten Studien keine repräsentativen Stichproben zugrunde liegen und daher die Zustimmung möglicherweise überschätzt wird. In einer Befragung von Medizinstudenten im Jahre 1997 (N = 746) gaben lediglich 2,1% an, dass sie die Organspende grundsätzlich ablehnen (Künsebeck et al., 2000, S. 46, Tabelle 4; weitere Angaben zu dieser Studie in Tabelle 9.2).

sicht die Befunde einer Fragebogenerhebung in Deutschland von 1997, in der 1.705 Personen (überwiegend Studenten) nach ihrer Einschätzung der Organtransplantation und nach Gründen gegen das Ausfüllen einer Organspendeerklärung befragt wurden.

Nur eine sehr kleine Minderheit der Befragten, zwischen 0,8% (Medizinstudenten) und 5,5% (andere Angestellte) problematisiert die Organtransplantation als Eingriff in die Natur. In einer anderen Untersuchung stimmten nur 0,9% von 348 befragten Studenten der Medizin und Ökonomie der Aussage zu: „*Die Transplantationsmedizin stellt eine so gravierende Verletzung der Ordnung der Natur dar, dass man damit aufhören sollte.*"; selbst diejenigen, die es ablehnten, selbst Organspender zu werden, stimmten lediglich mit 3,3% zu.[108] Ob der Einwand, Organtransplantation verstoße gegen die natürliche Ordnung, je bedeutsam war, sei dahin gestellt; heute ist er jedenfalls in der öffentlichen Debatte so gut wie verschwunden. Wie bei anderen spektakulären Grenzüberschreitungen der Medizin, etwa der In-vitro-Befruchtung, dürfte auch für die Organtransplantation gelten, dass erkennbarer medizinischer Nutzen für die betroffenen Patienten ein schlagendes Argument für die Legitimität des technischen Eingriffs in die menschliche Natur ist. Und dass Organtransplantation medizinisch nützlich ist, wird nicht mehr in Frage gestellt. Fast 90% der befragten Studenten und etwa 80% der anderen Personen (in Tabelle 9.2) sehen in ihr eine wirksame Behandlungsmethode; weniger als ein Prozent der Medizinstudenten betrachten sie noch als Experiment. Hier schlägt durch, dass Organtransplantation in der medizinischen Profession inzwischen als eine medizinische Routinebehandlung etabliert ist.[109]

Sehr wenige der in dieser Studie Befragten (siehe Tabelle 9.2) wollten 1997 eine Organspende wegen religiöser oder ethischer Vorbehalte grundsätzlich ausschließen: Die Zustimmungsraten zu einschlägigen Thesen lagen zwischen 0,2% („Ich kann das wegen religiöser Anschauungen nicht tun") und 4,8% („Ich finde das wegen ethischer Vorstellungen nicht vertretbar").[110] Andere Untersuchungen sprechen für ein etwas größeres Gewicht religiöser Vorbehalte. So gaben in Befragungen von Ärzten 1994 (N = 759) und 1999 (N = 500) 94% an, keine religiösen Einwände gegen die Organtransplantation zu haben.[111] Dadurch wird klar, dass solche Einwände in den Meinungsäußerungen der Bevölkerung insgesamt keine Rolle spielen.[112] Das wird unterstützt durch die erklärte Haltung der christlichen Kirchen, die in

---

[108] Ahlert et al., 2001, S. 230, 240.
[109] Allerdings fällt das Urteil des Krankenhauspersonals etwas zurückhaltender aus: 2,1% sehen hier noch ein Experiment.
[110] Künsebeck et al., 2001, S. 46, Tabelle 4.
[111] Weber, 2003, S. 54.
[112] Eine größere Rolle könnten sie für diejenigen spielen, die Organtransplantation nicht grundsätzlich ablehnen, aber selbst nicht Organspender sein wollen; dazu unten.

Deutschland die Organspende als *„Zeichen der Nächstenliebe und Solidarisierung mit Kranken und Behinderten"* befürworten.[113,114]

Die hohe Akzeptanz der Organtransplantation in der Bevölkerung belegt auch, dass die Diskussion um das Hirntod-Kriterium in unserer Gesellschaft praktisch ausgestanden ist. Zwar gibt es noch lautstarken Widerstand an den Rändern des professionellen Diskurses in der Medizin und im Recht. Es ist jedoch nicht zu erwarten, dass dadurch die etablierte Praxis der Organtransplantation noch einmal grundsätzlich in Frage gestellt werden kann. Die Situation ist mit Bezug auf die postmortale Spende etwa in Japan ganz anders. Dort ist 1997 zwar ebenfalls die Organentnahme bei Hirntoten gesetzlich zugelassen worden, sofern sowohl der Spender als auch die Angehörigen dem zustimmen. Wegen des kulturellen Widerstands gegen das Hirntod-Kriterium sind solche Organspenden jedoch äußerst selten geblieben, es gab lediglich 20 Fälle bis 2002.[115]

Die breite Zustimmung zum Hirntod-Kriterium in Deutschland bezieht sich auf die Festlegung des Zeitpunkts, zu dem Spenderorgane entnommen werden dürfen. Man kann daraus nicht schließen, dass ebenso akzeptiert ist, dass der Hirntod tatsächlich schon der Tod des Menschen „ist"[116]. Welche Ambivalenzen in dieser Hinsicht auftreten, illustriert eine (nicht-repräsentative) Erhebung bei Ärzten ($N = 134$) aus dem Jahre 1997 (siehe Tabelle 9.3).

Die befragten Ärzte schwanken in ihrem Urteil. Sie betrachten Hirntote als tot, reagieren aber gleichwohl in mancher Hinsicht auf sie wie auf Sterbende.[117] Mit ähnlichen Zweideutigkeiten wird man in der Bevölkerung insgesamt rechnen müssen. In einer repräsentativen Bevölkerungsumfrage ($N = 1.000$) von Forsa haben im Juni 1994 bei der Frage *Wann ist der Mensch tot?* nur zehn Prozent den „Hirntod" genannt, der neben „Herztod" (61%) und „Koma" (12%) als Antwortmöglichkeit zur Wahl gestellt war.[118] Die Daten sind schwer zu interpretieren, weil die Fragestellung einander nicht ausschließende und falsche Alternativen vorgibt. Sie legen

---

[113] Körtner, 2003, S. 111.

[114] Vgl. Körtner, 2003, S. 114. Ob die Organtransplantation nach den religiösen Regeln des Islam und des Judentums prinzipiell vertretbar ist, wird nach wie vor diskutiert. Zwar verbietet die Thora, Leichen zu verstümmeln, der Körper muss grundsätzlich unversehrt beerdigt werden; aber diese Gebote dürfen durchbrochen werden, um Menschenleben zu retten. Allerdings bleibt das Hirntodkriterium umstritten; nach klassisch-halachischer Interpretation gilt nur der irreversible Herzstillstand als Tod (113). In jedem Falle ist der Empfang von Organen von Lebendspendern zulässig.

[115] Saito, 2003.

[116] Vgl. zu den konzeptuellen Problemen dieser Abgrenzung Stoecker (1999).

[117] Methodisch ist es anfechtbar, dass in Tabelle 3 die Werte 3–5 der Skala unter „Zustimmung" zusammengefasst werden. Der Wert „3" signalisiert eher eine neutrale Einschätzung. Hier kommt es allerdings nur auf die Schwankungen im ärztlichen Urteil an, und die dürften sich auch zeigen, wenn man die Werte für „3" herausrechnet.

[118] Forsa, 1994 für „Die Woche".

Tabelle 9.3: Ambivalenzen in Einstellungen zum Hirntod und zu hirntoten Patienten (Angaben in Prozent)

Vorgaben der Erhebung	Mittlere bis starke Zustimmung
Organentnahmen sind nach diagnostiziertem Hirntod erlaubt.	88
Der Hirntod ist der Tod des Menschen.	87
Beim Hirntod ist der Mensch noch nicht wirklich tot.	29
Versuchen Sie, oder haben Sie es versucht, hirntote Patienten anzusprechen?	68
Können Sie sich vorstellen, gegenüber einem Hirntoten Gefühle zu entwickeln, auch wenn Sie ihn nur im Koma erlebt haben?	78

Quelle: Muthny und Schweidtmann (2000, S. 59–61, Tabelle 3–5). Fragebogenerhebung unter Ärzten (Rücklaufquote 54%, N = 134); Prozentangaben: zusammengefasste Werte der Zustimmung 3–5 bezogen auf eine Skala von 1 (gar nicht) bis 5 (sehr stark).

jedoch den Schluss nahe, dass die Entnahme von Organen nach Hirntoddiagnose auch dann Zustimmung findet, wenn letztlich offen bleibt, ob hirntote Spender schon im wahren Sinne tot sind oder noch Sterbende, deren Tod unabwendbar bevorsteht. Für diese Deutung spricht auch, dass gegenwärtig zwar nur etwas über 60% der Bevölkerung den Hirntod als den tatsächlichen Tod des Menschen ansehen, aber weit mehr, nämlich über 80%, die Organtransplantation grundsätzlich befürworten.[119] Eine Maximaldefinition des Todes, die im Ergebnis die Organspende von Hirntoten ausschließt[120] wird gelegentlich noch von einzelnen Sprechern aus Professionen, politischen Parteien und sozialen Bewegungen gefordert; sie entspricht aber nicht der allgemeinen Auffassung in der Bevölkerung.

Der allgemeinen, zumindest impliziten, Zustimmung zum Hirntod-Kriterium als Bedingung der Organentnahme tut es auch keinen Abbruch, dass Krankenhauspersonal oder Angehörige sich belastet fühlen, wenn sie mit den Konsequenzen des Hirntod-Kriteriums konfrontiert werden, etwa bei der Pflege von Hirntoten oder wenn sie „im Angesicht" des Hirntoten der Organentnahme zustimmen sollen. Es ist ein Unterschied, ob eine institutionalisierte Definition dem Handeln Dritter zugrunde gelegt wird (also Ärzten, die

---

[119] Nach einer EMNID-Umfrage von 1998 (N = 1.000) akzeptieren 62% der Bevölkerung in Deutschland (ab 14 Jahren) den Hirntod („sämtliche Hirnfunktionen irreversibel erloschen, aber der Kreislauf noch künstlich aufrechterhalten") als tatsächlichen Tod des Menschen (siehe Fassbender, 2003, S. 51). Schwer nachzuvollziehen ist, dass immerhin 11% der Bevölkerung auch dann nicht vom Tod des Menschen sprechen wollen „wenn Leichenstarre eingetreten ist" (ebenda).

[120] Vgl. dazu Hoff/in der Schmitten, 1994; Stoecker, 1999.

Organe entnehmen oder lebenserhaltende Geräte abschalten) oder ob man selber solche Konsequenzen ziehen muss. Dass man vor letzterem zurückschreckt, impliziert nicht, dass man die Definition und die auf sie gestützten Praktiken nicht akzeptiert. In Deutschland stimmen am Ende zwei Drittel der Angehörigen von Hirntoten einer Organspende zu.[121,122]

9.1.3 Erwartungen und Ansprüche: Zugang zur Organtransplantation

Es ist anzunehmen, dass die Entwicklung der Organtransplantation vom Experiment zur medizinischen Routine auch die Erwartungen der Bevölkerung verändert. Wenn Organtransplantation als eine „normale" Behandlungsmethode etabliert ist, wird es auch eine normale Erwartung werden, dass man Zugang zu der Methode hat, falls man ihrer als betroffener Patient bedarf. Und man wird davon ausgehen, dass man in dem Rahmen, in dem das Gesundheitssystem überhaupt Ansprüche auf medizinische Behandlung verleiht, auch auf Organtransplantation einen Anspruch hat.

Empirische Untersuchungen zu solchen Erwartungen liegen nicht vor. Es gibt indirekte Hinweise in verstreuten Daten zur Bereitschaft, sich im Notfall ein Spenderorgan übertragen zu lassen. Diese Bereitschaft ist die Bedingung dafür, dass Erwartungen und Ansprüche auf Organtransplantation überhaupt entstehen können. In den USA gaben 1993 79% an, dass sie sich ein Spenderorgan transplantieren lassen würden; bei den 35- bis 44-Jährigen ($N = 1.465$) waren es 90%.[123] Für Deutschland berichten Schütt und Schröder (1993), dass in einer heterogenen Stichprobe von Schülern, Ärzten, Krankenschwestern und nichtmedizinischen Angestellten ($N = 406$) 100% ein Transplantat akzeptieren würden.[124] Weber (2003, S. 54) fand in Befragungen von Ärzten 1994 ($N = 749$) und 1999 ($N = 500$), dass 81% sich transplantieren lassen würden, „wenn ihr Leben davon abhinge"; sieben bzw. acht Prozent verneinten die Frage.

Eine repräsentative Bevölkerungsumfrage (siehe Tabelle 9.4) gibt es in Deutschland zu denkbaren Alternativen, zwischen denen man bei anhaltendem medizinischem Fortschritt auf diesem Gebiet womöglich einmal wählen könnte, wenn man als Patient ein neues Herz braucht.

---

[121] DSO, 2003, S. 7.

[122] Aus der Tatsache, dass nur 62% der Bevölkerung den Hirntod als Kriterium für den Tod eines Menschen angeben, folgt nicht, dass hier ein wesentliches Hindernis für die Organspende liegt (so aber Saad/Nagelschmidt, 2004, S. 240). Kerridge et al. (2002) konstatieren für New South Wales (Australien) eine zunehmende Ablehnung der Organspende durch die Angehörigen (von 56% 1995 auf 82% 1999) und führen dies ebenfalls u. a. auf Probleme mit dem Hirntodkriterium zurück.

[123] Auch aus der Gruppe, die sich gegen die Organspende ausgesprochen hatten, erklärten 46% ($N = 366$), ein Spenderorgan nehmen zu wollen (Gallup, 1993, Tabelle 8); repräsentative Umfrage $N = 6.127$.

[124] zitiert nach Gold et al., 2001, S. 84.

Tabelle 9.4: Alternativen für Patienten, die ein neues Herz brauchen

Vorgaben der Erhebung	Angaben in Prozent
Einmal angenommen, Sie wären schwer herzkrank und brauchen ein neues Herz. Wenn Sie es sich aussuchen könnten. Was von dieser Liste wäre Ihnen am liebsten, was würden Sie wählen?	
Herz von einem menschlichen Organspender	53
Aus eigenen Körperzellen gezüchtetes Herz	47
Künstlich hergestelltes Herz	37
Herz von einem Tier, z.B. Schwein oder Pavian	8
Aus den Zellen eines Embryos gewonnenes Herz	6
Nichts davon/keine Angabe	7

Quelle: Allensbach (2000), Umfrage 2000 (N = 1.137), deutsche Bevölkerung ab 16 Jahren.

Obwohl die Fragestellung in erster Linie darauf zielt, Reaktionen auf neue, zum Teil spekulative, medizinische Optionen zu erheben, belegt der Umstand, dass nur maximal sieben Prozent erklären, nichts davon wählen zu wollen, die hohe Bereitschaft, von verfügbaren Optionen der Transplantation Gebrauch zu machen, wenn man ihrer als Patient bedarf.[124] Bei der Ablehnungsrate ist im Übrigen zu berücksichtigen, dass die Befragten sich im Allgemeinen als Gesunde äußern. Ob sie im Ernstfall einer lebensbedrohenden Erkrankung an der Ablehnung festhalten, steht auf einem anderen Blatt.[125]

Es ist plausibel anzunehmen, dass in dem Maße, wie Menschen bereit sind, sich im Bedarfsfall ein Spenderorgan transplantieren zu lassen, sie auch die Erwartung entwickeln, Zugang zur Organtransplantation zu bekommen – sofern diese als Option der medizinischen Behandlung etabliert ist und angeboten wird. Ob die Erwartung erfüllbar ist, hängt von der Verfügbarkeit von Spenderorganen ab. Es hängt damit auch davon ab, ob diejenigen, die erwarten, im Bedarfsfall ein Spenderorgan zu bekommen, selbst bereit sind, als Spender zur Verfügung zu stehen.

---

[125] Es gibt Hinweise, dass diese Bereitschaft in Abhängigkeit von dem Organ variiert, für das die Transplantation in Betracht gezogen wird; siehe dazu Müller und Behrens (2003, S. 39).

[126] Patienten akzeptieren im Notfall auch extreme Transplantationen; inzwischen sind in etwa 30 Fällen ganze Hände und in Frankreich im November 2005 Teile eines Gesichts transplantiert worden (siehe Kvernmo et al., 2005, New York Times Dec. 6, 2005).

9.2 Grenzen der Spendebereitschaft

In allen vorliegenden Untersuchungen ist die abstrakte Zustimmung der Befragten zur Organtransplantation als medizinischer Option (passive Akzeptanz) deutlich größer als die Bereitschaft, selbst konkret etwas dadurch beizutragen, dass man sich als Organspender zur Verfügung stellt (aktive Akzeptanz). Und nur eine Minderheit derjenigen, die ihre Bereitschaft zur Organspende bekunden, lassen dem Taten folgen, indem sie einen Organspendeausweis ausfüllen.

9.2.1 Erklärte Organspendebereitschaft

Nach einer Forsa-Umfrage von 2003 erklären sich etwa zwei Drittel der deutschen Bevölkerung (68%) bereit, ihre Organe nach dem Tode für Transplantationszwecke zur Verfügung zu stellen; jeder Fünfte (21%) lehnt dies ab, 11% der Befragten geben an, dass sie einen Organspendeausweis ausgefüllt haben. Die folgende Tabelle 9.5 zeigt die Entwicklung im Zeitverlauf.

Tabelle 9.5: Erklärte Organspendebereitschaft und Häufigkeit des Spenderausweises im Zeitverlauf (in Prozent der deutschen Bevölkerung)

Jahr	Vorgaben der Untersuchung	Weiß nicht	negativ	positiv	Spenderausweis	Quelle*
1991	[Organspendeausweis:]					Allensbach (1995); ab 16 Jahre
	„Unentschieden … könnte sein"	28				
	„Kommt für mich nicht in Frage."		36			
	„Besitze schon einen Ausweis."				6	
1994	[Organspendeausweis:]					Allensbach (1995); ab 16 Jahre
	„Unentschieden … könnte sein"	36				
	„Kommt für mich nicht in Frage."		38			
	„Besitze schon einen Ausweis."				5	
2004	[Organspendeausweis:]					Allensbach (2004); ab 16 Jahre
	„Unentschieden … könnte sein"	38				
	„Kommt für mich nicht in Frage.		31			
	„Besitze schon einen Ausweis."				8	▶

▶ Jahr	Vorgaben der Untersuchung	Weiß nicht	negativ	positiv	Spender- ausweis	Quelle*
1997	„Wären Sie bereit, im Fall des Todes Organe zu spenden?"	21	27	52		Emnid (1997)
1997	„Wären Sie damit einverstanden, dass Ihre Organe nach Ihrem Tod für Verpflanzungen verwendet werden?"		19,3	74,6		Emnid (1997)
1998	„Wären Sie damit einverstanden, dass Ihre Organe nach Ihrem Tod für Verpflanzungen verwendet werden?"		33,4	64,6		Emnid (1998)
1998	„Wären Sie im Fall Ihres Todes oder des Todes naher Verwandter bereit, Organe zu spenden bzw. einer =Organentnahme zuzustimmen?"	9	13	78	7	Emnid, N = 1000, ab 14 Jahre (Fassbender 2003, S. 36/39; Saad/Nagelschmidt 2004)
1999	„Wären Sie grundsätzlich damit einverstanden, dass man Ihnen nach Ihrem Tod Organe entnimmt?"	15	22	63	11	Forsa (1999)
2001	„Wären Sie grundsätzlich damit einverstanden, dass man Ihnen nach Ihrem Tod Organe entnimmt?"	13	20	67	12	Forsa (2001)
2003	„Wären Sie grundsätzlich damit einverstanden, dass man Ihnen nach Ihrem Tod Organe entnimmt?"	11	21	68	11	Forsa (2003)

* Nähere Angaben oben in Tabelle 9.1.

Eine Eurobarometer-Studie von 2002 ergibt eine niedrigere durchschnittliche Spendebereitschaft. Danach wären nur 52,7% der Deutschen *ganz bestimmt* oder *wahrscheinlich* persönlich dazu bereit, unmittelbar nach ihrem Tode eines ihrer Organe einer Vermittlungsstelle für Spenderorgane zur Verfügung zu stellen. 31% sind dagegen, 16,3% wissen es nicht. Abbildung 9.2 zeigt einige Länder im Vergleich.[127]

---

[127] Lediglich bei 50% liegt die erklärte Bereitschaft, nach dem Tode seine Organe zu spenden, auch in der Studie von Hübner und Six, 2005 (Fragebogenerhebung an N = 512 deutschen Studenten). In den USA hielten es 1993 59% der Bevölkerung für wahrscheinlich, dass sie nach dem Tode Organe spenden wollen; *„very likely"*: 37%, *„somewhat likely"*: 32% (Gallup, 1993, Tabelle 2).

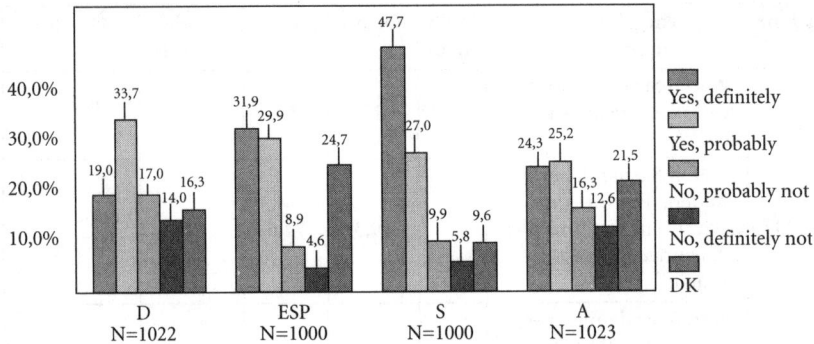

Abbildung 9.2: Organspendebereitschaft in ausgewählten europäischen Ländern 2002 (in Prozent der jeweiligen Bevölkerung).

Quelle: Eurobarometer (2002); „DK" = „unentschieden" („Don't Know")

Wie die Zustimmung zur Organtransplantation im Allgemeinen variiert auch die persönliche Spendebereitschaft stark in Abhängigkeit von der Beschäftigung mit dem Thema. In der Forsa-Studie von 1999 erklären sich von denjenigen, die sich nach eigenem Urteil *gar nicht* mit dem Thema befasst hatten, nur 44% zur Organspende bereit; 33% lehnten eine Spende ab, 23% wussten es nicht. Dagegen erklärten sich 78% derjenigen bereit, die sich *intensiv* mit dem Thema befasst hatten; 14% lehnten ab und acht Prozent wussten es nicht[128].

Menschen, die es ablehnen, ihre Organe zur Verfügung zu stellen, tun dies in aller Regel nicht, weil sie der Organtransplantation überhaupt die Legitimität absprechen, sondern weil sie persönliche Gründe geltend machen, warum sie selbst sich daran nicht beteiligen können. Als solche Gründe kommen nach den verfügbaren Studien in Betracht:

– Das Interesse an körperlicher Integrität auch nach dem Tode. Die Befürchtung, der Leichnam könne durch die Organspende entstellt oder „verstümmelt" werden, erklärt vermutlich, warum viele mit der Spende von Augengewebe besondere Probleme haben.[129]

– Rücksicht auf die Angehörigen, die mit einer Organentnahme möglicherweise Probleme haben, weil sie das Abschiednehmen/die Trauer unterbricht.[130]

---

[128] Angaben nach Gold et al., 2001, S. 21.

[129] In der 1997 durchgeführten Befragung von Künsebeck et al. war die Spendebereitschaft bei Nieren am höchsten (61,7%), bei Hornhaut am niedrigsten (39,6%). Angehörige von Gesundheitsberufen hatten dieselbe Rangordnung, wenn auch auf höherem Niveau: 80,6% und 61% (Künsebeck et al., 2000, S. 47). In einer Befragung von Medizinstudenten (erstes Semester) aus drei Städten (N = 436) schlossen sechs Prozent die Hornhautspende aus, aber nur ein Prozent die Nierenspende (vier Prozent die Herzspende); Strenge et al. (2000, S. 26–31), siehe auch unten Tabelle 9.6.

[130] Strenge et al., 2000, S. 25.

- Die Angst, als Organspender nicht angemessen medizinisch behandelt zu werden, also im Notfall zu schnell aufgegeben und voreilig für tot erklärt zu werden (s. u.).
- Die Befürchtung, dass es zu Organhandel kommt oder die Organe auf andere Weise missbraucht werden oder mit ihnen Profit gemacht wird (s. u.).
- Zweifel an der Gerechtigkeit der Organzuteilung.[131]

In den vorliegenden Studien werden diese Gründe mit unterschiedlicher Häufigkeit genannt. In aller Regel kann man diese Zahlen allerdings nicht auf die Bevölkerung extrapolieren; repräsentative Untersuchungen zur Gruppe der Nicht-Spendebereiten liegen nicht vor. Meist werden mittels Fragebogen Reaktionen von kleinen Stichproben von ausgewählten Zielgruppen (Studenten, medizinisches Personal) erhoben. Man kann vermutlich davon ausgehen, dass der Wunsch, unversehrt begraben zu werden und die Angst, als Spender im Notfall nicht angemessen behandelt zu werden, Hauptmotive für die Ablehnung der postmortalen Organspende sind. Parisi und Katz (1986) sehen diese beiden Faktoren als konstitutiv für die „Antidonation"-Einstellung.[132] Die große Bedeutung des ersten Faktors belegen Daten aus der Gallup-Umfrage von 1993. Der Aussage „*It is important for a person's body to have all of its parts when it is buried*" stimmten 12% (von N = 5.247) derjenigen zu, die Organspende befürworten, aber 62% (von N = 366) derjenigen, die sie ablehnen.[133] Auch Hübner und Six konstatieren einen Effekt des Faktors „Störung der Totenruhe" auf die Organspendebereitschaft. Der Faktor erhöht die aufgeklärte Varianz der Spendebereitschaft um vier Prozent auf 80%; Hauptfaktoren sind die Einstellung der Befragten zur Organspende und entsprechende soziale Erwartungen in ihrem Umfeld (2005, S. 122). Daten aus Deutschland belegen die Bedeutung des zweiten Faktors; sie zeigen allerdings auch, dass das Risiko des Organhandels eine erhebliche Rolle spielt.

---

[131] *„Es ist das mangelnde Vertrauen in eine gerechte und sinnvolle Organverteilung, das trotz altruistischer Grundeinstellung in vielen Fällen zur ablehnenden Haltung gegenüber einer Organspende führt."* (Strenge et al., 2000, S. 33, mit weiteren Nachweisen). Verbreitetes Misstrauen spiegelt sich auch in den Antworten der Ärzte, die von Weber 1994 (N=759) und 1999 (N=500) befragt wurden. Die Frage, ob die Organverteilung gerecht gehandhabt wird, bejahten 1994 nur 51% (22% verneinten), 1999 sogar nur 42% (20% verneinten); siehe Weber, 2003, S. 54. [Die Befunde von 1999 sind besonders überraschend, falls sie sich auch auf die Verteilung postmortaler Nierenspenden beziehen, denn hier sollte die patientenbezogene zentrale Zuteilung Zweifel dieser Art ja gerade ausräumen.]

[132] dazu auch Gold et al., 2001, S. 23.

[133] Gallup 1993, Tabelle 27.

Tabelle 9.6: Misstrauen gegenüber der Organtransplantation: Risiko als potentieller Organspender nicht hinreichend medizinisch versorgt zu werden (in Prozent der deutschen Bevölkerung)

Jahr	Vorgaben der Untersuchung	Ja	Nein	Quelle
1992	„Glauben Sie, dass Organe nur entnommen werden, wenn dem Spender nicht mehr geholfen werden kann?"	60	26 – 29	Forsa (1992) für „Stern"; N = 1.016, Befragte über 18 Jahre
1994	„Muss man befürchten, dass man mit einem Organspendeausweis schneller für klinisch tot erklärt wird"?	35	37	Allensbach (1995), N = 1105 repräsentative Umfrage, über 16 Jahre
1994	„Haben Sie Angst, dass Sie bei Krankheit/Unfall nicht richtig medizinisch versorgt werden, wenn Sie einen Spenderausweis tragen?"	13	78	Weber (2003, S. 54, Frage 10); N = 759 Ärzte
1998	Bedenken hinsichtlich der Organspende [wegen]: „Angst davor, dass für den Organspender nicht alles medizinisch Mögliche getan wird"	41		Emnid, N = 1000, repräsentative Umfrage ab 14 J. (Fassbender 2003, S. 42)
1999	„Haben Sie Angst, dass Sie bei Krankheit/Unfall nicht richtig medizinisch versorgt werden, wenn Sie einen Spenderausweis tragen?"	14	75	Weber (2003, S. 54, Frage 10); N = 500 Ärzte
2001	[Risiko, dass Organe entnommen werden, bevor der Patient gestorben ist.]	34		Ahlert et al. (2001, S. 230, Frage 33); N = 348 Studenten (102 Medizin, 246 Ökonomie)
	Nur Medizinstudenten	11,8		
	Nur Ökonomiestudenten	43,5		
2001	[Risiko bei Spenderausweis, dass die Ärzte mehr an den Organen der Patienten interessiert sind als an der Rettung ihres Lebens]	23,8		Ahlert et al. (2001, S. 230, Frage 34)
	Nur Medizinstudenten	6,9		
	Nur Ökonomiestudenten	30,9		

Die Daten von Ahlert et al. (2001, in Tabelle 9.6) ergeben, dass die Angst davor, als potentieller Organspender nicht hinreichend medizinisch versorgt zu werden, insbesondere bei „medizinfremden" Personen stark verbreitet ist. Dass diese Angst auf die Spendebereitschaft durchschlägt, kann man vermuten. Personen, die nicht-spendebereit sind, bejahen die genannten Risiken in signifikant höherem Maße als spendebereite Personen. 50% (bzw. 41,9%) der nicht-spendebereiten, aber nur 29,2% (bzw. 18,8%) der spendebereiten Befragten bejahten die beiden am Ende von Tabelle 9.6 genannten Risiken.[134,135]

Tabelle 9.7: Misstrauen gegenüber der Organtransplantation: Risiko des Organhandels (in Prozent der deutschen Bevölkerung)

Jahr	Vorgaben der Untersuchung	Muss man befürchten	Muss man nicht befürchten	Quelle*
1994	[Muss man Missbrauch mit gespendeten Organen befürchten, z.B. unzulässigen Handel?]	63	17	Allensbach (1995)
1994	„Glauben Sie, dass Organhandel in Deutschland möglich ist?"	58	22	Weber (2003, S. 54, Frage 14)
1998	Bedenken hinsichtlich der Organspende [wegen]: „Angst vor Missbrauch (z.B. Organhandel)"	70		Emnid (Fassbender 2003, S. 43)
1999	„Glauben Sie, dass Organhandel in Deutschland möglich ist?"	46	29	Weber (2003, S. 54, Frage 14)
2004	[Muss man Missbrauch mit gespendeten Organen befürchten, z.B. unzulässigen Handel?]	45	34	Allensbach (2004)

* Nähere Angaben in Tabellen 7.6 und 7.1

Die Befürchtung, dass mit gespendeten Organen Missbrauch in Form von Organhandel getrieben werden könnte, ist fest in der öffentlichen Meinung verankert. Die periodisch wiederkehrenden Medienberichte über Fälle von Organhandel, die sich in aller Regel auf das Ausland beziehen, dürften sich hier auswirken. Nach der Emnid-Umfrage von 1998 befürchteten nicht nur 70% der deutschen Bevölkerung Organhandel, sondern ebenso fast die Hälfte der von $N = 204$ befragten Patienten auf der Warteliste und 38% der $N = 202$ befragten Transplantationsmediziner.[136] Die in gezielten Befragungen zur Angst vor Organhandel erreichten hohen

---

[134] Ahlert et al., 2001, S. 230.

[135] In der Stichprobe von Hübner und Six gaben 41% der Befragten an, dem ärztlichen Handeln zu misstrauen. Entgegen der Erwartung hatte dieses Misstrauen in dem von ihnen konstruierten Verhaltensmodell jedoch keinen Einfluss auf die erklärte Spendebereitschaft festzustellen; der Faktor schlägt für die Aufklärung der Varianz nicht zu Buche, wenn er neben der Einstellung zur Organspende, den sozialen Erwartungen des Umfelds und der befürchteten Störung der Totenruhe in Rechnung gestellt wird (2005, S. 123).

[136] Faßbender, 2003, S. 43; Saad/ Nagelschmidt, 2004.

Zustimmungswerte besagen allerdings wenig darüber, welches relative Gewicht dieser Angst im Vergleich zu anderen Gründen für die Ablehnung der Organspende oder das Nichtausfüllen eines Spenderausweises zukommt. Hier sind die Werte weit weniger eindrucksvoll. In der (nicht-repräsentativen) Untersuchung von Künsebeck et al. (2000) nannten sogar nur zwischen 1,9% von $N = 516$ Studenten außermedizinischer Fachrichtungen und 3,1% von $N = 716$ Studenten der Medizin und von $N = 254$ Angestellten den Organmissbrauch, wenn sie neun verschiedene Gründe ankreuzen konnten, warum sie keinen Organspendeausweis haben – und die Option „Organmissbrauch" an letzter Stelle der Liste aufgeführt war (siehe unten Tabelle 9.8).

Tatsächlich gibt es in Deutschland weder für das Risiko, dass potentielle Organspender keine angemessene medizinische Versorgung erhalten, noch für das Risiko, dass mit den gespendeten Organen Handel getrieben und Profit gemacht wird, irgendwelche empirischen Anhaltspunkte. Beide Risiken dürften in dem nach den Regeln des Transplantationsgesetzes von 1997 ablaufenden Organspendeprozess praktisch auszuschließen sein. Gleichwohl werden nach wie vor verbreitet Ängste dieser Art geäußert – sogar unter ärztlichem Personal.

Wenn diese Ängste ein Grund für die fehlende Spendebereitschaft sind, kann man letztere mit Hilfe von Strategien erhöhen, die über die Realitäten des Transplantationsgeschehens aufklären und Vertrauen in die Einhaltung bestehender Regulierung schaffen. Das gilt freilich nicht, wenn die Ängste vorgeschoben werden, weil man so eine Organspende mit Gründen ablehnen kann, die in der Öffentlichkeit breite Resonanz finden, die Betroffenen aber tatsächlich andere Motive für die Ablehnung haben, die sie jedoch nicht äußern, etwa religiöse Vorbehalte oder den Wunsch, die Integrität ihres Körpers nach dem Tode zu wahren. Diese Motive für die Ablehnung einer Organspende können kaum beeinflusst werden.

9.2.2 Die geringe Verbreitung von Organspendeausweisen

85% der Bevölkerung befürworten die Organtransplantation, 68% bekunden ihre Bereitschaft, nach dem Tode Organe zu spenden, aber nur etwa zehn Prozent haben einen Organspendeausweis (siehe Tabelle 9.5). Die Erhöhung der Zahl der Spenderausweise ist ein Thema in vielen Kampagnen der Aufklärung und Werbung zur Organtransplantation. Allerdings ist die geringe Verbreitung der Spenderausweise nicht unbedingt ein Indikator dafür, dass das Potential der Spendebereitschaft in der Bevölkerung nicht ausgeschöpft wird. Der Ausweis vereinfacht das Verfahren der Organentnahme entscheidend, aber das Fehlen von Spenderausweisen bildet tatsächlich nicht das ausschlaggebende Hindernis einer Organentnahme. Nach der geltenden erweiterten Zustimmungsregel kann ein Verstorbener auch dann Organspender werden, wenn er seine Bereitschaft dazu in anderer Form als durch einen Organspendeausweis bekundet hat (auch mündlich), wenn dies seinem mutmaßlichem Willen entspricht oder wenn die Angehörigen dem zustimmen. Im Jahre 2003 sind in Deutschland von 60% aller erkannten potentiellen Organspender (1.140 von 1.928) auch tatsächlich Organe entnommen worden. Grundlage war nach einer Aufstellung der Deutschen Stiftung für Organtransplantation in 5,5% der Fälle der schriftlich erklärte Wille der Verstorbenen, in 11,8% der mündliche Wille, in 75,8% der vermutete Wille und in 5,8% die Zustimmung der Angehörigen.[137,138] Ob die erkannten potentiellen Organspender und ihre Angehörigen repräsentativ für die Gesamtbevölkerung sind, ist nicht sicher. Bemerkenswert ist jedenfalls, dass die für diese Gruppe erreichte Zustimmungsrate nur wenig unter der 2003 in Umfragen erhobenen durchschnittlichen Spendebereitschaft der Bevölkerung liegt.[139,140] Für eine dramatische Unterausschöpfung der gemessenen Spendebereitschaft der Bevölkerung sprechen diese Daten nicht.

Die auffällige Diskrepanz zwischen der hohen bekundeten Spendebereitschaft und der geringen tatsächlichen Verbreitung des Spenderausweises ist gleichwohl ein relevanter Befund. Sie ist ein Indikator für die Entscheidungsprobleme, mit denen Menschen sich durch die Frage, ob sie Organspender sein wollen, konfrontiert sehen. Zu diesen Problemen gehört sicher, dass das Ausfüllen eines Spenderausweises mit lästigen Transaktionskosten verbunden ist, vor denen viele dann doch zurückscheuen. Bequemlichkeit oder die Tatsache, dass man schlicht nicht daran denkt, spielen vermutlich ebenfalls eine Rolle. Zu sagen, was man tun will, ist eine Sache, es dann auch wirklich zu tun, eine andere. Man kann eben auch bei der Spendebereitschaft nur sehr bedingt von Einstellung auf Verhalten schließen. Ein weiteres Problem ist, dass die Einstellung selbst nicht ungebrochen ist.

Die Motive der Betroffenen sind ambivalent: Sie sind bereit zu spenden, haben aber zugleich Bedenken. Die Bedenken konvergieren mit denen, die auch für die Ablehnung der Spende überhaupt gegeben werden. Das Resultat ist Handlungsverzicht, Wegschieben der Entscheidung. Schließlich kommt hinzu, dass das Ausfüllen eines Spenderausweises zu konkreterer Auseinandersetzung mit der Perspektive des eigenen Todes zwingt, als die (latent bleibende) Bereitschaft zu spenden. Dieser Auseinandersetzung weichen viele Menschen vielleicht lieber aus. Die Untersuchung von Künsebeck et al. (2000) belegt, dass das Ausmaß an Nichtentscheidung hoch ist und zwar sowohl bei

---

[137] DSO, 2003, S. 5–8.

[138] Leider gibt die DSO nicht an, wie diese Daten methodisch erhoben worden sind. Die Zuordnung zu den hier klar unterschiedenen Fallgruppen dürfte Schwierigkeiten bereiten. Die ärztlichen Protokolle zur Feststellung der Spendereigenschaft machen oft keine genauen Aussagen dazu, wie die Willensbildung bei den Verstorbenen bzw. ihren Angehörigen festgestellt wurde.

[139] Künsebeck, et al., 2000.

[140] Die Differenz ist noch geringer, wenn man die von der DSO (2003, S. 7) angegebene Zustimmungsrate von 65,2% zugrunde legt. Im ersten Halbjahr 2005 verzeichnete die DSO 15% mehr Spender als im entsprechenden Vorjahreszeitraum (http://www.dso.de/ – 11.8.2005).

Tabelle 9.8: Nicht-Entscheidung bei Organspendebereitschaft und beim Organ-spendeausweis (Angaben in Prozent)

Vorgaben der Untersuchung	Studenten		Andere Personen	
	Medizin $N = 746$	Andere $N = 516$	Kranken-hausperso-nal $N = 189$	Andere Angestellte $N = 254$
zur Organspendebereitschaft				
[bereit, Organe zu spenden]	51,2	29,3	50,3	26,4
[keine Entscheidung]	**38,5**	**39,8**	**34,4**	**38,6**
[keine Gedanken]	5,5	**24,9**	5,8	**24,4**
[auf keinen Fall]	4,8	6,0	9,5	10,6
Gründe, warum man keinen Organspendeausweis ausgefüllt hat (Auswahl)				
„… noch keine Gedanken darüber gemacht"	11,5	**32,8**	10,6	**26,6**
„Angst im Notfall zu schnell aufgegeben zu werden"	25,2	31,8	22,2	31,9
„bin bisher nicht informiert"	4,4	**16,5**	6,3	**13,4**
„derzeitige Rechtsunsicherheit"	7,1	11,6	16,9	15,0
„Bequemlichkeit"	9,8	4,7	5,3	2,8
„Ängste oder Bedenken wegen Organmissbrauch"	3,1	1,9	2,6	3,1

Quelle: Künsebeck et al. (2000, S. 44/46, Abbildung 1 und Tabelle 4); nicht-repräsentative Fragebogenerhebung

der Frage, ob man bereit ist, Organe postmortal zu spenden, als auch beim Ausfüllen eines Organspendeausweises:

Bei allen hier untersuchten Gruppen geben zwischen 30% und 40% an, dass sie nicht entschieden haben, ob sie bereit sind, Organe zu spenden. Bei den Gruppen, die (im Studium oder Beruf) keine Beziehung zur Medi-zin haben, geben weitere 25% an, sich „keine Gedanken gemacht" zu haben. Bei diesen Befragten (die der Normalbevölkerung noch am nächs-ten kommen) bleiben also über 50% unentschieden. Auch hinsichtlich des Organspendeausweises ist die Unentschiedenheit bei diesen Gruppen hoch – zwischen 40% und 50%, wenn man „keine Gedanken" und „nicht infor-miert" hier einrechnet, an die 60%, wenn man den Hinweis auf „Rechtsun-sicherheit" ebenfalls als Unentschiedenheit wertet. Die Stichprobe der Untersuchung gewährleistet nicht, dass die Ergebnisse repräsentativ für die verschiedenen Gruppen sind. Repräsentative Befragungen weisen jedoch in ähnliche Richtung. Im Jahre 2004 waren 51% der Bevölkerung weder für noch gegen einen Organspendeausweis; 23% hatten „ernsthaft daran gedacht", 38% erklärten sich für „unentschieden"[141] (siehe auch oben Tabelle 9.5).[142]

Auch von denjenigen, die sich als nicht-spendebereit bezeichnen, wird vermutlich ein Teil eigentlich unentschieden sein. In der Gallup-Umfrage von 1993 erklärten nur 39% (von $N = 366$) derjenigen, die sich gegen die Organspende ausgesprochen hatten, dass sie schon eine Entscheidung getroffen hätten. Von 1.333 Personen, die eine Organspende für sich eher abgelehnt hatten und nach ihren Gründen befragt wurden, wählten 47% *„no reason/don't know/haven't given much thought".*[143,144]

Strategien, die darauf abzielen, die Unentschiedenen für die Organspende zu gewinnen, werden nur dann einen Beitrag zur Behebung des Organmangels leisten, wenn sie nicht nur das Verfahren erleichtern, mit dem die gegenwärtig schon erreichte Zustimmungsrate für die Organentnahme von Hirntoten realisiert wird, sondern diese Rate selbst deutlich steigern. Dafür genügt es wahrscheinlich nicht, die in der Bevölkerung bestehende Spendebereitschaft auszuschöpfen, diese muss erhöht werden. Spielräume dafür gibt es. Zum einen könnten die Unentschiedenen unter denjenigen gewonnen werden, die sich als nicht-spendebereit bezeichnen. Zum anderen ist auch eine entschiedene Ablehnung nicht irreversibel. Sie könnte durch Appell an die moralische Pflicht helfen, durch eine Regelung, die den Anspruch auf ein Spenderorgan von der eigenen Spendebereitschaft abhängig macht oder durch andere Anreize zur Organspende (etwa Entgelte) überwunden werden. Darüber hinaus wäre es denkbar, die Verfügbarkeit von Spenderorganen durch Änderung des Verfahrens zu erhöhen, etwa durch den Wechsel von der Zustimmungslösung zur Widerspruchslösung. Alle vier strategischen Optionen werden im Folgenden abgehandelt. Dabei geht es nur um die Frage, ob die Einstellungen und Wertungen der Bevölkerung ihre Akzeptanz begünstigen oder ihr Grenzen setzen.

---

[141] Allensbach, 2004.

[142] Für die USA gaben 1993 nur 42% von $N = 6.127$ Befragten an, dass sie schon eine persönliche Entscheidung getroffen hätten, ob sie ihre Organe (bzw. die ihrer Angehörigen) nach dem Tode spenden würden (Gallup, 1993, Tabelle 10).

[143] Gallup, 1993, Tabellen 10 und 3.

[144] Als Indikator für Unentschiedenheit kann man auch werten, dass in konkreten Entscheidungssituationen, in denen bei vorliegendem Hirntod die Entnahme von Organen abgelehnt wird, in zwei Drittel aller Fälle die Ablehnung mit dem vermuteten Willen des Verstorbenen begründet wird (DSO, 2003, S. 6).

9.3 Gibt es eine moralische Pflicht, seine Organe zur Verfügung zu stellen?

Wenn Deutsche nicht grundsätzlich anders denken als Amerikaner, sind fast alle Menschen der Meinung, dass man dem eigenen Tod positiven Sinn geben kann, indem man seine Organe spendet.[145] Sinn gibt die Organspende, weil sie eine für andere Menschen wertvolle Leistung ist. Sie ist ein Akt der Solidarität mit bedürftigen Kranken, sie rettet Leben. Etwas für andere Menschen zu tun, ist jedoch nach allgemeinem Urteil nicht nur sinnvoll und gut, sondern auch moralisch geboten. Solidarität mit Kranken kann geschuldet sein. Auch in modernen liberalen Gesellschaften gehört es zu den Intuitionen des moralischen Alltagsbewusstseins, dass es eine Pflicht gibt, anderen zu helfen, die bedürftig oder in Not sind. Diese positive Pflicht gilt weniger strikt als die negative Pflicht, die Rechte anderer nicht zu verletzen. Sie obliegt uns nur in den Grenzen unseres Könnens und des Zumutbaren, und man kann sich ihr unter Berufung auf eine damit unvereinbare eigene Lebensplanung legitim entziehen.[146] Diese Einschränkungen ändern nichts an der grundsätzlichen Anerkennung einer Pflicht zur Solidarität mit schwerkranken Menschen. Diese Pflicht findet auch in Ländern, die den kontinentaleuropäischen Sozialstaatsideen eher fern stehen, politischen Ausdruck in den Institutionen der öffentlichen Gesundheitsversorgung. So ist es etwa auch in den USA selbstverständlich, dass Patienten im Notfall unabhängig davon, ob sie eine Krankenversicherung haben oder zahlungsfähig sind, in den „general emergency room" aufgenommen und behandelt werden. Die moralische Pflicht zu helfen gilt aber nicht nur für die Gemeinschaft; sie trifft jeden Einzelnen. In Deutschland hat diese Pflicht im Straftatbestand der unterlassenen Hilfeleistung (§ 323c Strafgesetzbuch) sogar einen rechtlichen Niederschlag gefunden.[147]

Es spricht prima facie nichts dagegen, die moralische Pflicht zu helfen auch bei der Entscheidung in Anschlag zu bringen, ob man nach dem Tode seine Organe spenden soll, um dadurch das Leben anderer zu retten. Wer keinen Anlass sieht, solche Spende aus persönlichen Gründen überhaupt abzulehnen, sollte sie vielleicht nicht nur als eine beliebige Option in Betracht ziehen, die man wählen kann oder nicht, sondern sich dazu verpflichtet fühlen. Auch wenn man wie die christlichen Kirchen die Organspende als altruistischen Akt der Nächstenliebe definiert, schließt das eine Verpflichtung nicht schlechthin aus; Organspende kann eine Liebe sein, die man dem Nächsten schuldet.[148]

---

[145] 90% der befragten US-Amerikaner stimmten 1993 der Aussage zu „*Organ donation allows something positive to come out of a person's death.*"; sieben Prozent lehnten sie ab (Gallup, 1993, Tabelle 4; N = 6.127). Für Deutschland vgl. BZgA (1997): im Tode noch etwas Gutes tun; seinem Nächsten damit helfen können.

[146] Siehe dazu etwa Mackie, 1981, S. 168; Fishkin, 1982.

[147] Zu den Bedingungen dieser Hilfspflicht, insbesondere zur Frage der Zumutbarkeit der Hilfeleistung, vgl. etwa Frellesen, 1980.

[148] Die Kirchen sprechen in diesem Zusammenhang von einer „Liebespflicht".

Allerdings kommt es weniger darauf an, ob man eine solche Verpflichtung moraltheoretisch ableiten kann, sondern ob sie in der Bevölkerung akzeptiert und zugeschrieben wird. Repräsentative Untersuchungen dazu gibt es unseres Wissens nicht. In der Studie von Hübner und Six gaben nur 14% der 512 befragten Studenten an, dass sie sich moralisch verpflichtet fühlten, ihre Organe zu spenden (2005, S. 12). Wenn es ein entsprechendes Verpflichtungsgefühl gibt, wird es durch die verbreitete Auffassung latent gehalten, die jeden sozialen Druck abwehrt und in der Organspende eine freiwillige Zuwendung sieht, die zwar moralisch gelobt, aber nicht moralisch erwartet werden kann.[149] Klar ist, dass Einschränkungen der Freiwilligkeit der Organspende in der Bevölkerung nicht akzeptiert werden. In der Untersuchung von Ahlert et al. (2001) fand die Aussage „*Meine Organe gehören mir, wie ich über ihre Nutzung entscheide, geht die Gesellschaft nichts an.*" die Zustimmung von Dreivierteln der Befragten – und von 93,5% der Nicht-Spendebereiten; nur 9,5% stimmten zu, dass die Organe nach dem Tode Gemeineigentum werden sollten.[150] Regelungen, die den Körper gewissermaßen sozialpflichtig machen, stoßen auf großen Widerstand. Eine Rechtspflicht, Organe zu spenden, mag weder verfassungsrechtlich noch rechtsethisch ausgeschlossen sein[151]; sie ist aber in Deutschland kaum vorstellbar.[152]

Allerdings schließt das strikte Bestehen auf rechtlicher Freiwilligkeit die Anerkennung einer moralischen Verpflichtung nicht aus. Auch Spenden, die von der Bevölkerung zur Linderung der Not bei humanitären Katastrophen gegeben werden, sind strikt freiwillig. Sie werden jedoch nicht als etwas angesehen, was man ebenso gut auch lassen könnte. Sie dürften vielmehr bei vielen einem Gefühl moralisch geschuldeter Hilfe und Solidarität entspringen. Solche Gefühle spielen sicher auch eine Rolle bei der Lebendspende von Organen zwischen Personen, die sich nahe stehen. Ob sie in Bezug auf die postmortale Organspende weit verbreitet sind, ist unklar. Möglicherweise liegt der relativ hohen erklärten Organspendebereitschaft ein Verpflichtungsgefühl zugrunde. Auf der anderen Seite spricht die Tatsache, dass im Jahr 2004 die Zahl derjenigen, die „ernsthaft an einen Organspendeausweis gedacht" haben, um ein Drittel niedriger liegt als 1994[153], nicht dafür, dass sich in der Bevölkerung wirksame soziale Erwartungen in Richtung Organspendebereitschaft aufbauen. Ob der Appell an eine moralische Pflicht,

---

[149] Supererogatorischer Altruismus, vgl. Urmson, 1958, S. 198 ff. und Heyd, 1982.
[150] Ahlert et al., 2001, S. 230/240, Fragen 24 und 25.
[151] Wille, 2006; Hoerster, 1997.
[152] Keine Chance, akzeptiert zu werden, hätte daher eine Regelung, bei der die Entnahme der Organe von Hirntoten ohne weiteres zulässig ist und die Angehörigen lediglich davon in Kenntnis gesetzt werden müssen. Künsebeck et al. (2000, S. 43) ermittelten bei ihren Untersuchungsgruppen lediglich Zustimmungsraten zwischen 1,6% und 4,8% für eine solche Lösung: Studenten der Medizin (N = 746): 1,9%, andere Studenten (N = 516): 2,9%, Krankenhauspersonal (N = 169): 4,8%, andere Angestellte (N = 254): 1,6%.
[153] Allensbach, 2004.

Organe zu spenden, auf Resonanz stoßen und die Spendebereitschaft erhöhen würde, ist daher offen. Entsprechende Kampagnen hätten vielleicht unabhängig von dem moralischen Appell positive Effekte einfach deshalb, weil die Beschäftigung mit dem Thema die Zustimmung erhöht.[154]

9.4 Reziprozität: Spendebereitschaft als Bedingung für Ansprüche auf Spenderorgane

Wenn Organtransplantationen als eine normale Routine medizinischer Praxis etabliert sind und von den Krankenkassen finanziert werden, wird es auch eine normale Erwartung werden, dass man als Patient im Bedarfsfall Zugang zur Organtransplantation ebenso bekommt wie zu sonstigen lebensrettenden Leistungen der Krankenversorgung. Die Erfüllung dieser Erwartung setzt voraus, dass hinreichend viele Menschen bereit sind, ihre Organe zu spenden. Bei bestehendem Organmangel erscheint es daher als fair und gerecht, Reziprozität einzufordern.[155] Wer das knappe Gut „transplantierbare Organe" in Anspruch nehmen will, sollte das ihm Mögliche dazu beitragen, das Gut zur Verfügung zu stellen. Mit anderen Worten: Wer sich potentiell als Empfänger eines Organs versteht, sollte auch potentiell Spender sein. Wäre diese Reziprozität eine wirksame soziale Norm, müsste die Zahl derjenigen, die wollen, dass ihnen im Bedarfsfall ein Spenderorgan übertragen wird, in etwa der Zahl derjenigen entsprechen, die sich bereit erklären, selbst Organe zu spenden. Tatsächlich klafft hier jedoch eine Lücke.

9.4.1 Free Rider: Spenden empfangen ohne zu spenden

Die Daten von Tabelle 9.9 zeigen, dass in der Bevölkerung die Bereitschaft, ein Spenderorgan zu empfangen, tendenziell höher ist, als die Bereitschaft, selbst Organe zu spenden. Ins Auge sticht die Verletzung der Reziprozitätsnorm bei dem Befund, dass in den USA fasst die Hälfte derjenigen, die eine Organspende ausdrücklich ablehnen, gleichwohl im Bedarfsfall ein Spenderorgan in Anspruch nehmen wollen (Zeile 1 der Tabelle). Diese Gruppe bekennt sich offen als „free rider": Sie will das kollektive Gut nutzen, also aus dem Pool von Spenderorganen bedient werden, ohne zur Erzeugung des Gutes beizutragen; sie setzt vielmehr darauf, dass die Kosten, das kollektive Gut zur Verfügung zu stellen, von anderen getragen werden. Ein ähnliches Muster dürfte bei den schwedischen Befunden zur Blutspende und zur Knochenmarkspende vorliegen (Zeile 2). Hier übersteigt die Zahl der Empfangsbereiten die Zahl der Spendebereiten um fast (bzw. mehr als) das doppelte. In Deutschland (Zeile 3) sind 33% derje-

---

[154] Allerdings kann zu viel „Reklame" auch den gegenteiligen Effekt haben. So wird aus den Niederlanden berichtet, dass nach einer Reihe von Aufklärungskampagnen in den Jahren 1997/98 die Zustimmung zur Organspende von 93% auf 84% gesunken ist. Ähnliche Erfahrungen wurden in Norwegen gemacht (Becker, 2000, S. 31, 51).

[155] Für Körtner (2003, S. 111) drängt sich das Gedankenexperiment eines Rollentausches auf: „Wenn ich hoffe, dass mir im Fall meiner Bedürftigkeit ein Fremdorgan gespendet wird, soll ich nach Möglichkeit einem anderen die gleiche Chance einräumen."

Tabelle 9.9: Empfang von Spenderorganen und Bereitschaft zur Organspende (Angaben in Prozent)

Vorgaben in der Untersuchung	Würde gespendetes Organ nutzen		Würde Organe spenden	Quelle/ Bemerkungen
	Ja	Nein	Ja	
Repräsentative Erhebungen				
USA 1993 [Would accept an organ transplant if necessary?] „How likely is it that you want to have your organs donated after your death?" Untergruppen: „Support organ donation" „Oppose organ donation"	79 85 46	43	69 [ja] [Nein]	Gallup, 1993, Tabellen 2 und 8; N = 6127; postmortale Spende „Ja" = Zusammenfassung der Antworten: „very likely" und „somewhat likely" N = 5247 N = 366
Schweden 1996 [Positive to receiving/ donating]: Postmortale Organspende Blutspende Knochenmarkspende	69 95 89		61 54 41	Sanner, 1998, Tabelle 3; Fragebogenerhebung (N = 1060), Antwortrate 71%; (Knochenmarkspende für unbekannten Empfänger)
Deutschland 1998 [postmortale Organspende empfangen/spenden] Untergruppe [„würde ein Organ akzeptieren"]	76 [100]	13	78 [67]	Fassbender, 2003, S. 36/56. Emnid-Umfrage N = 1000, ab 14 Jahre) (N = 760)
Nicht-repräsentative Erhebungen				
[postmortale Organspende empfangen/spenden] Transplantations- mediziner Patienten auf der Warteliste	93 100	2 [0]	90 98	Fassbender, 2003, S. 36/56. Fragebogenerhebung bei deut- schen Medizinern (N = 202) und Patienten (N = 204); Antwortraten: nicht angegeben
[postmortale Organ- spende empfangen/ spenden] [Lebendorganspende (Leber) empfangen/ spenden]	76,3 70,6		46,8 26,6	Popp et al. (i.E.): Abbildung 1, telefonische Fragebogenerhe- bung in Deutschland [2004] (N = 250), Antwortrate: nicht abgegeben. Zusammenfassung der Antworten: „Ja, natürlich" und „ja, wahrscheinlich"; bei „postmortal spenden" war nur die Antwort „Ja, natürlich" möglich (39,2% waren „unent- schieden")

nigen, die zur Therapie einer schweren Krankheit auf ein Spenderorgan zurückgreifen würden, nicht bereit, selbst als Organspender zur Verfügung zu stehen[156].

Offenbar wird diese Diskrepanz von den individuellen Akteuren nicht wirklich als ein Problem empfunden. Das mag daran liegen, dass die Einzelnen sich entlastet fühlen, weil die Bereitstellung des kollektiven Gutes, also des Pools transplantierbarer Organe oder des Vorrats an Blutkonserven, konkreten dafür zuständigen Organisationen oder abstrakt: der Gesellschaft überhaupt als Aufgabe zugewiesen wird. Jedenfalls dürften die Wenigsten das Modell eines Versicherungsvereins auf Gegenseitigkeit vor Augen haben. Zudem fällt es vermutlich leicht, die Frage, ob man selbst nicht fairerweise Spender sein müsste, wenn man eine Spende in Anspruch nehmen will, beiseite zu schieben, solange der Notfall, in dem man auf ein Spenderorgan angewiesen ist, nur eine entfernte und wenig wahrscheinliche Möglichkeit ist. Immerhin deutet sich in der Untersuchung von Faßbender (Zeile 4 von Tabelle 9) an, dass Free rider-Verhalten ausscheidet, wenn der Notfall tatsächlich eingetreten ist. Auf der Warteliste für eine Organtransplantation erklären sich alle Patienten auch selbst für spendebereit.

Tatsächlich steht jedoch, wer potentiell eine Organtransplantation in Anspruch nehmen will, nicht unter erheblichen normativen Reziprozitätserwartungen der Bevölkerung. Free rider haben alle Aussicht sanktionsfrei davon zu kommen; zumindest sollen sie nach dem Urteil der Mehrheit nicht damit rechnen müssen, dass ihnen im Bedarfsfall der Zugang zu den von anderen gespendeten Organen verweigert oder erschwert wird. Die von Ahlert et al. befragten Studenten lehnten es überwiegend ab, registrierten Organspendern bei der Zuteilung von Organen Priorität einzuräumen (siehe Tabelle 9.10). Bemerkenswerterweise ist die Ablehnung unter denjenigen, die sich selbst als spendebereit bezeichnen, gleich hoch wie bei den Nicht-Spendebereiten (2001, S. 227).

Eine naheliegende Erklärung für diesen Verzicht auf Reziprozität ist die überwältigende Zustimmung zum Prinzip, dass man Zugang zu notwendiger medizinischer Versorgung nach Bedürftigkeit erhalten soll und nicht nach Leistung oder Verdienst oder Zahlungsbereitschaft (ability to pay). Diese Gerechtigkeitsintuition bezieht sich auf die im staatlichen Gesundheitssystem vorgehaltenen Leistungen. Diese sollen nach medizinisch definiertem Bedarf zugeteilt werden, und alle Bedürftigen sollen ein gleiches Recht auf sie haben.[157] Das deutsche Sozialgesetzbuch schreibt in Buch V, § 70 das Prinzip der „bedarfsgerechten und gleichmäßigen Versorgung" fest. Verfassungsrechtlich folgt ein

---

[156] Faßbender, 2003, S. 83.

[157] Dieser deontologische Egalitarismus (Orientierung an den gleichen Rechten von Individuen) schließt utilitaristische Entscheidungsregeln aus. Organzuteilung nach Nützlichkeit, also danach, bei welchem Patienten man den größten Gesundheitsgewinn gemessen an Lebensjahren oder Lebensqualität erzielt, hat keine Aussicht, von der Bevölkerung mehrheitlich als fair akzeptiert zu werden (Anand/Wailoo, 2000, S. 566). Allerdings werden in der Praxis implizit utilitaristische Kriterien angewandt, wenn geprüft wird, ob eine Organtransplantation überhaupt medizinisch aussichtsreich ist (HLA-Matching); diese Prüfung wird allgemein akzeptiert.

egalitärer Anspruch auf Zugang zu den öffentlichen Gesundheitsleistungen aus dem Diskriminierungsverbot des Art 3 Grundgesetz. Auch im Bewusstsein der Bevölkerung steht allerdings dem Recht auf gleichen Zugang zu medizinischer Versorgung im Bedarfsfall die Pflicht gegenüber, nach den eigenen Fähigkeiten Beiträge zur dieser Versorgung zu leisten. Diese Reziprozität liegt dem Konzept der Krankenpflichtversicherung zugrunde. Alle sollen nach Bedürfnis Ansprüche auf medizinische Versorgung haben, sie sollen aber auch nach Leistungsfähigkeit dazu betragen müssen, dass die Versorgung möglich wird. Wendet man diesen Gedanken auf die Organspende an, läge es nahe, von allen – denn alle haben die Fähigkeit zur Spende – eine solche Spende auch zu fordern. Genau das aber wird in der Bevölkerung abgelehnt.

Aus dem verfassungsrechtlichen Diskriminierungsverbot wird zum Teil gefolgert, dass für die Zuteilung von Spenderorganen bei gleicher medizinischer Indikation und Dringlichkeit allein die Wartezeit zählen darf, mithin jede Differenzierung nach dem Alter der Patienten, ihrem sozialem Wert, eigenem Verschulden bei der Herbeiführung ihrer Notlage oder dokumentierter Spendebereitschaft unzulässig sei[158]. Die Urteile der Alltagsmoral fallen allerdings weniger strikt aus.

Tabelle 9.10: Unterschiedliche Kriterien für die Allokation knapper Spenderorgane im Urteil der Bevölkerung (postmortale Spende) (Angaben in Prozent)

Kriterium der Differenzierung/ Vorgaben in der Untersuchung	Ja	Nein	Quelle/Bemerkungen
Wartezeit			
Soll bei der Auswahl des Organempfängers die Wartezeit positiv gewertet werden?	90,2		Ahlert et al., 2001, Tabelle 5; (nicht-repräsentative Fragebogenerhebung unter Studierenden der Medizin (N = 102) und Ökonomie (N = 246) in Deutschland.
Alter			
High cost technology (for example transplantation and kidney machines) should be available to all regardless of age.	80	13	Bowling, 1996, Tabelle 3. Fragebogeninterview, repräsentative Stichprobe in UK > 16 Jahre; Antwortrate 75%; N = 1978; Ja = Strongly agree/agree
If resources must be rationed, higher priority should be given to treating the young than the elderly.	50	29	Bowling, 1996, Tabelle 3; N = 1971
[Favour the young – age differential 40 years]	18,8	62,5	Anand/Wailoo, 2000, Tabelle 4; Fragebogenerhebung an Stichprobe mit hoher Selbstselektion aus dem Wählerregister in Leicestershire, UK; Antwortrate 31%, N = 144; Nein = equal treatment ▶

---

[158] Vgl. etwa Gutmann/Fateh-Moghadam, 2003, S. 81–88.

▶ Kriterium der Differenzierung/ Vorgaben in der Untersuchung	Ja	Nein	Quelle/Bemerkungen
Sozialer Wert des Empfängers			
Sollte der Umstand, dass der potentielle Organempfänger einen Mord begangen hat, bei der Verteilung negativ berücksichtigt werden?	64,0		Ahlert et al., 2001, Tabelle 4, Nr. 22
Selbst verschuldete Notlage			
People who contribute to their own illness – for example through…excessive drinking – should have lower priority for their health care than others.	42	43	Bowling, 1996, Tabelle 3; N = 1975
[Lung cancer: Smokers vs. non-smokers relevant?]	81	14	Anand/Wailoo, 2000, Tabelle 6;
Einige Patienten, die ein Organ benötigen, haben selbst zu ihrer Notlage beigetragen, zum Beispiel…durch Drogenmissbrauch. Sollte diese Mitverantwortlichkeit negativ berücksichtigt werden?	69,2		Ahlert et al., 2001, Tabelle 5, Nr. 9
Spendebereitschaft des Empfängers			
Einige Patienten waren schon bevor sie akut krank wurden, bereit, Organe zu spenden. Sollte die registrierte Bereitschaft, ein Organ zu spenden, berücksichtig werden?	43,8		Ahlert et al., 2001, Tabelle 4, Nr. 8
Jemand, der nicht bereit ist, ein Organ zu spenden, sollte bei Zuteilung länger warten müssen.	30.3		Ahlert et al., 2001, Tabelle 4, Nr. 26
Sollte der Umstand, das jemand wegen seiner Religion kein Organspender sein kann, bei der Organzuteilung Organen negativ berücksichtigt werden?	32,7		Ahlert et al., 2001, Tabelle 5, Nr. 17

9.4.2 Einschränkungen des Egalitarismus bei der Zuteilung von Spenderorganen

Bei aller Zurückhaltung, mit der die wenigen verfügbaren Daten interpretiert werden müssen, scheint doch klar, dass nach dem Gerechtigkeitsempfinden der Bevölkerung der Anspruch, im Bedarfsfall ein Spenderorgan zu bekommen, keineswegs so voraussetzungslos und ohne Ansehen der Person gewährt werden sollte, wie die verfassungsrechtliche und die arzt-ethische Doktrin es bisweilen konstruieren. Zwar dürfte die Wartezeit von allen Kriterien für die Verteilung knapper Organe unter den nach medizinischen Kriterien gleich Bedürftigen die größte Akzeptanz genießen; das stützt die Position des deontologischen Egalitarismus. Es gibt jedoch bei großem Altersunterschied eine erkennbare Tendenz, jüngere Patienten zu bevorzugen. In den experimentellen Gruppen von Anand/Wailoo (siehe Tabelle 9.10) sprachen sich bei zehn Jahren Altersdifferenz fast alle (95,8%) für Gleichbehandlung aus, bei 40 Jahren nur noch 62,5% (2001, S. 558).[159] Auch kann keine Rede davon sein, dass einem dreifachen Mörder das gleiche Recht auf ein Organ zugestanden wird wie einer dreifachen Mutter.[160] Schließlich gibt es erhebliche Zustimmung dafür, Patienten bei der Organzuteilung zu benachteiligen, wenn sie durch ihre Lebensführung zum Entstehen ihrer Notlage beigetragen haben.[161] Bei der Lebendspende sinkt die Bereitschaft, für einen Ehegatten/Elternteil zu spenden, in der Untersuchungsgruppe von Dahlke et al. (2005) dramatisch, von 52/38,2 auf 8,3%, wenn der Bedürftige seine Krankheit selbst verschuldet hat.[162]

9.4.3 Akzeptanzprobleme für „Club-Modelle"

Die Vorstellung, dass diejenigen, die im Bedarfsfall ein gespendetes Organ empfangen wollen, bereit sein sollten, ihrerseits als Organspender zu Verfügung zu stehen, findet durchaus Resonanz im Urteil der Bevölkerung (Tabelle 9.10). Der Aussage „Nur wer selbst Spender ist, soll Organempfänger werden dürfen" stimmte in der Untersuchung von Künsebeck et al. etwa jeder fünfte Befragte zu.[163]

---

[159] Dem liegt nicht notwendigerweise das utilitaristische Werturteil zugrunde, dass bei jüngeren Organempfängern der größere Gesundheitsnutzen (an gewonnenen Lebensjahren) zu erwarten ist. Der Vorrang Jüngerer kann unter Fairnessgesichtspunkten begründet werden, wenn man annimmt, dass alle Menschen ein Recht auf die gleiche Chance haben sollten, eine gewisse Anzahl von Jahren zu leben (Harris, 1995).

[160] So aber Gutmann/Fateh-Moghadam, 2003, S. 86.

[161] Ebenso die Untersuchung von Sears et al., 2000, in der die Befragten (N = 681 US-Bürger über 18 Jahre) Nichtrauchern signifikant häufiger (elf Prozent) eine Herztransplantation zugestanden als gegenwärtigen Rauchern, die ihre Lage durch Rauchen mitverursacht hatten.
  In der Praxis der Organtransplantation kommt es ebenfalls zur Benachteiligung von Patienten, die ihre Notlage selbst ‚verschuldet' haben, allerdings in verdeckter Form: durch Verneinung der medizinischen Indikation, vgl. dazu Schmidt, 2003.

[162] Popp et al. (i. E.): Abbildung 2, (nicht-repräsentative) telefonische Fragebogenerhebung in Deutschland (2004) (N = 250); Zahlengaben für die Antwort = „Ja, natürlich". Experimentelle Belege für das Absinken von Mitgefühl und Solidarität bei selbstverschuldeter Notlage bei Skitka/Tetlock, 1992.

[163] Künsebeck et al., 2000, S. 41; nicht-repräsentative Fragebogenerhebung (N = 1.742), Antwortraten zwischen 73 und 95%. Die Zustimmung bei den verschiedenen Untersuchungsgruppen war (Angaben in Prozent):
  Medizinstudenten (N = 746)   19,6
  Andere Studenten (N = 516)   16,7
  Krankenhauspersonal (N = 189)   16,7
  Andere Angestellte (N = 254)   24,5

Doch eine Regelung, die Patienten, die selbst nicht-spendebereit sind, von der Organzuteilung ausschließt, ist offenbar nicht mehrheitsfähig. Dafür dürfte nicht allein ausschlaggebend sein, dass Reziprozitätserwartungen im Urteil der Bevölkerung geringeres Gewicht haben als das moralische Prinzip, dass Leistungen im öffentlichen Gesundheitssystem nach Bedürfnis verteilt werden sollen. Es dürfte auch eine Rolle spielen, dass ein Ausschluss von Nicht-Spendebereiten auf sozialen Zwang zur Organspende hinausläuft. Ob der Zwang wirksam wäre, ist nicht die Frage; die Strategie des Zwanges wird abgelehnt. Das zeigt sich exemplarisch an der massiven Ablehnung aller Vorschläge, eine Art Sozialpflichtigkeit des Körpers nach dem Tode zu begründen, um dem Mangel an transplantierbaren Organen abzuhelfen.[164] In der Untersuchung von Ahlert et al. (2001)[165] waren nur 9,5% der Befragten dafür, dass die Organe Verstorbener Eigentum der Gemeinschaft werden und diese über deren Verwendung entscheiden darf. Ob Reziprozitätsgesichtspunkte größere Aussicht auf allgemeine Akzeptanz haben, wenn sie nicht darauf abzielen, Nicht-Spendebereite gänzlich vom Empfang auszuschließen, sondern diese nur mit geringerer Priorität zu behandeln, also auf der Warteliste zurückzusetzen, ist eine offene Frage. Am ehesten würden wahrscheinlich Regelungen akzeptiert, die ganz darauf verzichten, Nicht-Spender unter Druck zu setzen oder irgendwie zu „bestrafen", sondern umgekehrt die Spendebereiten zu belohnen. Obwohl der Unterschied eher in der Rhetorik (dem ‚framing') liegt als in der Sache, könnte das ausreichen, die öffentliche Wahrnehmung umzudrehen. Wenn man etwa dokumentierte Spendebereitschaft durch einen moderaten Bonus auf der Warteliste honorieren würde, was auch von kirchlicher Seite gelegentlich ins Spiel gebracht wird,[166] würde das vermutlich wohl keinen erheblichen Widerstand auslösen.[167] 50% der befragten Studenten in der Untersuchung von Ahlert et al. (2001)[168] waren der Meinung, dass ein Lebendspender, der eine Niere gespendet hat und danach selbst eine Nierentransplantation benötigt, bei der Zuteilung des Spenderorgans Vorrang haben sollte.

Insgesamt bleibt jedoch der Spielraum für eine Reorganisation der Zuteilung von Spenderorganen nach Reziprozitätskriterien sehr gering. ‚Clubmodelle', nach denen Spender ausschließlich für Spender spenden, widersprechen den Intuitionen von Gerechtigkeit und Solidarität, die nach dem Urteil der Mehrheit der Bevölkerung gelten, wenn knappe medizinische Ressourcen im öffentlichen Gesundheitswesen zugeteilt werden. Ob solche Modelle im Prinzip geeignet wären, das Aufkommen an Spenderorganen insgesamt zu erhöhen, bleibt dahingestellt. Sie scheitern jedenfalls an der fehlenden

---

[164] Insofern kommt es nicht darauf an, ob ein Zwang hier theoretisch, d.h. verfassungsrechtlich, möglich wäre; dazu Wille, 2006.
[165] Tabelle 7, Nr. 25/24.
[165] Huber, 2004.
[167] Verfassungsrechtliche Bedenken bei Gutmann/Fateh-Moghadam, 2003, S. 89.
[168] Tabelle 1, Nr. 32.

öffentlichen Akzeptanz. Akzeptabel könnten sie allenfalls sein, wenn die Organverteilung privater Selbstorganisation überlassen bliebe. Dann ließe sich für die Legitimität von Club-Reziprozität zum einen anführen, dass sie nach dem Prinzip des Versicherungsvereins auf Gegenseitigkeit funktioniert und damit verhindert, dass die Organverteilung einfach Marktmechanismen überantwortet wird, zum anderen, dass sie der Selbstbestimmung der Mitglieder Rechnung trägt, die ausdrücklich nur für Spender spenden wollen.[169] Club-Modelle gehen jedoch an der gesellschaftlichen Realität vorbei, in der die postmortal gespendeten Organe praktisch verstaatlicht sind und öffentlich „bewirtschaftet" werden. Zu diesem Regime ist gegenwärtig keine Alternative absehbar. Es wird in der Bevölkerung breit akzeptiert, u. a. weil es noch am ehesten eine wirksame Kontrolle etwaigen Organmissbrauchs (Organhandel) verspricht. Unter dieser Prämisse müssen aber nach dem Urteil breiter Bevölkerungskreise gespendete Organe für alle Bedürftigen unter gleichen Bedingungen zur Verfügung stehen. Daran können weder anders lautende Wünsche der Spender nach ansonsten berechtigten Reziprozitätsforderungen etwas ändern.

Die Akzeptanzprobleme des Clubmodells lassen sich nicht mit dem Hinweis darauf relativieren, dass auf der Ebene des Eurotransplant-Verbundes ein Clubmodell etabliert ist und akzeptiert wird. Hier werden ausgeglichene Länderbilanzen angestrebt; jedes Land soll die Zahl der Spenderorgane, die es empfängt, dem gemeinsamen Pool auch wieder zuführen. Es wird mithin auf europäischer Ebene eben die Reziprozität praktiziert, die auf nationaler Ebene normativ verworfen wird. Diese Tatsache schlägt auf das Bewusstsein der Bevölkerung aber nicht durch. Das kann als Indikator für fragmentiertes Problembewusstsein gelesen werden. Es kann aber ebenso gut der Tatsache zuzuschreiben sein, dass es eine Vergemeinschaftung ist, die soziale Teilhaberechte einschließlich der solidarischen Umverteilung von Ressourcen im Gesundheitssystem nach Bedürfnis trägt und einen Verzicht auf Reziprozität nicht nur akzeptabel, sondern verpflichtend macht, bislang nur auf Ebene des Nationalstaats gibt, dagegen nicht auf Ebene einer europäischen „Gemeinschaft" und schon gar nicht auf der Ebene der Weltgesellschaft.

9.5 Finanzielle Anreize zur Organspende

Wer vorschlägt, dem Organmangel durch die Kommerzialisierung von Organspenden zu begegnen, muss damit rechnen, auf breiter Front empörte Ablehnung zu ernten. Dass es Organhandel nicht geben soll, erscheint als normative Selbstverständlichkeit. Freie Preisbildung nach Angebot und Nachfrage auf einem Markt für medizinisch benötigte Organe und Zuschlag für den Meistbietenden stehen in unserer Gesellschaft nicht zur Diskussion. Nicht einmal fünf Prozent der Befragten bei Ahlert et al. (2001) stimmten dem zu (Tabelle

---

[169] Vgl. Blankart/Thiel, 2002.

Tabelle 9.11: Beurteilung finanzieller Anreize zur Organspende, (Angaben in Prozent)

Vorgaben in der Untersuchung	Ja	Nein	Quelle/Bemerkungen
„Um das Organaufkommen zu erhöhen, sollten Organe frei gehandelt werden können.“	3,8		Ahlert et al., 2001, Tabelle 6, Nr. 29; (nicht-repräsentative Fragebogenerhebung unter Studierenden der Medizin ($N = 102$) und Ökonomie ($N = 246$) in Deutschland.
„Organhandel muss unter allen Umständen unterbunden werden, da andernfalls das Risiko des Organraubs besteht.“	93,9		Ahlert et al., 2001, Tabelle 6, Nr. 30
„Soll Organspende gegen Bezahlung in Deutschland erlaubt werden?“	29	68	Polis Umfrage 2002a (für Focus), $N = 1015$
„Soll ein gesunder Mensch ein Organ an jemand verkaufen dürfen, der diese Organspende benötigt?“	20	78	Polis Umfrage 2002b (für dpa), $N = 1000$
Untergruppen: Frauen Männer Unter 35 Jahre 14-19 Jahre	16 25 33 59	82 73	
Bereitschaft zur Organspende sollte durch finanzielle Entschädigung der Angehörigen erhöht werden. Medizinstudenten ($N = 746$) Andere Studenten ($N = 516$) Krankenhauspersonal ($N = 189$) Andere Angestellte ($N = 254$)	 4,6 17,6 8,6 16,7		Künsebeck et al., 2000, S. 41; nicht-repräsentative Fragebogenerhebung ($N = 1742$), Antwortraten zwischen 73 und 95%
„Sollte Ihrer Meinung nach jemand der Blut spendet,.. die entstandenen Auslagen zurückerstattet bekommen? ein festes Honorar von 25 Euro erhalten? ein festes Honorar von 10 Euro erhalten? ein festes Honorar von 100 Euro erhalten? nichts dafür bekommen?“	 32,1 21,9 16,1 5,5 13,4		Eurobarometer 58.2 (2002) $N = 2044$ Befragte in Deutschland; Ja = stimme sehr zu/stimme eher zu

9.11); fast einhellig war dagegen die Befürchtung, dass die Zulassung von Organhandel kriminellen Geschäften (Organraub) Vorschub leisten würde.

Viele der gängigen Argumente gegen finanzielle Anreize zur Organspende entfallen allerdings, wenn man die Verteilung der Organe vom Markt abkoppelt, hier also wie bisher nach Kriterien wie medizinischem Bedarf und Wartezeit entscheidet, und lediglich für die Organgewinnung einen staatlich kontrollierten Markt schafft, auf dem Organe ausschließlich vom öffentlichen Gesundheitssystem gekauft werden können und zwar zu amtlich festgesetzten Preisen.[170] Unter diesen Bedingungen könnte es weder dazu kommen, dass der solidarische Egalitarismus der Organzuteilung ausgehebelt wird – und Reiche bessere Chance haben, ein benötigtes Organ zu bekommen als Arme – noch dazu, dass private Geschäftemacher die Preise für knappe Organe in die Höhe treiben. Auch wäre das Risiko krimineller Akte nicht im Prinzip höher als bei einem System, das allein auf altruistische Organspende setzt.

Tabelle 9.11 zeigt, dass auch für eine solcherart begrenzte Kommerzialisierung keine Akzeptanz in der Bevölkerung zu erwarten ist. In zwei repräsentativen Umfragen von Polis (2000a, 2002b) sprachen sich in Deutschland 69% der Befragten, bei der Frage nach Lebendspende: 78% dagegen aus, Organspenden zu bezahlen.

Von der großen Mehrheit der Bevölkerung wird eine Bezahlung von ‚Organspenden‘ nicht nur wegen der möglichen Folgen abgelehnt, sondern schlechthin als eine nicht akzeptable Form des Umgangs mit dem menschlichen Körper angesehen. Bei den Medizinern ist die Abwehr vermutlich noch größer als bei Nicht-Medizinern. Nur 4.6% der von Künsebeck et al. (2000) befragten Medizinstudenten wollten Zahlungen an Angehörige nach postmortaler Organspende zulassen, 16,7% der sonstigen Studenten. Im Recht ist diese Abwehr in strafbewehrte Verbote, mit Organen zu handeln oder Gewinn mit ihnen zu erzielen, übersetzt worden (siehe Abschnitt 10.2). Bei der Blutspende hält etwa jeder vierte ein „festes Honorar" für akzeptabel. Die meisten sind jedoch dagegen, dass man an solcher Spende gut verdienen kann, nur etwa fünf Prozent wollen ein Honorar von 100 € zubilligen. Auch wer die Blutspende bezahlen will, möchte ein Element von Altruismus bewahrt sehen; „belohntes Geschenk" (rewarded gifting) trifft vermutlich die Motivlage am besten.[171] Wenn man das eher symbolische Honorar von 10 € hinzunimmt, sind 40% für eine gewisse Bezahlung.

Angesichts der Emphase, mit der in der politischen Öffentlichkeit für das Verbot eingetreten wird, mit Teilen des menschlichen Körpers Gewinn zu erzielen, ist die Ablehnung finanzieller Anreize zur Organspende bei der großen Mehrheit der Bevölkerung vielleicht weniger bemerkenswert als gewisse gegenläufige Tendenzen, die sich möglicherweise bei jüngeren

---

[170] Breyer, 2002; Harris/Erin, 2002.
[171] Zu den möglichen positiven empirischen Wirkungen des „rewarded gifting" vgl. LeGrand, 2003, siehe auch die Literaturübersicht bei McCarrick/Darrag, 2003.

Altersgruppen abzeichnen. Nach der Polis-Umfrage von 2002 ist bei den unter 35-Jährigen jeder Dritte (33%) für eine Bezahlung der Lebendspende, in der Altersgruppe von 14 bis 19 Jahren sogar mehr als die Hälfte (59%); in der Bevölkerung insgesamt stimmt dem dagegen nur jeder Fünfte zu.[171] Es ist unklar (und ohne Langzeitstudien nicht zu entscheiden), ob es sich hier um einen Alters- oder einen Kohorteneffekt handelt. Im ersten Fall spiegelt sich in diesen Daten jugendspezifische Unbekümmertheit, die im späteren Erwachsenenalter der allgemein vorherrschenden skeptischeren Einstellung weicht. Im zweiten Fall zeichnet sich hier ein Wertewandel ab, der die Generationen auseinander dividiert und längerfristig den gesellschaftlichen Konsens gegen die Bezahlung von Organspenden erodieren lassen wird.

Selbst wenn man solchen Wertewandel unterstellt, bliebe es ein starkes Argument gegen die Bezahlung von Organspenden, wenn sie das Organaufkommen nicht – wie behauptet – erhöht, sondern sogar verringert, weil sie die altruistische Motivation, Organe zu spenden, zerstört. Dieser Einwand wird gelegentlich in der Literatur diskutiert.[172,173] Tatsächlich belegen experimentelle Studien, dass moralische Motive, Beiträge zu kollektiven Gütern freiwillig zu erbringen, versiegen können, wenn finanzielle Anreize eingeführt werden.[174] Altruismus ist gegenwärtig ein wichtiges Element der Pro-Organspende-Einstellung.[175] Theoretisch könnte dieses Element jedoch durch finanzielle Anreize kompensiert werden. Die Bilanz des Organaufkommens würde sich verbessern, wenn durch hinreichende Bezahlung mehr Organe gewonnen werden können, als durch die Entmutigung altruistischer Spenden verloren gehen.

Ob eine Neubewertung finanzieller Anreize durch die jüngere Generation den gegenwärtigen Trend in Politik und Recht, die Verbote des Organhandels und der Gewinnerzielung verfassungsrechtlich festzuschreiben und damit gewissermaßen in Stein zu meißeln, aufhalten oder umdrehen könnte, erscheint jedoch fraglich. Die Verbote entsprechen nicht nur den intuitiven Wertungen in der Bevölkerung; sie haben hohen politischen Symbolwert. Sie signalisieren, dass der Umgang mit dem menschlichen Körper der ökonomischen Rationalität, die ansonsten das moderne Leben durch-

---

[171] Siehe auch den Befund von Schütt/Schröder (1993), die eine heterogene (nichtrepräsentative) Stichprobe von N = 354 Schülern, Krankenschwestern und Angestellten befragt haben: 24% der Schüler, aber nur fünf Prozent der Erwachsenen wollten finanziellen Gewinn bei der Organspende zulassen.

[172] Vgl. dazu etwa Davidson/Devney, 1991, Gold, 2001, S. 19.

[173] Vgl. Frey/Oberholzer-Gee, 1996.

[174] Parisi/Katz, 1986.

[175] Weber, 2003, S. 55, sieht einen Beleg darin, dass die Spendebereitschaft von Ärzten, die (verbotenen) Organhandel für möglich halten, geringer ist (65%) als die Spendebereitschaft derjenigen, die ein solches Risiko nicht sehen (86%). Fragebogenerhebung 1999 unter 500 Ärzten, nicht-repräsentativ. Wie Ärzte reagieren würden, wenn die Bezahlung von Organspenden nicht mehr eindeutig moralisch geächtet wäre, lässt sich dem Befund jedoch nicht entnehmen.

dringt, entzogen bleibt. Diese Grenze verteidigt die Mehrheit, indem sie auf altruistischer Organspende als moralisch vorzugswürdiger Alternative zur bezahlten Organgewinnung besteht. Was bei dieser Verteidigung meist ausgeblendet bleibt, ist, dass die als besser eingeschätzte Alternative ihrerseits moralische Kosten verursacht, wenn sie verhindert, dass genügend transplantierbare Organe gewonnen werden, um alle Patienten zu versorgen. Eine Kultur zu erhalten, in der menschliche Organe einen Wert haben, aber keinen Preis, mag selbst ein Wert sein, der hinreicht, das Verbot der Gewinnerzielung zu rechtfertigen.[176] Aber für diesen Wert wird ein Preis gezahlt: von den Patienten, die auf der Warteliste sterben. Selbst wenn dies im allgemeinen Bewusstsein wäre, bliebe es wohl unwahrscheinlich, dass das Verbot in Zukunft zurückgenommen wird, um eine Ökonomisierung der Organgewinnung zu ermöglichen. Dann aber gibt es in unserer Gesellschaft keine Spielräume für Strategien, die offen auf finanzielle Anreize setzen, die hoch genug und sichtbar genug sind, um ein deutlich höheres Organaufkommen als heute zu erzeugen.

9.6 Zur Akzeptanz von Verfahren: Wer soll Organspender sein?

Der Aussage „Meine Organe gehören mir, und was immer ich über ihre Verwendung entscheide, geht die Gesellschaft nichts an." stimmten in der Untersuchung von Ahlert et al. (2001)[177] 76% (von $N = 348$) der befragten Studenten zu; 93,5% der Nicht-Spendebereiten. Dieser Antwort liegt die Überzeugung zugrunde, dass es für die Frage, ob jemand nach seinem Tode Organspender wird, nicht auf den objektiven Bedarf an Spenderorganen, sondern nur auf den Willen des Betroffenen ankommen kann.[178] Dadurch wird klar, dass jedenfalls kein Entscheidungsverfahren, das Spendern die Selbstbestimmung abschneidet, mit öffentlicher Akzeptanz rechnen kann. Damit scheidet zumindest die sog. Notstandslösung aus, nach der die Organe Verstorbener zugunsten der bedürftigen Patienten gewissermaßen in Gemeineigentum überführt werden und grundsätzlich jeder, ohne die Möglichkeit zu widersprechen, als Organspender herangezogen werden kann. Weniger klar ist, was für die anderen Verfahrensalternativen folgt. In der Untersuchung von Künsebeck et al. (2000) wurde im Umfeld der Diskussion über das deutsche Transplantationsgesetz nach Präferenzen zu Verfahrensvarianten gefragt (s. Tabelle 9.12).

---

[176] So nachdrücklich Kass, 1992.

[177] Tabelle 7, Nr. 25.

[178] Künsebeck et al. (2000, S. 50) haben für die Aussage: „Ich möchte den Verbleib meiner Organe selbst bestimmen." nur etwa 50% Zustimmung ermittelt, bei den medizinfremden Gruppen 60% (Angaben zur Anlage der Studie bei Tabelle 9.12). Die Vorgabe dürfte trotz der undeutlichen Formulierung von den Befragten auf die Organentnahme bezogen worden sein, nicht auf das Verfahren der Verteilung gespendeter Organe.

Tabelle 9.12: Vergleichende Bewertung von Verfahrensvarianten 1997 (Angaben in Prozent)

Verfahrensvariante	Medizin-Studenten $N = 746$	andere Studenten $N = 516$	Kranken-haus.-personal $N = 189$	andere Angestellte $N = 254$
Enge Zustimmungslösung: „nur wenn die Person selbst zu Lebzeiten ausdrücklich zugestimmt hat"	41,0	51,6	47,1	50,0
Erweiterte Zustimmungslösung: „auch wenn Angehörige nach dem Tod einer Organspende zustimmen"	26,1	24,8	29,1	27,2
Widerspruchslösung: „nur wenn die Person selbst zu Lebzeiten diesem nicht ausdrücklich widersprochen hat"	30,0	19,2	16,4	18,9
Informationslösung: „es ist ausreichend, die Angehörigen zu informieren, diese müssen keine Entscheidung treffen"	1,9	2,9	4,8	1,6
„Gar nicht"	0,4	0,8	2,1	2,0
Keine Antwort	0,5	0,8	2,1	0,4

Quelle: Künsebeck et al. (2000, S. 43); Fragebogenerhebung 1997 an einer nicht-repräsentativen, heterogenen Stichprobe (überwiegend Studenten); $N = 1.705$; Antwortraten zwischen 73% und 95%. [Keine Mehrfachnennungen möglich]

Nach diesen Daten findet bei vergleichender Bewertung der Verfahrensvarianten die enge Zustimmungslösung die größte Zustimmung, 50% bei den Nicht-Medizinern. Für die enge und erweiterte Zustimmungslösung plädieren zusammengenommen etwa drei Viertel der Befragten. Die Widerspruchslösung kommt lediglich bei einer Minderheit von weniger als 20% an erster Stelle, bei Medizinstudenten bei 30%.[179] Die aus Umfragen verfügbaren repräsentativen Befunde sind heterogen, zeigen aber eine grundsätzlich ähnliche Verteilung der Bewertungen.

Die Daten sind wegen der unterschiedlichen Fragestellungen nicht vergleichbar. Aber sie zeigen durchweg, dass bei einem Vergleich der verschiedenen Verfahren die Zustimmungslösungen besser abschneiden als die Widerspruchslösung. Lediglich in der Umfrage von 1992 hat sich eine knappe Mehrheit für die Widerspruchslösung ausgesprochen. Allerdings standen hier keine

---

[179] Muthny/Schweidtmann haben bei einer kleinen Gruppe von Ärzten ($N = 134$) 1997 eine ähnliche Rangordnung gefunden: enge Zustimmungslösung 67%, erweiterte Zustimmungslösung 70%, Widerspruchslösung 35%, Informationslösung 25% [Mehrfachnennungen möglich] (2000, S. 59, Tabelle 2).

Alternativen zur Wahl. Die Befragten mussten sich für oder gegen die Widerspruchslösung entscheiden; das kann den Anteil der Befürwortung nach oben verzerrt haben. Die Daten der jüngsten Umfrage zeigen, dass die Einstellungen zu den verschiedenen Entscheidungsverfahren gleichmäßiger verteilt sind als zur Zeit der Diskussionen um das Transplantationsgesetz von 1997. Offenbar löst die Widerspruchslösung heute weniger Widerstand aus als damals. Auch dieser Befund dürfte zum Teil auf die Fragestellung zurückzuführen sein, in der die Widerspruchslösung als ein im Ausland praktiziertes und akzeptiertes Verfahren präsentiert wird. Das ist methodisch nicht zu beanstanden, da die

Tabelle 9.13: Bewertung von Verfahren der Organentnahme (Umfrageergebnisse) (Angaben in Prozent)

Vorgaben in der Untersuchung	Ja	Nein	Unentschieden	Quelle
„Sollten Ihrer Meinung nach Organe künftig immer dann entnommen werden können, wenn kein ausdrücklicher Widerspruch vom Patienten oder seinen Angehörigen vorliegt?"				Forsa 1992 (für Stern); N = 1016, über 18 Jahre Antworten für unterschiedliche Altersgruppen
unter 30 Jahre	50	45	8	
30-49 Jahre	52	45	3	
über 49 Jahre	49	31	12	
[Welche der beiden Positionen vertritt eher ihr Auffassung?]: „Die eine Seite sagt, dass Organentnahme bei Eintritt des Todes nur bei vorliegender Zustimmung der Betroffenen...... Andere wiederum sagen, dass auch Angehörige diese Einwilligung geben können."	53 46			Forsa 1992 (für Stern) Umfrage und Analyse (Entweder/Oder -Frage)
„Wie sollte nach Ihrem Ableben über die Entnahme und Vergabe Ihrer Organe entschieden werden?" nur durch mich persönlich etwa in Form eines Spenderausweises Zu meinen Lebzeiten durch mich ... danach durch Angehörige Automatisch freigeben, wenn ich nicht bei Lebzeiten schriftlich – oder meine Angehörigen wenige Stunden nach meinem Todes – widersprochen haben	40 20 19			Forsa 1997 (für die Woche)
[Erklärung der Widerspruchslösung in Österreich] „Welche Regelung zur Organentnahme finden Sie besser: die österreichische oder die deutsche?" [deutsche Regelung besser] [österreichische Regelung besser]	46 34		20	Allensbach 2004; N = 1583, ab 16 Jahre

---

[180] Fußnote entfällt.

Vorgabe realistisch ist und die Wahrnehmung davon, wie andere Länder aus unserem Kulturkreis die Organentnahme regeln, durchaus geeignet ist, das Bevölkerungsurteil auch außerhalb des Kontextes von Umfragen zu beeinflussen. Sie kann den Streit über das akzeptable Verfahren entpolarisieren und in eine Richtung schieben, in der man ihn durch pragmatische Politikwahl entscheiden kann. Zu einer symmetrischeren Verteilung der Positionen mag auch beigetragen haben, dass deutlicher geworden ist, dass die Widerspruchslösung nicht die Selbstbestimmung der Betroffenen ausschaltet. Gegen seinen erklärten Willen kann niemand als Organspender herangezogen werden. Der Unterschied zur Zustimmungslösung liegt in der Verteilung der Handlungslasten; man muss sich erklären, wenn man *nicht* Organspender sein will.

Man wird die verfügbaren Daten mit aller Vorsicht so deuten können, dass ein Übergang zur Widerspruchslösung für Deutschland eine politische Option ist, die zwar nicht in Einklang mit den intuitiven Urteilen der Mehrheit der Bevölkerung steht, die aber von der Mehrheit „durchgelassen" würde. Diese würde, wenn sie die Regelung wahrnimmt, vermutlich Akzeptanz in Form des Verzichts auf öffentlichen Widerstand zeigen. Die Legitimität der Wahl der Widerspruchslösung wird mit Sicherheit erhöht, wenn man darauf verweist, dass mit ihr ein höheres Aufkommen an Spenderorganen zu erwarten ist und also mehr Menschen, die auf der Warteliste für Transplantationen stehen, gerettet werden können. Allerdings kann dieser Legitimationsgewinn nur realisiert werden, wenn der Vorbehalt der Selbstbestimmung glaubhaft ist und deutlich wird, dass niemand, wie noch 1990 die Deutsche Bischofskonferenz und der Rat der Evangelischen Kirchen Deutschlands unterstellt haben, durch die Einführung der Widerspruchslösung „unter Missachtung seiner Selbstbestimmung zu mitmenschlicher Solidarität gezwungen" wird. Dazu gehört, dass die Möglichkeit des Widerspruchs hinreichend bekannt gemacht und potentiellen Spendern vor Augen geführt wird.[181]

Man kann nicht einfach davon ausgehen, dass die Widerspruchslösung nur diejenigen erfasst, die ohnehin spendebereit sind oder denen es zumindest gleichgültig ist, ob sie nach ihrem Tod als Organspender in Anspruch genommen werden oder nicht. Sie schreibt auch Menschen Spenderstatus zu, die sich nicht äußern, weil sie die gesetzliche Regelung nicht kennen und daher nicht wissen, dass sie widersprechen müssen, wenn sie nicht Organspender sein wollen. Zu diesem Nicht-Wissen bekennen sich nach einer Eurobarometer-Umfrage von 2002 in Spanien 76% der Befragten und in Österreich 68%.[182,183] Wenn eine gesetzliche Regelung unbekannt ist, wird sie

---

[181] Vgl. auch Pywell, 2000, „well-publicized presumed consent for organ donation – instead of complete autonomy approach".

[182] Eurobarometer, 2002.

[183] Dieselbe Umfrage belegt im Übrigen, dass Organgewinnung über die Widerspruchslösung nicht mit der Ausschöpfung latenter Spendebereitschaft konvergiert. Die erklärte Spendebereitschaft ist in Österreich mit 49% im EU Vergleich am niedrigsten; 31% lehnen persönlich eine Organspende ab, 20% wissen sich nicht zu entscheiden.

auch nicht kritisiert; das mag politisch opportun sein, aber mit Akzeptanz darf solche Kritiklosigkeit nicht verwechselt werden.

Der Ländervergleich rechtfertigt die Erwartung, dass das Organaufkommen gesteigert werden kann, wenn die Widerspruchslösung eingeführt wird. Das dürfte auch dann noch gelten, wenn die potentiellen Spender besser über die Möglichkeit und Notwendigkeit, Widerspruch einzulegen, aufgeklärt werden. Der große Anteil von Unentschiedenen, sowohl unter den als spendebereit wie auch als nicht-spendebereit Eingestuften lässt nicht erwarten, dass die Widerspruchsraten stark über das bis jetzt beobachtete Niveau steigen würden.[184] In jedem Fall aber bleibt der frei gewählte Widerspruch der Betroffenen das letzte Wort. Für eine Verknüpfung der Widerspruchslösung mit Reziprozitätsforderungen, kann man dagegen Akzeptanz in der Bevölkerung nicht erwarten, wenn sie dazu führt, dass diejenigen, die widersprechen, den Anspruch einbüßen, im Bedarfsfall selbst ein Spenderorgan zu bekommen. Ob dasselbe gilt, wenn die „Sanktionen" für den Widerspruch geringer ausfallen, etwa in Form einer Zurückstufung auf der Warteliste, ist eine offene Frage.

9.7 Schlussbemerkung: Alternativen zur Organspende

Man kann davon ausgehen, dass es in der Bevölkerung eine große Akzeptanz für das Ziel gibt, das Aufkommen an Spenderorganen zu erhöhen, so dass Patienten, die eine Transplantation benötigen, nicht mehr auf der Warteliste sterben müssen. Zugleich gibt es aber auch eine überwältigende Akzeptanz von normativen Positionen, die den Spielraum für neue Strategien zur Erhöhung des Organaufkommens drastisch einengen. Nach den Wertvorstellungen, die von der großen Mehrheit der Bevölkerung vertreten werden, gilt sowohl, dass im öffentlichen Gesundheitssystem alle Patienten einen prinzipiell gleichen Anspruch auf benötigte medizinische Leistungen haben müssen, wie auch, dass man mit Teilen des menschlichen Körpers keinen Gewinn erzielen darf. Danach sind bei der Verteilung von Spenderorganen weder strikte Reziprozitätsmodelle akzeptabel, bei denen man im Bedarfsfall nur dann erwarten kann, ein Organ zu bekommen, wenn man selbst spendebereit war. Noch sind finanzielle Anreize akzeptabel, mit denen potentiellen Spendern ihre Spendebereitschaft und ihre Organe praktisch abgekauft werden.

Diese normativen Positionen sind fest im Alltagsbewusstsein und in der politischen Kultur verankert. Es besteht wenig Neigung, sie durch Abwägung zu relativieren und in Betracht zu ziehen, ob sie vielleicht auch moralische Kosten verursachen. Denkbar erscheint allenfalls, dass gemäßigte Formen der Reziprozität akzeptiert werden, die Spendebereite „belohnen", etwa durch einen Bonus beim Organzugang. Vermutlich wäre es auch möglich, Akzeptanz für Kompromisse beim Verbot der Gewinnerzielung zu errei-

---

[184] Hinzu kommt, dass der verbreitete Status-Quo-Bias dazu führt, dass Menschen die Dinge im Zweifel laufen lassen, wie sie sind; dazu Johnson/Goldstein, 2003.

chen, wenn man herausstellt, dass dadurch das Organaufkommen erhöht und das Leben von Patienten auf der Warteliste gerettet werden könnte. Aber solche Kompromisse müssten gegen die intuitiven Vorbehalte in der Bevölkerung politisch durchgesetzt werden – in der Erwartung, dass sie in der Folge Akzeptanz finden werden. Solche politischen Initiativen zeichnen sich jedoch nicht ab. Wenn die „Kosten" des Verbots der Gewinnerzielung für das Organaufkommen überhaupt in Betracht gezogen werden, ist stattdessen ein Appell zu mehr altruistischen Spenden die übliche Reaktion.

Spielraum dürften die durch das Problembewusstsein der Bevölkerung definierten Akzeptanzbedingungen gegenwärtig am ehesten noch für die Einführung der Widerspruchslösung lassen. Ist auch diese Lösung nicht durchsetzbar oder führt sie (bei der sich abzeichnenden Ausweitung der medizinischen Indikationen für eine Organtransplantation) nicht zu einem hinreichenden Organaufkommen, wird man im Rahmen der Restriktionen, die durch die gegenwärtig politisch wirksamen Überzeugungen der Bevölkerung gegeben sind, eine Lösung des Problems des Organmangels nur von Alternativen zur Organspende erwarten können.

In Umfragen äußert sich die Bevölkerung zu den möglichen Alternativen zur Organspende, von künstlichen Organen bis zum therapeutischen Klonen, eher zurückhaltend.[185] Solche Befunde lassen jedoch keine Aussage darüber zu, was die Betroffenen akzeptieren würden, wenn sie als Patienten über die Anwendung einer neuen Technik entscheiden müssten, von der ihr Leben abhängen kann. Man kann davon ausgehen, dass die Mehrzahl nach jedem sich bietenden Strohhalm greifen würde. Mit Akzeptanz bei den Patienten kann also gerechnet werden, wenn die Alternativen zur Organspende technisch möglich sind und bei vertretbarem Risiko Aussicht auf medizinischen Erfolg versprechen. Allerdings gibt es auf gesellschaftlicher Ebene moralische Vorbehalte, die eine deutsche Beteiligung an der Entwicklung von Alternativen zur Organspende erschweren. Forschung an humanen embryonalen Stammzellen und therapeutisches Klonen sind in Deutschland stark eingeschränkt bzw. verboten. Ob diese Vorbehalte die Anwendung dieser Techniken ausschließen würden, falls diese tatsächlich als medizinische Option zur Verfügung stünden, ist jedoch die Frage. Es ist kaum vorstellbar, dass man in Deutschland Patienten eine lebensrettende Behandlung vorenthält, die im Ausland akzeptiert und praktiziert wird. Vor allem wäre die wahrscheinlichste Folge eines solchen Verbots auch nur, dass die Patienten ins Ausland ausweichen. Vermutlich würde es in diesem Fall zu einem Wandel der Bevölkerungseinstellungen kommen, der einen Rückzug von heute geltenden Einschränkungen erlauben, vielleicht erzwingen würde.

---

[185] Siehe oben Tabelle 9.4. Bei Sanner, 1998, äußerten 77% der Befragten (von N = 1060) eine Präferenz für Lebendspende, 69% für postmortale Organspende, nur 40% für tierische Organe.

10 Völker-, europa- und verfassungsrechtliche Rahmenbedingungen

10.1 Einleitung

Alle Vorschläge, die die Knappheit an Spenderorganen durch eine Änderung der rechtlichen Rahmenbedingungen und/oder eine Änderung der Anreize für die Organgewinnung zu mildern versuchen, müssen sich – sollen sie eine ernsthafte Realisierungschance haben – entweder im Rahmen der bestehenden Rechtsordnung bewegen oder – sofern sie auf eine Veränderung der Gesetzeslage abzielen – zumindest innerhalb jener Grenzen halten, die dem Gesetzgeber durch höherrangige Normensysteme (Verfassungsrecht, Gemeinschaftsrecht, Völkerrecht) gezogen sind. Allerdings sind unter gewissen Voraussetzungen auch diese höherrangigen Rahmenbedingungen einer Modifikation zugänglich. Bei der Diskussion über die Umsetzungsmöglichkeiten und deren Grenzen muss daher (und zwar bezogen auf die jeweils unterschiedlichen Normebenen Gesetz/Verfassung/Völkerrecht/Gemeinschaftsrecht) zwischen einer Perspektive „de lege lata" und einer Perspektive „de lege ferenda" unterschieden werden. Am Ende muss untersucht werden, welche Reformvorstellungen mit bestehenden rechtlichen Regeln in Übereinstimmung stehen oder – nach allfälligen künftigen rechtlichen Reformen – mit diesen in Übereinstimmung gebracht werden können.

Der nationale Handlungsspielraum bei der Schaffung von Anreizsystemen für die Organgewinnung wird – abgesehen von grundsätzlichen ethischen und gesundheitspolitischen Erwägungen – zunehmend auch durch internationales Recht begrenzt. Diese inter- und supranationalen Vorgaben erfordern allerdings eine differenzierte Betrachtung, da der Umfang der rechtlichen Bindung von der Art der Rechtsquelle abhängt und in gewissen Bereichen auch noch gestaltbar ist – etwa durch die Entscheidung zum Beitritt oder Nichtbeitritt zu internationalen Konventionen.

Unter dem Aspekt der internationalen rechtlichen Rahmenbedingungen für die Schaffung von Anreizsystemen für Organspenden muss zunächst zwischen Normen des Völkerrechts einerseits und Normen des europäischen Gemeinschaftsrechts andererseits unterschieden werden. Diese Unterscheidung wird durch die unterschiedliche Bindungskraft notwendig: Regelungen des Völkerrechts, genauer: des hier primär interessierenden Völkervertragsrechts, haben Bindungswirkung gegenüber den einzelnen Staaten erst in Folge eines förmlichen Beitrittsaktes (Ratifikation). Unterbleibt dieser Beitritt, so entsteht auch keine Bindung für den betreffenden Staat. Doch auch im Falle einer Ratifikation kann die Reichweite der Bindung an einzelne Vertragsbestimmungen durch die Erklärung völkerrechtlicher Vorbehalte unter bestimmten Voraussetzungen und in gewissem Rahmen eingeschränkt werden. Ob und inwieweit diese vom Völkerrecht eröffneten nationalen Gestaltungsspielräume tatsächlich ausgeschöpft werden, ist in erster Linie eine politische und letztlich parlamentarisch zu entscheidende Frage. Bei dieser Entscheidung über die Ratifikation und etwaigen Vorbehalte gegenüber internationalen Konventionen müssen freilich die Vorteile einer – durch die Abstinenz von völkerrechtlichen Vertragswerken – erhöhten nationalen Autonomie gegen die möglichen Nachteile einer drohenden nationalen Isolierung im zunehmend harmonisierten europäischen Rechtsraum einer umfassenden Abwägung unterzogen werden. Demgegenüber entfalten Rechtsvorschriften des Europäischen Gemeinschaftsrechts ihre verpflichtende Kraft gegenüber den Mitgliedsstaaten, ohne dass es zum Eintritt dieser Bindung noch eines nationalen Anerkennungsaktes bedarf.

Die folgenden Ausführungen konzentrieren sich in einem ersten Schritt auf die einschlägigen Normen des Völkerrechts (10.2), wobei zwischen rechtlich unverbindlichen Regelungen des völkerrechtlichen „soft law" (10.2.1), dem Völkergewohnheitsrecht (10.2.2) und völkerrechtlichen Verträgen, namentlich der Biomedizinkonvention und ihrer Zusatzprotokolle (10.2.3), unterschieden wird. In einem nächsten Schritt werden die Regelungen des europäischen Gemeinschaftsrechts beleuchtet (10.3), um dann schließlich auf die Regelungen des nationalen deutschen Verfassungsrechtes einzugehen (10.4).

10.2 Völkerrecht

10.2.1 Völkerrechtliches „Soft law"

Bevor auf die einschlägigen völkervertragsrechtlichen Regelungen auf der Ebene des Europarates näher einzugehen ist (unten 10.2.3), sei zunächst auf jene internationalen Dokumente hingewiesen, die zwar nach Inhalt und Struktur wie Normen abgefasst sind, die aber für sich genommen rechtlich nicht verbindlich sind (sog. „soft law"). Sie unterscheiden sich von rechtsverbindlichen Verträgen durch ihr Zustandekommen (insbesondere weil keine staatliche Verpflichtungserklärung vorliegt und das „erlassende" Organ über keine Befugnis zur einseitigen Rechtssetzung verfügt) und/oder durch die mangelnde Verpflichtungsabsicht. Man schreibt solchen Dokumenten nur „politische" oder „moralische" Wirkung zu, was freilich nicht ausschließt, dass es sich um motivierende Vorstufen für nachfolgende „echte" Rechtsnormen handelt oder dass diese Dokumente durch Verweisungen in anderen Vorschriften mittelbar verbindlich werden. Typische Erscheinungsformen sind etwa – auch und gerade im Bereich der Bioethik – Empfehlungen der

Organe des Europarates, der Generalversammlung der Vereinten Nationen oder der Weltgesundheitsorganisation.[186]

Aus der kaum mehr überschaubaren Vielzahl internationaler Empfehlungen zu Fragen des Transplantationsrechts seien im Folgenden – und ohne Anspruch auf Vollständigkeit – nur jene Dokumente erwähnt, die – ausdrücklich oder implizit – Aussagen zur Frage „finanzieller Anreize" für die Organspende enthalten. Dabei zeigt sich bei allen Unterschieden im Detail ein sehr breiter Konsens: Die generelle Unzulässigkeit einer Gewinnerzielung durch die Hingabe von Körpersubstanzen, insbesondere des Organhandels im engeren Sinn, zieht sich wie ein roter Faden durch diese Empfehlungen. Beispielsweise seien erwähnt:

– *Resolution (78) 29 des Ministerkomitees des Europarates on Harmonisation of Legislations of Member States to Removal, Grafting and Transplantation of Human Substances* vom 11.5.1978[187]:
  Art 9: „No substance may be offered for profit. However, loss of earnings and any expenses caused by the removal or preceding examination may be refunded. The donor, or potential donor, must be compensated, independently of any possible medical responsibility, for any damage sustained as a result of a removal procedure or preceding examination, under a social security or other insurance scheme."
– *Statement on Live Organ Trade der 37th World Medical Assembly* von 1985[188]:
  „The purchase and sale of human organs for transplantation is condemned".
– *Statement on Human Organ and Tissue Donation and Transplantation der 52th World Medical Assembly*, Oktober 2000:
  Art 26: [...] Financial incentives for providing or obtaining organs and tissues for transplantation can be coercive and should be prohibited. [...]"
– *Guiding Principles on Organ Transplantation der WHO* von 1990[189]:
  Guiding Principle 5: „The Human body and its parts cannot be the subject of commercial transactions. Accordingly, giving or receiving payment (including any other compensation or reward) for organs should be prohibited".
– *Entschließung des Europäischen Parlaments zum Verbot des Handels mit Transplantaten* vom 14.9.1993, ABl C 268/26:
  Ziffer 1: „Das Europäische Parlament fordert den Rat auf, die notwendigen Maßnahmen zu ergreifen, um den Handel mit Transplantaten zu Gewinnzwecken in der gesamten Europäischen Gemeinschaft zu verbieten".
– *Entschließung des Europäischen Parlaments zur Verhütung und Bekämpfung des Handels mit menschlichen Organen und Geweben* vom 23.10.1993, ABl C 82 E/580.

---

[186] Zum Ganzen vgl. etwa Schreuer, 1983, S. 243; Öhlinger, 2000, Rz 22.
[187] Nachweise (auch zum Folgenden) in Price, 2000, S. 375; Gutmann/Schroth, 2002, S. 83.
[188] Nachweise bei Price, 2000, S. 375.
[189] Lancet 337, 1991, S. 1470 f.

- *Recommendation Rec (2001)5 des Minsterkomitees des Europarates on the management of organ transplant waiting lists and waiting times:*
  Die Empfehlung erwähnt das Handelsverbot in Bezug auf Organe nur in den Erwägungsgründen und regelt primär die Kriterien für die Aufnahme in Wartelisten. Dabei soll – abgesehen von der zeitlichen Reihenfolge – jeder „non medical factor" ausgeschlossen werden (Ziffer 5).
- *Recommendation Rec (2003)12 des Ministerkomitees des Europarates on organ donor registers.*
- *Recommendation 1611 (2003) der Parlamentarischen Versammlung des Europarates „Trafficking in organs in Europe".*
- *Recommendation Rec (2004)7 des Ministerkomitees des Europarates on organ trafficking:*
  Art 3: „[...] In the case of a living donor, all payments to the donor should be strictly prohibited and considered a criminal offence.
  This provision should not apply to payments which do not constitute a financial gain or a comparable advantage, in particular:
  - compensation of living donors for loss of earnings and any other justifiable expenses caused by the removal or by related examinations;
  - payment of a justifiable fee for legitimate medical or related technical services rendered in connection with transplantation;
  - compensation in case of unjustified harm resulting from the removal of organs from living donors."
- *Entschließung des Europäischen Parlaments zum Handel mit menschlichen Eizellen* vom 10.3.2005, Protokoll P6_TA-PROV(2005)0074:
  H: „[...] dass die Beschaffung von Zellen nicht durch Druck oder Anreize erfolgen soll ..."
  H.1. „[...] dass der menschliche Körper nicht zur Erzielung von Gewinnen benutzt werden darf ..."
  H 2.: „[...] verurteilt jeglichen Handel mit menschlichen Körpern und Teilen davon ..."

10.2.2 Völkergewohnheitsrecht

Die in diesen Dokumenten zum Ausdruck kommende – im Vergleich zu anderen „Bioethik"-Themen hohe – internationale Regelungsdichte, die ausdrückliche Positivierung in der Biomedizinkonvention (unten 10.2.3) sowie der Umstand, dass die meisten Staaten in ihren nationalen Rechtsordnungen Verbotsnormen den Organhandel betreffend aufweisen[190], lässt den

---

[190] Vgl. aus dem Bereich des Europarates etwa den Bericht des CDBI, Replies to the questionnaire for member states on organ trafficking, CDBI/INF (2003)11 rev.2, wonach in fast allen Mitgliedsstaaten des Europarates gesetzliche Verbote des Kaufs oder Verkaufs von Organen (sowohl in Bezug auf eine Entnahme vom Lebenden als auch auf die postmortale Organspende) bestehen. Weitere rechtsvergleichende Hinweise bei Lilie, 1999, S. 127 (137); Price, 2000, S. 376 ff; Bernat, 1995, S. 181; Gutmann/Schroth, 2002, S. 83 ff.

Schluss zu, dass ein völkerrechtliches Verbot des Organhandels bereits auf der Ebene des Völkergewohnheitsrechts entstanden ist oder zumindest im Entstehen begriffen ist.[191] Die genauen Konturen und Grenzen dieses Verbots sind allerdings nur in groben Umrissen erkennbar[192]. Wegen der größeren Präzision und des klaren Geltungsgrundes völkervertragsrechtlicher Normen beschränken sich die folgenden Ausführungen auf die einschlägigen Bestimmungen in den Menschenrechtsverträgen des Europarates.

10.2.3 Biomedizinkonvention des Europarates

10.2.3.1 Allgemeines

Neben den unter 10.2 erwähnten Empfehlungen hat der Europarat mit dem Übereinkommen über Menschenrechte und Biomedizin (Biomedizinkonvention, im Folgenden: MRB) erstmals ein verbindliches völkerrechtliches Regelwerk über zentrale Bereiche der Medizin ausgearbeitet, das seit 1999 völkerrechtlich in Kraft ist und inzwischen von der überwiegenden Mehrzahl der Europaratsstaaten unterzeichnet worden ist.[193] Die Konvention wurde durch Zusatzprotokolle (ZP) zum Klonen,[194] zur Transplantation[195] und zur biomedizinischen Forschung[196] erheblich weiterentwickelt.[197]

Deutschland hat die Biomedizinkonvention und ihre Zusatzprotokolle bisher weder unterzeichnet noch ratifiziert.[198] Zur Abklärung des völkerrechtlichen Handlungsspielraums im Falle einer Ratifikation können jedoch – unabhängig von der aktuell fehlenden Bindungswirkung – jene rechtlichen Anforderungen skizziert werden, die sich aus einer Ratifikation der MRB für Deutschland ergeben würden. Völkerrechtlich voll rechtsverbindlich werden diese Anforderungen freilich nur unter der Prämisse einer uneingeschränkten (das heißt: ohne einschlägigen Vorbehalt erklärten)

---

[191] So ausdrücklich und mit weiteren Nachweisen Bodendiek/Nowroth, 1999, S. 177 (203).

[192] Wie insbesondere die Entschließungen des Europäischen Parlaments zeigen, beziehen sich die internationalen Dokumente zwar schwerpunktmäßig auf Transplantate, bleiben aber nicht auf diese beschränkt.

[193] Convention for the Protection of Human Rights and Dignity of the Human Being with regard to the Application of Biology and Medicine: Convention on Human Rights and Biomedicine (European Treaty Series 164), HRLJ 1997, 135. Derzeit haben 32 von 46 Europaratsstaaten die Konvention unterzeichnet, davon 19 ratifiziert (Stand 10. Oktober 2005).

[194] Additional Protocol on the Prohibition of Cloning of Human Beings (European Treaty Series 168).

[195] Additional Protocol concerning Transplantation of Organs and Tissues of Human Origin (European Treaty Series 186).

[196] Additional Protocol on Biomedical Research (European Treaty Series 195). Näher (zur Entwurfsfassung) Taupitz, 2002, S. 197 ff.

[197] Wenn im Folgenden vom Zusatzprotokoll (ZP) die Rede ist, bezieht sich dies auf das Zusatzprotokoll zur Transplantation von Organen und Geweben.

[198] Dazu (sowie zu einem Vergleich mit dem österreichischen Recht) Kopetzki, 2002, S. 197.

Ratifikation. Allerdings kann sich eine mittelbare Bindungswirkung im Wege des europäischen Gemeinschaftsrechts ergeben, weil und sofern einzelne Regelungen der MRB auch ins Gemeinschaftsrecht eingeflossen sind (unten 10.3).

10.2.3.2 Nationale Gestaltungsspielräume bei einer Ratifikation der MRB

Bei der Frage nach nationalen Gestaltungsspielräumen bei einer Ratifikation der MRB ist zwischen der Ausschöpfung des Gesetzesvorbehalts gemäß Art 26 MRB (10.2.3.2.2) und der Erklärung eines völkerrechtlichen Vorbehalts (10.2.3.2.3) zu unterscheiden. Darüber hinaus ist die Einseitigkeit der Bindungswirkung der MRB zu beachten (10.2.3.2.1). All diese Spielräume gelten sowohl für die Biomedizinkonvention als solche als auch – im Wege der Verweisung in Art 28 ZP – für das Zusatzprotokoll.

10.2.3.2.1 Zulässigkeit höheren Schutzes (Art 27 MRB)

Gemäß Art 27 MRB darf die Konvention „nicht so ausgelegt werden, als beschränke oder beeinträchtige sie die Möglichkeit einer Vertragspartei, im Hinblick auf die Anwendung von Biologie und Medizin einen über dieses Übereinkommen hinausgehenden Schutz zu gewähren." Die MRB legt also nur ein Mindestniveau fest, verbietet den Vertragsparteien aber nicht, strengere Standards (die im vorliegenden Zusammenhang im Wesentlichen aus Verboten bestehen) aufrecht zu erhalten oder neu einzuführen. Die Bindungswirkung der MRB geht daher insofern nur in eine Richtung, als sie strengeren nationalen Vorschriften nicht entgegensteht. Sie verbietet lediglich das Unterschreiten der festgelegten Schutzstandards, sofern nicht weiter gehende Ausnahmen kraft Art 26 (Gesetzesvorbehalt) oder Art 36 (völkerrechtlicher Vorbehalt) in Anspruch genommen werden können.

10.2.3.2.2 Einschränkungen kraft nationalen Gesetzes (Art 26 MRB)

Art 26 MRB lässt – wie bei Grundrechtsdokumenten üblich – gewisse Einschränkungen der prinzipiell verbürgten Schutznormen zur Wahrung näher bezeichneter Rechte und Interessen durch die nationale Rechtsordnung zu (sog. Gesetzesvorbehalt): Gemäß Art 26 Abs. 1 darf die

> Ausübung der in diesem Übereinkommen vorgesehenen Rechte und Schutzbestimmungen [...] nur insoweit eingeschränkt werden, als diese Einschränkung durch die Rechtsordnung vorgesehen ist und eine Maßnahme darstellt, die in einer demokratischen Gesellschaft für die öffentliche Ruhe und Ordnung, zur Verhinderung von strafbaren Handlungen, zum Schutz der öffentlichen Gesundheit oder zum Schutz der Rechte und Freiheiten anderer notwendig ist.

Gemäß Art 26 Abs. 2 dürfen sich solche Einschränkungen aber nicht auf die Artikel 11, 13, 14, 16, 17, 19, 20 und 21 beziehen. Insofern liegt der MRB eine Unterscheidung zwischen beschränkbaren und „beschränkungsfesten" Rechten und Prinzipien zugrunde.

Da die im vorliegenden Zusammenhang einschlägigen Artikel der MRB – nämlich die Art 19, 20 (Transplantation) sowie 21 (Gewinnverbot) – gemäß Art 26 Abs. 2 durchweg zu den durch nationales Recht nicht beschränkbaren Bestimmungen gehören, besteht in Bezug auf die in den Art 19-21 enthaltenen Regelungen kein nationaler Spielraum für Einschränkungen der darin festgelegten Standards nach Art 26 Abs. 1 MRB.

Weniger eindeutig scheint, ob und inwieweit die – wegen Art 28 ZP in Verbindung mit Art 26 MRB auch für das ZP grundsätzlich anwendbare – Einschränkbarkeit auch in Bezug auf die viel konkreteren Bestimmungen des ZP zu bejahen ist[199]. Denn Art 28 ZP sieht zwar pauschal eine entsprechende Anwendung der Bestimmungen der MRB (einschließlich des Art 26) auf das ZP vor, enthält aber keinen dem Art 26 Abs. 2 entsprechenden Katalog eingriffsfester Bestimmungen. Da sich die Verweisung des Art 28 ZP jedoch auch auf den Ausnahmekatalog des Art 26 Abs. 2 MRB bezieht, wird man bei einer sinngemäßen Anwendung dieser Ausnahmen auf das ZP zum Ergebnis kommen müssen, dass jedenfalls jene Regeln des ZP, die inhaltlich als bloße Präzisierung und Konkretisierung der in den Art 19-21 MRB enthaltenen Normen zu deuten sind, ebenfalls von einer Beschränkung kraft nationalen Rechts ausgeschlossen sind. Das trifft vor allem auf die Gewinnverbote des ZP zu, die lediglich als Verdeutlichung eines bereits in Art 21 MRB enthaltenen Grundsatzes zu verstehen sind.

10.2.3.2.3 Völkerrechtliche Vorbehalte (Art 36 MRB)

Von einer Ausschöpfung des Gesetzesvorbehalts gemäß Art 26 MRB, der den Umfang der Bindung an die Konvention als solche nicht berührt, ist die Erklärung völkerrechtlicher Vorbehalte gemäß Art 36 MRB zu unterscheiden: Ein solcher Vorbehalt führt – seine Zulässigkeit und damit Gültigkeit vorausgesetzt – zu einer Einschränkung der völkerrechtlichen Bindung des Vertragsstaates im Umfang der vom Vorbehalt erfassten Rechtsbereiche:

Gemäß Art 36 Abs. 1 MRB kann jeder Staat

bei der Unterzeichnung dieses Übereinkommens oder bei der Hinterlegung der Ratifikationsurkunde bezüglich bestimmter Vorschriften des Übereinkommens einen Vorbehalt machen, soweit das zu dieser Zeit in seinem Gebiet geltende Recht nicht mit der betreffenden Vorschrift übereinstimmt. Vorbehalte allgemeiner Art sind nach diesem Artikel nicht zulässig.

Gemäß Art 36 Abs. 2 MRB muss jeder nach diesem Artikel gemachte Vorbehalt „mit einer kurzen Darstellung des betreffenden Rechts verbunden sein". Diese Vorbehaltsklausel gilt gemäß Art 28 ZP auch in Bezug auf das ZP. Inhaltlich wurde Art 36 MRB dem Art 57 (Art 64 alt) der Europäischen Menschenrechtskonvention (EMRK) nachgebildet[200] und ist daher im Einklang mit der etablierten Lehre und Rechtsprechung zu Art 57 EMRK auszulegen.[201]

---

[199] Zum Problem generell: Kopetzki, 2001, S. 121 (138).
[200] Erläuternder Bericht, Z 173 ff.
[201] Dazu und zum Folgenden z.B. Frowein/Peukert, 1996.

Legt man die Judikatur des Europäischen Gerichtshofs für Menschenrechte zugrunde, so muss ein gültiger Vorbehalt unter anderem folgenden Kriterien entsprechen:

- der Vorbehalt darf sich nur auf *bestimmte und näher bezeichnete Artikel* der Konvention beziehen; es wäre daher unzulässig, ganze Rechtsbereiche generell von einer Bindung an die Konvention auszunehmen;
- Gegenstand eines wirksamen Vorbehaltes kann nur ein konkretes und mit der Konvention nicht übereinstimmendes nationales Gesetz sein, das im Zeitpunkt der Unterzeichnung oder Ratifikation (hier also: der MRB bzw. des ZP) *bereits in Geltung* steht; ein Vorbehalt kann daher weder nach der Ratifikation erklärt werden, noch kann sich ein Vorbehalt auf Gesetze beziehen, die erst nach der Ratifikation bzw. der Abgabe des Vorbehalts erlassen werden sollen;
- Vorbehalte *„allgemeiner Art"* sind generell unzulässig; darunter werden solche Vorbehalte verstanden, die sich entweder nicht auf eine bestimmte Vorschrift der Konvention beziehen oder die so unbestimmt formuliert sind, dass ihre Bedeutung und Tragweite nicht eindeutig erkennbar ist[202]. Unzulässig und damit unwirksam[203] wäre etwa ein Vorbehalt zugunsten des nationalen Transplantationssystems insgesamt;
- Vorbehalte müssen mit einer kurzen *Inhaltsangabe* des betreffenden Gesetzes verbunden sein; auch die Verletzung dieser Vorgabe führt zur Nichtigkeit des Vorbehalts.[204]

Das Instrument des völkerrechtlichen Vorbehalts schafft daher zwar die Möglichkeit, begrenzte Konflikte zwischen der im Ratifikationszeitpunkt bestehenden nationalen Rechtsordnung mit einzelnen Artikeln der MRB zu vermeiden; es setzt aber voraus, dass die fraglichen Normen bereits im Zeitpunkt der Vorbehaltserklärung Bestandteil der deutschen Rechtsordnung sind. Eine „vorsorgliche" Vorbehaltserklärung zur Wahrung künftigen nationalen Handlungsspielraums wäre unzulässig und würde die Nichtigkeit des Vorbehalts – und folglich die unbeschränkte Bindung an die MRB – nach sich ziehen.

10.2.3.3 Überblick über einschlägige Bestimmungen der MRB und des ZP

Aus der Vielzahl der Bestimmungen der MRB bzw. des ZP sind unter dem hier interessierenden Aspekt der „Anreize für die Organspende" vor allem jene Regeln von Beachtung, die einen unmittelbaren Bezug zum Thema der Vorteilsgewährung und Gewinnerzielung für die Nutzung von Körpersubstanzen aufweisen. Dies betrifft insbesondere den Art 21 MRB (Gewinnverbot) sowie die einschlägigen Bestimmungen des zweiten Zusatzprotokolls

---

[202] Mit weiteren Nachweisen Frowein/Peukert, 1996, Rz 5 zu Art 64 EMRK.
[203] Nach der Rechtsprechung führt die Unzulässigkeit des Vorbehalts zu seiner Nichtigkeit, mit weiteren Nachweisen Frowein/Peukert, 1996, z.B. Rz 5 zu Art 64 EMRK.
[204] Frowein/Peukert, 1996, Rz 6 zu Art 64 EMRK.

zur Biomedizinkonvention (insbesonders Art 21-22 ZP) (näher unten 10.2.3.5). Darüber hinaus können aus der MRB und des ZP aber auch allgemeinere Vorgaben für die Organgewinnung und Organverteilung gewonnen werden, die auf die Frage nach den zulässigen „Entnahmemodellen" ausstrahlen (unten 10.2.3.4).

10.2.3.4 Allgemeine Vorgaben für die Organgewinnung in der Biomedizinkonvention

10.2.3.4.1 Zum Verhältnis Leichenspende versus Lebendspende

Obgleich die Biomedizinkonvention in ihrem Hauptdokument nur die Organgewinnung von Lebenden regelt (Art 19 f), enthält sie dennoch eine generelle Regel über das Verhältnis von PMOS und LOS: Nach Art 19 Abs. 1 MRB darf

> *einer lebenden Person [...] ein Organ oder Gewebe zu Transplantationszwecken nur zum therapeutischen Nutzen des Empfängers und nur dann entnommen werden, wenn weder ein geeignetes Organ oder Gewebe einer verstorbenen Person verfügbar ist noch eine alternative therapeutische Methode von vergleichbarer Wirksamkeit besteht.*

Dies läuft auf eine prinzipielle *Subsidiarität der Lebendspende* hinaus, und zwar sowohl gegenüber konventionellen Therapiemethoden als auch gegenüber der Leichenspende[205]: Steht ein geeignetes Leichenorgan zur Verfügung, dann ist die Organgewinnung von Lebenden unzulässig.[206] Begründet wird dies im Wesentlichen mit den mit der Lebendentnahme verbundenen Risiken für den Spender.[207]

Das 2. ZP wiederholt und bekräftigt diese Vorrangregel zugunsten der PMOS im Art 9 ZP[208] und legt in Art 10 zugleich eine Verengung des zulässigen Kreises von Lebendspendern fest: Danach muss zwischen Spender und Empfänger entweder eine vom nationalen Recht näher zu konkretisierende enge persönliche Beziehung bestehen („a close personal relationship as defined by law") oder – in Ermangelung einer solchen Nahbeziehung – die Organentnahme vom Lebendspender von einer unabhängigen „Stelle" anhand von gesetzlich festzulegenden Kriterien genehmigt werden („with the approval of an appropriate independent body").[209]

---

[205] Näher Kopetzki, 2001, 130 ff.
[206] Explizit erläuternder Bericht, Z 118: „…organs from living persons should not be used where an appropriate organ from a deceased person is available."
[207] Erläuternder Bericht, Z 118.
[208] Art 9 2. ZP: „Removal of organs or tissue from a living person may be carried out solely for the therapeutic benefit of the recipient and where there is no suitable organ or tissue available from a deceased person and no other alternative therapeutic method of comparable effectiveness."
[209] Art 10 2. ZP: „Organ removal from a living donor may be carried out for the benefit of a recipient with whom the donor has a close personal relationship as defined by law, or, in the absence of such relationship, only under the conditions defined by law and with the approval of an appropriate independent body."

Ergänzende Schutzbestimmungen zugunsten des lebenden Spenders enthält Art 11 des 2. ZP (Bewertung der Risiken für den Spender; Unzulässigkeit der Entnahme bei ernsthaften Risiken für Leben oder Gesundheit des Spenders).[210]

10.2.3.4.2 Grenzen der Subsidiarität der Lebendspende

Die grundsätzliche Subsidiarität der Lebendspende erfährt dadurch eine gewisse Relativierung, als sie nur in Relation zu „geeigneten" und „verfügbaren" Leichenorganen bzw. Alternativmethoden besteht. Die Aussage, wonach die Verfügbarkeit eines passenden Leichenorgans die Lebendspende unzulässig mache,[211] lässt die Frage nach den genaueren Kriterien dieser „Verfügbarkeit" offen.[212] Denn je konkreter und auf eine ganz bestimmte Entscheidungssituation bezogen (z.B. Ort/Zeitpunkt) man die „Verfügbarkeit" des Leichenorgans interpretiert, desto seltener wird man davon ausgehen können, dass tatsächlich hic et nunc eine solche Alternative „verfügbar" („available") ist. Auf der anderen Seite lässt sich die „Verfügbarkeit" aber auch sehr abstrakt – auf einer gesamtgesellschaftlichen Makroebene – ansiedeln, und dann würde bereits die mehr oder weniger abstrakte Möglichkeit der Leichenspende eine Lebendspende ausschließen. Will man dem Art 19 MRB kein therapiefeindliches Ergebnis unterstellen – und dafür besteht wegen der Bezugnahme auf die „therapeutische Wirksamkeit" in Art 19 Abs. 1 letzter Satz kein Grund –, dann kann mit der Verfügbarkeit eines Leichenorgans wohl nur die tatsächliche, in der konkreten Situation auch faktisch realisierbare Verfügbarkeit gemeint sein.

Darüber hinaus muss nicht „irgendein", sondern ein „geeignetes" Organ verfügbar sein, wobei der Maßstab dieser Eignung in erster Linie im medizinisch-therapeutischen Nutzen zu sehen ist. Würde die alternative Leichenspende für den potentiellen Empfänger voraussichtlich einen gesundheitlichen Nachteil bringen, dann muss dies zur Zulässigkeit der Lebendspende führen. Dies wäre insbesondere dann der Fall, wenn das Organ des Lebendspenders aus immunologischen Gründen (insbesondere bei Verwandtschaft) eine größere Verträglichkeit verspricht, aber auch dann, wenn logistische Gründe (etwa die zeitliche Abstimmung der beiden Operationen) eine in Relation zur Leichenspende signifikant erhöhte Erfolgschance nahe legen.

Nach ganz ähnlichen Kriterien wird die „alternative therapeutische Methode von vergleichbarer Wirksamkeit" zu beurteilen sein. Dass die Alternativmethode im Gegensatz zu einem Leichenorgan nicht nur „nicht

---

[210] Art 11 2. ZP: (1) „Before organ or tissue removal, appropriate medical investigations and interventions shall be carried out to evaluate and reduce physical and psychological risks to the health of the donor." (2) „The removal may not be carried out if there is a serious risk to the life or health of the donor."

[211] Erläuternder Bericht, Z 118.

[212] Dazu eingehend Dujmovits, 1999, S. 55 (59 f).

zur Verfügung steht", sondern nicht „bestehen" darf,[213] deutet gewiss auf eine strengere Prüfung möglicher Alternativen hin, etwa in der Weise, dass die höheren Kosten den Vorrang der Alternativmethode noch nicht ausschließen. Bedenkt man freilich, dass die Alternativmethode – soll sie die Zulässigkeit der Organspende verdrängen – auch von „vergleichbarer Wirksamkeit" sein muss, und stellt man weiter in Rechnung, dass eine „vergleichbare Wirksamkeit" nur bei einer umfassenden medizinischen, psychosozialen Gleichwertigkeit bejaht werden kann,[214] dann gilt für die Alternativmethode letztlich nichts anderes als für die Leichenspende: Ist die alternative Therapie nicht in der konkreten Situation verfügbar, mit höheren Risken und/oder geringeren Erfolgschancen verbunden, oder würde sie andere (soziale etc.) Nachteile (z.B. psychosoziale Belastung, Verschlechterung der Lebensqualität) nach sich ziehen, dann fehlt ihr die „vergleichbare" Wirksamkeit. Aus diesem Grund ist daher etwa die Dialysebehandlung keine vergleichbare Alternative zur Nierentransplantation.[215]

10.2.3.4.3 Vorgaben für die „Modellwahl" bei der Regelung der PMOS

Bindende völkerrechtliche Vorgaben für ein bestimmtes Regelungsmodell, insbesondere für die nationale Wahl zwischen „Widerspruchs- bzw. Zustimmungslösungen", bestehen nach der Biomedizinkonvention und dem 2. ZP nicht. Das verwundert schon deshalb nicht, weil sowohl die Zustimmungslösung als auch die Widerspruchslösung – wenngleich in jeweils unterschiedlichen Ausprägungen – im europäischen Rechtsvergleich breit vertreten sind, allerdings mit einer gewissen Präferenz zugunsten des Widerspruchsmodells.[216] Die Widerspruchslösung wird auch vom Ministerkomitee des Europarates und vom Europäischen Parlament als vorzugswürdiges Modell empfohlen.[217]

Einen eindeutigen völkerrechtlichen Druck in die eine oder andere Richtung gibt es aber dennoch nicht: Das geltende Völkerrecht überlässt die Auswahl zwischen den Regelungsmodellen weitgehend der nationalen Autonomie der einzelnen Staaten und deren abweichenden rechtlichen Traditionen, solange nicht zwingende Grundrechtsbestimmungen insbesondre der EMRK verletzt werden. Das kommt etwa in Art 17 des 2. ZP zum Ausdruck, wonach Organe oder Gewebe einer verstorbenen Person nur entnommen werden dürfen, „wenn die nach der Rechtsordnung erforderliche Einwilligung erteilt worden ist. Die Entnahme darf nicht erfolgen, wenn die verstorbene Person

---

[213] Vgl. Dujmovits, 1999, unter Hinweis auf den Erläuternden Bericht, Z 119 („that there exists no alternative therapeutic method").

[214] Dujmovits, 1999, S. 59 FN 23. Vgl. die Berücksichtigung der „Lebensqualität" im Erläuternden Bericht, Z 119.

[215] In diesem Sinn auch der Erläuternde Bericht, Z 119.

[216] Vgl. neben weiteren Nachweisen, Lilie, 1999, S. 127 (130 ff); Kopetzki, 1988, S. 12; derselbe, 1999, S. 43 (49); Feiel, 1997/4, S. 257 (260 ff). Zum Ganzen auch Seewald, 1997, S. 199 ff.

[217] Nachweise bei Kopetzki, 1988, S. 12.

ihr widersprochen hatte".[218] Durch die in dieser Formulierung enthaltene Verweisung auf das nationale Recht („required by law") bleibt die Frage, ob ein Staat die Entnahme von einer Zustimmung des Verstorbenen bzw. der Angehörigen abhängig macht oder nicht, der nationalen Autonomie anheim gestellt. Lediglich die „Notstandslösung" – also der gänzliche Verzicht auf rechtserhebliche Ablehnungserklärungen der Spenderseite – wird durch die jedenfalls obligate Beachtlichkeit eines Widerspruchs des Verstorbenen in Art 17 Abs. 2 des 2. ZP ausgeschlossen. Zustimmungs- und Widerspruchslösung können daher als völkerrechtlich gleichwertig angesehen werden.[219]

Nichts anderes gilt im Übrigen auch für das Recht der Europäischen Gemeinschaft, das in Art 152 EGV in der Fassung des Amsterdamer Vertrages zwar nun ausdrücklich auf das Transplantationswesen Bezug nimmt,[220] in der Frage der Entnahmezulässigkeit aber ganz bewusst keine Ermächtigung der Gemeinschaft zur rechtlichen Harmonisierung und zur Schaffung bindender Vorgaben enthält[221] (dazu unten 10.3.3). Von einem einheitlichen europäischen Transplantationsrecht in Bezug auf die „Modellwahl" kann also derzeit nicht gesprochen werden.[222]

Trotz dieser prinzipiellen Offenheit der MRB in Bezug auf die Alternative Zustimmungslösung/Widerspruchslösung ist aber nicht zu übersehen, dass zwischen der grundsätzlichen Vorrangigkeit der Leichenspende (Art 9 ZP) einerseits und der Wahlfreiheit zwischen Zustimmungs- und Widerspruchslösung bei der PMOS ein auffallendes Spannungsverhältnis besteht: Denn es liegt auf der Hand, dass es unter dem Aspekt der Subsidiarität der Lebendspende nahe läge, zunächst sämtliche Möglichkeiten der postmortalen Organgewinnung – einschließlich der Entscheidung zugunsten der „Widerspruchslösung" – auszuschöpfen, bevor auf Organe von Lebendspendern zurückgegriffen wird. Auch Art 19 des 2. ZP deutet in diese Richtung, indem alle Vertragsstaaten zur Förderung der Organ- und Gewebespenden von Leichen verpflichtet werden;[223] eine korrespondierende Förderungspflicht für Lebendspenden enthält das ZP offenkundig nicht.

---

[218] Art 17 (1) „Organs or tissues shall not be removed from the body of a deceased person unless consent or authorisation required by law has been obtained. (2) The removal shall not be carried out if the deceased person had objected to it."

[219] In diesem Sinn auch der Erläuternde Bericht zum 2. ZP, Z 101: „Without anticipating the system to be introduced …".

[220] Vgl. Art 152 Abs. 4 lit a EGV (Maßnahmen zur Festlegung hoher Qualitäts- und Sicherheitsstandards für Organe und Substanzen menschlichen Ursprungs).

[221] Vgl. Art 152 Abs. 5 EGV: „Insbesondere lassen die Maßnahmen nach Absatz 4 Buchstabe a die einzelstaatlichen Regelungen über die Spende oder die medizinische Verwendung von Organen und Blut unberührt". Vgl. dazu Thun-Hohenstein, 1997, S. 91; Roscam Abbing, 1998, S. 171 (172); zu Art 129 EGV (alt) vgl. auch Feiel, 1997/4, S. 259 f.

[222] Näher Feiel, 1997/4, S. 257 ff.

[223] Vgl. den (im Kapitel der Leichenspende positionierten) Art 19, der unter der Überschrift „Promotion of donation" statuiert: „Parties shall take all appropriate measures to promote the donation of organs and tissues."

Der unmissverständliche Verzicht auf eine Vorentscheidung hinsichtlich des Regelungsmodells verbietet es freilich, die Subsidiaritätsklausel in einen bindenden Vorrang zugunsten der „Widerspruchslösung" umzudeuten. Die erwähnte nationale Förderungspflicht in Bezug auf Leichenspenden kann sich daher nur im Rahmen des vom jeweiligen Staat jeweils gewählten „Modells" bewegen.

Eine eindeutige Vorrangregel zugunsten der Widerspruchslösung lässt sich hingegen gegenüber einer durch verpönte finanzielle Anreize angereicherte Zustimmungslösung formulieren: Denn im Kontext der später zu erörternden Gewinnverbote der Biomedizinkonvention (Art 21) ergibt sich zweifelsfrei, dass die Entscheidung zugunsten eines Widerspruchsmodells jedenfalls gegenüber der Zulassung verbotener finanzieller Anreize (vgl. zu diesen 10.2.3.5) gegenüber potentiellen (postmortalen oder lebenden) Organspendern oder auch gegenüber unzulässigen Zugangsbarrieren für wartende Organempfänger der Vorzug zu geben ist.

10.2.3.5 Gewinnverbot (Art 21 MRB und Art 21 ZP)

Art 21 der Biomedizinkonvention enthält – völkerrechtlich erstmals in verbindlicher Form – ein Gewinnverbot bei der Verwendung humaner Körpersubstanzen:

„Der menschliche Körper und Teile davon dürfen als solche nicht zur Erzielung eines finanziellen Gewinns verwendet werden." / „The human body and its parts shall not, as such, give rise to financial gain." / „Le corps humain et ses parties ne doivent pas être, en tant que tels, source de profit."

In den Art 21 und 22 des 2. Zusatzprotokolls werden dieses Verbot und seine Grenzen näher präzisiert:

Art 21: (1) „The human body and its parts shall not, as such, give rise to financial gain or comparable advantage.

The aforementioned provision shall not prevent payments which do not constitute a financial gain or a comparable advantage, in particular:

– compensation of living donors for loss of earnings and any other justifiable expenses caused by the removal or by the related medical examinations;

– payment of a justifiable fee for legitimate medical or related technical services rendered in connection with transplantation;

– compensation in case of undue damage resulting from the removal of organs or tissues from living persons.

(2) Advertising the need for, or availability of, organs or tissues, with a view to offering or seeking financial gain or comparable advantage, shall be prohibited."

Art 22 des Zusatzprotokolls ergänzt diese Bestimmung durch ein ausdrückliches Verbot des Organ- und Gewebehandels („Prohibition of organ and tissue trafficking"): „Organ and tissue trafficking shall be prohibited."

10.2.3.5.1 Anwendungsbereich

a) Der Anwendungsbereich des Art 21 MRB bzw. der gleich gelagerten Bestimmung des Art 21 ZP ist sprachlich weit gefasst: Die Formulierung „the human body and its parts" („le corps humain et ses parties") umfasst neben dem menschlichen Körper als Ganzheit auch jegliche (natürliche) Körperbestandteile wie etwa Organe, Gewebeteile, Zellverbände und Zellen, Knochen, aber auch Blut, Sperma oder Eizellen.

b) Da Art 21 MRB – anders als Art 19 – in Bezug auf die Herkunft des Körpermaterials nicht zwischen Lebenden und Toten unterscheidet, gilt Art 21 sowohl für den lebenden als auch für den toten menschlichen Körper und seine Teile.[224] Es deutet daher nichts darauf hin, dass der Schutzzweck des Art 21 auf den Schutz von Lebendspendern (etwa vor finanziell motiviertem Druck) begrenzt bzw. ausschließlich dadurch motiviert ist, zumal sich die eindeutige Intention ebenso gegen eine Gewinnerzielung durch Dritte richtete.[225] Dieser breite Geltungsanspruch kommt auch darin zum Ausdruck, dass der Anwendungsbereich des Art 21 MRB über Transplantate hinausgeht: Wie die vom Transplantationsrecht (Art 19-20) systematisch losgelöste Regelung über die Verwendung von Körpersubstanzen (Art 21-22) in einem eigenen Abschnitt der MRB zeigt, erschöpft sich der Anwendungsbereich der Bestimmungen der Art 21 f MRB nicht in einem Gewinnverbot für Transplantate.[226]

c) „Human bodies" im Sinne des Art 21 MRB sind auch (abgestorbene) menschliche Leibesfrüchte wie insbesondere Totgeburten und abgetriebene Föten; ebenso die im Zuge des Geburtsvorgangs „anfallende" Placenta. Da der Text des Art 21 insofern nicht differenziert, werden darüber hinaus auch Frühstadien der menschlichen Entwicklung (Embryonen) erfasst. Lediglich im Art 2 Ziffer 3 ZP, dessen Anwendungsbereich insgesamt enger (weil auf die Transplantationsmedizin beschränkt) ist, werden embryonale und fetale Gewebe ausdrücklich ausgenommen.

d) In personeller Hinsicht ist der Anwendungsbereich des Art 21 MRB nicht eingeschränkt: Auf die Person des „Begünstigten" kommt es nicht an. Art 21 MRB verbietet in gleicher Weise einen „Gewinn" des ursprünglichen Trägers des Materials selbst (vor allem des Organspenders) als auch einen Gewinn dritter Personen oder Einrichtungen wie z.B. von Ärzten, Organ- bzw. Gewebebanken oder Krankenanstalten.[227]

e) Eine wesentliche Einschränkung des Anwendungsbereichs kommt in der Wendung zum Ausdruck, dass der Körper bzw. seine Teile nicht „als solche"

---

[224] Vgl. Kopetzki, 2004, S. 589 (612).

[225] Vgl. den Hinweis auf die (verpönte) Gewinnerzielung durch Dritte in: Erläuternder Bericht Z 132 („for the person from whom they have been removed or for a third party"); dazu gleich unten.

[226] Vgl. etwa den Hinweis auf Operationsabfälle im Erläuternden Bericht Z 135. Anders jedoch König, 2005, S. 22 (23).

[227] Erläuternder Bericht, Z 132.

zur Erzielung eines finanziellen Gewinns verwendet werden dürfen. Nach der Absicht der Redaktoren sollten damit spätere technische Verarbeitungsschritte bzw. die dadurch gewonnenen Folgeprodukte vom Gewinnverbot ausgenommen werden[228]. Erfasst werden daher grundsätzlich nur die Körperbestandteile in ihrer ursprünglichen, unveränderten Form. Offenbar sollte durch den sprachlichen Einschub „as such" sichergestellt werden, dass der europaweit übliche kommerzielle Handel mit Produkten, die in irgendeiner – mehr oder weniger mittelbaren – Weise aus menschlichem Material gewonnen werden (z.B. Arzneimittel, Blutderivate, Hauttransplantate etc.), nicht berührt wird. Zulässig bleiben auch finanzielle Abgeltungen von Dienstleistungen, die sich auf die Gewinnung, die Lagerung, den Transport oder die Transplantation von Organen beziehen, ebenso die Entschädigung eines Lebendorganspenders für Aufwendungen und Einkommensverluste.[229] In all diesen Konstellationen fehlt es an einem hinreichenden Bezug zwischen einem „Gewinn" und einem Körperteil „als solchem" (dazu näher 10.2.3.5.3).

10.2.3.5.2 Sachliche Reichweite des Gewinnverbots

Die konkrete Rechtsfolge des Art 21 MRB ist, dass die in seinen Anwendungsbereich fallenden Körperbestandteile nicht zur Erzielung eines finanziellen Gewinns verwendet werden dürfen. Im Kern zielt diese Regelung also auf den Kauf bzw. Verkauf von Körpersubstanzen.[230]

Zu beachten ist dabei, dass dieses Gewinnverbot in den authentischen Fassungen der MRB ergebnisorientiert und nicht intentional formuliert wird: Verboten ist jede (tatsächliche) Gewinnerzielung, nicht bloß die Gewinnabsicht („give rise to financial gain"/„source de profit"). Ein unbeabsichtigter Gewinn ist daher auch dann verpönt, wenn seine Erzielung gar nicht intendiert war. Insofern ist die – für die Interpretation jedoch nicht erhebliche – deutsche Übersetzung des Art 21 MRB ungenau, da sie sprachlich stärker auf den Aspekt der Gewinnabsicht abzustellen scheint („dürfen als solche nicht zur Erzielung eines finanziellen Gewinns verwendet werden").

10.2.3.5.2.1 Zum Begriff des „finanziellen Gewinns"

Der Begriff des „finanziellen Gewinns" erweist sich hingegen in mehrfacher Hinsicht als auslegungsbedürftig. Festzuhalten ist zunächst, dass der Begriff des „finanziellen" Gewinns nicht auf Geldleistungen beschränkt werden darf, zumal es im Licht des Schutzzweckes nicht auf die Art des verpönten „Gewinns" ankommen kann. Man wird daher auch jede sonstige Form vermögenswerter Zuwendungen einbeziehen müssen. Dafür spricht jedenfalls auch die französische Fassung des Art 21, die – weiter als der englische Text –

---

[228] Erläuternder Bericht, Z 132.
[229] Erläuternder Bericht, Z 132.
[230] Erläuternder Bericht, Z 132; Herdegen/Spranger, 2000, Teil 5, S. 26, Rz 64 zur Biomedizinkonvention.

kein Äquivalent des englischen Wortes „financial" enthält, sondern wo ganz allgemein von „source de profit" die Rede ist. Ein dadurch verbotener „Profit" kann aber eben nicht nur durch Geldleistungen entstehen. Im Einklang mit dem allgemeinen völkerrechtlichen Grundsatz, dass bei Textdivergenzen jener Vertragsauslegung der Vorzug zu geben ist, die unter Berücksichtigung von Ziel und Zweck die Wortlaute am besten miteinander in Einklang bringt[231], muss das Gewinnverbot des Art 21 MRB daher im Sinne der französischen Fassung umfassend verstanden werden. Dem Begriff des „finanziellen" Gewinns in der hier verwendeten deutschen Übersetzung ist folglich im Sinne von „vermögenswerter" Leistung zu verstehen.

Diese weite Auslegung wird nun auch durch Art 21 des 2. ZP bestätigt, wo dem „finanziellen Gewinn" alle „vergleichbaren Vorteile" gleichgestellt werden („zur Erzielung eines finanziellen Gewinns oder vergleichbaren Vorteils").[232] Allerdings wird von einem „vergleichbaren Vorteil" erst dann gesprochen werden können, wenn es sich um einen vermögenswerten Vorteil handelt (z.B. Sachleistungen, berufliche Förderung etc.). Der Erläuternde Bericht spricht in diesem Kontext von „any other advantage whatsoever comparable to a financial gain such as benefits in kind or promotion for example".[233]

10.2.3.5.2.2 Zur Unterscheidung Gewinn/Entgelt

Unbeschadet seiner weiten Fassung darf der Begriff des Gewinns („gain"/"profit") nicht mit jenem des „Entgelts" gleichgesetzt werden. Das folgt nicht nur aus dem Begriff des „Gewinns", sondern auch aus der Wendung, wonach nur Körperteile „als solche" nicht zur Gewinnerzielung verwendet werden dürfen (oben 10.2.3.5.1). Fest steht jedenfalls, dass nicht jede (finanzielle) Vergütung als Gegenleistung für die Überlassung von Körperteilen eo ipso schon dem Art 21 MRB widerspricht. Verboten ist lediglich die Gewinnerzielung, nicht hingegen der Ersatz eines mit der Überlassung verbundenen tatsächlichen Aufwandes. In diesem Sinn betonen auch die Erläuterungen, dass Art 21 MRB einer Entschädigung (z.B. des Gewebespenders) für Aufwendungen oder entgangenen Gewinn nicht entgegen steht[234].

Die entscheidende Schwierigkeit liegt allerdings darin, wie der (verpönte) „Gewinn" von sonstigen (zulässigen) Gegenleistungen im Einzelfall abzugrenzen ist. Zweifelsfrei zulässig bleibt – wie schon erwähnt – etwa der Ersatz von Reise- und Aufenthaltskosten bzw. des Verdienstausfalls von Organspendern, die angemessene Entlohnung der an diesen Vorgängen beteiligten Personen und Institutionen sowie die anfallenden Transportkos-

---

[231] Vgl. Art 33 Abs. 4 Wiener Vertragsrechtskonvention.

[232] Im englischen Original: „financial gain or comparable advantage".

[233] Erläuternder Bericht, Z 113.

[234] Vgl. Erläuternder Bericht, Z 132: „...this Article does not prevent a person from whom an organ or tissue has been taken from receiving compensation which, while not constituting remuneration, compensates that person equitably for expenses incurred or loss of income (for example as a result of hospitalisation)".

ten zum Verwendungsort. Nichts anderes gilt z.B. für Blut- oder Gewebespenden. Allgemeiner formuliert: Gegenleistungen können im Kontext der MRB als zulässig angesehen werden, sofern die Gegenleistung eben nicht als unmittelbarer „Kaufpreis" für das Material („as such") gegeben wird, sondern als Abgeltung für den mit der Überlassung verbundenen Aufwand und Mühewaltung[235] oder auch als Kompensation für einen aus der Organspende resultierenden Schaden des Spenders. Je geringer der (abzugeltende) Aufwand auf der „Spenderseite" ist, desto enger wird allerdings der Spielraum für eine noch erlaubte Gegenleistung.

10.2.3.5.3 Präzisierungen durch Art 21 des 2. ZP

Die Grenzziehung zwischen einem unzulässigen „Gewinn" und einem zulässigen sonstigen „Entgelt" wird nun durch das 2. ZP erleichtert, indem Art 21 Abs. 1 ZP eine demonstrative Liste von Zahlungen vorsieht, die jedenfalls nicht unter den Tatbestand eines verbotenen „Gewinns" fallen. Der Aufzählung kommt daher eine präzisierende und auslegungssteuernde Bedeutung zu, deren Tragweite über die ausdrücklich genannten Fallkonstellationen hinausgeht: Wegen ihres bloß demonstrativen Charakters („insbesondere") könnten auch nicht ausdrücklich genannte Zahlungen vom Gewinnverbot ausgenommen werden, weil und sofern sie den explizit genannten Fällen vergleichbar sind.

Im Ergebnis wird durch Art 21 ZP die oben (10.2.3.5.2.2) skizzierte Differenzierung zwischen Gewinn und Entgelt bestätigt: Gemäß Art 21 Abs. 1 ZP werden durch das Gewinnverbot des Abs. 1 solche Zahlungen nicht verboten, „die keinen finanziellen Gewinn oder vergleichbaren Vorteil darstellen, insbesondere

– die Entschädigung lebender Spender für Verdienstausfall und für sonstige berechtigte Ausgaben, die durch die Entnahme oder die damit verbundenen medizinischen Untersuchungen verursacht wurden;
– die Zahlung einer berechtigten Gebühr für rechtmäßige medizinische oder damit verbundene technische Leistungen, die im Rahmen der Transplantation erbracht wurden;
– die Entschädigung im Falle eines in ungerechtfertigter Weise erlittenen Schadens infolge der Entnahme von Organen und Gewebe bei lebenden Spendern."

Art 21 Abs. 2 verbietet darüber hinaus Werbung hinsichtlich des Bedarfs an Organen oder Geweben oder deren Verfügbarkeit, um einen finanziellen Gewinn oder vergleichbaren Vorteil anzubieten oder zu erlangen.

Zusammenfassend können somit drei Konstellationen identifiziert werden, die – obgleich es sich um vermögenswerte Leistungen handelt – keinen verbotenen „Gewinn" im Sinne des Art 21 ZP bzw. des Art 21 2. ZP darstellen. Diese

---

[235] Vgl. nur Schröder/Taupitz, 1991, S. 75; ausdrücklich zur Zulässigkeit einer Aufwandsentschädigung im Licht des Art 22 MRB nun auch Taupitz, 1996, S. 19.

Präzisierung ist nicht als Ausnahme vom Gewinnverbot, sondern als Konkretisierung des Gewinnbegriffs zu verstehen. Im Wesentlichen sollen damit solche Zahlungen legitimiert werden, die lediglich einen Ausgleich für andernfalls eintretende finanzielle Verluste des Spenders bzw. Dritter darstellen.[236] Im Einzelnen lassen sich beispielsweise folgende zulässige Fallgruppen identifizieren:

– a) *Entschädigungen* für den Verdienstausfall oder sonstige *Aufwendungen* im Zusammenhang der Lebendspende, insb. für die Entnahme und vorbereitende Untersuchungen; dass es sich dabei um „berechtigte" Ausgaben handeln muss, setzt freilich einen Äquivalenzzusammenhang zwischen Leistung und Entgelt voraus.

– b) Die *Abgeltung* von medizinischen oder sonstigen *Leistungen*, die im Kontext der Transplantation erbracht wurden; unter diese Gruppe gehören neben den eigentlichen ärztlichen Leistungen z.B. auch Honorare für Aufbewahrung, Vermittlung oder Transport des Organs, die Abgeltung des explantationsbedingten Mehraufwandes für Krankenhäuser etc.; anders als bei a) kann diese Konstellation auch bei der Leichenspende zum Tragen kommen.

– c) *Entschädigungen für Schäden* („compensation in case of undue damage") infolge der Entnahme bei Lebendspendern: Da der MRB keine Bezugnahme auf ein bestimmtes (national unterschiedliches) Arzthaftungsrecht unterstellt werden kann, wird es hierfür ausreichen müssen, wenn ein Kausalzusammenhang zwischen Schaden und Explantation nachweisbar oder zumindest wahrscheinlich ist („resulting from the removal").[237] Ob der Schaden hingegen durch einen medizinischen Behandlungsfehler oder aufgrund eines schicksalhaften Ereignisses eintritt, kann nicht den Ausschlag geben, solange der eingetretene Schaden zumindest auch durch eine Risikoerhöhung mitbedingt ist, welche auf die Organentnahme zurückgeführt werden kann. Klar scheint aber andererseits, dass diese Ausnahme nur die Entschädigung für „planwidrige" Gesundheitsschäden erfasst, nicht hingegen die Abgeltung von gesundheitlichen Risiken (allgemeine Risikoerhöhung durch Organverlust) oder den Ersatz für immaterielle Nachteile (z.B. Angst), die mit der Organspende typischerweise und regelmäßig verbunden sind und die daher auch im Normalfall eintreten. Der Erläuternde Bericht bringt dieses Verständnis der Wendung „undue damage/préjudice injustifié" mit der Formulierung zum Ausdruck, dass der ersatzfähige Schaden über jenen Schaden hinausgehen muss, der die normale Folge der Explantation als solcher ist.[238] Diese Auslegung ist im Lichte des Schutzzwecks des Art 21

---

[236] Vgl. den Erläuternden Bericht zum 2. ZP, Z 114: „This paragraph does not make exceptions to the principle laid down but gives examples of compensation to avoid possible financial disadvantage which may otherwise occur." Näher König, 2005, S. 24 f.

[237] Art 21 Abs. 1 3. Fall ZP.

[238] Erläuternder Bericht, Z 116: „By undue damage ist meant any harm whose occurence is not a normal consequence of a transplantation procedure"/ „On entend par prejudice injustifié, tout dommage qui n'est pas inherent au prélèvement lui-même."

auch plausibel, da andernfalls eine Grenze zwischen einem verpönten „Kaufpreis" für das Organ und einer generalisierten „Risikoprämie" bzw. einer Abgeltung für typischerweise eintretende immaterielle Nachteile gar nicht mehr zu ziehen wäre. Ersatzfähig bliebe aber jedenfalls ein Schaden, der als – wenngleich unwahrscheinliche – Spätfolge der Explantation (etwa bei Verlust der zweiten verbleibenden Niere) eintritt.

– d) Der Abschluss von *Versicherungen* zur Abgeltung eines explantationsbedingten Risikos beim Lebendspender wird in Art 21 ZP nicht ausdrücklich unter den zulässigen Vorteilen erwähnt. Eine systematische Betrachtung des Ausnahmekatalogs spricht aber für die Zulässigkeit solcher Vorteilsgewährungen, wenn sich das versicherte Risiko auf Schäden und Spätfolgen bezieht, die eben nicht regelmäßig mit jeder Explantation verbunden sind: Denn wenn die (nachträgliche) Entschädigung für solche explantationsbedingte Schäden ausdrücklich für zulässig erklärt wird, dann muss schon wegen der vergleichbaren Zielsetzungen auch die (präventive) Vorsorge für künftig möglicherweise eintretende Schäden im Wege einer Versicherung erlaubt sein; das gilt sowohl für Kranken- als auch für Lebensversicherungen, zumal Art 21 ZP nicht zwingend verlangt, dass der Nutznießer der Entschädigung ausschließlich die Person des Organspenders sein darf; Versicherungen zugunsten von (z.B. unterhaltsberechtigten) Angehörigen wären somit ebenfalls zulässig.[239]

– e) Jenseits dieser – von Art 21 Abs. 1 ZP mehr oder weniger ausdrücklich zugelassenen – Fälle bleiben freilich beträchtliche Beurteilungs- und Interpretationsspielräume, die sich mangels einschlägiger Entscheidungen des Europäischen Gerichtshofes für Menschenrechte und mangels einer etablierten „herrschenden Lehre" insbesondere zur Auslegung des 2. ZP auch nicht „eindeutig" klären lassen, zumal die Grenze zwischen einem (zulässigen) Nachteilsausgleich und einer Vorteilserlangung fließend ist. Das betrifft etwa die Zulässigkeit eines Ersatzes der Begräbniskosten bei der postmortalen Organspende (weil und sofern dieser Aufwand nicht auf die Explantation zurückzuführen ist).[240] Ebenso unklar bleibt, ob durch Art 21 – abgesehen von den erwähnten Ausnahmen – tatsächlich jeglicher Kausalzusammenhang zwischen der Hingabe des Organs und einem zufließenden finanziellen Vorteil erfasst wird, oder ob bestimmte (vermögenswerte) Erscheinungsformen zwischenmenschlicher Dankbarkeit ausgenommen bleiben – man denke etwa an nachträgliche Geschenke („Toskanareise") oder Dienstleistungen (z.B. unentgeltliche Kinderbetreuung) des erfolgreich geheilten Organspenders gegenüber dem Lebendspender. Solange das Gewähren derartiger „Geschenke" nicht von Anfang an vereinbart wird und

---

[239] Einschränkend König, 2005, S. 25, der eine Berufsunfähigkeitsversicherung für Lebendspender als Verstoß gegen das Gewinnverbot der MRB bzw. des ZP qualifiziert.

[240] Für Unzulässigkeit im Lichte der MRB König, 2005, S. 24.

es sich um sozialadäquate Manifestation von Dankbarkeit handelt, wird in solchen Fällen wohl kaum davon gesprochen werden können, dass das zur Verfügung gestellte Organ „als solches" („as such") Motivationsquelle eines finanziellen späteren Vorteils ist: Hier überwiegt wohl die Motivation durch eine neu entstandene zwischenmenschliche Beziehung derart, dass eine Ausdehnung der Verbote des Art 21 MRB – namentlich unter dem Aspekt des Würdeschutzes – nicht anzunehmen ist – ganz abgesehen davon, dass derartige „Belohnungen" bzw. deren Verbindung zur Organspende einer nachvollziehbaren Objektivierung ohnehin kaum zugänglich sind.

10.2.3.5.4 Zur Frage des Nutznießers des „Gewinns"

Wer der Nutznießer eines verbotenen „Gewinns" im Sinne des Art 21 MRB ist, spielt für sich genommen keine Rolle. Zwar hat Art 21 im Wesentlichen jene Konstellation vor Augen, in welcher jene Person, die das Organ „hergibt" oder die eine sonstige Rechtshandlung in Bezug auf das Organ (z.B. Zustimmung zur postmortalen Explantation) setzt, zugleich auch der Empfänger des finanziellen Vorteils ist. Da das Verbot des Art 21 aber ganz allgemein und „empfängerunspezifisch" formuliert ist (arg „give rise to"), beschränkt sich die Aussage nicht auf solche Fälle. Verboten sind demnach auch solche finanziellen Vorteile, die anderen Personen zufließen sollen (z.B. Angehörigen eines Spenders). Dies kommt auch in den Erläuterungen zum 2. ZP hinreichend zum Ausdruck („for the person from whom they have been removed … or for a third party").[241]

10.2.3.5.5 Art des Rechtsgeschäftes

Das Gewinnverbot des Art 21 MRB ist unabhängig von der Art des zugrunde liegenden Rechtsgeschäftes. Gewiss wird der Organ- bzw. Gewebeverkauf den Hauptfall der unzulässigen Gewinnerzielungen darstellen[242], was im ausdrücklichen Verbot des Organ- bzw. Gewebehandels in Art 22 des 2. ZP auch eigens betont wird. Von Art 21 MRB bzw. dem Art 21 des 2. ZP ebenso erfasst sind aber auch alle anderen denkbaren rechtlichen Formen der Gewinnerzielung, z.B. in Gestalt einer gemischten Schenkung, als Entgelt für die Erteilung der Zustimmung zur Organ- oder Gewebeentnahme bzw. für die Unterlassung eines allfälligen Widerspruchs zur (postmortalen) Organentnahme, oder für die (persönlichkeitsrechtliche) Erlaubnis zur anschließenden Organverwendung.

10.2.3.6. Vorgaben für die Organzuteilung

10.2.3.6.1 Verbot des „Organkaufs"

Das Gewinnverbot des Art 21 MRB enthält nicht nur eine Aussage über die Organgewinnung vom (lebenden oder toten) Spender, sondern trifft insofern auch eine Aussage über die zulässigen Kriterien der Organzuteilung an

---

[241] Erläuternder Bericht zum 2. ZP, Z 113.
[242] Erläuternder Bericht, Z 132.

künftige Empfänger, als die Spenderauswahl jedenfalls nicht von finanziellen (oder anderen vergleichbaren) Gegenleistungen des Empfängers oder dritter Personen abhängig gemacht werden darf. Denn da solchen Zahlungen notwendigerweise ein „Empfänger" gegenübersteht, wäre auch in solchen Fällen der Tatbestand einer Gewinnerzielung durch das Organ „als solches" erfüllt, solange es sich bei den fraglichen Leistungen nicht lediglich um die Abgeltung von Aufwendungen und dergleichen handelt (etwa den Kostenersatz aufgrund der Leistungspflicht einer Krankenversicherung gegenüber den transplantierenden Ärzten und Krankenhäusern etc.).

Art 21 MRB enthält aber keine Vorgaben zur Beurteilung anderer (nicht vermögenswerter) Auswahlkriterien, wie z.B. das Anknüpfen an ein bestimmtes Vorverhalten des potentiellen Empfängers (z.B. Zustimmung zur Organspende, Nichtabgabe eines Widerspruchs zur Organspende), wie es im Kontext der „Reziprozitätsmodelle" diskutiert wird. Diese Frage muss daher anhand anderer Bestimmungen beurteilt werden.

10.2.3.6.2 Sonstige Kriterien der Empfängerauswahl

Art 3 Abs. 1 des 2. ZP verpflichtet die Vertragsstaaten – „vorbehaltlich der Bestimmungen des III. Kapitels" – zur Schaffung eines Transplantationssystems, das „den Patienten gleichen Zugang zu Transplantationsleistungen ermöglicht".[243] Gemäß Art 3 Abs. 2 2. ZP sind „die Organe ... nach transparenten, objektiven und nach Maßgabe medizinischer Kriterien gebührend begründeten Regeln" allein solchen Patienten zuzuteilen, „die in eine offizielle Warteliste eingetragen sind".[244] Erklärtes Ziel dieser Bestimmung ist die Gewährleistung eines möglichst gleichen Zugangsrechts zu Transplantaten nach Maßgabe des medizinischen Bedarfs sowie die Maximierung des therapeutischen Nutzens aus den verfügbaren Transplantaten.[245]

a) Diese Regelung legt zunächst fest, dass für die Auswahl der Empfänger – abgesehen von zwei noch zu erörternden Ausnahmen – nur *„medizinische Kriterien"* zur Anwendung kommen sollen: Die Erfordernisse der „Transparenz" und „Objektivität" erscheinen in diesem Kontext als Anforderungen

---

[243] „Parties shall guarantee that a system exists to provide equitable access to transplantation services for patients."

[244] „Subject to the provisions of Chapter III, organs and, where appropriate, tissues shall be allocated only among patients on an official waiting list, in conformity with transparent, objective and duly justified rules according to medical criteria. The persons or bodies responsible for the allocation decision shall be designated within this framework."

[245] Erläuternder Bericht, Z 37: „The requirements of this article are that access to a transplant service is equitable – that is, all people, whatever their condition or background, must be equally able to be assessed by whatever transplant services are available. The concern is to ensure that there is no unjustified discrimination against any person within the jurisdiction of the Party who might benefit from a transplant. It has to be emphasised that there is a severe shortage of most organs and some of the tissues which can be transplanted. Scarce organs and tissues should be allocated so as to maximise the benefit of transplantation."

an die generelle Formulierung der Kriterienkataloge („nach transparenten, objektiven ... Regeln"), während der Maßstab der „medizinischen Kriterien" jene materielle Determinante darstellt, an der sich diese Regeln inhaltlich auszurichten haben („nach Maßgabe medizinischer Kriterien gebührend begründet"). Die Zusatzbedingung, dass die potentiellen Empfänger auch in einer „Warteliste" eingetragen sein müssen, zeigt freilich, dass neben medizinischen Kriterien im engeren Sinn auch die zeitliche Reihenfolge der Anmeldung eine legitime Rolle bei der Allokationsentscheidung spielen darf, zumal die Dauer der Wartezeit ihrerseits oft wieder als medizinisches Kriterium formuliert werden kann (z.B. erhöhte Dringlichkeit bei langer Wartezeit).[246] Über die nähere Gewichtung und Abwägung zwischen den medizinischen Kriterien im engeren Sinn und der zeitlichen Reihenfolge der Anmeldung gibt die Bestimmung keine Auskunft. Klar dürfte im Hinblick auf die erklärte Zielsetzung – gleiches Zugangsrecht nach medizinischen Kriterien – aber sein, dass mit dem Kriterium der „Warteliste" keine weiteren, alternativ heranziehbaren nichtmedizinischen Allokationskriterien eingeführt werden sollten, sondern lediglich ein zusätzlicher Abwägungsmaßstab zur Selektion innerhalb medizinisch begründbarer potentieller Organempfänger. Daraus folgt bei teleologischer Auslegung, dass auch die Entscheidung über die Aufnahme in die „Warteliste" ihrerseits an medizinischen Kriterien zu orientieren ist und daher niemand von der Warteliste ferngehalten werden darf, der diese medizinischen Kriterien erfüllt.[247]

Der Begriff der „medizinischen Kriterien" wird in Art 3 Abs. 2 ZP in einem sehr *weiten Sinn* verstanden. Er erfasst alle Umstände, die Auswirkungen auf den Gesundheitszustand des Patienten, die Qualität des Transplantats und die Erfolgschance der Transplantation haben können – einschließlich von Aspekten der Dringlichkeit, der Wartezeit, der Gewebeübereinstimmung (bzw. der Seltenheit der benötigten Gewebemerkmale) sowie „logistische" Gesichtspunkte wie etwa der Länge der Transportwege und der gleichen mehr.[248] In diesem weiten Verständnis zeigt sich freilich auch, dass solche „medizinischen Kriterien" nicht ausschließlich medizinisch-wissenschaftlich begründet werden können, sondern dass darin mitunter mehr

---

[246] Auch der Erläuternde Bericht, Z 37, nennt die Wartezeit auch unter den „medizinischen Kriterien".

[247] Deutlich und ganz generell in diesem Sinn der Erläuternde Bericht, Z 37: „Organs and tissues should be allocated according medical criteria".

[248] Erläuternder Bericht, Z 37: „This notion should be understood in its broadest sense, in the light of the relevant professional standards and obligations, extending to any circumstance capable of influencing the state of the patient's health, the quality of the transplanted material or the outcome of the transplant. Examples would be the compatibility of the organ or tissue with the recipient, medical urgency, the transportation time for the organ, the time spent on the waiting list, particular difficulty in finding an appropriate organ for certain patients (e.g. patients with a high degree of immunisation or rare tissue characteristics) and the expected transplantation result."

oder weniger versteckte Gerechtigkeitskriterien enthalten sind.[249] Das gilt umso mehr für die jeweilige Gewichtung dieser Kriterien bei der einzelfallbezogenen Auswahlentscheidung. Die Bezeichnung als „medizinisch" sollte daher nicht darüber hinwegtäuschen, dass die Auswahlkriterien neben einer medizinischen auch einer normativen Begründung bedürfen, die über einen Pauschalverweis auf die „medizinische Wissenschaft" hinausgehen muss.[250] Andererseits eröffnet die Wertungsabhängigkeit mancher „medizinischer Kriterien" bzw. ihrer Gewichtung noch keinen Freibrief, sämtliche Gerechtigkeitsaspekte immer auch als „medizinische Kriterien" zu etikettieren, nur weil ihre Anwendung auf die Allokationsentscheidung zwangsläufig irgendwelche medizinischen Folgen nach sich zieht. Gegen eine solche Auslegung spricht nicht nur, dass sie die offenkundig intendierte Begrenzungsfunktion der „medizinischen Kriterien" insgesamt beseitigen würde und daher die Zielsetzung der Bestimmung nicht entspräche, sondern auch, dass dann die Ausnahmebestimmungen des Art 3 Abs. 2 und 3 ZP zugunsten bestimmter außermedizinischer Aspekte (Berücksichtigung persönlicher Beziehungen bzw. nationaler Austauschbilanzen, dazu gleich unten) sinnlos – weil entbehrlich – wären. Reine Gerechtigkeitskriterien ohne Bezug zu den konkreten Erfolgschancen der Transplantation – etwa die Verknüpfung der Empfängerauswahl mit der früher bekundeten eigenen Bereitschaft zur Organspende – wären daher jedenfalls keine „medizinischen" Kriterien im Sinne des Art ZP.

b) Von dieser generellen Bindung der Auswahlentscheidung an „medizinische" Kriterien werden in Art 3 ZP *zwei Ausnahmen* explizit zugelassen:

Zum einen enthält Art 3 Abs. 2 des 2. ZP einen ausdrücklichen Vorbehalt zugunsten der – die *Lebendspende* betreffenden – Bestimmungen des „III. Kapitels", der auf Art 10 2.ZP (Lebendorganspende grundsätzlich nur bei persönlicher Beziehung zum Empfänger oder mit spezieller Genehmigung) und Art 14 Abs. 2 Zeile 2 (Gewebespende einwilligungsunfähiger Spender nur zugunsten Geschwister) verweist. Damit wird klargestellt, dass bei der Lebendspende zusätzliche Auswahlkriterien zulässig sind, insbesondere die persönliche Auswahlentscheidung des Lebendorganspenders in Bezug auf einen ihm persönlich nahe stehenden Empfänger.[251] Bei der Lebendspende kommt somit ein weiteres Auswahlkriterium ins Spiel, nämlich die enge *persönliche Beziehung* zwischen Spender und Empfänger.

Eine weiteres – ebenfalls nichtmedizinisches – Auswahlkriterium formuliert Art 3 Abs. 3 ZP: Danach muss das Auswahlverfahren im Fall des *internationalen Organaustausches* auch eine gerechte Organverteilung zwischen den beteiligten Staaten unter Bedachtnahme auf das Solidaritätsprinzip innerhalb jedes Lan-

---

[249] Dazu – im Ergebnis auch für den im Erläuternden Bericht (Z 37) skizzierten Kriterienkatalog zutreffend – Lang, 2005, S. 269 (275 ff).
[250] Vgl. wieder Lang, 2005, S. 277.
[251] Erläuternder Bericht, Z 37.

des gewährleisten.[252] Darin liegt eine völkerrechtliche Anerkennung von Zuteilungsverfahren, die auch nationale Export/Import-Bilanzen als Kriterium der Empfängerauswahl berücksichtigen (Wujciak-Opelz-Algorithmus): Als kollektives Äquivalent des Solidaritätsgedankens dürfen damit Länder mit hohem Organaufkommen mehr Organe erhalten als Länder mit geringem Organaufkommen, was mit medizinischen Aspekten des individuellen Organbedarfs für sich genommen nicht mehr hinreichend begründet werden kann.

c) Die Frage nach der Zulässigkeit *sonstiger* (nichtmedizinischer und nicht durch einer der erwähnten Ausnahmen gedeckter) *Auswahlkriterien* wird in Art 3 2. ZP nicht ausdrücklich beantwortet. Der systematische Zusammenhang zwischen den Abs. 1 (gleicher Zugang zu Transplantationsleistungen) und Abs. 2 (Zuteilung „nur" an Patienten in Warteliste und nach medizinischen Kriterien) einerseits und den erkennbar als Ausnahme formulierten Abs. 3 (zulässige Berücksichtigung nationaler Austauschbilanzen) sowie Abs. 2 erster Halbsatz (persönliche Beziehung zwischen Spender und Empfänger bei der Lebendspende als zulässiges Auswahlkriterium) deutet jedoch eher auf eine abschließende Regelung hin, die der Heranziehung anderer als der in Art 3 2. ZP erwähnten Kriterien entgegen steht.

Bei systematischer Auslegung des Art 3 2. ZP, insbesondere der explizit erwähnten Ausnahmen, würde dies beispielsweise den Umkehrschluss nahe legen, dass das für die Lebendspende zugelassene Kriterium der persönlichen Spender-Empfänger-Beziehung – und damit auch die Bindung der Organzuteilung an eine auf einer solchen Beziehung beruhende Auswahlentscheidung des Spenders – bei der Leichenspende unzulässig wäre.

Weniger eindeutig ist, ob bzw. welche Bedeutung dem Vorverhalten des Empfängers im Rahmen der Zuteilungskriterien zukommen darf. Wenn und soweit sich dieses Vorverhalten auf medizinische Kriterien auswirkt bzw. als medizinisches Kriterium formulieren lässt (z.B. mangelnde „compliance", gesundheitliche Vorschädigungen mit negativen Folgen für den Transplantationserfolg), wäre eine Berücksichtung schon deshalb unbedenklich, weil es sich dann zugleich ohnehin um ein – zulässiges – medizinisches Kriterium handelt.

Eine früher bekundete Bereitschaft des potentiellen Empfängers, selbst als postmortaler Organspender zur Verfügung zu stehen, wie sie im Zusammenhang der „Reziprozitätsmodelle" als Kriterium der Organzuteilung diskutiert wird, erscheint mit den Zuteilungsregeln des Art 3 des 2. ZP hingegen kaum vereinbar: Denn die eigene Spendebereitschaft des potentiellen Organempfängers stellt für sich genommen weder ein medizinisches Kriterium dar noch lässt sie sich eine der Ausnahmen des Art 3 zuordnen. Auch die Zulässigkeit der Bedachtnahme auf nationale Austauschbilanzen (Art 3

---

[252] Art 3 Abs. 3 ZP: „In case of international organ exchange arrangements, the procedures must also ensure justified, effective distribution across the participating countries in a manner that takes into account the solidarity principle within each country."

Abs. 3 2. ZP) kann wohl – stellt man den Ausnahmecharakter der Bestimmung gegenüber dem allgemeinen Grundsatz des gleichen Zugangsrechts (Abs.1) und der Maßgeblichkeit rein medizinischer Auswahlkriterien (Abs. 2) in Rechnung – nicht dahingehend ausgeweitet (oder analog angewendet) werden, dass sie eine Berücksichtigung des Solidaritätsgedankens und der darin liegenden Verknüpfung zwischen Organzuteilung und Organaufkommen nicht nur auf der kollektiven (nationale Austauschbilanz), sondern darüber hinaus auch auf der individuellen Ebene der konkreten Empfängerauswahl zulässt. In Abwägung zwischen dem Prinzip des gleichen Zugangsrechts zu Transplantaten einerseits und dem Gedanken der Solidarität und Fairness als Regulativ für die individuelle Organzuteilung andererseits dürfte Art 3 ZP somit dem gleichen Zugangsrecht den Vorrang einräumen.

Aus welchen Gründen Art 3 ZP die Berücksichtigung dieses „Fairnessgedankens" zwar für die internationale, nicht jedoch für die innerstaatliche Organverteilung vorsieht, ist weder aus der Entstehungsgeschichte noch aus dem Erläuternden Bericht erkennbar. Im Ergebnis führt dies dazu, dass die Abwägung zwischen dem gleichen medizinischen Versorgungsanspruch der potentiellen Organempfänger und den Prinzipien der Fairness und Reziprozität auf nationaler bzw. internationaler Ebene unterschiedlich ausfällt. Für eine Norm des Völkerrechts erscheint diese unterschiedliche Gewichtung allerdings durchaus plausibel, da Gleichheitsrechte in Bezug auf soziale Leistungsansprüche typischerweise nur (aber jedenfalls auch) innerhalb nationaler (oder allenfalls europarechtlich erweiterter) Grenzen eingeräumt werden, während im Völkerrecht – also bei der Regulierung des zwischenstaatlichen Rechts- und Güterverkehrs – die Berücksichtigung der Reziprozität seit jeher weit verbreitet ist.

10.3 Europäisches Gemeinschaftsrecht

Auf gemeinschaftsrechtlicher Ebene sind vor allem zwei Rechtsquellen zu nennen: Das Gewinnverbot des Art 3 Abs. 2 der Charta der Grundrechte der EU sowie die durch den Vertrag von Amsterdam neu geschaffene Kompetenz zur Festlegung von Qualitäts- und Sicherheitsstandards für Organe und Substanzen menschlichen Ursprungs gemäß Art 152 Abs. 4 lit a EGV bzw. die auf dieser Grundlage erlassene Richtlinie. Abgesehen davon kann die Frage aufgeworfen werden, ob und inwieweit Kommerzialisierungsverbote in Bezug auf menschliche Organe Gegenstand allgemeiner Rechtsgrundsätze im Sinne des Art 6 Abs. 2 EUV sein können.

10.3.1 Allgemeine Rechtsgrundsätze gem Art 6 Abs. 2 EUV

Ob und inwieweit Kommerzialisierungsverbote in Bezug auf menschliche Körpersubstanzen Gegenstand allgemeiner Grundsätze des Gemeinschaftsrechts gemäß Art 6 Abs. 2 EUV sind, wurde soweit ersichtlich in der Rechtsprechung noch nicht eindeutig geklärt.[253] Die Herausbildung eines solchen Verbots im Völkergewohnheitsrecht[254], der Bestand gleichgelagerter gesetzlicher oder verfassungsgesetzlicher Kommerzialisierungsverbote in den Rechtsordnungen fast aller EU-Staaten[255] sowie der Beitritt der überwiegenden Mehrheit der EU-Staaten zur Biomedizinkonvention[256] können zumindest als Indiz für einen solchen allgemeinen Rechtsgrundsatz gewertet werden.[257] Auch der EuGH hat in seiner Entscheidung zur europäischen Biopatent-Richtlinie erkennen lassen, dass er die „Unveräußerlichkeit" des menschlichen Körpers als Aspekt der Menschenwürde und damit als Element allgemeiner Grundsätze des Gemeinschaftsrechts erachtet.[258] Mit der – an der Biomedizinkonvention des Europarates orientierten – expliziten Ausformulierung eines Gewinnverbots für menschliche Körpersubstanzen in Art 3 der Grundrechtecharta der EU (unten 10.3.3.2) wurde dieser allgemeine Rechtsgrundsatz schließlich auch bestätigt und normativ „sichtbar" gemacht.

10.3.2 Charta der Grundrechte der EU

10.3.2.1 Zur rechtlichen Bedeutung der Grundrechtecharta

Mit der am 7.12.2000 proklamierten „Charta der Grundrechte der Europäischen Union" wurde erstmals ein eigenständiger Grundrechtskatalog für die EU geschaffen[259]. Derzeit ist die Charta allerdings formal weder für die EU noch für die Mitgliedsstaaten rechtlich bindend. Nach ihrem Selbstverständnis begreift sich die Charta zunächst als „deklaratorisch": Ziel ist es, die sich bereits aus den Verfassungstraditionen der Mitgliedsstaaten und den internationalen Verpflichtungen ergebenden Grundrechte „sichtbar" zu machen und zu „bekräftigen".[260] Es sollte kein neues Recht geschaffen, sondern lediglich bereits bestehende allgemeine Rechtsgrundsätze des Gemeinschaftsrechts kodifiziert werden.[261] Die Charta gilt daher schon jetzt als die eigentliche Substanz des

---

[253] Zur methodischen Begründung allgemeiner Rechtsgrundsätze zusammenfassend Oppermann, 1999, S. 185ff; Sperlich, 2000/2001, S. 5 ff.

[254] Bodendiek/Nowroth, 1999, S. 205. Zur Rolle völkergewohnheitsrechtlicher Grundsätze bei der Begründung allgemeiner Rechtsgrundsätze des Gemeinschaftsrechts vgl. Oppermann, 1999, S. 187.

[255] Hinweise bei Gutmann/Schroth, 2002, S. 83 ff; für weitere Nachweise vgl. oben FN 190.

[256] Zur Funktion (anderer) internationaler Menschenrechtsverträge als Erkenntnisquelle allgemeiner Rechtsgrundsätze Oppermann, 1999, S. 190; Sperlich, 2000/2001, S. 6; in diesem Sinn schon EuGH, Rs 4/73. Slg 1974, 491 Rz 13 (Nold): Danach können die internationalen Verträge über den Schutz der Menschenrechte, an deren Abschluss die Mitgliedsstaaten beteiligt waren oder denen sie beigetreten sind, Hinweise geben, die im Rahmen des Gemeinschaftsrechts zu berücksichtigen sind.

[257] In diese Richtung auch Dubos, 2004, S. 101 (123) („principe de non-commercialisation du corps humain").

[258] EuGH 9.10.2001, Rs C-377/98, EuGRZ 2001, 487 (491), insb Z 77 in Verbindung mit Z 70.

[259] ABl 2000/C 364/01.

[260] Mit weiteren Nachweisen statt vieler Triebel, 2003/8, S. 525 (527).

[261] Triebel, 2003/8, S. 527.

gemeinsamen europäischen Acquis auf dem Gebiet der Grundrechte.[262] Auch bei den Beitrittsverhandlungen im Rahmen der EU-Erweiterung wird die Charta als „acquis communitaire" berücksichtigt.[263] Hinzu tritt schließlich eine zunehmende Bezugnahme auf die Charta in der Praxis der Gemeinschaftsorgane[264] und insbesondere in der Rechtsprechung des Europäischen Gerichts 1. Instanz (EuG) sowie des EuGH. Vor diesem Hintergrund eines weitgehenden Eindringens in die europäische Rechtswirklichkeit wird daher vielfach bereits von einer „faktischen Geltung" der Charta gesprochen.[265]

Unabhängig von der Frage nach der rechtlichen Geltung der Charta ist aber schon jetzt anerkannt, dass die Charta die rechtlich verbindliche Formulierung einer Europäischen Werteordnung darstellt[266] und dass jedenfalls die „medizinrelevanten" Bestimmungen des Art 3 „den europaweit möglichen Konsens in bioethischen Fragen" ausdrücken[267]. Die weitere Zukunft der Charta als Rechtsquelle der EU hängt aus heutiger Sicht vom rechtlichen Schicksal – genauer: vom Inkrafttreten – der EU-Verfassung ab.[268] Die geplante Aufnahme in die Europäische Verfassung würde dann zur Integration der Charta ins europäische Primärrecht führen und ihr auch formell Verbindlichkeit gegenüber den Gemeinschaftsorganen und den Mitgliedsstaaten verleihen. Dies würde auch für die hier interessierenden Bestimmungen des Art 3 Abs. 2 der Charta gelten, die – ohne jede inhaltliche Änderung gegenüber der Charta – in die als Entwurf vorliegende Verfassung der EU inkorporiert sind.[269] Nach dem vorläufigen Scheitern der Europäischen Verfassung ist die weitere Entwicklung freilich ungewiss.

10.3.2.2 Das Gewinnverbot gemäß Art 3 Abs. 2 der Charta

Art 3 Abs. 2 der Charta enthält unter Punkt 3 ein „Verbot, den menschlichen Körper und Teile davon als solche zur Erzielung von Gewinnen zu nutzen".[270] Wenngleich die Charta (noch) nicht unmittelbar rechtsverbindlich ist (oben 10.3.2.1) und sich ihr Anwendungsbereich gemäß Art 51 auf die Mitgliedsstaaten „ausschließlich bei der Durchführung des Rechts der Union" beschränkt, ist die Ableitung weit reichender staatlicher Schutzpflichten oder

---

[262] Triebel, 2003/8, S. 527; Koukoulis-Spiliotopoulos, 2004, S. 295 (296).
[263] Meyer, 2003, S. 5, Rz 6 zur Präambel.
[264] Mit weiteren Nachweisen Triebel, 2003/8, S. 525.
[265] Nachweise bei Streinz, 2003, S. 2574.
[266] Meyer 2003, S. 5 Rz 7 zur Präambel.
[267] Borowsky, 2003, S. 91, Art 3 Rz 6.
[268] Dazu z.B. Streinz, 2003, S. 2575.
[269] Vgl. den – mit Art 3 Abs. 2 Punkt 3 der Charta identischen – Art II-3 Abs. 2 lit c des Entwurfes eines Vertrages über die Verfassung von Europa des Europäischen Konvents vom 18.7.2003, CONV 850/03. Die Problematik von Abweichungen zwischen dem Text der Charta und dem Verfassungsentwurf stellt sich daher hier nicht; zu dieser Frage allgemein vgl. Koukoulis-Spiliotopoulos, 2004, S. 295.
[270] Dazu und zu den medizinspezifischen Bestimmungen der Charta grundlegend Dujmovits, 2001, S. 72.

gar einer „unmittelbaren Drittwirkung" aus dieser (und anderen) Bestimmungen für die Zukunft absehbar.[271] Die Mitgliedsstaaten dürfen den durch die Charta gewährleisteten Schutz – der sich in diesem Fall freilich in einem Verbot erschöpft – zwar über-, jedoch nicht unterschreiten.[272]

Jenseits aller Detailfragen kann die zentrale Bedeutung der Grundrechtecharta im hier interessierenden Kontext zunächst darin gesehen werden, dass mit dem Gewinnverbot gemäß Art 3 Abs. 2 klargestellt wird, dass ethisch motivierte Gewinnverbote für sich genommen noch keinen Verstoß gegen die Warenverkehrsfreiheit gemäß Art 28 EGV darstellen.[273] Auch sonst können sich Verhaltensweisen, die dem Art 3 Abs. 2 widersprechen, nicht auf die Grundfreiheiten berufen.[274]

Was die konkrete Reichweite des gemeinschaftsrechtlichen Gewinnverbots betrifft, können die zu Art 21 MRB skizzierten Ergebnisse vollinhaltlich auch für Art 3 Abs. 2 der Grundrechtecharta übernommen werden: Diese grundsätzliche Kongruenz beider Rechtsquellen kann daraus abgeleitet werden, dass die Regelungen der Biomedizinkonvention offenkundig als Vorbild für die „biomedizinspezifischen" Grundsätze des Art 3 der Charta dienten: In diesem Sinn wird auch in den Erläuterungen des Präsidiums des Konvents ausgeführt, dass die Grundsätze des Art 3 bereits in dem Übereinkommen des Europarats über Menschenrechte und Biomedizin sowie im 1. Zusatzprotokoll zum Klonen enthalten seien.[275] Anhaltspunkte für eine beabsichtigte Bedeutungsänderung sind nicht ersichtlich; vielmehr wollte man von den Übereinkommen des Europarates „nicht abweichen", ungeachtet des Umstandes, dass noch nicht alle einschlägigen Vorbildregelungen zur Zeit der Beschlussfassung über die Charta völkerrechtlich in Kraft getreten waren.[276] Das betrifft auch und gerade die Formulierung des Gewinnverbots in Art 3 Abs. 2 Punkt 3 der Charta, die sich – sowohl im Hinblick auf die sprachliche Textierung als auch im Hinblick auf die generelle Zielsetzung – an Art 21 MRB orientiert hat.[277] Da das 2. Zusatzprotokoll zur Biomedizinkonvention zur Transplantation – wenngleich zum Zeitpunkt der Proklamation der Charta noch nicht in Kraft – nur Konkretisierungen, jedoch keine inhaltlichen Änderungen gegenüber Art 21 MRB enthält, sprechen gute

---

[271] Dazu (eine Drittwirkung des Art 3 Abs. 2 explizit bejahend) z.B. Borowsky, 2003, Art 51, insbesonders Rz 31; Rengeling/Szszekalla, 2004, S. 404; die Schutzpflichtdimension betonend auch Streinz, 2003, S. 2585.

[272] Streinz, 2003, S. 2585.

[273] Vgl. in diesem Sinn schon bisher Schneider, 2000, S. 217 (247 ff).

[274] So (zum gewinnorientierten Organhandel) Streinz, 2003, S. 2585.

[275] Borowsky, 2003, Kommentar 88, Art 3 Rz 1.

[276] Borowsky 2003, Kommentar 93 Art 3 Rz 15; Rengeling/Szszekalla, 2004. In den „Erläuterungen" (Dokument Convent 46 vom 31.7.2000) heißt es zu dieser Vorbildfunktion lapidar: „Die Charta will von diesen Grundsätzen nicht abweichen" (Borowsky, 2003, Kommentar, 100 Art 3 Rz 28).

[277] Borowsky, 2003, 105 Art 3 Rz 45; Streinz, 2003, S. 2584 f; Schmidt, 2002, S. 631 (652).

Gründe dafür, die aus den einschlägigen Regelungen des Europarates (also aus Art 21 MRB sowie den Art 21-22 des 2. ZP) gewonnenen Grundsätze insgesamt auch dem Art 3 Abs. 2 der Grundrechtecharta zugrunde zu legen.[278]

Vor diesem entstehungsgeschichtlichen Hintergrund kann daher für die Beantwortung von Einzelfragen auf die Ausführungen zu Art 21 MRB bzw. zum 2. ZP verwiesen werden: Auch die Grundrechtecharta zielt somit lediglich auf ein Verbot der Gewinnerzielung – insbesondere des kommerziellen Organhandels oder der finanziellen Abgeltung von Zustimmungserklärungen – ab, steht aber dem Ersatz von Aufwendungen bzw. Konservierungs- und Bearbeitungskosten ebenso wenig entgegen[279] wie der Gewinnerzielung durch begleitende Dienstleistungen oder dem Schadensersatz für explantationsbedingte Schädigungen des Spenders. Auch weiter gehende Regelungen, wie sie der MRB in Bezug auf die Organverteilung entnommen werden können, enthält die Grundrechtecharta nicht.

10.3.3 Primärrecht

Die einzige ausdrückliche Bezugnahme auf das Transplantationswesen findet sich seit dem Amsterdamer Vertrag in Art 152 EGV. Art 152 Abs. 4 lit a EGV räumt der Gemeinschaft die Befugnis ein, „Maßnahmen zur Festlegung hoher Qualitäts- und Sicherheitsstandards für Organe und Substanzen menschlichen Ursprungs sowie für Blut und Blutderivate" festzulegen, hindert die Mitgliedsstaaten aber nicht, strengere Schutzmaßnahmen beizubehalten oder einzuführen. Der Schutzzweck dieser Bestimmung ist – wie der systematische Kontext des Art 152 EGV zeigt – auf den Gesundheitsschutz begrenzt; von der Regelungskompetenz gedeckt sind daher nur Maßnahmen, die der Bekämpfung von Gefährdungen der menschlichen Gesundheit dienen. Das trifft für qualitätsbezogene Regelungen über die Entnahme, Beschaffenheit, Aufbewahrung in Gewebebanken, Verarbeitung, Verteilung, Dokumentation und Kontrolle derartiger Substanzen zu, nicht hingegen für nicht gesundheitsrelevante Verwendungszwecke, und auch nicht für Regelungen über den rechtlichen Schutz der Spender.[280]

Für den hier interessierenden Zusammenhang kann daher aus Art 152 EGV nichts gewonnen werden. Das gilt sowohl für den Aspekt des Spenderschutzes beim Lebenden als auch für die grundsätzliche Frage der „Modell-

---

[278] Zur Frage der Einschränkbarkeit der Rechte gemäß Art 3 Abs. 2 nach Maßgabe des allgemeinen Gesetzesvorbehalts gemäß Art 52 Abs. 1 der Charta vgl. – soweit es das hier interessierende Gewinnverbot betrifft im Ergebnis verneinend – Rengeling/Szszekalla, 2004, S. 409; Schmidt, 2002, S. 659; Bühler, 2005, S. 369.

[279] Borowosky, 2003, 105 Rz 45: Verboten sei nur die Gewinnerzielung, insbesondere der Organhandel.

[280] Vgl. Berg, 2000, Art 152 EGV Rz 17ff, insb 23; Schneider, 2004, Art 152 EGV Rz 19; Auer, 2003, S. 349 (351). Daher ist auch die Deckung von Gewinnverboten durch die Kompetenz nach Art 152 Abs. 4 lit a fraglich: ablehnend z.B. König, 2005, S. 26.

wahl" bei der rechtlichen Ausgestaltung der postmortalen Organspende: In Bezug auf die Entnahmezulässigkeit sollte – angesichts der heterogenen europäischen Rechtslandschaft – bewusst keine Ermächtigung der Gemeinschaft zur rechtlichen Harmonisierung und zur Schaffung bindender Vorgaben für die nationale Wahl zugunsten der Zustimmungs- bzw. der Widerspruchslösung geschaffen werden. Zur Klarstellung betont daher Art 152 Abs. 5 EGV, dass die Maßnahmen nach Abs. lit a „die einzelstaatlichen Regelungen über die Spende oder die medizinische Verwendung von Organen oder Blut unberührt" lassen.[281]

10.3.4 Sekundärrecht

Die neue – und bis zum 7.4.2006 ins nationale Recht umzusetzende – europäische Richtlinie 2004/23/EG „zur Festlegung von Qualitäts- und Sicherheitsstandards für die Spende, Beschaffung, Testung, Verarbeitung, Lagerung und Verteilung von menschlichen Geweben und Zellen"[282] schöpft diese Kompetenz nur zum Teil aus und klammert z.B. Organtransplantate, Blut und Blutbestandteile und die autologe Verwendung an ein und derselben Person aus dem Anwendungsbereich aus (Art 2). Hauptzweck bleibt die Normierung von Standards bei der Verwendung von menschlichen Geweben und Zellen beim Menschen zu therapeutischen Zwecken mit dem Ziel, ein hohes Gesundheitsschutzniveau zu gewährleisten (Art 1). Schon wegen der Selbstbeschränkung der RL auf die Transplantation von Zellen und Geweben und der Herausnahme der Transplantation solider Organe aus dem sachlichen Geltungsbereich muss die unmittelbare Bedeutung der RL für das Transplantationsrecht als gering eingestuft werden.

Diskutiert werden könnte allenfalls eine gewisse Ausstrahlungswirkung auf den Bereich der Transplantation solider Organe: Denn wenn die RL sogar für die (vergleichsweise weniger „eingreifende") Entnahme von Zellen und Geweben für Transplantationszwecke – und zwar sowohl für die Gewinnung aus Lebenden als auch aus Leichen – eingehende Schutzvorschriften für die Spender enthält, dann könnten daraus mittelbar auch Schranken für die Regelung der von der RL nicht unmittelbar erfassten Bereiche der Transplantation abgeleitet werden: Es bedürfte dann nämlich jeweils einer Prüfung unter dem Aspekt des Gleichheitssatzes, ob bzw. aus welchen Gründen eine Abweichung der Regelung der Organtransplantation von der Regelung der Gewebetransplantation gerechtfertigt ist. Ange-

---

[281] Mit weiteren Nachweisen Kopetzki, 1999, S. 49.

[282] RL 2004/23/EG des Europäischen Parlamentes und des Rates vom 31.3.2004, ABl L 102/48 vom 7.4.2004. Zur Vorgeschichte KOM(2002) 319 endg, ABl C 227 E/505 vom 24.9.2002; Stellungnahme des Europäischen Wirtschafts- und Sozialausschusses, ABl C 85/44 vom 8.4.2003; Gemeinsamer Standpunkt des Rates, ABl C 240 E/12 vom 7.10.2003; Stellungnahme der Kommission vom 5.2.2004, KOM(2004)80 endg. Näher Auer, 2003, S. 349; Kopetzki, 2004, S. 616 f.

sichts der erheblichen sachlichen Unterschiede zwischen Organ- und Gewebstransplantation sollten die Fernwirkungen der RL auf den Bereich der (Organ-)Transplantation allerdings nicht überschätzt werden.

Unter diesem Aspekt ist auch Art 12 der RL (Grundsätze für das Spenden von Geweben und Zellen)[283] zu erwähnen, wonach die Mitgliedsstaaten danach streben [müssen], „freiwillige und unentgeltliche Spenden von Geweben und Zellen sicherzustellen." (Art 12 Abs. 1 Satz 1). Die nach Art 12 Abs. 1 Satz 2 zulässige Entschädigung der Spender ist „streng auf den Ausgleich der in Verbindung mit der Spende entstandenen Ausgaben und Unannehmlichkeiten beschränkt". Art 12 Abs. 2 verpflichtet die Mitgliedsstaaten ausdrücklich, alle erforderlichen Regelungen zu treffen, „damit der Bedarf an menschlichen Geweben und Zellen oder deren Verfügbarkeit nicht in der Absicht bekannt gegeben werden, finanziellen Gewinn oder vergleichbare Vorteile in Aussicht zu stellen oder zu erzielen." Und schließlich: „Die Mitgliedstaaten streben danach, sicherzustellen, dass die Beschaffung von Geweben und Zellen als solche auf nichtkommerzieller Grundlage erfolgt."

Obwohl sich diese Grundsätze in jenem Rahmen bewegen, der auch durch Art 3 der Grundrechtecharta und Art 21 MRB bzw. Art 21-22 2. ZP abgesteckt ist, ist die RL hinsichtlich der zulässigen Entschädigungen für Gewebespenden insofern etwas liberaler formuliert, als sie nicht nur einen Aufwandsersatz bzw. eine Entschädigung für Schäden, sondern explizit auch eine Abgeltung von „Unannehmlichkeiten" erlaubt.[284] Das lässt sich zwar immer noch der Kategorie des „Nachteilsausgleichs" zuordnen. Es eröffnet aber – freilich nur bezogen auf Gewebe und Zellen (nicht auf Organe) – die Möglichkeit einer zulässigen Entschädigung für solche Nachteile, die mit der Spende typischerweise und regelmäßig verbunden sind (z.B. Schmerzens-

---

[283] Art 12 (1) Die Mitgliedstaaten streben danach, freiwillige und unentgeltliche Spenden von Geweben und Zellen sicherzustellen.

Spender können eine Entschädigung erhalten, die streng auf den Ausgleich der in Verbindung mit der Spende entstandenen Ausgaben und Unannehmlichkeiten beschränkt ist. In diesem Fall legen die Mitgliedstaaten die Bedingungen fest, unter denen eine Entschädigung gewährt werden kann. [...]

(2) Die Mitgliedstaaten treffen alle erforderlichen Maßnahmen, um sicherzustellen, dass jede Werbung und sonstige Maßnahmen zur Förderung von Spenden menschlicher Gewebe und Zellen im Einklang mit den von den Mitgliedstaaten festgelegten Leitlinien oder Rechtsvorschriften stehen. Diese Leitlinien oder Rechtsvorschriften enthalten geeignete Beschränkungen oder Verbote, damit der Bedarf an menschlichen Geweben und Zellen oder deren Verfügbarkeit nicht in der Absicht bekannt gegeben werden, finanziellen Gewinn oder vergleichbare Vorteile in Aussicht zu stellen oder zu erzielen.

Die Mitgliedstaaten streben danach, sicherzustellen, dass die Beschaffung von Geweben und Zellen als solche auf nichtkommerzieller Grundlage erfolgt.

[284] Ähnlich weit im englischen und französischen Text des Art 12 („expenses and inconveniences related to the donation"/„les dépenses et désagréments liés au don").

geld). Eine scharfe Grenze zur Vorteilsgewährung wäre dann kaum mehr zu ziehen. Allerdings legt sowohl der Text der RL („streng … beschränkt") als auch die wiederholte Betonung des Verbots der Gewinnerzielung eine enge Interpretation dieser Ausnahmebestimmung nahe, nach der nur eine Entschädigung für objektiv nachvollziehbare (vermögenswerte oder sonstige) Nachteile zulässig ist, nicht jedoch eine Ausrichtung an subjektiven Bewertungen des Spenders. Bei den – im Vergleich zur Organspende – meist vernachlässigbar geringfügigen Eingriffen einer Gewebe- bzw. Zellentnahme dürfte sich das Problem „versteckter Kaufpreise" in Gestalt einer überhöhten Abgeltung von Schmerzen, Angst oder sonstigen Risken der Entnahme daher schon aus sachlichen Gründen nicht stellen.

Abgesehen von dieser etwas weiteren Zulassung von Entschädigungen entspricht die Verankerung des Gewinnverbots für Zell- und Gewebespenden in der RL im Wesentlichen dem Art 3 Abs. 2 Punkt 3 der Grundrechtecharta. Im Gegensatz zu dieser ist die RL aber schon jetzt verbindlich und binnen zwei Jahren ins nationale Recht umzusetzen. Für die Gewinnung solider Organe gelten die Regelungen zwar – wie schon erwähnt – nicht. Im Lichte des verfassungsrechtlichen Gleichheitssatzes wäre eine Lockerung des Gewinnverbotes in Bezug auf die Spende solider Organe aber möglicherweise bedenklich.

10.4 Nationales Verfassungsrecht

10.4.1 Einleitung

Nach Art 1 Abs. 3 GG binden die Grundrechte des Grundgesetzes (GG) als verfassungsrechtliche Wertentscheidungen auch und gerade den einfachen Gesetzgeber, so dass ein Gesetz, das die Zulässigkeit von Organentnahmen zu Transplantationszwecken regelt, an verschiedenen Grundrechten zu messen ist. Dabei sind die meisten Grundrechte nach dem Wortlaut des Grundgesetzes als Abwehrrechte konzipiert, dienen dem Bürger folglich zur Abwehr staatlicher Eingriffe. Relativ unbestritten ist in diesem Zusammenhang, dass aus einem Abwehrrecht auch ein Anspruch auf gesetzgeberisches Tätigwerden erwachsen kann, soweit es um den Schutz des Einzelnen vor Angriffen Dritter geht. Umstritten ist dagegen, in welchen Fällen aus einem Abwehrrecht ein so genanntes „originäres Teilhaberecht" begründet werden kann. Damit ginge dann ein Anspruch der Patienten gegen den Staat auf ein Organ als Leistung zur Daseinsvorsorge einher.

10.4.2 Die einschlägigen Grundrechte

Bei der Regelung des Transplantationswesens muss der Gesetzgeber verschiedene Grundrechte der Beteiligten berücksichtigen: Das Grundrecht nach Art 1 Abs. 1 GG verpflichtet den Staat, die Würde eines jeden Menschen zu achten. Dabei endet die mit dieser Verpflichtung einhergehende Garantie nicht mit dem Tod des Menschen, sondern erstreckt sich nach ganz herrschender Meinung auch auf seinen Leichnam.[285]

Die menschliche Würde ist nach dem ausdrücklichen Wortlaut des Grundgesetzes unantastbar. Deshalb stellen Eingriffe in Art 1 Abs. 1 GG stets eine Verletzung des Grundrechts dar. Dagegen ist eine Eingriffsrechtfertigung durch Abwägung der kollidierenden Rechtspositionen nicht möglich. Gleichwohl wird in der neueren Literatur[286] die Auffassung vertreten, dass auch im Anwendungsbereich des Art 1 Abs. 1 GG durchaus eine Güterabwägung vorzunehmen sei. Allerdings soll sich diese nicht auf der inter-normativen Ebene durch eine Gewichtung zweier kollidierender Grundrechtsgarantien, sondern intra-normativ bei Konkretisierung der Frage vollziehen, ob eine Würdeverletzung gegeben ist. Zum Beispiel könne die Beeinträchtigung der körperlichen Integrität eines Menschen zur Rettung des Lebens eines anderen Menschen durchaus legitim sein, während eine gleichartige Beeinträchtigung in der Absicht zu foltern eine Menschenwürdeverletzung darstelle. Erst wenn aufgrund einer umfassenden Bewertung unter Einbeziehung der jeweiligen Absichten, Ziele und involvierten Rechtsgüter festgestellt sei, *dass* eine Menschenwürdeverletzung gegeben ist, sei dieses Ergebnis einer Abwägung nicht mehr zugänglich.

Neben der Menschenwürdegarantie ist im Bereich der Transplantationsmedizin das Recht auf Leben und körperliche Unversehrtheit gemäß Art 2 Abs. 2 Satz 1 GG einschlägig. Dieses Grundrecht stellt zunächst ein Abwehrrecht dar, mit dem sich der Einzelne gegen staatliche Eingriffe wehren kann. In seinem objektiv-rechtlichen Gehalt verpflichtet es den Staat aber darüber hinaus, sich schützend vor das Leben eines jeden Menschen zu stellen und das Angebot medizinisch möglicher Behandlungsmethoden jedenfalls nicht ohne hinreichenden Grund zu verhindern. Gerade bei Art 2 Abs. 2 Satz 1 GG kommt der staatlichen Schutzpflicht eine große Bedeutung zu, da Verletzungen des Lebensgrundrechts stets irreparabel sind.[287]

Art 2 Abs. 2 Satz 1 GG steht unter einem einfachen Gesetzesvorbehalt. Das heißt, dass durch Gesetz oder aufgrund eines Gesetzes[288] durchaus Eingriffe in das Grundrecht möglich sind. Dabei verlangt ein einfacher Gesetzesvorbehalt lediglich, dass das eingreifende Gesetz der Bindung der Gesetzgebung an die Grundrechte Rechnung trägt und insbesondere dem Grundsatz der Verhältnismäßigkeit genügt.[289]

---

[285] BVerfGE 30, 173 ff., 204; Maunz/Dürig-Herdegen, 1996, Art 1 I GG, Rn. 26; Hofmann, 1993, S. 353 ff., 375.

[286] Vgl. dazu Maunz/Dürig-Herdegen, 1996, Art 1 I GG, Rn. 43 ff.; Taupitz, 2002, S. 17, 24; Taupitz, 2001, S. 3433, 3437.

[287] Pieroth/Schlink, 2004, Rn. 406.

[288] Dies betrifft insbesondere Maßnahmen der Verwaltung, die auf einem Gesetz basieren müssen.

[289] Pieroth/Schlink, 2004, Rn. 253.

Das Recht auf Selbstbestimmung nach Art 1 Abs. 1 in Verbindung mit Abs. 2 Satz 1 GG garantiert dem Einzelnen, dass er seinen gesamten persönlichen Lebensbereich selbst bestimmen kann. Dabei kann er zu Lebzeiten auch Regelungen treffen, die erst nach seinem Tod wirksam sein sollen. In diesem Zusammenhang sind beispielsweise vermögensrechtliche Verfügungen eines Erblassers zu nennen. Auch das Selbstbestimmungsrecht steht unter einfachem Gesetzesvorbehalt, kann also durch Gesetz begrenzt werden.

Die Glaubensfreiheit nach Art 4 Abs. 1, Abs. 2 GG schließlich gewährleistet das Recht, einen Glauben oder eine Weltanschauung zu bilden, zu haben, zu äußern und entsprechend zu handeln. Vom Schutzbereich ist auch das Recht des lebenden Menschen umfasst, über die Behandlung seines Leichnams nach der eigenen weltanschaulichen Überzeugung zu bestimmen. Die Glaubensfreiheit wird vorbehaltlos gewährleistet, so dass der Gesetzgeber Eingriffe nur rechtfertigen kann, wenn sie kollidierendem Verfassungsrecht dienen und darüber hinaus dem Grundsatz der Verhältnismäßigkeit genügen.

10.4.3 Bewertung der Modelle zur PMOS

10.4.3.1 Notstandslösung

Die Notstandslösung spielte in der Diskussion um das deutsche Transplantationsrecht vor allem in den 70er Jahren des vergangenen Jahrhunderts eine Rolle, als die CDU-Fraktion des Berliner Abgeordnetenhauses vorschlug, die Zulässigkeit postmortaler Organentnahmen unter dem Aspekt des Notstandes zu lösen. Danach sollte eine Entnahme zulässig sein, wenn sie „zur Rettung eines Menschenlebens oder zur Behandlung einer Krankheit oder eines Körperschadens geboten erscheint", sofern sie nicht „dem Glauben oder der Weltanschauung des Verstorbenen widerspricht".[290]

Heute geht die herrschende Meinung im Schrifttum davon aus, dass die Notstandslösung verfassungswidrig ist: Dies begründet sie zunächst mit einem Verstoß gegen Art 1 Abs. 1 GG. Denn mit der Notstandslösung gehe eine Instrumentalisierung des verstorbenen Körpers als Organressource einher, die den Menschen zum Objekt gesellschaftlicher Interessen degradiere. Dies stelle eine Verletzung der postmortalen Menschenwürde dar.[291] Diesem Argument lässt sich allerdings entgegenhalten, dass die Rechtsordnung auch im strafprozessualen Obduktionsrecht der §§ 87 ff. StPO unabhängig vom Willen des Verstorbenen oder sogar gegen seinen Willen massive Eingriffe in seinen Leichnam zulässt[292], und zwar selbst dann, wenn von ihm nicht angenommen werden kann, dass er an der Aufklärung eines an ihm ggf. verübten

---

[290] Vgl. dazu Drs. 6/948; 7/1166.
[291] Kühn, 1998, S. 103; Hirsch/Schmidt-Didczuhn, 1991, S. 55.
[292] Hoerster, 1997, S. 42 ff. Befürwortet wird das Notstandsmodell ferner von Linck, 1973, S. 759 ff.; siehe auch Kohlhaas, 1970, S. 1224 ff.

Verbrechens ein Interesse hat und insofern gewissermaßen „Nutznießer" der Obduktion ist. Warum die Inanspruchnahme des Leichnams zwar zu Zwecken der Aufklärung und Verfolgung von Straftaten, nicht aber zur Rettung anderer Menschen zulässig sein soll, sei nicht einsichtig. Noch stärker drittbezogen im unmittelbaren gesundheitlichen Interesse anderer sieht zudem das Infektionsschutzgesetz vor, nämlich dass ein Verstorbener darauf untersucht werden darf, ob er krank, krankheitsverdächtig oder Ausscheider im Hinblick auf bestimmte übertragbare Krankheiten war (§ 25 Abs. 1, § 26); eine solche Untersuchung darf auch gegen den Willen des Verstorbenen oder des Gewahrsamsinhabers[293] durchgeführt werden.

Gegen die Notstandslösung wird ferner vorgebracht, dass sie mit dem Recht auf postmortale Selbstbestimmung nach Art 1 Abs. 1 GG in Verbindung mit. Art 2 Abs. 1 GG unvereinbar sei; darüber hinaus müsse derjenige, der eine postmortale Organentnahme ablehne, in dem Bewusstsein leben, dass diesem Wunsch nach seinem Tod nicht entsprochen werde.[294] Jedoch darf der Gesetzgeber Eingriffe in das Recht auf (postmortale) Selbstbestimmung durchaus vornehmen, sofern sie zum Schutz eines hinreichend wichtigen Gutes notwendig sind und dem Verhältnismäßigkeitsgrundsatz entsprechen. Ob dies tatsächlich der Fall ist, dürfte einer der wichtigsten Prüfsteine für die Verfassungsmäßigkeit der Notstandslösung sein. Immerhin spricht viel dafür, dass der Gesetzgeber mit der sogleich darzustellenden Widerspruchslösung ein vergleichbares Organaufkommen wie mit der Notstandslösung erreichen kann. Damit ist die Notstandslösung im Vergleich zu der weniger in die Rechte der potentiellen Organspender eingreifenden Widerspruchslösung nicht erforderlich. Dies gilt jedenfalls dann, wenn die Widerspruchsrate in der Bevölkerung nicht sehr hoch ist. Mit der Widerspruchslösung kann man zudem einem weiteren gewichtigen Einwand gegen die Notstandslösung Rechnung tragen, nämlich dem Argument, dass Organentnahmen entgegen der Glaubensüberzeugung des Spenders den essentiellen Kernbereich der Glaubensfreiheit nach Art 4 GG tangierten und aus diesem Grund verfassungswidrig seien.[295]

10.4.3.2 Widerspruchslösung

10.4.3.2.1 Grundlagen

Das Ministerkomitee des Europarates empfahl im Jahr 1978 den Mitgliedstaaten, ihre nationalen Gesetze am Modell der Widerspruchslösung auszurichten.[296] Im gleichen Jahr schlug die Bundesregierung das Modell in einem

---

[293] Dazu Erdle, 2002, § 26 Anm. 4.
[294] Maurer, 1980, S. 7 ff., 13.
[295] Kloth, 1994, S. 151.
[296] Council of Europe, Resolution (78) 29 on Harmonisation of Legislation of Member States Relation to Removal, Grafting and Transplantation of Human Substances. Adopted by the Committee of Ministers of the Council of Europe on 11th of May 1978, in: (1978) 29 IDHL, S. 898 ff.

Gesetzentwurf vor,[297] der jedoch im Bundestag nicht abschließend behandelt wurde, so dass er am Ende der Legislaturperiode „verfiel", wie dies bei allen in einer Legislaturperiode nicht erledigten Vorhaben der Fall ist. Auch das rheinland-pfälzische Transplantationsgesetz vom 26.06.1994[298] basierte auf der Widerspruchslösung, wurde allerdings noch vor seiner Verkündung wieder aufgehoben. Verfassungsrechtliche Bedenken gegen das Gesetz bestanden zum einen, weil es keine zentrale Registrierung der Widersprüche vorsah, um deren faktische Beachtung sicherzustellen. Zum anderen kritisierte man das Fehlen einer Regelung, die die rheinland-pfälzischen Landesbehörden zur umfassenden Aufklärung der Bevölkerung über die Rechtsfolge ihres Schweigens verpflichtete.[299]

Während des späteren Gesetzgebungsverfahrens zu einem bundeseinheitlichen Transplantationsgesetz, das durch eine Änderung des Grundgesetzes möglich wurde[300], zeichnete sich recht früh ab, dass die Widerspruchslösung politisch nicht konsensfähig war. Bereits der ursprüngliche interfraktionelle Entwurf lehnte diese mit der Begründung ab, der Gesetzgeber dürfe die Spendebereitschaft des Einzelnen nicht durch eine Regelung unterstellen, nach der derjenige sich besonders wehren müsse, der eine Organentnahme verhindern wolle. Dies stelle eine unverhältnismäßige Beschränkung des Selbstbestimmungsrechts dar.[301]

Allerdings ist eine Beschränkung der Selbstbestimmung dem einfachen deutschen Recht nicht grundsätzlich fremd. Einschlägig sind vor allem zwei strafrechtliche Normen, nämlich der Straftatbestand der unterlassenen Hilfeleistung gemäß § 323c StGB und die Vorschrift des rechtfertigenden Notstandes gemäß § 34 StGB. Der Tatbestand der unterlassenen Hilfeleistung nach § 323c StGB statuiert die Verpflichtung des Einzelnen, einem anderen Menschen, der sich in Not befindet, Hilfe zu leisten. Diese Verpflichtung ist zwar dadurch beschränkt, dass der Einzelne nur dann Hilfe leisten muss, wenn ihm dies nach den Umständen des Einzelfalls zuzumuten ist. Gleichwohl führt § 323c StGB zu einer erheblichen Einschränkung des Selbstbestimmungsrechts. Denn im Ergebnis hält der BGH lediglich eine solche Verpflichtung für unzumutbar, die mit einer erheblichen eigenen Gefahr für den Hilfeleistenden einhergehen würde.[302] Ein solches Risiko ist der Leichenorganspende aber gerade nicht immanent. Diese Überlegungen führen zwar nicht dazu, dass man über § 323c StGB unmittelbar eine Pflicht des Einzelnen begründen könnte, die eigenen Organe nach dem Tod zu spenden.

---

[297] Entwurf eines Gesetzes über Eingriffe an Verstorbenen zu Transplantationszwecken, BT-Drs. 8/2681.

[298] Landtag Rheinland-Pfalz, Drs. 12/2094/5037. Dazu Nickel,1995, S. 139 ff.; Kern, 1994b, S. 389 ff., 392; Weber/Lejeune,1994, S. 2392 ff.

[299] Nickel, 1995, S. 139 ff., 147.

[300] Die Kompetenz des Bundes für eine Regelung zur Transplantation von Organen ist erst 1994 durch Art 74 Nr. 26 GG geschaffen worden.

[301] BT-Drs. 13/4355, 13.

[302] BGHSt 36, 166.

Denn § 323c StGB richtet sich an *lebende* Menschen (nur sie können sich strafbar machen), und bezogen auf sie als Adressaten der Norm besteht nicht die erforderliche Nähebeziehung zu der Notlage eines anderen Menschen, dem ja gerade erst nach dem – im Allgemeinen vom Zeitpunkt her unsicheren – Tod des Spenders durch eine PMOS geholfen werden kann. Die vorstehenden Überlegungen zeigen aber, dass eine Hilfeleistungspflicht zugunsten anderer Menschen und damit einhergehend eine Einschränkung des Rechts, gegenüber der Notlage anderer Menschen gleichgültig zu sein, vom Grundsatz her durchaus im deutschen Strafrecht verankert ist.

In die gleiche Richtung weist auch der rechtfertigende Notstand gemäß § 34 StGB, der die Duldung eines Eingriffs in die eigene Interessensphäre verlangt, sofern der Eingriff zur Rettung eines weit gewichtigeren Interesses eines anderen Menschen erforderlich ist. Der Täter, dessen Handlung nach § 34 StGB gerechtfertigt ist, ist trotz der Verwirklichung eines Straftatbestandes straffrei. Zwar lässt sich bezweifeln, ob § 34 StGB im Bereich der Transplantationsmedizin dazu führt, dass ein Arzt, der eine Leichenorganentnahme ohne die an sich erforderliche Zustimmung des Spenders oder der Angehörigen durchführt und deshalb den Straftatbestand des § 19 Abs. 1 TPG verwirklicht, gemäß § 34 StGB gerechtfertigt ist. Denn von einem Teil der Literatur wird die Auffassung vertreten, dass die Gesundheitsgefahr nur dann gegenwärtig und nicht anders abwendbar sei, wenn sie sich bei einem konkreten Patienten zugespitzt habe und das Organ für diesen konkreten Patienten entnommen werde. Eine Organentnahme für die Vermittlungsstelle Eurotransplant führe dagegen nicht hinreichend unmittelbar zur Abwendung einer gegenwärtigen, nicht anders abwendbaren Gefahr.[303] Auch wird argumentiert, dass die Organentnahme und damit der Eingriff in den Körper des Verstorbenen nicht erforderlich sei, wenn der Funktionsausfall eines Organs beim Empfänger für geraume Zeit in irgendeiner anderen Form ersetzt werden könne, wie dies beispielsweise beim Ausfall der Nierenfunktion durch Dialyse der Fall sei.[304] Diese – durchaus umstrittenen[305] – Argumente beziehen sich jedoch lediglich auf die unmittelbare Anwendbarkeit von § 34 StGB (bzw. § 323c StGB), also auf die geltende Rechtslage. Entscheidender ist demgegenüber im Hinblick auf die *rechtspolitische Forderung*

---

[303] Tröndle/Fischer, 2004, § 168 Rn. 5. Dagegen verweisen andere Teile des Schrifttums auf die Länge der bei Eurotransplant geführten Wartelisten, aufgrund derer jedes transplantierbare Organ nicht nur an einen, sondern theoretisch sogar an mehrere Patienten vermittelt werden könne; Im Ergebnis trage jede Leichenorganentnahme zum Abbau der Wartelisten bei. Jede Entnahme sei deshalb auch geeignet, eine gegenwärtige Gesundheitsgefahr abzuwehren: Schönke/Schröder-Lencker, 2006, § 168 Rn. 8.

[304] Hirsch/Schmidt-Didczuhn, 1992, S. 20. Demgegenüber verweisen andere Autoren darauf, dass die Dialyse die Lebensqualität des Patienten erheblich beeinträchtige. Aus Patientensicht seien Transplantation und Dialyse keine gleichwertige Therapiemethoden: Penning/Liebhardt, 1986, S. 448.

[305] Siehe die Nachweise in den beiden vorhergehenden Fußnoten.

nach Einführung der *Widerspruchslösung*, dass in den genannten Normen (deren Verfassungsmäßigkeit nicht angezweifelt wird) deutlich zum Ausdruck kommt, dass der Staat sehr wohl vom Einzelnen verlangen kann, seine eigenen Interessen hinter diejenigen anderer Menschen zurückzustellen und dabei auch einen Eingriff in eigene Rechtsgüter und Interessen zu dulden.

Dies gilt allerdings nur, wenn die Rechtsgüter und Interessen, zu deren Gunsten der Eingriff erfolgt, deutlich höher zu bewerten sind als die aufgeopferten Rechtsgüter und Interessen desjenigen, den die Duldungspflicht trifft. Zudem dürfen bei der Abwägung die Grundrechte des zur Duldung Verpflichteten nicht in ihrem wesentlichen Kern angetastet werden. Konkret bedeutet dies, dass das negative Selbstbestimmungsrecht des potentiellen Spenders, sich nicht mit dem Verbleib seiner Leichenorganentnahmen beschäftigen zu müssen, dem Interesse des Patienten an dem Erhalt eines Transplantats gegenüberzustellen ist.

Vereinzelt und auch nur im Zusammenhang mit der strikten Widerspruchslösung werden Bedenken im Hinblick auf den aus Art 1 Abs. 1 GG abgeleiteten Schutz der postmortalen Menschenwürde geltend gemacht, und zwar für den Fall, dass das Modell keine Regelungen vorsieht, die eine hinreichende Information des Einzelnen über seine Widerspruchsmöglichkeit gewährleisten. Nur dort, wo der Bürger über die Bedeutung und Tragweite seiner Handlungen und Erklärungen aufgeklärt sei, könne der Staat an diese auch Rechtsfolgen knüpfen, die im Hinblick auf das Menschenwürdegebot nach Art 1 Abs. 1 GG unbedenklich seien.[306] Da der Einzelne jedoch auch im Rahmen der strikten Widerspruchslösung eigenständig entscheiden kann, ob er nach seinem Tod als Spender zur Verfügung stehen will oder nicht, geht die herrschende Auffassung davon aus, dass das Modell den Einzelnen nicht in seiner Personenwürde verletzt und deshalb mit der Garantie der postmortalen Menschenwürde vereinbar ist.[307]

Überaus umstritten ist in der Literatur dagegen, ob die Widerspruchslösung das Selbstbestimmungsrecht des Spenders verletzt. Die diesbezügliche Kritik setzt dabei an zwei verschiedenen Aspekten des Modells an. Zum einen wird argumentiert, die Widerspruchslösung messe dem Schweigen des Einzelnen den Wert einer Zustimmungserklärung bei. Dies stelle eine unzulässige Fiktion dar, da Schweigen in unserer Rechtsordnung grundsätzlich nicht als Zustimmung gelte.[308] Damit verkenne die Widerspruchslösung außerdem, dass das Schweigen des Einzelnen auf unterschiedlichsten Motiven beruhen könne, die gerade keine Zustimmung bedeuten, wie beispielsweise auf mangelnder Information oder auch auf bloßem Desinteresse.[309]

---

[306] Kloth, 1994, S. 171.
[307] Seewald, 1997, S. 199 ff., 226 ff.; Vogel, 1980, S. 625 ff., 628; Heun, 1996, S. 213 ff., 218; Hirsch/Schmidt-Didczuhn, 1992, S. 54 ff.; s. auch BVerfG, NJW, 1999, S. 3403 f.
[308] Taupitz, 1996, S. 28.
[309] Taupitz. 1996, S. 203 ff., 204; Kloth, 1994, S. 161; Deutsch, 1992, S. 174 ff., 175; Carstens, 1978, S. 123.

Gegen diesen Einwand spricht aber zunächst, dass die Widerspruchslösung nicht dazu führt, dass trotz Schweigens eine Zustimmung vermutet wird. Vielmehr knüpft das Modell lediglich an das Nichtvorliegen eines Widerspruchs die gesetzliche Rechtsfolge, dass eine Leichenorganentnahme zulässig ist.[310] Die Rechtfertigung des Eingriffs beruht damit nicht auf einer privatautonomen Erklärung des Spenders oder ihrer Fiktion, sondern wird vom Gesetz selbst ausgesprochen (so wie der Bürger auch durch andere Gesetze unmittelbar und selbst betroffen sein kann oder diese jedenfalls die legitimierende Grundlage einer individuellen [Behörden-]Entscheidung sein können). Der Gesetzgeber ist im Rahmen der ihm eröffneten Güterabwägung zwischen notwendiger Hilfe für Kranke einerseits und Wahrung des Selbstbestimmungsrechts potentieller Spender andererseits durchaus befugt, diese Güterabwägung jedenfalls dann zugunsten der Kranken ausschlagen zu lassen, wenn der potentielle Spender keinen abweichenden Willen geäußert hat. Immerhin deutet das Nichtgebrauchmachen von der Widerspruchsmöglichkeit zumindest dann auf ein geringes Interesse an der Integrität des eigenen Leichnams hin, wenn der Verstorbene von den Folgen seines Schweigens hinreichende Kenntnis gehabt hat.[311] Aber selbst wenn man unmittelbar auf das Schweigen des potentiellen Spenders abstellt und daran die Vermutung der Zustimmung knüpft, ist zu berücksichtigten, dass es in verschiedenen Rechtsbereichen durchaus anerkannt ist, dass der Gesetzgeber dem Schweigen die Wirkung einer Zustimmung verleihen kann.[312]

Zum anderen wird gegen die Widerspruchslösung eingewandt, sie verletze das Recht auf Nichtentscheidung als Bestandteil des verfassungsrechtlich garantierten negativen Selbstbestimmungsrechts. Denn der Einzelne könne einer Organentnahme nur widersprechen, wenn er sich zuvor mit der Transplantationsthematik auseinandergesetzt habe. Diese durch die Widerspruchslösung erzwungene Beschäftigung mit dem eigenen Tod stelle einen Eingriff in das Selbstbestimmungsrecht dar, der verfassungsrechtlich nicht zu rechtfertigen sei.[313]

Dieser Auffassung steht jedoch entgegen, dass der Gesetzgeber das Selbstbestimmungsrecht, das unter einem ausdrücklichen Gesetzesvorbehalt steht, durchaus begrenzen darf. Fraglich kann lediglich sein, ob die mit der Widerspruchslösung einhergehende Beschränkung dem Verhältnismäßigkeitsprinzip entspricht.

Voraussetzung dafür ist, dass der Eingriff ein legitimes Ziel verfolgt und zur Verfolgung dieses Ziels geeignet ist. Die Widerspruchslösung bezweckt, das Organaufkommen zu steigern. Dazu ist sie auch geeignet, denn Staaten, in denen die Widerspruchslösung gilt, generieren ein etwa doppelt so großes

---

[310] Vgl. Hirsch/Schmidt-Didczuhn, 1992, S. 55, Fn. 23.
[311] Vogel, 1890, S. 625 ff., 627.
[312] Vgl. §§ 455 S. 2, 516 Abs. 2 S. 2 BGB, §§ 75h, 91a, 362 HGB.
[313] Kloth, 1994, S. 176.

Organaufkommen pro Kopf der Bevölkerung wie Deutschland. So beträgt die Transplantationsrate in Deutschland lediglich 12,2, in Österreich dagegen 24,2 pro Million Einwohner. Darüber hinaus ist kein milderes, aber gleich wirksames Mittel zur Erreichung dieses Ziels ersichtlich. Insbesondere stellt die Widerspruchslösung ein milderes Mittel als die Notstandslösung dar, bei der die Möglichkeit des Widerspruchs gerade nicht besteht. Auch die Reziprozitätslösung kann in Bezug auf das Recht zur Nichtentscheidung nicht als milder bezeichnet werden, da bei dieser Lösung die fehlende Spendebereitschaft zu Risiken für die eigene Gesundheit führt, indem derjenige, der nicht spendebereit ist, nicht oder erst nachrangig mit einem ggf. benötigten Organ versorgt wird. Schließlich ist das Widerspruchsmodell auch bei Abwägung der kollidierenden Rechtsgüter verhältnismäßig im engeren Sinn. In diesem Zusammenhang ist insbesondere zu berücksichtigen, dass sich bei eigener Organbedürftigkeit jeder wünschen wird, ein Transplantat zu erhalten, so dass sich derjenige widersprüchlich verhält, der eine Auseinandersetzung bei eigener Gesundheit zwar vermeiden will, der bei eigener Bedürftigkeit aber ein Organ als angemessene Gesundheitsversorgung beansprucht. Vor diesem Hintergrund kann der Gesetzgeber durchaus verlangen, dass der Einzelne auch selbst Position bezieht. Sehr klar (wenn auch sehr apodiktisch) hat auch das Bundesverfassungsgericht entschieden, es sei „nicht ersichtlich", dass potentielle Organspender „in ihren Grundrechten bereits dadurch verletzt werden, dass sie zur Abwehr der behaupteten Grundrechtsverletzungen [nämlich der Verletzung ihrer Würde und ihres Selbstbestimmungsrechts] einen Widerspruch erklären müssen".[314]

Allerdings muss der Gesetzgeber einen Eingriff, der dem Einzelnen zuzumuten ist, auf der niedrigsten aller möglichen Eingriffsstufen verwirklichen. Diesem Ziel dient ein weitreichender Grundrechtsschutz durch verfahrensrechtliche Regelungen. Beispielsweise muss er dem Einzelnen die Möglichkeit eröffnen, dass er die eigene Position überdenken und ohne die Angabe von Gründen widerrufen kann.[315] Darüber hinaus müssen Regelungen für eine hinreichende Information und Bedenkzeit des Erklärungspflichtigen sorgen.[316]

Die Widerspruchslösung bereitet schließlich keine verfassungsrechtlichen Probleme hinsichtlich der Glaubensfreiheit gemäß Art 4 GG, sofern der Widerspruch nicht zu begründen ist und damit auch aus religiösen Motiven erfolgen kann.

10.4.3.2.2 Einbeziehung der Angehörigen in das Widerspruchsmodell?

Hat der Betroffene zu Lebzeiten einer Leichenorganspende widersprochen, ist der Arzt und sind die Angehörigen daran gebunden (§ 3 Abs. 2 Nr. 1, § 4 Abs. 1 Satz 1 TPG). Das Bundesverfassungsgericht hat dieser Regelung, wonach der Widerspruch des Betroffenen durch die Zustim-

---

[314] BVerfG, NJW, 1999, 3403, 3404.
[315] Vgl. dazu auch Kramer, 1987, S. 141.
[316] So auch Hirsch/Schmidt-Didczuhn, 1992, S. 57 f.

mung einer anderen Person nicht überspielt werden kann, in seiner Entscheidung zur Verfassungsmäßigkeit des TPG erkennbar erhebliches Gewicht beigemessen.[317]

Hat der Betroffenen zu Lebzeiten einer Leichenorganentnahme *nicht* widersprochen, so können im Rahmen des erweiterten Widerspruchsmodells auch die Angehörigen des Verstorbenen eine solche ablehnen, indem sie entweder als Boten fungieren und den Widerspruch des Betroffenen überbringen[318] oder aber eigenständig über die Organentnahme entscheiden. Zu berücksichtigen ist in diesem Zusammenhang allerdings, dass das Entscheidungsrecht der Angehörigen ein ausgesprochenes Pflichtrecht darstellt, so dass die Angehörigen dieses Recht vornehmlich im Sinne des Verstorbenen wahrzunehmen haben. Nur deshalb steht es nicht im Widerspruch zu seinem Selbstbestimmungsrecht.[319] Aus diesem Grund ist ein Regelungsmodell, bei dem die Angehörigen ihre eigenen Vorstellungen durchsetzen können, die möglicherweise denen des Betroffenen widersprechen, verfassungsrechtlich überaus bedenklich.[320] Ein solches Modell ist derzeit in keinem Staat geltendes Recht. Auch in der juristischen Literatur ist man sich hinsichtlich des Pflichtrecht-Charakters des Totensorgerechts einig.[321] Daraus ergibt sich zudem ein Argument für die im TPG auch vorgesehene, wenn auch noch nicht verwirklichte zentrale Registratur, die geeignet ist, den Vorrang des Willens des Verstorbenen sicherzustellen.

Überaus umstritten ist dagegen die Frage, ob den Angehörigen überhaupt die Möglichkeit des Widerspruchs eröffnet werden sollte. Für ein Widerspruchsrecht der Angehörigen wird vorgebracht, die strikte Widerspruchslösung führe zu einer unzulässigen Umgehung der Rechte der Angehörigen, die gerade dann bestünden, wenn der Betroffene sich nicht eigenständig geäußert habe.[322] Dass die strikte Widerspruchslösung für diesen Fall eine Zustimmung des Betroffenen fingiere, stelle einen Eingriff in das Totensorgerecht der Angehörigen dar, der verfassungsrechtlich nicht zu rechtfertigen sei.

Dem wird allerdings entgegen gehalten, dass das Entscheidungsrecht der Angehörigen lediglich aus dem Entscheidungsrecht des Betroffenen abgeleitet sei und sich deshalb in dem Maß reduziere, in dem der Betroffene selbst von diesem Gebrauch gemacht habe.[323] Habe der Betroffene selbst einer Leichenorganentnahme nicht widersprochen, so dürfe davon ausgegangen werden, dass für ihn diese Frage wenig Bedeutung gehabt habe. Dann dürfe aber dem Widerspruch der Angehörigen kein zusätzliches Gewicht beigemessen

---

[317] BVerfG, NJW, 1999, 3403 f.
[318] Dieses Modell gilt hauptsächlich in Ländern des romanischen Rechtskreises.
[319] Maurer, 1980, S. 7 ff., 14.
[320] Schreiber, 1983, S. 350; Schmidt-Didczuhn, 1991, S. 264 ff., 266; Nickel, 1995, S. 139 ff., 143.
[321] Maurer, 1980, S. 7 ff., 13 f.; Kloth, 1994, S. 137 mit weiteren Nachweisen.
[322] Kloth, 1994, S. 182 ff.
[323] Maurer, 1980, S. 7 ff., 14; Schmidt-Didczuhn, 1991, S. 264 ff., 268; BT-Drs. 8/2681, S. 9.

werden, da neben der Entscheidung des Betroffenen den Angehörigen gerade kein eigenes Entscheidungsrecht zukomme.

Der zuletzt genannten Ansicht ist zuzustimmen: Macht der Betroffene im Rahmen der Widerspruchslösung von seinem Widerspruchsrecht keinen Gebrauch, so nimmt er damit bewusst in Kauf, dass er als Leichenorganspender herangezogen werden kann. Diese Entscheidung haben auch die Angehörigen zu respektieren. Im Ergebnis sollte die Entscheidung über eine Leichenorganspende somit dem überlassen werden, um dessen Persönlichkeitsrecht es dabei geht.[324]

10.4.3.3 Reziprozitätsmodell

Bezogen auf das Reziprozitätsmodell stellt sich die Frage, ob es mit dem verteilungsrechtlichen Gleichheitssatz als Ausprägung des allgemeinen Gleichheitssatzes nach Art 3 Abs. 1 GG vereinbar ist. Danach soll grundsätzlich jeder Patient den gleichen Zugang zu Gesundheitsleistungen haben. Differenzierungen zwischen Patienten sind allerdings durchaus möglich, sofern sie mit einem sachlichen Grund zu rechtfertigen sind.

Aus verfassungsrechtlicher Sicht sind unbedenklich dabei nur solche Kriterien, die als objektive Kriterien allen Betroffenen prinzipiell gleiche Chancen geben. Sie müssen, anders formuliert, „statusblind" sein, d.h. sie dürfen weder offen noch latent zu einer Bevorzugung oder Benachteiligung bestimmter sozialer, ethischer oder religiöser Kreise und Gruppen sowie zur Auswahl nach dem Geschlecht führen[325]. Dagegen sind solche Denkansätze abzulehnen, die an die Bedeutung einer Person im gesellschaftlichen und sozialen Umfeld anknüpfen und hieraus Bewertungskriterien für Allokationsentscheidungen gewinnen wollen, wie es beispielsweise in den USA z.T. postuliert wird. Das gleiche gilt für schematische Altersgrenzen für bestimmte Behandlungsformen und Therapiemethoden, die unweigerlich zu einer Abwertung besonders alter oder besonders junger Menschen führen und mit der Wertordnung des Grundgesetzes nicht vereinbar sind[326].

Vor diesem Hintergrund lässt sich eine Organverteilung in Abhängigkeit von der eigenen Spendebereitschaft durchaus rechtfertigen. Voraussetzung ist allerdings, dass jeder Mensch – unabhängig von der „Qualität" der eigenen Organe und unabhängig von der Frage, ob die eigenen Organe tatsächlich in Anspruch genommen werden – die Möglichkeit hat, sich durch die Erklärung der Spendebereitschaft den gleichen Vorteil bei der Organverteilung zu verschaffen. Dies lässt sich auch mit der Besonderheit der „Ressource Organ" begründen. Denn die Verfügbarkeit menschlicher Organe hängt vor allem von der Spendebereitschaft jedes einzelnen Bürgers ab und die Fähigkeit jedes einzelnen, als Spender aufzutreten, ist grundsätzlich gegeben.

---

[324] So auch Hirsch/Schmidt-Didczuhn, 1992, S. 63.
[325] Vgl. Taupitz, 1999, S. 113, 126 ff.
[326] Taupitz, 2004, S. 119, 132 f.

Problematisch ist die Gestaltung der reziproken Organverteilung allerdings bei Minderjährigen. Hier stellt sich insbesondere die Frage, wer über die Beteiligung des Minderjährigen zu entscheiden hat. Nach Ansicht der Befürworter des Reziprozitätsmodells soll grundsätzlich der Elternwille als verbindlich gelten.[327] Zu berücksichtigen ist in diesem Zusammenhang aber, dass sich die elterliche Ablehnung einer Spendenbereitschaftserklärung mittelbar auf die Gesundheit des Kindes auswirken kann. Denn mit der elterlichen Entscheidung kommt es dazu, dass bei der Organverteilung vorrangig alle diejenigen (anderen) Kinder bedacht werden, die nach medizinischen Kriterien ebenfalls als Empfänger in Betracht kommen und die nach der Entscheidung ihrer Eltern einer postmortalen Organspende zugestimmt bzw. nicht widersprochen haben. Vor diesem Hintergrund stellt sich die Frage, ob den Eltern eine Entscheidung von solcher Tragweite zustehen kann.

Dafür spricht, dass auch sonstige medizinische Entscheidungen, beispielsweise die Entscheidung über einen ärztlichen Heileingriff, zunächst die Eltern treffen. Erst mit wachsender Verstandesreife wird dem Kind ein Mitspracherecht eingeräumt.[328] Allerdings ist die Entscheidung über einen ärztlichen Heileingriff nicht mit der Entscheidung über die Organspendenbereitschaft zu vergleichen. Denn die Entscheidung für oder gegen eine Spende kann nicht nach objektiv messbaren Kriterien dem Wohl des Kindes abträglich sein. Vielmehr hängt die Antwort auf die Frage, welche Entscheidung das Wohl des Kindes besser fördert, von der höchstpersönlichen Einstellung des Einzelnen ab: Auf der einen Seite fördert eine Bereitschaftserklärung potentiell das Wohl des Kindes, indem es im Fall seiner Bedürftigkeit beim Organzugang bevorzugt wird. Auf der anderen Seite kann das Kind aber als Leichenorganspender herangezogen werden. Im Ergebnis führt die mangelnde Objektivierbarkeit dieser Entscheidung dazu, dass die Eltern ihr Kind in der Regel nur dann als Leichenorganspender anmelden werden, wenn sie selbst auch spendebereit sind. Vor diesem Hintergrund sollten Minderjährige generell von einer reziproken Organverteilung ausgenommen sein. Jedem Minderjährigen sollte vielmehr unabhängig von „seiner" eigenen Spendebereitschaft der gleiche Anspruch auf ein Organ zustehen.

Schließlich gehen mit der Reziprozitätslösung verfassungsrechtliche Bedenken in Situationen einher, in denen der Einzelne seine bereits getroffene Spendeentscheidung widerrufen möchte. Auf der einen Seite erscheint eine Regelung problematisch, die dem Einzelnen die Möglichkeit des Widerrufs einräumt: Denn wer lebenslang spendebereit war und dennoch kurz vor seinem Tod von der Möglichkeit des Widerrufs Gebrauch macht, der hat den lebenslangen Optionsnutzen gehabt, bei eigener

---

[237] Breyer/Kliemt, 1995, S. 153.
[238] Deutsch/Spickhoff, 2003, Rn. 564.

Bedürftigkeit bevorzugt ein Organ zu erhalten. Durch seine Ablehnung scheidet er gleichwohl als Organspender aus. Auf der anderen Seite weckt aber auch eine Lösung verfassungsrechtliche Bedenken, die den Betroffenen unwiderruflich an seiner einmal erklärten Spendebereitschaft festhält. In diesem Zusammenhang ist zu berücksichtigen, dass sich die psychische Situation eines Menschen ändern kann, sobald er mit dem eigenen Ableben konfrontiert wird. Vor diesem Hintergrund stellt eine Regelung, bei der der Einzelne seine Spendeentscheidung nicht revidieren kann, eine unverhältnismäßige Beschränkung seines postmortalen Selbstbestimmungsrechts dar.[329] Eine Regelung, die den Priorisierungsgrad eines Spenders als Empfänger von der Dauer der vor Eintritt einer eigenen Bedürftigkeit erklärten eigenen Spendenbereitschaft abhängig macht, schließt zwar nicht aus, dass eine Revision der Spendenbereitschaft unmittelbar vor Eintritt des eigenen Todes oder in fortgeschrittenem Alter erklärt wird; jedoch erscheint dies als eine ebenso unwahrscheinliche wie hinnehmbare Entscheidung, die einer Anreizkompatibilität der Regelung in jüngeren Jahren nicht entgegensteht.

Gleichwohl kommt in Betracht, dass die Spendeerklärung zwar frei widerruflich ist, dass aber an einen erklärten Widerspruch negative Folgen bei der Organzuteilung geknüpft werden, die z.B. davon abhängen, wie lange der Widerspruch aufrechterhalten wurde (zu einer derartigen Malus-Regelung s. oben Teil II Abschnitt 7.3.3.2). Zu berücksichtigen ist in diesem Zusammenhang allerdings, dass auch eine solche Regelung negative Folgen an die Ausübung des postmortalen Selbstbestimmungsrechts knüpft. Folglich müsste sie sich durch einen Anstieg an verfügbaren Leichenspenden, nämlich dadurch rechtfertigen lassen, dass sie Menschen davon abhält, von ihrem Widerspruchrecht Gebrauch zu machen. Dazu müsste es aber zum einen eine relevante Zahl von Menschen geben, die der Entnahme ihrer Leichenorgane überhaupt widerspricht. Zum anderen müsste die geschilderte Malus-Regelung geeignet sein, eine nennenswerte Zahl von Menschen von ihrem an sich ins Auge gefassten Widerspruch abzuhalten. Inwieweit diese beiden Voraussetzungen gegeben sind, ist schwer zu beurteilen. Immerhin kann festgehalten werden, dass eine Malus-Regelung (etwa in Abhängigkeit von der Dauer des eingelegten Widerspruchs) zwar keinen unüberwindlichen verfassungsrechtlichen Bedenken ausgesetzt ist, dass sie aber über die positiven Wirkungen der Einführung einer Widerspruchslösung hinaus auch nicht in besonders herausragendem Ausmaß zu einem weiteren Abbau der Organknappheit beitragen dürfte.

---

[329] Dies ist vergleichbar mit der Möglichkeit, im Rahmen der Widerspruchslösung jederzeit den Widerspruch zurücknehmen zu können. Vgl. dazu Hirsch/Schmidt-Didczuhn, 1992, S. 59.

10.4.4 Bewertung der Modelle zur Lebendorganspende

10.4.4.1 Ausweitung des Spenderkreises

Im Transplantationsgesetz ist bezogen auf nicht regenerierbare Organe eine Begrenzung des Spenderkreises auf Verwandte ersten oder zweiten Grades, Ehegatten, Verlobte und Personen, die sich „offenkundig nahe stehen", enthalten. Dies ist aus verfassungsrechtlicher Sicht bedenklich[330] und wird in der Literatur nahezu einhellig kritisiert[331]. Denn durch die genannte Regelung wird die Spenderautonomie in unverhältnismäßigem Ausmaß eingeschränkt[332]. Ausprägung der jedem selbstbestimmungsfähigen Menschen zukommenden Autonomie ist einerseits die Befugnis zur Abwehr eigenmächtiger Organentnahmen, also ohne oder gar gegen den Willen des „Spenders"; diese Funktion der Spenderautonomie ist unbestritten und wird durch das geltende Transplantationsgesetz hinreichend gewahrt. Ausprägung des Selbstbestimmungsrechts ist jedoch andererseits auch die Befugnis, eigene wertbezogene Interessen zu verfolgen und sich aus fremdnützigen Gründen zu einer Organspende zu entschließen. Dem steht es nicht entgegen, dass eine Organentnahme mit Risiken für den Spender verbunden ist. Auch selbst gefährdende Tätigkeiten sind verfassungsrechtlich geschützt und legitimieren den Gesetzgeber nicht, einen *Schutz des Menschen vor sich selbst* zu schaffen[333].

Es ist auch erstaunlich, dass der Gesetzgeber eine Organspende lediglich von einander nahe stehenden Personen zulässt und glaubt, gerade damit die Freiwilligkeit der Organspende sicherstellen zu können. Zwar mag hier ein Entschluss frei von finanziellen Gründen getroffen werden; jedoch werden sich gerade nahe Verwandte einem enormen moralischen Druck ausgesetzt sehen, wenn nur sie als blutgruppenkompatible Organspender in Betracht kommen und deshalb die ganze Hoffnung des Kranken, durch eine Organtransplantation gerettet zu werden oder jedenfalls eine erhebliche Steigerung der Lebensqualität erreichen zu können, auf sie projiziert wird[334]. Dieser moralische Druck ist bei Personen, die sich nicht besonders nahe stehen, nicht vergleichbar groß. Bei Ausweitung des Spenderkreises stünden zudem mehr potentielle Spender zur Verfügung, so dass einander nahe stehende Personen nicht vergleichbar als „letzte Rettung" in die moralische Pflicht genommen werden müssten.

Weiterhin liegt in der Begrenzung des Spenderkreises auch ein Grundrechtseingriff in Art 2 Abs. 2 Satz 1 GG des potentiellen Organempfängers[335].

---

[330] Die Regelung wurde allerdings vom BVerfG gebilligt: BVerfG, NJW 1999, 3399 ff.
[331] Forkel, 2001, S. 73, 7; Gutmann, 1999, S. 3387 ff.; Esser, in: Höfling, 2003, § 8 Rn. 91; Schroth/König/Gutmann/Oduncu-Gutmann, 2005, § 8 Rn. 29.
[332] Forkel, 2001, S. 73-78; Gutmann, 1999, S. 3387ff., 3388.
[333] Gutmann, 1999, S. 3387 (S. 3388); a.A. BVerfG, NJW 1999, S.3399 ff., 3402.
[334] Esser, in: Höfling, 2003, § 8 Rn. 89 („familiäre Drucksituationen").
[335] Schroth/König/Gutmann/Oduncu-Gutmann, 2005, § 8 Rn. 29.

Ihm wird eine Therapiemöglichkeit zur Verlängerung des Lebens oder zumindest zu Verminderung von Leiden entzogen, indem er auf die im Vergleich zur Lebendorganspende schlechtere Behandlungsmethode der postmortalen Organspende verwiesen und angesichts von Engpässen auf eine lange Warteliste gesetzt werden muss. Damit verletzt der Staat seine Pflicht, medizinisch mögliche Behandlungsmethoden nicht ohne hinreichenden Grund zu verhindern.

Auch zur effektiven Durchsetzung des gesetzgeberischen Ziels, das Organhandelsverbot abzusichern, ist die genannte Einschränkung nicht notwendig. Das Organhandelsverbot ist bereits ausreichend strafrechtlich sanktioniert, so dass nichts dafür spricht, dass eine Ausweitung des Spenderkreises das Organhandelsverbot unterminieren werde. Im Ergebnis sollte der Gesetzgeber die Beschränkung des Spenderkreises bei der Lebendorganspende beseitigen; zumindest müsste die Überkreuzspende offen erlaubt werden.

10.4.4.2 Finanzielle Gegenleistungen

Auch die Zulässigkeit finanzieller Gegenleistungen ist an den Vorgaben des Grundgesetzes zu messen. Dabei ist ein besonderes Augenmerk auf die Verfassungsrechtsgüter zu richten, die das derzeit geltende Organhandelsverbot der §§ 17, 18 TPG schützen soll. In diesem Zusammenhang hebt der Gesetzgeber des TPG insbesondere die Menschenwürde nach Art 1 Abs. 1 GG hervor. Die Garantie der Menschenwürde werde verletzt, wenn der Mensch bzw. seine sterblichen Reste zum Objekt finanzieller Interessen würden. Sowohl der Verkauf von Organen als auch Organspenden gegen Entgelt seien daher mit der Schutzgarantie des Art 1 Abs. 1 GG unvereinbar.[336] Diese Auffassung hat auch das BSG in seinem Urteil vom 15.04.1997 vertreten: Mit der Achtung vor der menschlichen Würde sei es nicht vereinbar, wenn durch Organspenden gegen Entgelt der Mensch bzw. seine sterblichen Überreste zum Objekt finanzieller Interessen gemacht würden. Bei entgeltlicher Organspende im Ausland stehe dem Versicherten deshalb kein Anspruch auf Kostenerstattung zu.[337]

Die deutsche Rechtswissenschaft hat – im Gegensatz zu der des englischsprachigen Auslands sowie zu den inländischen Wirtschafts- und Sozialwissenschaften – erst damit begonnen, die Verfassungskonformität finanzieller Gegenleistungen zu diskutieren. Dabei wird auf der einen Seite argumentiert, der Verkauf von Körperteilen degradiere den menschlichen Körper zur bloßen Handelsware. Es sei dann auch kein großer Schritt mehr, Menschen zu erlauben, sich als Sklaven zu verdingen.[338] Deshalb obliege es dem Staat,

---

[336] Gesetzesentwurf der Fraktionen der CDU/CSU, SPD, FDP, BT-Drs. 13/4355, S. 29. A.A. (Kliemt, 2005, S. 15 mit der Argumentation, insbesondere die Rede vom „bloßen Objekt" sei sehr oberflächlich, da dem Entschluss des Spenders, sich zum Objekt machen zu lassen, schließlich eine autonome Willensentscheidung zugrunde liege.
[337] BSG, NJW 97, 3114 ff.
[338] Sasse, 1996, S. 101.

den Verkäufer davor zu bewahren, sich selbst zum Objekt zu machen.[339] Im Gegensatz dazu betonen andere aber das Recht auf Selbstbestimmung: Schließlich sei es nicht der Staat oder ein Dritter, der den Menschen bzw. dessen Körper zum Objekt mache, sondern dies sei der Spender zu seinen eigenen Lasten.[340] Erkläre sich ein Mensch aber nach umfassender Aufklärung freiwillig dazu bereit, für eine bestimmte Summe ein Organ zu spenden, so stelle dies keine Infragestellung seiner Subjektsqualität dar.[341]

Damit geht es letztlich um die Frage, wer verbindlich definieren darf, was die Würde eines Menschen ausmacht. Dies könnte auf der einen Seite der Menschenwürdeträger selbst, auf der anderen Seite aber auch der Gesetzgeber sein. In diesem Zusammenhang hat zwar das BVerwG[342] die Auffassung vertreten, dass die Menschenwürde wegen ihrer über den Einzelnen hinausreichenden Bedeutung auch gegenüber der Absicht des Betroffenen verteidigt werden müsse, seine vom objektiven Wert der Menschenwürde abweichenden subjektiven Vorstellungen durchzusetzen. Diese Ansicht ist in der Literatur jedoch überwiegend auf Kritik gestoßen:[343] Art 1 Abs. 1 schütze gerade die Würde des Menschen, wie er sich in seiner Individualität selbst begreife. Anderenfalls bestehe die Gefahr eines Werteabsolutismus, bei dem der Gesetzgeber dem Einzelnen seine Wertevorstellungen aufzwinge.

Schließt man sich dieser Auffassung an, so ist Art 1 Abs. 1 GG nicht einschlägig und es stellt sich die Frage, wie ein Verbot finanzieller Gegenleistungen am Maßstab des Selbstbestimmungsrechts zu beurteilen ist. Dabei ist in der Literatur zunächst umstritten, ob eine finanzielle Zuwendung stets die Freiwilligkeit der Spendeentscheidung ausschließt, so dass der Spender davor zu schützen ist, dass er eine Entscheidung trifft, die er ohne die finanzielle Zuwendung so nicht getroffen hätte.[344] In diesem Zusammenhang ist zum einen zu berücksichtigen, dass es dem Einzelnen bereits in verschiedenen Situationen nicht untersagt ist, seinen Körper zu kommerzialisieren.[345] So befriedigen Manager ihre kommerziellen Interessen in hohem Maße, ohne dass der Gesetzgeber sie daran hindert.[346] Wäre mit einer finanziellen Gegenleistung stets die Unfreiwilligkeit der Spendeentscheidung verbunden, dann müssten viele Arbeitsverträge in Deutschland unfreiwillig geschlossen worden sein.[347] Zahlreiche Berufsangehörige, wie Bergleute und Feuerwehrleute, sowie die im Gesundheitswesen tätigen Personen, wie Ärzte und Krankenpfleger, setzen sich sogar gesundheitlichen Gefahren gegen Entgelt aus[348] (siehe näher

---

[339] Sasse, 1996, S. 102.
[340] König, 2005, S. 113.
[341] Schroth, 2001, S. 873.
[342] BVerwG, 64, 274 ff.
[343] Von Olshausen, 1982, S. 2221 ff., Gusy, 1982, S. 984 ff., Hoerster, 1983, S. 93 ff.
[344] Hirsch/Schmidt-Didczuhn, 1992, S. 9.
[345] König, 2005, S. 110.
[346] König, 2005, S. 109.
[347] Gutmann, 1993, S. 75 ff., 83.
[348] Reitelmann, 1970, S. 3 zu § 138 I BGB. Vgl. dazu: 3.6.

die ausführliche Darstellung oben in Teil II Kapitel 8). In der Literatur wird zwar argumentiert, es gehe hier lediglich um eine Dienstleistung, bei der die Gefährdung des Körpers eine in Kauf genommene Folge, nicht aber unmittelbares Ziel der Handlung sei.[349] Jedoch stellt auch bei der Organspende, die mit einer finanziellen Gegenleistung verknüpft ist, der Eingriff in die körperliche Integrität nicht den unmittelbaren Zweck dar. Unmittelbarer Zweck ist vielmehr die Hilfeleistung für einen anderen kranken Menschen. Zum anderen ist an die derzeitige Praxis der Blutspende zu denken. Auch hier wird nicht bezweifelt, dass die Spendeentscheidung freiwillig erfolgt,[350] obwohl dem Blutspender regelmäßig entweder ein Geldbetrag oder zumindest ein Imbiss zur Stärkung sowie eine kostenlose Gesundheitsuntersuchung gewährt wird. Zwar wird nicht selten darauf hingewiesen, dass die finanzielle Zuwendung an den Blutspender als bloße „Anerkennungsprämie für persönliche Aufopferung" zu klassifizieren sei.[351] Allerdings kann auch eine bloße Anerkennungsprämie, die zwar nicht gezielt die Spendebereitschaft erhöhen soll, diese de facto gleichwohl positiv beeinflussen. Insbesondere für Geringverdiener oder Studenten kann die regelmäßige Abgabe von Blut zur Einkommensquelle werden. Im Ergebnis kann also nicht pauschal gesagt werden, dass das Gewähren einer finanziellen Zuwendung notwendig mit der Unfreiwilligkeit der Spendeentscheidung einhergehe. Dies ist vielmehr eine Frage des Einzelfalls.

Verfassungsrechtliche Bedenken gegen finanzielle Gegenleistungen könnten schließlich im Hinblick auf den Gleichheitssatz nach Art 3 Abs. 1 GG erhoben werden. So ist nach dem egalitaristischen Solidarprinzip des Gesundheitswesens grundsätzlich jedem der gleiche und einkommensunabhängige Zugang zu Gesundheitsdienstleistungen zu gewähren. Dagegen verstößt eine Regelung, welche den Organzugang vom Einkommen des potentiellen Empfängers abhängig macht. Denn eine solche Regelung führt zur Privilegierung wohlhabender Organbedürftiger.[352] Anders ist allerdings eine Regelung zu beurteilen, bei der die Gegenleistung an den Organspender nicht vom Empfänger selbst, sondern von einer neutralen Vermittlungsstelle gezahlt wird. Der Organzugang ist dann nämlich vom finanziellen Leistungsvermögen des Organempfängers losgelöst. In Betracht kommt beispielsweise, dass der Staat das Nachfragemonopol für Organe besitzt.[353] Zu einem Organhandel, der zu Lasten der einkommensschwachen Patienten geht, kommt es bei einer solchen Regelung gerade nicht. Sie kann vielmehr am Prinzip der Organverteilung nach medizinischer Notwendigkeit festhalten, aber unter Umständen mehr solcher Notwendigkeiten erfüllen.

---

[349] Sasse, 1996, S. 105.
[350] Vgl. dazu Maier, 1991, S.25ff.; Sass, 1996, S.39; Schünemann,1985, S.174f.; Carstens, 1978, S.70,73; Tress, 1977, S.44; Jansen, 1978, S.55.
[351] Jansen, 1978, S.52 ff.
[352] BT-DR 13/4355, S.15.
[353] Siehe oben 8.3.2.

Schlussendlich spricht für die Zulässigkeit finanzieller Gegenleistungen, dass im Ergebnis alle Beteiligten besser dastehen:[354] Der Empfänger erhält mit größerer Wahrscheinlichkeit ein Transplantat, dem Spender wird die Möglichkeit eröffnet, seinen Lebensstandard zu erhöhen,[355] und für die Allgemeinheit bedeutet die Zunahme von Transplantationen zumindest bei Nieren eine Kostenersparnis.[356] Vor diesem Hintergrund erscheint eine mit dem Verbot finanzieller Gegenleistungen einhergehende Beschränkung des Selbstbestimmungsrechts verfassungsrechtlich kaum haltbar. Ein Beitritt zu internationalen Verträgen, die den deutschen Staat verpflichten, ein Verbot finanzieller Gegenleistungen einzuführen oder aufrecht zu erhalten, ist danach verfassungsrechtlich sehr problematisch.

---

[354] Maier, 1991, S. 29.
[355] Oberender, 1995, S. 14.
[356] Robert Koch-Institut, 2003, S. 26.

IV Zusammenfassung, Handlungsoptionen und Empfehlungen

Gemessen an den jährlichen Anmeldungen zur Transplantation und dem tatsächlichen Aufkommen an postmortalen Spenderorganen klafft bei allen transplantierbaren Organen eine mehr oder weniger große Lücke zwischen dem Bedarf und dem tatsächlichen Organaufkommen. Die Konsequenz aus dem Organmangel sind ungefähr tausend vermeidbare Todesfälle pro Jahr. Diese Lücke könnte durch Steigerung der Anzahl der postmortalen und der Lebendorganspenden verkleinert werden.

Da die Lebendorganspende den prinzipiellen Nachteil der Gefährdung einer gesunden Person (des Spenders) hat, sollte ihre Ausweitung jedoch nur in Betracht gezogen werden, wenn bereits alle Möglichkeiten einer Steigerung des postmortalen Organaufkommens ausgeschöpft sind. Als Strategie zur Behebung des Organmangels sollte die Ausweitung der Lebendorganspende gegenüber der Förderung der postmortalen Spende grundsätzlich als subsidiär angesehen werden.

Derzeit wird das theoretisch zur Verfügung stehende Reservoir an postmortal explantierbaren Organen, ausgehend von einer Zahl von jährlich knapp 3.700 potentiellen Organspendern, zu weniger als einem Drittel ausgeschöpft. Entscheidende Faktoren, die zur Erhöhung des Organaufkommens beeinflusst werden können, sind die Melderate, die Rate der von Rechts wegen zulässigen Entnahmen sowie die Rate der effektiv transplantierten Organe. Die Zulässigkeit der Organentnahme ist nach gegenwärtigem deutschem Recht vor allem von der Zustimmung des Spenders oder seiner Angehörigen abhängig. Die Zustimmungsrate (vgl. Abschnitt 2.2.1 für eine genaue Definition) beträgt gegenwärtig ca. 65%, die Melderate liegt (bei unsicherer Datenlage) bei wenig über 50%. Beide Raten weisen damit noch ein erhebliches Steigerungspotential auf. Könnte man dieses realisieren, so wäre ein wesentlicher Beitrag zur Verbesserung der Lebensqualität vieler Menschen bzw. zur Rettung von Menschenleben geleistet.

Da der Organmangel vor allem mit der gesetzlichen Regelung zur Organentnahme und ihrer organisatorischen Umsetzung zu tun hat, können sich politische Entscheidungsträger der Verantwortung für diesen Mangel nicht entziehen. Sie müssen letztlich darüber befinden, ob sie im Organmangel einen prinzipiell zu bekämpfenden Missstand sehen wollen, der, soweit möglich, politisch zu beheben ist. Es gibt mehrere Hebel, die von der Politik

in Bewegung gesetzt werden könnten, um das Potential an postmortal transplantierbaren Organen besser auszuschöpfen. Nach den Erfahrungen anderer Länder ließe sich z.B. die Rate der zulässigen postmortalen Organentnahmen aller Voraussicht nach auf über 90% steigern. Das könnte durch
Einführung einer Widerspruchslösung geschehen, bei der jeder als Organspender gilt, der nicht ausdrücklich in geeigneter, rechtlich definierter Form
seinen Widerspruch erklärt hat. Da hierdurch die Angehörigen des potentiellen Organspenders von ihrer Entscheidungslast befreit und damit das
Angehörigengespräch erleichtert würde, dürfte sich so auch die Mitwirkung
der Krankenhäuser und damit die Melderate steigern lassen. Weitere Möglichkeiten zur erheblichen Erhöhung der Melderate liegen in einer Verbesserung der Vergütungssysteme für meldende Krankenhäuser und in einer besseren Organisation und Betreuung des Entnahmeprozesses durch die Koordinierungsstelle.

　　Modellrechnungen zeigen allerdings, dass auch bei einer 100% Melderate
und 65% Zustimmung zur Organentnahme der Organbedarf vor allem bei
der Leber durch das postmortale Aufkommen günstigstenfalls nur sehr
knapp gedeckt werden kann. Bei der Niere deutet sich zwar für diesen Fall
an, dass eine Berücksichtigung aller Anmeldungen auf der Warteliste möglich würde.[304] Hier müssen jedoch drei Faktoren beachtet werden, die für
eine Unterschätzung des tatsächlichen medizinischen Bedarfs sprechen: Ers-
tens kann nach seriösen Schätzungen jedem zweiten Patienten mit termina-
ler Niereninsuffizienz durch eine Transplantation geholfen werden, wodurch
der jährliche Bedarf von derzeit 3.100 Anmeldungen zur Warteliste auf 7.500
steigen würde. Zweitens sollte es das Ziel der Gesellschaft sein, die derzeit
bestehende Warteliste von über 9.000 Personen in einem überschaubaren
Zeitraum abzubauen. Drittens unterschätzt die Warteliste die tatsächliche
Größe des Nachholbedarfs, da im derzeitigen System der Zeitpunkt des Ein-
trags auf die Warteliste keine Rolle bei der Vergabe einer Niere spielt. Geht
man von einer anzustrebenden Abbaufrist von etwa fünf bis zehn Jahren
aus, so steigt der Organbedarf allein schon bei einem Abbau der offiziellen
Warteliste auf jährlich 8.500 bis 9.500 Nieren – ca. doppelt so viele, wie in
der obigen Modellrechnung als realistischerweise erreichbares Aufkommen
an postmortalen Organen ermittelt wurde. Die Berücksichtigung der noch
nicht auf der Warteliste eingetragenen dialysepflichtigen Patienten würde
den Organbedarf noch weiter erhöhen.

　　Es werden also auch unter Beibehaltung des Vorrangs der postmortalen
Spende zumindest in der Übergangszeit zur Bedarfsdeckung mehr als 4.000
Nieren und ungefähr hundert Lebern zusätzlich benötigt, die z.B. von
Lebendspendern stammen könnten. Allein diese Zahlen legen es nahe, auch
bisher abgelehnte Handlungsoptionen in Bezug auf die Lebendspende wie
finanzielle Anreize in Betracht zu ziehen, wenn die Vermeidung vorzeitigen

---

[357] Vgl. Abbildung 2.16 in Kapitel 2.

Todes auf der Warteliste und eine beträchtliche Erhöhung der Lebensqualität als gesellschaftliche Ziele ernsthaft verfolgt werden sollen.

In dieser Studie wurde eine Vielzahl von Optionen zur Minderung des Organmangels untersucht. Die folgenden Optionen erscheinen den Verfassern am ehesten geeignet und vertretbar. Sie schließen sich gegenseitig nicht aus, sind allerdings rechtlich und politisch unterschiedlich leicht zu realisieren.

Handlungsoptionen im Rahmen bestehender Gesetze

Auf dem Boden der bestehenden Gesetzeslage bieten sich vor allem die folgenden Handlungsoptionen an:

1. Beseitigung finanzieller Hindernisse für meldende Krankenhäuser

Eine zentrale und politisch unmittelbar beeinflussbare Ursache des Organmangels in Deutschland besteht in der unzureichenden Mitwirkung der Kliniken am Prozess der postmortalen Organspende. Es sollten alle Hindernisse beseitigt werden, die der Beteiligung der Krankenhäuser an der Gewinnung von Organen entgegenstehen. Dazu gehört vor allem, dass die Vergütungssätze für Organentnahmen und alle vorbereitenden Maßnahmen wie Hirntoddiagnostik so bemessen werden, dass die Vollkosten dieser Prozeduren abgedeckt sind. Die Zahlungen sollten vollständig an das initial verantwortlich meldende Krankenhaus erfolgen. Dieses kann dann unter Qualitäts- und Kostenaspekten entscheiden, entweder selbst diagnostische und andere Leistungen der Explantationsvorbereitung und -begleitung zu erbringen oder diese Leistungen von außen zu beziehen. Die Fallzahlungen dürfen als Zusatzentgelte nicht auf das Krankenhausbudget angerechnet werden.

2. Einrichtung eines bundesweiten Organspenderregisters nach § 2 Abs. 3 TPG

Das in § 2 Abs. 3 TPG bereits vorgesehene Organspenderegister sollte realisiert werden. Darin können Erklärungen der potentiellen Organspender festgehalten werden. Damit kann der Wille eines potentiellen Spenders zuverlässig vor einer Organentnahme, insbesondere im Falle des Widerspruchs abgefragt werden.

3. Verbesserte Absicherung von Lebendspendern

Die versicherungsrechtliche Absicherung von Lebendorganspendern sollte so verbessert werden, dass ihnen aus der Organspende keine finanziellen Nachteile erwachsen können. Am grundsätzlichen Vorrang der gesellschaftlichen Förderung der postmortalen gegenüber der Lebendorganspende sollte aber schon aus gesellschaftlicher Solidarität mit den potentiellen Lebendspendern nicht gerüttelt werden.

Handlungsoptionen unter Voraussetzung von Rechtsänderungen

Unter der Voraussetzung einer Änderung der geltenden Rechtslage bieten sich die folgenden weiteren Handlungsoptionen an:

4. Neuordnung der Koordinierung

Das Monopol der DSO ist aufzuheben und eine Öffnung für konkurrierende Organisationen, die als Koordinierungsstellen die meldenden Krankenhäuser im Entnahmeprozess unterstützen, vorzusehen. Regionale Koordinierungsstellen müssen ebenso zulässig sein wie bundesweit tätige Organisationen. Die Ausschöpfung des Spenderpotentials sollte zu den Organisationszielen aller Koordinierungsstellen gehören: Das Ziel einer Erhöhung des Spenderaufkommens ist explizit vorzugeben und die Re-Finanzierung der Koordinierungsstellen muss sich in Abhängigkeit von der Anzahl der realisierten Spenden erhöhen. Das oberste Leitprinzip der deutschen Gesundheitspolitik, konkurrierende Dienstleister zuzulassen und das Geld der Leistung folgen zu lassen, würde dann auch bei der Organisation der Organspende gelten.

5. Einführung der Widerspruchslösung

Legt man die Erfahrungen in anderen Ländern wie etwa Österreich und Spanien zugrunde, so sprechen gute Gründe für die Annahme, dass die Einführung der Widerspruchslösung zu einer deutlichen Erhöhung des Aufkommens an Spenderorganen führen würde. Indem die Last der Entscheidung über die Organentnahme nicht länger den Angehörigen hirntoter Patienten aufgebürdet wird, könnte durch die Widerspruchslösung überdies auch ein wichtiges psychologisches Hemmnis für das Personal der Krankenhäuser beseitigt werden.

Die in der Widerspruchslösung enthaltene Zumutung der Solidarität liegt darin, dass jedem Einzelnen (zunächst einmal) Organspenderstatus zugeschrieben wird. Diese Zuschreibung erscheint als Ausdruck der moralischen Pflicht zu helfen vertretbar. Denn die Widerspruchslösung lässt zugleich den Vorrang der Selbstbestimmung bei der Organspende unangetastet, indem man sich der gesetzlichen Zuschreibung des Organspenderstatus jederzeit ohne Begründung durch einfache Erklärung entziehen kann. Vorausgesetzt ist dabei, dass die Bevölkerung über die Möglichkeit des Widerspruchs in geeigneter Weise aufgeklärt wird.

6. Ausweitung der Zulässigkeit der Lebendspende

Das Potential der Lebendspenden vor allem bei Nieren könnte durch eine Erweiterung des Spenderkreises, insbesondere die Zulassung von sog. Überkreuz-Spenden, ausgeweitet werden. Es ist allerdings darauf zu achten, dass auf potentielle Lebendspender kein illegitimer sozialer Druck ausgeübt wird, der die notwendige Freiwilligkeit ihrer Entscheidung in Zweifel ziehen würde.

7. Eigene Spendenbereitschaft als Kriterium bei der Organzuteilung

Eine Konstruktion, die den Anspruch auf ein Spenderorgan an die eigene Spendebereitschaft bindet, verletzt zwar die normative Erwartung, dass knappe lebensrettende medizinische Ressourcen nach Bedarf und nicht nach „Verdienst" zugeteilt werden sollten. Eine moderate Begünstigung von Spendebereiten durch Höherstufung auf der Warteliste – bzw. eine entsprechende Zurückstufung derjenigen, die einer Organspende widersprochen haben – stünde jedoch nicht nur im Einklang mit Prinzipien der Fairness, sondern würde zugleich zu einer Steigerung des Organaufkommens beitragen und damit die Effizienz des Systems erhöhen. Eine derartige Lösung würde vermutlich relativ breite Akzeptanz finden. Um sie realisieren zu können, dürfte Deutschland allerdings dem Zusatzprotokoll zur Transplantation der Biomedizinkonvention des Europarates nicht beitreten bzw. müsste durch eine entgegenstehende nationale Rechtslage durch Erklärung eines völkerrechtlichen Vorbehalts abgesichert werden.

8. Finanzielle Vergütungen für die Spende

Soll hingegen am Prinzip der Zuteilung von Spenderorganen nach medizinischem Bedarf nicht gerüttelt werden, so verbleibt als Instrument zur Anreizstärkung die Bezahlung der Organspende oder das Angebot vergleichbarer Zuwendungen an den Spender. Dies kann vor allem bei der Lebendorganspende zu einem verstärkten Aufkommen beitragen. Spenderorgane könnten zu staatlich festgelegten, nicht verhandelbaren Preisen entgolten werden, mit einem Ankaufmonopol des öffentlichen Gesundheitssystems. In einem solchen Fall würde nur der Spender einen finanziellen Gewinn erzielen. Das würde eine Entschädigung für das dabei übernommene Risiko und die sonstigen Nachteile bilden und als Anreiz zur Organspende wirken. Dass Dritte mit Spenderorganen Profit machen können, wäre dagegen ebenso ausgeschlossen wie der Bruch anderer Dämme gegen einen unkontrollierten Organhandel.

Auch hinsichtlich der postmortalen Organspende wird man sich der Frage nach finanziellen Anreizen zur Erhöhung der Spendebereitschaft jedenfalls dann nicht entziehen können, wenn man sich nicht zur Einführung der Widerspruchslösung durchringen kann. Denkbar wären dabei etwa die Übernahme der Bestattungskosten oder eine sonstige Zahlung an die Angehörigen nach dem Vorbild einer Lebensversicherung.

Für den – aus heutiger Sicht freilich unwahrscheinlichen – Fall, dass die Gewährung gewisser monetärer und über einen bloßen Nachteilsausgleich hinaus gehender Anreize zur Organspende politisch akzeptiert wird, können Konflikte mit völkerrechtlichen und gemeinschaftsrechtlichen Verpflichtungen (insbesondere mit darin enthaltenen Gewinnverboten) entstehen. Sofern die mehrheitlich als richtig erachtete Lösung im Widerspruch zu internationalen Konventionen steht, denen Deutschland noch nicht beigetreten ist, sollte ein künftiger Beitritt sorgfältig geprüft und gegebenenfalls eine Neuverhandlung angestrebt oder die Erklärung eines völkerrechtlichen Vorbehalts in Betracht gezogen werden. Es bedarf dann einer Gesamtabwägung zwischen den Nachteilen einer Beibehaltung des transplantationsrechtlichen Status quo einerseits und etwaigen Nachteilen, die sich aus der – gänzlichen oder teilweisen – Nichtteilnahme Deutschlands an einem Prozess der internationalen Harmonisierung andererseits ergeben könnten.

Fazit und Ausblick

Ein großer Schritt zur Milderung des Organmangels könnte schon durch die Verbesserung der Organisation der Spendererkennung getan werden. Diese Verbesserung ist unbedingt notwendig, reicht aber nicht aus, den Organmangel vollständig zu beseitigen. Die darüber hinaus gehenden Handlungsoptionen sind nicht ganz ohne „moralische Kosten" zu haben. Entsprechend schwierig wird es sein, sie rechtlich und politisch umzusetzen. Die am wenigsten akzeptable Alternative mit den höchsten moralischen Kosten besteht jedoch darin, dass man sich auf Dauer damit abfindet, dass viele Patienten auf der Warteliste sterben, obwohl es vertretbare Möglichkeiten der Rettung – wenn nicht aller, so doch vieler – gibt. Es besteht Handlungsbedarf, und Kompromisse bei den Prinzipien, die bisher die Diskussion über die Gewinnung von Spenderorganen dominiert haben, sind unvermeidbar.

Auf längere Sicht könnten die Probleme des Organmangels auch dadurch gelöst werden, dass Organersatzgewebe aus (adulten oder embryonalen) menschlichen Stammzellen entwickelt werden. Dies würde den Rückgriff auf vitale Organe Dritter tendenziell erübrigen. Ob diese Perspektive realistisch ist, kann nur die Zukunft zeigen. Im Interesse der Patienten ist es aber jedenfalls geboten, die darauf abzielende Forschung mit Stammzellen zu fördern. Auch in dieser Hinsicht sind allerdings die Bedingungen in Deutschland besonders restriktiv. Das ist nur dann kein Grund zur Sorge, wenn man es für akzeptabel hält, dass deutsche Patienten zur Behandlung ins Ausland reisen müssen, bzw. dass die entsprechenden Organersatztechniken bei uns importiert werden, sobald die Stammzellforschung künftig zu therapeutischen Erfolgen führt.

Ganz allgemein sollte sich in Deutschland die Einsicht durchsetzen, dass es zynisch ist, angesichts des weit höheren Aufkommens an Organen in anderen Ländern weiter in einer Politik der – wenn auch vermeintlich moralisch begründeten – Blockade zu verharren. Die in dieser Studie vorgestellten Überlegungen berechtigen jedenfalls zu dem Schluss, dass das Organaufkommen durch eine Reihe kumulativ anwendbarer Strategien nachhaltig gesteigert und damit das Leid transplantationsbedürftiger Menschen deutlich gemildert werden kann.

Handlungsoptionen zur Milderung des Organmangels

– im Rahmen des geltenden Rechts:
1. Beseitigung finanzieller Hindernisse für meldende Krankenhäuser;
2. Einrichtung eines bundesweiten Organspenderregisters nach §2 Abs.3 TPG;
3. Verbesserte Absicherung von Lebendspendern;

– bei einer Änderung des Transplantationsgesetzes:
4. Neuordnung der Koordinierung;
5. Einführung der Widerspruchslösung;
6. Ausweitung der Zulässigkeit der Lebendspende;
7. Eigene Spendenbereitschaft als Kriterium bei der Organzuteilung;
8. Finanzielle Vergütungen für die Spende.

Anhang: Studien zum postmortalen Spenderpotential

Sheehy et al. (2003) haben in einer groß angelegten Studie für ein breites geografisches Spektrum von 36 Organbeschaffungsorganisationen (organ procurement organisations, OPOs) in den USA eine Durchsicht der medizinischen Unterlagen aller Todesfälle vorgenommen, die zwischen 1997 und 1999 in Intensivstationen bei Patienten unter 70 Jahren eingetreten sind. Dieses Ausschlusskriterium spiegelt die Praxis in den USA wider, ältere Patienten nicht für Organspenden zu berücksichtigen. OPOs sind dabei non-profit Körperschaften, denen ein bestimmtes geografisches Gebiet zugewiesen ist und die die Beschaffung und Verteilung von Spenderorganen koordinieren. Die an der Studie beteiligten OPOs decken Gebiete mit insgesamt über 140 Millionen Einwohnern ab. Basierend auf den 16 OPOs mit vollständigen Angaben schätzen die Autoren den potentiellen Spenderpool für die USA auf 41 pmp/Jahr, wobei die Ergebnisse je nach OPO zwischen 28 und 63 pmp variieren. Tabelle A.1 zeigt auch die Ergebnisse zur Effizienz sowie zur Melde- und Ansprechrate. Im Durchschnitt wurde die Hälfte aller potentiellen Spender zu tatsächlichen Spendern, wobei in 80% bzw. 84% eine Meldung an die zuständige OPO erging bzw. die Familien kontaktiert wurden. Sheehy et al. (2003) stellen fest, dass große Krankenhäuser (mit mehr als 150 Betten) mehr potentielle Spender pro Bett aufweisen, jedoch dieselbe Effizienz wie kleinere Krankenhäuser. Letztere wird hingegen von der Existenz eines Transplantationszentrums positiv beeinflusst. Darüber hinaus finden sie eine nur geringe Korrelation zwischen potentiellen Spendern gemessen in pmp/Jahr und der Effizienz.

Die Studie von Guadagnoli et al. (2003) umfasst ein noch umfangreicheres Gebiet der USA, bedient sich aber einer anderen Vorgehensweise. Die Autoren ziehen ein ökonometrisches Vorhersagemodell heran, das von Christiansen et al. (1998) auf Basis von Daten aus drei OPOs (89 Krankenhäuser) 1993 entwickelt wurde. Dieses Regressionsmodell erklärt die Anzahl potentieller Spender mit Hilfe der Bettenzahl, dem Medicare-Fallmischungsindex und binären Variablen für die Existenz eines Traumazentrums und einer medizinischen Hochschule an einem Krankenhaus. Die Verwendung dieses Modells zur Vorhersage der potentiellen Spenderzahl im Jahr 1998 in einem viel größeren Gebiet von 62 OPOs ist methodisch problematisch, aber leichter durchführbar als eine komplette Durchsicht medizinischer Aufzeichnungen. Die Ergebnisse schwanken dementsprechend stark zwischen den OPOs und ergeben ein Mittel von 62 potentiellen Spendern pmp/Jahr und 35% Effizienz.

Mit Ausnahme von Evans et al. (1992) sind die anderen in den USA erfolgten Studien auf kleinere Gebiete bezogen. Gortmaker et al. (1996) untersuchen 69 Krankenhäuser in vier OPOs in den Jahren 1990 und 1993. Interessanterweise stellen sie keinen Effekt der Krankenhausgröße auf die potentielle Spenderzahl fest, die sie auf 55 pmp/Jahr schätzen. Während die Gesamteffizienz in ihrer Studie 33% beträgt, wurden 90% der geeigneten Spender identifiziert und in 73% der Fälle die Angehörigen wegen einer Organentnahme angesprochen. Nur 49% der potentiellen Spender sind einer traumatischen Todesursache erlegen.

Siminoff et al. (1995) haben medizinische Unterlagen aus 23 Krankenhäusern in Pittsburgh, Pennsylvania, und Minneapolis/St. Paul, Minnesota, aus einem Zeitraum von 20 Monaten zwischen 1991 und 92 über insgesamt 10.681 Todesfälle ausgewertet. Sie errechnen eine Effizienz von 40%, woraus sich angesichts von 4.520 tatsächlichen Spendern 1991 in den USA (Gortmaker et al., 1996) eine Schätzung von 11.300 potentiellen Spendern (45 pmp/Jahr) berechnen lässt, wenn man die Ergebnisse auf die gesamten USA überträgt. Die Autoren erhalten dasselbe Ergebnis wie Gortmaker et al. (1996) hinsichtlich eines insignifikanten Effekts der Krankenhausgröße auf die potentielle Spenderzahl. Nathan et al. (1991) und Garrison et al. (1991) haben methodisch ähnliche Studien älteren Datums für Pennsylvania bzw. Kentucky durchgeführt (vgl. Tabelle A.1).

Die vielzitierte, frühe Studie von Evans et al. (1992) hat Totenscheine von 1988 und 89 aus sämtlichen 71 OPOs der USA bezüglich der angegebenen Todesursachen geprüft und dazu die dort genannten ICD-Codes (international classification of diseases) herangezogen. Ausschließlich die Zahl traumatisch bedingter Hirntoter wurde auf dieser Grundlage geschätzt. Anhand der ICD-Codes wurden zwei Kategorien unterschieden: Kategorie 1 umfasste Tote, bei denen ein signifikantes Kopftrauma bekannt war. Kategorie 2 war weniger restriktiv und beinhaltete zusätzlich solche mit weniger signifikantem Kopftrauma (z.B. offene Kopfwunden oder Bruch von Gesichtsknochen). Bei diesen Toten ist die Eignung zur Organspende weniger eindeutig. Die Autoren gelangen so zu einer Zahl von 28,5 pmp (Kategorie 1) bzw. 43,7 pmp (Kategorie 2) potentiellen Spendern. Die methodische Grundlage dieser Ergebnisse ist jedoch kritisch zu beurteilen. Angesichts des Resultats von Gortmaker et al. (1996), dass über 51% der potentiellen Spender einer nichttraumatischen Todesursache erlagen, dürfte die Beschränkung auf traumatische Todesfälle zu einer erheblichen Unterschätzung des Spenderpools führen. Evans et al. (1992) finden deshalb Effizienzraten von über 100% in einigen Regionen. Gleichzeitig ist der Rückgriff auf ICD-Codes der Todesursache ein sehr viel weniger präzises Instrument zur Abschätzung der Zahl geeigneter Organspender als die Durchsicht der medizinischen Unterlagen.

Tabelle A.1 listet auch drei nichtamerikanische Studien auf. Opdam et al. (2004) sind in einer jungen Studie den Ursachen für die im internationalen Vergleich sehr niedrige Organspenderate in Australien nachgegangen. Sie betrug zwischen 1997 und 2001 im Durchschnitt nur 9,8 pmp pro Jahr verglichen mit 12,8 in Deutschland, 13,5 in Großbritannien, 16,6 in Frankreich, 24 in den USA und 32,1 in Spanien. Zu diesem Zweck haben die Autoren medizinische Unterlagen über insgesamt 5.551 Todesfälle aus zwölf Krankenhäusern im Bundesstaat Victoria (davon zehn in Melbourne) herangezogen, um zu beurteilen, in welchen Fällen Hirntod vorlag (Kategorie 1) oder auf Grundlage der medizinischen Unterlagen mit hoher Wahrscheinlichkeit in den nächsten 24 bzw. 72 Stunden eintreten würde (Kategorien 2 und 3). Kategorien 1 bis 3 bildeten den potentiellen Spenderpool. Ausgeschlossen sind dabei über 75 Jahre alte Hirntote und solche, die aus medizinischen Gründen zur Organspende ungeeignet sind. Unter den insgesamt 5.551 Todesfällen identifiziert die Studie 112 medizinisch geeignete Spender. Bei nur 66 wurden die Angehörigen kontaktiert und 37 Organspenden wurden realisiert. Die Autoren führen das relativ niedrige Ergebnis eines potentiellen Spenderpools von 30 pmp auf die strenge Überprüfung, die geringere Zahl von Verkehrsunfällen im Untersuchungsgebiet und die Beschränkung auf große städtische Krankenhäuser zurück. Die letztere Ursache ist aber angesichts des Ergebnisses von Siminoff et al. (1995) und Gortmaker et al. (1996), dass die Krankenhausgröße keinen signifikanten Einfluss auf die potentielle Spenderzahl ausübt, weniger tragfähig.

Schließlich liegen Ergebnisse der Studien von Pokorná et al. (2003) für 34 Intensivstationen in Prag, Tschechien, mit insgesamt 1.608 untersuchten Todesfällen und von Forget et al. (2002) für das Universitätsklinikum von Lille, Frankreich, mit 833 (im Jahr 1999) bzw. 792 (im Jahr 2000) Todesfällen vor. Bei den Ergebnissen von Pokorná et al. (2003) ist zu beachten, dass es in Tschechien keine Altersobergrenze für die Organspende gibt. Darüber hinaus wird die Zustimmung zur Organspende angenommen und Angehörige müssen nicht informiert werden. Forget et al. (2002) haben die Ergebnisse von 1999 mit denen von 2000 verglichen. Im Jahr 2000 wurde in Lille ein ‚Protokoll zur systematischen Benachrichtigung des Organbeschaffungsteams bei Verdacht auf Hirntod' eingeführt. Diese Maßnahme hat die Melderate deutlich von 67,2% auf 84,6% angehoben und damit auch eine Steigerung der Gesamteffizienz von 38% auf 48% ermöglicht.

Studie	Zeitraum	Gebiet	Methode	pot. Spender (pmp/Jahr)	Effizienz (%)	Identifikations-/Melderate (%)
Sheehy et al. (2004)	1997 – 99	36 OPOs in den USA	Durchsicht med. Aufzeichnungen	41 $(28 - 63)^{265}$	49 $(32 - 58)$	80 $(65 - 99)$ / $84 (77 - 99)^{266}$
Guadagnoli et al. (2003)	1998	62 OPOs in den USA	Vorhersagemodell	62 (14 – 87)	34,5 (19,7 – 81,6)	
Gortmaker et al. (1996)	1990 und 93	4 OPOs (69 Krankenhäuser) USA	Durchsicht med. Aufzeichnungen	55	33	73 / 90 ^{267}
Siminoff et al. (1995)	1991 – 92	USA ^{268}	Durchsicht med. Aufzeichnungen	45 ^{269}	40	92 / 86,6 ^{270}
Evans et al. (1992)	1988-1989	USA	Totenscheine	28,5 / 43,7 $_{271}$	37 / 59	
Nathan et al. (1991)	1987	Pennsylvania, USA	Durchsicht med. Aufzeichnungen	38 – 55		53 - 66 ^{272}
Garrison et al. (1991)	1988	Kentucky, USA	Durchsicht med. Aufzeichnungen	50		84
Opdam et al. (2004)	2001	Australien ^{273}	prospektiver Audit	30	33	59^8
Pokorná et al. (2003)	1999	Prag, Tschechien (34 Krankenhäuser)	Durchsicht med. Aufzeichnungen	55,7	32	51 ^{274}
Forget et al. (2002)	1999 und 2000	Lille, Frankreich (1 Krankenhaus)	Durchsicht med. Aufzeichnungen		38 / 48 ^{275}	67,2 / 84,6 ^{276}

305 Gemäß der 16 OPOs mit vollständigen Angaben.
306 Melderate = Anzahl der vom Krankenhaus an die OPO gemeldeten pot. Spender/Anzahl der pot. Spender. Ansprechrate = Anzahl der zwecks Organspende vom Krankenhaus kontaktierten Familien/Anzahl der pot. Spender.
307 10% der pot. Spender wurden nicht als hirntot identifiziert, bei 17% wurde der Hirntod festgestellt, aber nicht die Angehörigen kontaktiert.
308 23 Krankenhäuser in Pennsylvania und Minnesota.
309 eigene Berechnung: 4520 Spender in den USA 1991/40% Effizienz = 11.300 pot. Spender entspricht 45 pmp/Jahr.
310 Identifikationsrate und Ansprechrate.
311 Kategorie 1 der pot. Spender umfasst Tote mit signifikantem Kopftrauma, Kategorie 2 zusätzlich solche mit weniger signifikanten Kopftrauma gemäß ICD-Codes (z. B. offene Kopfwunden etc.).
312 Ansprechrate.

Literatur

Adams AF, Barnett AH, Kaserman DL (1999) Markets for Organs: The Question of Supply. Contemporary Economic Policy 17:147–155

Ahlert M, Gubernatis G, Klein R (2001) Common Sense in Organ Allocation. In: Analyse und Kritik 23. Jg., Heft 2:221–244

Ahlert M, Kliemt H (Hrsg) (2001) Making Choices in Organ Allocation. Sonderband von Analyse und Kritik 23 (2), Lucius&Lucius, Stuttgart

Allensbach (1995) Umfrage des Instituts für Demoskopie Allensbach: Ängste und Mißbrauchsbefürchtungen bei Organspenden. Allensbacher Berichte Nr.2

Allensbacher (1997) Allensbacher Jahrbuch der Demoskopie 1993–1997. Noelle-Neumann E, Köcher R (Hrsg), Saur KG, München

Allensbach (2000) Umfrage 2000 (http://www.dso.de/pdf/allensbach00.pdf)

Allensbach (2004) Umfrage des Instituts für Demoskopie Allensbach: Organspender – Ihre Zahl steigt nur sehr langsam, Allensbacher Berichte Nr.14

Anand P, Wailoo A (2000) Utilities vs. rights to publicly provided goods. Economica 67:543–77

Auer F (2003) Die neue EU-Richtlinie zur Qualität und Sicherheit von Geweben und Zellen. Rechtsmedizin 13:349–352

Aumann C, Gaertner W (2004) Die Organknappheit: Ein Plädoyer für eine Marktlösung. Ethik in der Medizin 16:105–111

Becker (2000) Die Herausforderung annehmen. Aufklärungsarbeit zur Organspende im europäischen Vergleich. Forschung und Praxis der Gesundheitsförderung, Band 9, BZgA, Köln

Berg W (2000) Artikel 152 EGV. In: Schwarze J (Hrsg) EU-Kommentar. Nomos, Baden-Baden, 1562–1573

Bernat E (1995) Marketing of Human Organs. Medicine and Law 14:181

Berndt C (2002) Der nette Vetter. Süddeutsche Zeitung, 15.1.2002

Bickeböller R, Gossmann J, Kramer W, Scheuermann EH (1998) „Sich in besonderer Verbundenheit offensichtlich nahe stehen" – eine Interpretation des Gesetzestextes zur Lebendnierenspende im Sinne der personalen Freundschaft. Zeitschrift für medizinische Ethik:325 ff.

Blankart CB, Kamecke U, Kirchner C (2000) Vernehmlassung zum Entwurf zu einem Bundesgesetz über die Transplantation von Organen, Geweben und Zellen (Transplantationsgesetz). Humboldt-Universität zu Berlin, 21.2.2000

Blankart CB, Kirchner C, Thiel G (2002) Transplantationsgesetz. Eine kritische Analyse aus rechtlicher, ökonomischer und ethischer Sicht. Shaker, Aachen

Bodendiek F, Nowroth K (1999) Bioethik und Völkerrecht. Archiv des Völkerrechts 37:177

Boehmer JP (2003) Device therapy for heart failure. Am J Cardiol 91:53D–59D

Borowsky M (2003) Kommentar zu Artikel 3 – Recht auf Unversehrtheit. In: Mayer J (Hrsg) Kommentar zur Charta der Grundrechte der Europäischen Union. Nomos, Baden-Baden, 88–106

Bowling A (1996) Health care rationing: the public's debate. In: British Medical Journal 312:670–674

Breyer F (2002) Möglichkeiten und Grenzen des Marktes im Gesundheitswesen. In: Zeitschrift für Medizinische Ethik 48:111–123

Breyer F, Kliemt H (1995) Solidargemeinschaft der Organspender: Private oder öffentliche Organisation? In: Oberender P, Transplantationsmedizin: ökonomische, ethische, rechtliche und medizinische Aspekte. Nomos, Baden-Baden

Bühler M (2005) Einschränkung von Grundrechten nach der Europäischen Grundrechtecharta. Duncker & Humblot, Berlin

Bundesministerium für Gesundheit (1998) Das Transplantationsgesetz. Bonn

Bundeszentrale für gesundheitliche Aufklärung (Hrsg) (1997) Eine Entscheidungshilfe zum Thema Organspende. Köln

Busuttil RW, Farmer DG, Yersiz H, Hiatt JR, McDiarmid SV, Goldstein LI, Saab S, Han S, Durazo F, Weaver M, Cao C, Chen T, Lipshutz GS, Holt C, Gordon S, Gornbein J, Amersi F, Ghobrial RM (2005) Analysis of long-term outcomes of 3200 liver transplantations over two decades: a single-center experience. Ann Surg. 241:905–916

Carstens T (1978) Das Recht der Organtransplantation: Stand und Tendenzen des deutschen Rechts im Vergleich zu ausländischen Gesetzen. Frankfurt

Christiansen CL et al. (1998) A Method for Estimating Solid Organ Donor Potential by Organ Procurement Region, American Journal of Public Health 88 (11):1645–1650

Cohen LR (1989) Increasing the Supply of Transplant Organs: The Virtues of a Futures Market, The George Washington Law Review 58:1–51

Cohen LR (1998) Increasing Supply, Improving Allocation, and Furthering Justice and Decency in Organ Acquisition and Allocation: the Many Virtues of Markets, Graft 122:1–3

Coleman JS (1988/89) Social Capital in the Creation of Human Capital. In: American Journal of Sociology 94, Supplement, 95–120

Coster DJ, Williams KA (2005) The impact of corneal allograft rejection on the long-term outcome of corneal transplantation. Am J Ophthalmol 140:1112–1122

Dahl E, Beutel M, Brosig B, Hinsch KD (2003) Preconception Sex Selection for Nonmedical Reasons: A Representative Survey from Germany. In: Human Reproduction, 18 (10):2231–2234

Dahlke M, Popp F, Eggert N, Hoy L, Tanaka H, Sasaki K, Piso P, Schlitt H (2005) Differences in attitude toward living and postmortal liver donation in the United States, Germany, and Japan. In: Psychosomatics 46:58–64

Davidson M, Devney P (1991) Attitudinal barriers to organ donation among black Americans. Transplantation Proceedings, 23:2531–2532

De Magny S (2002) Eurobarometer 58.2, October-December 2002. Organised and supervised by DG Press and Communication, European Commission. Conducted by European Opinion Research Group (EORG), Brussels. Distributed by Zentralarchiv für EmpirischeSozialforschung, Cologne, 2004

Demartines N, Marti HP, Clavien PA (2005) Pankreastransplantation – Indikation, Vorgehen, Chancen und Probleme. Ther Umsch. 62:477–479

De Meester J, Smits JM, Persijn GG, Haverich A (2001) Listing for lung transplantation: life expectancy and transplant effect, stratified by type of end-stage lung disease, the Eurotransplant experience. J Heart Lung Transplant 20:518–524

Deutsche Bischofskonferenz und der Rat der Evangelischen Kirchen Deutschlands (1990) Gemeinsame Erklärung der Deutschen Bischofskonferenz und des Rates der Evangelischen Kirche in Deutschland (1990) Organspende. Transplantation – Hirntod. Kirchen und Religionen zur Organspende (http://members.aol.com/ehsdober/organ/religionen.html, 3.3.2006)

Deutsch E (1982) Die rechtliche Seite der Transplantation, Zeitschrift für Rechtspolitik 1982, 174 ff.

Deutsch E, Spickhoff A (2003) Medizinrecht: Arztrecht, Arzneimittelrecht, Medizinprodukterecht und Transfusionsrecht. 5. Auflage, Springer, Berlin

Deutsche Stiftung Organtransplantation (2002) Organspende und Transplantation in Deutschland, Neu-Isenburg

Deutsche Stiftung für Organtransplantation (2003) Organspende und Transplantation in Deutschland

Deutsche Stiftung Organtransplantation (2004) Organspende und Transplantation in Deutschland 2003

Dubos O (2004) Droit communautaire et bioéthique: Etude des internormativités à travers les avis du groupe européen d`éthique. Journal international de bioéthique 15:101

Dujmovits E (1999) Das österreichische Transplantationsrecht und die Menschenrechtskonvention zur Biomedizin. In: Barta H, Kalchschmid G, Kopetzki C (Hrsg) Rechtspolitische Aspekte des Transplantationsrechts. Mainz, Wien, 55–77

Dujmovits E (2001) Die EU-Grundrechtscharta und das Medizinrecht. Recht der Medizin 8:72–85

Edelmann H (1999) Ausgewählte Probleme bei der Organspende unter Lebenden. Versicherungsrecht 1999, 1065 ff.

Emnid (1997) Bereitschaft zur Organspende. In: Umfrage & Analyse (1997), Heft 3/4

Emnid (1997/98) (http://www.dso.de/pdf/emnid9798.pdf, 12.3.2005)

Enquete-Kommission 'Ethik und Recht der modernen Medizin' 15. Wahlperiode, 14.3.2005, Wortprotokoll, Öffentliche Anhörung zum Thema „Organisation der postmortalen Organspende in Deutschland"

Erdle H (2002) Infektionsschutzgesetz – Kommentar. Landsberg 2000

Erin CA, Harris J (1994) A Monopsonistic Market: or How to Buy and Sell Human Organs, Tissues and Cells Ethicaly. In: Robinson I (Hrsg) Life and Death under High Technology Medicine. Manchester, 134–153

Eurobarometer (2002) Nr. 58.2 Zentralarchiv Study Number 3886

Eurotransplant International Foundation, Annual Reports 1996–2003 (www.eurotransplant.org.)

Evans, RW et al. (1992) The Potential Supply of Organ Donors, Journal of the American Medical Association 267 (2):239–246

Faßbender J (2003) Einstellung zur Organspende und Xenotransplantation in Deutschland. Eine Umfrage unter der Bevölkerung, Ärzten der Transplantationsmedizin und Patienten auf der Warteliste. Dissertation, Medizinische Fakultät der Universität zu Köln

Farmer DG, Anselmo DM, Ghobrial RM, Yersiz H, McDiarmid SV, Cao C, Weaver M, Figueroa J, Khan K, Vargas J, Saab S, Han S, Durazo F, Goldstein L, Holt C, Busuttil RW (2003) Liver transplantation for fulminant hepatic failure: experience with more than 200 patients over a 17-year period. Ann Surg 237:666–675

Fishkin J (1982) The Limits of Obligation. Yale University Press, New Haven

Feiel W (1997) Europa auf dem Weg zu einem einheitlichen Transplantationsrecht. Imago hominis Heft 4/1997:257–265

Forget AP et al. (2002) Evaluation du recensement des morts encéphaliques par la coordination hospitalière de prélèvement au CHU de Lille, Annales Francaises d'Anesthésie et de Réanimation 21:550–557

Forkel H (2001) Das Persönlichkeitsrecht am Körper, gesehen besonders im Lichte des Transplantationsgesetzes. Juristische Ausbildung 2001, 73 ff.

Forsa (1992) Organspende. Hohe Bereitschaft. In: Stern Nr. 5, 23.1.1992

Forsa (1994) Organspende. Nur über meine Leiche – Wann ist der Mensch tot? In: Die Woche, 23.6.1994

Forsa (1997) „Wie sollte nach Ihrem Ableben über die Entnahme und Vergabe Ihrer Organe entschieden werden?" Umfrage für „Die Woche", 13.6.1997

Forsa (1999) zitiert nach Gold et al. (2001) 21

Forsa (2001/2003) Umfragen zur Organspende (http://www.dso.de)

Frellesen P (1980) Die Zumutbarkeit der Hilfeleistung. Metzner, Frankfurt am Main

Frey B, Oberholzer-Gee F (1996) Zum Konflikt zwischen intrinsischer Motivation und umweltpolitischer Instrumentenwahl. In: Siebert H (Hrsg) Elemente einer rationalen Umweltpolitik. J.C.B. Mohr (Paul Siebeck), Tübingen, 207–238

Frey, B. (1997), Markt und Motivation, München (Vahlen).

Frowein JA, Peukert, W (1996) Europäische Menschenrechtskonvention – EMRK-Kommentar. Engel, Kehl

Fuggle SV, Martin S (2004) Toward performing transplantation in highly sensitized patients. Transplantation 78:186–189

Gallup Organization (1993) The American public's attitude toward organ donation and transplantation. A questionnaire conducted for the Partnership for Organ Donation. Boston, Massachusetts

Garrison RN et al. (1991) There is an Answer to the Shortage of Organ Donors, Surgery, Gynecology and Obstetrics 173 (5):391–396

Gold SM, Schulz KH, Koch U (2001) Der Organspendenprozess: Ursachen des Organmangels und mögliche Lösungsansätze – inhaltliche und methodenkritische Analyse vorliegender Studien. BZgA (Bundeszentrale für gesundheitliche Aufklärung), Köln

Gortmaker SL et al. (1996) Organ Donor Potential and Performance: Size and Nature of the Organ Donor Shortfall, Critical Care Medicine 24 (3):432–439

Goyal M, Mehta RL, Schneiderman LJ, Sehgal AR (2002) „Economic and Health Consequences of Selling a Kidney in India", Journal of the American Medical Association 288:1589–1593

Granovetter MS (1972/73) The Strength of Weak Ties. In: American Journal of Sociology 78(6), 1360-80

Guadagnoli E et al. (2003) Potential Organ-Donor Supply and Efficiency of Organ Procurement Organizations. Health Care Financing Review 24 (4):101–110

Gubernatis G (1994) Konzeptionelle Neustrukturierung des Bereichs Organspende. Niedersächsisches Ärzteblatt, 10, 2–4

Gubernatis G (1999) Organization of Organ Donation – Concepts and Experiences in Niedersachsen/Ostwestfalen. Nephrology Dialysis Transplantation, 14, 2309–2314

Gubernatis G, Schott W, Pichlmayr R, Basse H, Vogelsang F et al. (1997) Umfassendes Dienstleistungsangebot für Versorgungskrankenhäuser im Bereich Organspende verdoppelt nahezu die Spenderzahlen in zwei Jahren bei gleichzeitig ökonomischer Vorgehensweise, Langenbecks Archiv für Chirurgie Suppl II, 1029–1031

Gubernatis G, Kliemt H (1999) Solidarität und Rationierung in der Organtransplantation, Transplantationsmedizin 11:4–10

Gubernatis G, Kliemt H (2000) A Superior Approach to Organ Allocation and Donation, Transplantation 70:699–707

Gusy CH (1982) Sittenwidrigkeit im Gewerberecht. Deutsches Verwaltungsblatt, 984 ff

Gutmann T (1993) Rechtsphilosophische Aspekte der Lebendspende von Nieren. In: Zeitschrift für Transplantationsmedizin 1993, 75 ff.

Gutmann T (1999) Gesetzgeberischer Paternalismus ohne Grenzen? Zum Beschluss des Bundesverfassungsgerichts zur Lebendspende von Organen. Neue Juristische Wochenschrift 1999, 3387 ff.

Gutmann T, Fateh-Moghadam B (2003) Rechtsfragen der Organverteilung: Verfassungsrechtliche Vorgaben für die Allokation knapper medizinischer Güter am Beispiel der Organallokation. In: Gutmann T, Schneewind K, Schroth U, Schmidt V, Elsässer A, Land W, Hillebrand G (2003) Grundlagen einer gerechten Organverteilung. Springer, Berlin, 59–104

Gutmann T, Schroth U (2002) Organlebendspende in Europa. Springer, Berlin

Guttman RD (1991) The Meaning of „The Economics and Ethics of Alternative Cadaveric Organ Procurement Policies", Yale Journal on Regulation 8:453–462

Hahn S (2000) Überlegungsgleichgewicht(e). Prüfung einer Rechtfertigungsmetapher. Karl Alber, Freiburg im Breisgau

Halloran PF (2004) Immunosuppressive drugs for kidney transplantation. N Engl J Med. 351:271–529

Hansmann H (1998) The Economics and Ethics of Markets for Human Organs, Journal of Health, Politics, Policy and Law 14:57–85

Harris J (1995) Der Wert des Lebens : Eine Einführung in die medizinische Ethik. Akademie-Verlag, Berlin

Harris J, Erin C (2002) An ethically defensible market in organs. A single buyer like the NSH is the answer. In: British Medical Journal 325:114–115

Harvey J (1990) Paying Organ Donors. Journal of Medical Ethics 16:117–119

Hata S, Sugawara Y, Kishi Y, Niiya T, Kaneko J, Sano K, Imamura H, Kokudo N, Makuuchi M (2004) Volume regeneration after right liver donation. Liver Transpl. 10:65-70

Hegselmann R (1991) Moralische Aufklärung, moralische Integrität und schiefe Bahn. In: Hegselmann R, Merkel R (Hrsg) Zur Debatte über Euthanasie. Beiträge und Stellungnahmen. Suhrkamp, Frankfurt am Main, 197–226

Herdegen M, Spranger TM (2000) Übereinkommen zum Schutz der Menschenrechte und Menschenwürde im Hinblick auf die Anwendung von Biologie und Medizin. In: Herdegen M (Hrsg) Internationale Praxis Gentechnikrecht, Bd 2, 15. Lieferung. Müller, Heidelberg, 1–36

Heun W (1996) Der Hirntod als Kriterium des Todes des Menschen – Verfassungsrechtliche Grundlagen und Konsequenzen. Juristenzeitung 1996, 213 ff.

Heyd D (1982) Supererogation. It's Status in Ethical Theory. Cambridge University Press, Cambridge

Hirsch G, Schmidt-Didczuhn A (1992) Transplantation und Sektion: die rechtliche und rechtspolitische Situation nach der Wiedervereinigung. Heidelberg

Hoerster N (1997) Definition des Todes und Organtransplantation. Universitas 52:42–52

Hoerster N (1983) Zur Bedeutung des Prinzips der Menschenwürde. Juristische Schulung, 93ff., 407ff., 647ff.

Hoff J, in der Schmitten J (Hrsg) (1994) Wann ist der Mensch tot? Organverpflanzung und Hirntodkriterium. Rowohlt, Hamburg

Höfling W (2003) Kommentar zum Transplantationsgesetz (TPG). Berlin

Hoffman FM (2005) Outcomes and complications after heart transplantation: a review. J Cardiovasc Nurs 20(5 Suppl):31–42

Hofmann H (1993) Die versprochene Menschenwürde. Archiv des öffentlichen Rechts 1993, 353 ff.

Huber W (2004) Organspende ist Nächstenliebe. Johanniter Heft 1/04, 28

Hübner G, Six B (2005) Einfluss ethischer Überzeugungen auf das Organspendeverhalten. Gesundheitspsychologie 13 (3), 118–125

Humar A, Gruessner RW, Sutherland DE (1997) Living related donor pancreas and pancreas-kidney transplantation. Br Med Bull. 53:879–891

Jansen N (1978) Die Blutspende aus zivilrechtlicher Sicht. Dissertation, Bochum 1978

Johnson E, Goldstein D (2003) Do Defaults Save Lives? Science, 302, Issue 5649, 1338–1339

Kass LR (1992) Organs for Sale? Propriety, Property, and the Price of Progress. In: The Public Interest 107:65–86

Kern BR (1994) Fremdbestimmung bei der Einwilligung in ärztliche Eingriffe. Neue Juristische Wochenschrift 1994, 753 ff.

Kern BR (1994b) Zum Entwurf eines Transplantationsgesetzes (der Länder?). In: MedR 389, 391

Kerridge I, Lowe M ,McPhee J, Saul P, Williams D (2002) Death, dying and donation: Organ transplantation and the diagnosis of death. In: Journal Medical Ethics, Nr. 28:89–94

Kliemt H (1993) „Gerechtigkeitskriterien" in der Transplantationsmedizin – Eine ordoliberale Perspektive. In: Nagel E, Fuchs C (Hrsg) Soziale Gerechtigkeit im Gesundheitswesen, Berlin, Heidelberg

Kliemt H (1997) Wem gehören die Organe? In: Ach JS/ Quante M (Hrsg) Hirntod und Organverpflanzung. Ethische, medizinische, psychologische und rechtliche Aspekte der Transplantationsmedizin, Stuttgart-Bad Cannstadt, 271–287

Kliemt H (2005) Warum darf ich alles verkaufen, nur meine Organe nicht? In: Rittner C, Paul NW (Hrsg) Ethik der Lebendorganspende, Beiträge des Symposiums in der Akademie der Wissenschaften und der Literatur, Mainz, vom 11. September 2004 (Medizinische Forschung Band 14), Basel, 167–194

Kloth K (1994) Rechtsprobleme der Todesbestimmung und der Organentnahme von Verstorbenen: eine vergleichende Untersuchung unter besonderer Berücksichtigung ausgewählter Jurisdiktionen des kontinentaleuropäischen und des angloamerikanischen Rechtskreises. Dissertation, Freie Universität Berlin

Koch HG (1999) Rechtsfragen der Organübertragung vom lebenden Spender. Zentralblatt für Chirurgie 1999, 718 ff.

Kohlhaas M (1970) Rechtsfolgen von Transplantationseingriffen. Neue Juristische Wochenschrift 1970, 1224 ff.

Kolber AJ (2003) A Matter of Priority: Transplanting Organs Preferentially to Registered Donors, Rutgers Law Review 55:671–740

König P (2005) Biomedizinkonvention des Europarats, EU und deutsches Organhandelsverbot. MedR 23:22–26

Kootstra G, Kievit JK, Heineman E (1997) The non heart-beating donor. Br Med Bull.53:844–853

Kopetzki C (1988) Organgewinnung zu Zwecken der Transplantation. Springer, Wien, New York

Kopetzki C (1999) Rechtliche Aspekte der Widerspruchslösung. In: Barta H, Kalchschmid G, Kopetzki C (Hrsg) Rechtspolitische Aspekte des Transplantationsrechts. Mainz, 43–54

Kopetzki C (2001) Die Biomedizinkonvention des Europarates und das Transplantationsrecht. In: Barta H, Weber K (Hrsg) Rechtsfragen der Transplantationsmedizin in Europa. WUV Universitätsverlag, Wien, 121–154

Kopetzki C (2002) Landesbericht Österreich. In: Taupitz (Hrsg) Das Menschenrechtsübereinkommen zur Biomedizin des Europarates – taugliches Vorbild für eine weltweit geltende Regelung? Springer, Berlin, 197–259

Kopetzki C (2004) Die Verwendung menschlicher Körpersubstanzen zu Forschungszwecken. In: Grafl C, Medigovic, U (Hrsg) Festschrift für Manfred Burgstaller. Neuer wissenschaftlicher Verlag, Wien, Graz, 601–617

Korsgren O, Nilsson B, Berne C, Felldin M, Foss A, Kallen R, Lundgren T, Salmela K, Tibell A, Tufveson G (2005) Current status of clinical islet transplantation. Transplantation 79:1289–1293

Koukoulis-Spiliotopoulos S (2004) Which Charter of Fundamental Rights was incorporated in the Draft European Constitution. Révue européenne de Droit Public (REDP) 16:295–303

Körtner U (2003) Hirntod und Organtransplantationen aus christlicher, jüdischer und islamischer Sicht. In: Odunco F S, Schroth U, Vossenkuhl W (Hrsg) Transplantation. Organgewinnung und -allokation. Vandenhoek & Ruprecht, Göttingen, 102–117

Kramer HJ (1987) Rechtsfragen der Organstransplantation. München

Kühn HC (1998) Die Motivationslösung: neue Wege im Recht der Organtransplantation. Berlin

Künsebeck HW, Muthny FA (Hrsg) (2000) Einstellung zur Organspende und ihre klinische Relevanz. Pabst Science Publishers, Lengerich

Kvernmo H, Gorantla G, Gonzalez R, Breidenbach W (2005) Hand Transplantation: A Future Clinical Option? Acta Orthoped. Scand. 76 (1):14–28

Lahno B (2002) Der Begriff des Vertrauens, Mentis: Paderborn

Lang H (2005) Deregulierte Verantwortungslosigkeit? Das Transplantationsrecht in Spannungsfeld von Kostendruck, regulierter Selbstregulierung und staatlicher Funktionsverantwortung. MedR 13:269–279

Lindenfeld J, Miller GG, Shakar SF, Zolty R, Lowes BD, Wolfel EE, Mestroni L, Page RL, Kobashigawa J (2004) Drug therapy in the heart transplant recipient: part II: immunosuppressive drugs. Circulation 110:3858–3865

Lederberg J (1967) Heart Transfer Poses Grim Decisions. Moribund Patient's Trust is at Stake, Washington Post 10.12.67, Section B1

Le Grand J (2003) Motivation, Agency, and Public Policy. Oxford University Press, New York

Lilie H (1999) Transplantation und Gewebeentnahme. In: Fischer G, Lilie H (Hrsg) Ärztliche Verantwortung im europäischen Rechtsvergleich. Heymans, Köln,127–143

Linck J (1973) Gesetzliche Regelung von Sektionen und Transplantation. Juristenzeitung 1973, 759 ff.

Lutz J, Heemann U (2003) Tumours after kidney transplantation. Curr Opin Urol 13:105–109

Mackie J (1981) Ethik. Reclam, Stuttgart

Maier J (1991) Der Verkauf von Körperorganen – Zur Sittenwidrigkeit von Übertragungsverträgen. Heidelberg

Manzarbeitia CY, Ortiz JA, Jeon H, Rothstein KD, Martinez O, Araya VR, Munoz SJ, Reich DJ (2004) Long-term outcome of controlled, non-heart-beating donor liver transplantation. Transplantation 78:211–215

Maunz T, Dürig-Herdegen G (1996) Kommentar zum Grundgesetz, Band 1, Art. 1 I GG, 44EZ (2005) München

Maurer H (1980) Die medizinische Organtransplantation in verfassungsrechtlicher Sicht. Die öffentliche Verwaltung 1980, 7 ff.

McCarrick P, Darrag M (2003) Incentives for Providing Organs. In: Kennedy Institute of Ethics Journal 13 (1), 53–64

Meyer J (2003) Präambel. In: Mayer J (Hrsg) Kommentar zur Charta der Grundrechte der Europäischen Union. Nomos, Baden-Baden, 1–43

Meier-Kriesche HU, Port FK, Ojo AO, Rudich SM, Hanson JA, Cibrik DM, Leichtman AB, Kaplan B (2000) Effect of waiting time on renal transplant outcome. Kidney Int., 58:1311–1317

Meier-Kriesche HU, Kaplan B (2002) Waiting time on dialysis as the strongest modifiable risk factor for renal transplant outcomes: A Paired Donor Kidney Analysis. Transplantation 74/10 (Nov. 27):1377–1381

Meier-Kriesche HU, Schold JD (2005) The impact of pretransplant dialysis on outcomes in renal transplantation. Semin Dial.18:499–504

Miranda B (1997) The Potential Organ Donor Pool: International Figures. Transplantation Proceedings 29, 1604–1606

Müller AR, Pascher A, Platz KP, Neuhaus P (2003) Dünndarmtransplantation – aktueller Stand und eigene Ergebnisse. Zentralbl Chir. 128:849–855

Müller J, Behrens J (2003) Ärztliche und pflegerische Betreuung von Toten – Ergebnisse einer empirischen Studie. In: Odunco F S, Schroth U, Vossenkuhl W (Hrsg) Transplantation. Organgewinnung und -allokation. Vandenhoek & Ruprecht, Göttingen, 36–61

Munzer SR (1995) An Uneasy Case against Property Rights in Body Parts. In: Frankel P et al. (Hrsg) Property Rights. Cambridge, 259–286

Muthny FA, Schweidtmann W (2000) Einstellungen zu Hirntoddefinition, Organspende und Transplantation – Ergebnisse einer empirischen Untersuchung mit Ärzten. In: Künsebeck H-W, Muthny FA (Hrsg) Einstellungen zur Organspende und ihre klinische Relevanz. Pabst Science Publishers, Lengerich, 65–67

Nadel MS, Nadel CA (2004) Using Reciprocity to Motivate Organ Donation, manuscript, 14.4.2004

Nathan HM et al. (1991) Estimation and Characterization of the Potential Renal Organ Donor Pool in Pennsylvania: Report of the Pennsylvania Statewide Donor Study. Transplantation 51:142–149

Nickel LC, Schmidt-Preisigke A, Sengler H (2001) Transplantationsgesetz. Kommentar, Stuttgart

Nickel LC (1995) Verfassungsrechtliche Probleme der Transplantationsgesetzgebung am Beispiel des Gesetzesbeschlusses des rheinland-pfälzischen Landtags. Medizinrecht, 139 ff.

Nitsche M (2004) Politik und Organspende. Eine Untersuchung zur politischen Umsetzung gesetzgeberischer Intentionen in der Gesundheitsversorgung. Unveröff. Dissertation, Universität Duisburg-Essen

Oberender P (1995) Transplantationsmedizin: ökonomische, ethische, rechtliche und medizinische Aspekte.1. Auflage Nomos, Baden-Baden

Odunco FS, Schroth U, Vossenkuhl W (Hrsg) (2003) Transplantation. Organgewinnung   und -allokation. Vandenhoek & Ruprecht, Göttingen

Öhlinger TH (2000) Art 50 B-VG. In: Korinek K, Holoubek M (Hrsg) Österreichisches Bundesverfassungsrecht – Kommentar, Bd II/1, 3. Lieferung. Springer, Wien, New York, 152

Olshausen H von (1982) Menschenwürde im Grundgesetz: Wertabsolutismus oder Selbstbestimmung. Neue Juristische Wochenschrift 1982, 2221 ff.

Opdam HI et al. (2004) Identifying the Potential Organ Donor: An Audit of Hospital Deaths, Intensive Care Medicine 30:1390–1397

Oppermann Th (1999) Europarecht. 2. Auflage, CH Beck, München

Parisi N, Katz I (1986) Attitudes toward posthumous organ donation and commitment to donate. In: Health Psychology 5:565–580

Penning R, Liebhardt E (1986) Entnahme von Leichenteilen zu Transplantationszwecken – Straftat, ärztliche Pflicht oder beides? In: Festschrift für Wolfgang Spann, Medizin und Recht. Springer, Berlin, 440 ff

Pieroth B, Schlink B (2004) Grundrechte, Staatsrecht II, 20. Auflage, Heidelberg

Pokorná E et al. (2003) Medical-record Review of Potential Organ Donor Pool in the Czech Republic Suggests a Possible Increase to more than double the Number of Donors, Transplantation International 16:633–638

Polis (2002a) Organhandel, Repräsentativerhebung im Auftrag des Focus Magazin Verlages. polis, München 7.2102/TB/IP

Polis (2002b) Repräsentativerhebung im Auftrag im Auftrag von dpa, Ärztezeitung 22.10.2002

Pomfret EA (2003) Early and late complications in the right-lobe adult living donor. Liver Transpl. 9 (Suppl 2):45–49

Price D (2000) Legal and Ethical Aspects of Organ Transplantation. Cambridge University Press, Cambridge

Putnam RD (Hrsg) (2001) Gesellschaft und Gemeinsinn. Sozialkapital im internationalen Vergleich, Gütersloh 2001

Putnam RD (2000) Bowling Alone. The Collapse and Revival of American Community, New York u.a.

Pywell S (2000) Vaccination and other altruistic medical treatments: should autonomy or communitarianism prevail? In: Med Law Int; 4 (3-4):223–43

Quante M (2003) Auf zum Body Shop. In: Bondolfi A, Kostka U, Seelmann K (Hrsg) Ethik und Recht 1: Hirntod und Organspende. Schwabe, Basel, 181–196

Quasi-Niere GmbH (1995–2004) Bericht über Dialysebehandlung und Nierentransplantation in Deutschland

Radcliffe-Richards J (1996) Nepharious Goings On: Kidney Sales and Moral Arguments, The Journal of Medicine and Philosophy 21:375–416

Raftopoulos Y, Nghiem DD, Gignac M, Young JC, Fowler D, Bergamaschi R (2004) The impact of introducing laparoscopic donor nephrectomy to an established renal transplant program. Surg Endosc 18:1519–1523

Rawls J (1971) A Theory of Justice. Oxford University Press, London, Oxford

Reddy KC (1997) Organ Donation for Material Reward: an Indian View Point. In: Dohrmann P, Henne-Bruns D, Kremer B (Hrsg) Surgical Efficiency and Economy, Proceedings of the 3rd World Congress, Stuttgart

Reitelmann A (1970) Transplantation von Körperorganen. In: Arztrecht (ArztR), 3ff.

Reiter J (2005) Incentives für die Organspende. In: Rittner C, Paul NW (Hrsg) Ethik der Lebendorganspende, Basel, 195–203

Rengeling HW, Szszekalla P (2004) Grundrechte in der Europäischen Union. Heymanns, Köln

Robert Koch Institut (2003) Organtransplantation und Organspende, Gesundheitsberichterstattung des Bundes, Heft 17, Berlin

Roche Lexikon Medizin (2003) 5. Auflage, München

Roscam Abbing HD (1998) Public Health in the Treaty of Amsterdam. European Journal of Health Law 5:171–275

Rose PM (2002) Pressemappe Uni-Bremen (http://www.fbw.hs-bremen.de/forschungsprojekte/dateien/pressemappe.doc.)

Rowley CK, Tollison RD, Tullock G (Hrsg) (1988) The Political Economy of Rent-Seeking. Kluwer Academic Publishers Boston, Dordrecht, Lancaster

Saad S, Nagelschmidt M (2004) Alle wollen haben, wenige wollen geben. Eine repräsentative Umfrage zur Organspende in Deutschland. In: Minimal Invasive Chirurgie 13 (4):237–241

Saito S (2003) Hirntod und Organtransplantation aus japanischer Sicht. In: Odunco FS, Schroth U, Vossenkuhl W (Hrsg) Transplantation. Organgewinnung und -allokation. Vandenhoek & Ruprecht, Göttingen, 118–127

Saner FH, Kavuk I, Lang H, Radtke A, Paul A, Broelsch CE (2004) Organ protective management of the brain-dead donor. Eur J Med Res. 9:485–490

Sanner MA (1998) Giving and Taking – to whom and from whom? People's attitudes toward transplantation of organs and tissue from different sources. Clinical Transplantation 12, 530–537

Sasse R (1996) Zivil- und strafrechtliche Aspekte der Veräußerung von Organen Verstorbener und Lebender. Frankfurt am Main, 1996

Scandiatransplant Foundation (2004) Annual Report (www.scandiatransplant.org)

Schlitt HJ, Barkmann A, Böker KH, Schmidt HH, Emmanouilidis N, Rosenau J, Bahr MJ, Tusch G, Manns MP, Nashan B, Klempnauer J (2001) Replacement of calcineurin inhibitors with mycophenolate mofetil in liver-transplant patients with renal dysfunction: a randomised controlled study. Lancet 357:587–591

Schmidt L (2002) Der Schutz der Menschenwürde als „Fundament" der EU-Grundrechtscharta unter besonderer Berücksichtung der Rechte auf Leben und Unversehrtheit. Zeitschrift für europarechtliche Studien (ZEuS) 5:631–662

Schmidt V (1996) Politik der Organverteilung. Nomos, Wiesbaden

Schmidt V (2003) Die Organverteilung nach dem Transplantationsgesetz: einige Neuerungen. In: Gutmann T u.a. (Hrsg) Grundlagen einer gerechten Organverteilung. Springer, Berlin, 9–34

Schmidt-Didczuhn A (1991) Transplantationsmedizin in Ost und West im Spiegel des Grundgesetzes, Zeitschrift für Rechtspolitik, 264 ff.

Schneider C (2000) Medizinrechtliche Werbe- und Gewinnverbote und Gemeinschaftsrecht. In: Kopetzki C, Mayer H (Hrsg) Biotechnologie und Recht. Manz, Wien, 217–249

Schneider C (2004) Art 152 EGV. In: Mayer H (Hrsg) Kommentar zu EU- und EG-Vertrag. Manz, Wien, 1–16

Schneider I (2003) Ein Markt für Organe? Die Debatte um ökonomische Anreize zur Organspende. In: Oduncu FS u.a. (Hrsg) Transplantation. Organgewinnung und -allokation, Göttingen, 189–208

Schönke A, Schröder H (2006) Strafgesetzbuch – Kommentar, 27. Auflage, München

Schreiber HL (1983) Vorüberlegungen für ein künftiges Transplantationsgesetz. In: Festschrift für Ulrich Klug zum 70. Geburtstag, Band II, Köln 1983, 341 ff.

Schreuer C (1983) Die innerstaatliche Anwendung von internationalem „soft law" aus rechtsvergleichender Sicht. Österreichische Zeitschrift für Öffentliches Recht und Völkerrecht (ZÖR) 34:243-260

Schröder M, Taupitz J (1991) Menschliches Blut: verwendbar nach Belieben des Arztes? Zu den Formen erlaubter Nutzung menschlicher Körpersubstanzen ohne Kenntnis des Betroffenen. Enke, Stuttgart

Schroth U (1999) Stellungnahme zu dem Artikel von Bernhard Seidenath: „Lebendspende von Organen – zur Auslegung des § 812 TPG", Medizinrecht 1998, 253, Medizinrecht 1999, 67 ff

Schroth U (2001) Das Organhandelsverbot – Legitimität und Inhalt einer paternalistischen Strafrechtsnorm. In: Schünemann B, Achenbach H, Bottke W, Haffke B, Rudolphi HJ (Hrsg) Festschrift für Claus Roxin zum 70. Geburtstag am 15. Mai 2001, Berlin, 869 ff.

Schroth U, König P, Gutmann T, Oduncu F (2005) Transplantationsgesetz – Kommentar. München

Schultheiss C (2001) Überlegungen zur Notwendigkeit einer offenen Rationierungsdebatte. Ethik in der Medizin 13, 2–16

Schünemann H (1985) Die Rechte am menschlichen Körper. Frankfurt

Schütt G, Schroeder P (1993) Population attitudes toward organ donation in Germany. In: Transplantation Proceedings 25:3127–3128

Schutzeichel CI (2002) Geschenk oder Ware? Das begehrte Gut Organ, Nierentransplantation in einem hochregulierten Markt. Bochum

Sears S, Marhefka S, Rodrigue J, Campbell C (2000) The role of patients' ability to pay, gender, and smoking history on public attitudes toward cardiac transplant allocation: An experimental investigation. Health Psychology 19 (2):192–196

Seewald O (1997) Ein Organstransplantationsgesetz im pluralistischen Verfassungsstaat. Verwaltungs-Archiv 88:199 ff

Seidenath B (1998) Lebendspende von Organen – zur Auslegung des § 8 I 2 TPG. Medizinrecht 1998, 253 ff.

Sheehy E et al. (2003) Estimating the Number of Potential Organ Donors in the US, New England Journal of Medicine 349:66–674

Siminoff LA et al. (1995) Public Policy Governing Organ and Tissue Procurement in the US. Annals of Internal Medicine 123:10–17

Skitka L, Tetlock P (1992) Allocating scarce resources: A contingency model of distributive justice. Journal of Experimental Social Psychology, 28:491–522

Smith A (1776) An Inquiry into the Nature and Causes of the Wealth of Nations

Sommerer C, Morath C, Andrassy J, Zeier M (2004) The long-term consequences of living-related or unrelated kidney donation. Nephrol Dial Transplant. 19 (Suppl 4): 4547

Sperlich E (2000) Die Geltung der EMRK im Gemeinschaftsrecht. Juristische Ausbildung und Praxis (JAP) 2000/2001, 5 ff.

Stoecker (1999) Der Hirntod. Ein medizinethisches Problem und seine moralphilosophische Transformation. Alber, Freiburg

Streinz R (2003) EUV/EGV-Kommentar. CH Beck, München

Strenge H, Hofmann KL, Bunzel B, Smeritschnig B (2000) Einstellungen zur Organtransplantation bei Medizinstudenten in Deutschland, Österreich und der Schweiz. In: Künsebeck H-W, Muthny FA (Hrsg) Einstellungen zur Organspende und ihre klinische Relevanz. Pabst Science Publishers, Lengerich, Berlin, Rom, Wien, Zagreb, 22–36

Taupitz J (1996) Das Recht im Tod: Freie Verfügbarkeit der Leiche? Rechtliche und ethische Probleme der Nutzung des Körpers Verstorbener. Berliner Medizinethische Schriften Heft 10, Humanitas, Dortmund

Taupitz J (1997) Um Leben und Tod: Die Diskussion um ein Transplantationsgesetz. Juristische Schulung 1997, 203 ff.

Taupitz J (1999) Ressourcenknappheit in der Medizin – Hilfestellung durch das Grundgesetz? In: Wolter J, Riedel E, Taupitz J (Hrsg) Einwirkungen der Grundrechte auf das Zivilrecht, Öffentliche Recht und Strafrecht, Heidelberg, 113 ff.

Taupitz J (2001) Der rechtliche Rahmen des Klonens zu therapeutischen Zwecken. Neue Juristische Wochenschrift 2001, 3433 ff.

Taupitz J (2002) Biomedizinische Forschung zwischen Freiheit und Verantwortung. Springer, Berlin

Taupitz J (2002) Embryonenforschung zwischen wissenschaftlicher Freiheit und rechtlicher Verantwortung. In: Kreß H, Racké K (Hrsg) Medizin an den Grenzen des Lebens. 17 ff.

Taupitz J (2003) Richtlinien in der Transplantationsmedizin. Neue Juristische Wochenschrift 2003, 1145 ff

Taupitz J (2004) Sterbemedizin unter Kostendruck. In: Arbeitsgemeinschaft Rechtsanwälte im Medizinrecht e.V. (Hrsg) Ärztliche Behandlung an der Grenze des Lebens. 119 ff.

Terasaki PI, Cecka JM, Gjertson DW, Takemoto S (1995) High survival rates of kidney transplants from spousal and living unrelated donors. N Engl J Med. 333:333–336

Thiel GT (2003) Donor Outcomes: an Evidence-Based Evaluation. In: Living Donor Kidney Transplantation: Challenging Concepts. Abstracts, Tytherington

Thiel GT (2006) Nieren-Lebendspende im Grenzgebiet von Klinik, Ethik und Recht – Ein Kodex für den Umgang mit Lebendspendern. In: Anreize zur Organspende. Graue Reihe, Europäische Akademie, Bad Neuenahr-Ahrweiler (im Druck)

Thun-Hohenstein C (1997) Der Vertrag von Amsterdam. Mainz

Titmuss R (1970) The Gift Relationship: From Human Blood to Social Policy, Allen and Unwin

Tress P (1977) Die Organtransplantation aus zivilrechtlicher Sicht – eine Untersuchung unter besonderer Berücksichtigung der schuldrechtlichen Problematik bei der Transplantation vom lebenden Spender. Mainz

Triebel M (2003) Die rechtliche Bedeutung der Grundrechtecharta. JURA 25:525–527

Tröndle H, Fischer T (2004) Strafgesetzbuch und Nebengesetze. Kommentar. 52. Auflage, München

Tyden G, Kumlien G, Genberg H, Sandberg J, Lundgren T, Fehrman I (2005) ABO incompatible kidney transplantations without splenectomy, using antigen-specific immunoadsorption and rituximab. Am J Transplant 5:145–148

Umeshita K, Fujiwara K, Kiyosawa K, Makuuchi M, Satomi S, Sugimachi K, Tanaka K, Monden M (2003) Japanese Liver Transplantation Society. Operative morbidity of living liver donors in Japan. Lancet 362:687–689

Veatch RM (2003) Why Liberals Should Accept Financial Incentives for Organ Procurement, Kennedy School of Ethics Journal 13:19–36

Viscusi WK (1993) The Value of Risks to Life and Health. Journal of Economic Literature 31:1912–1946

Vogel HJ (1980) Zustimmung oder Widerspruch – Bemerkungen einer Kernfrage der Organtransplantation. Neue Juristische Wochenschrift 1980, 625 ff.

Urmson JO (1958) Saints and Heroes. In: Melden, Essays in Moral Philosophy. University of Washington Press, Seattle, London,198 ff.

Weber F (2003) Mögliche Auswirkungen einer Kommerzialisierung der Organspende innerhalb der Ärzteschaft. In: Transplantationsmedizin 15:51–55

Weber J, Lejeune S (1994) Rechtliche Probleme des rheinland-pfälzischen Transplantationsgesetzes. Neue Juristische Wochenschrift 1994, 2392 ff.

Wilkinson S, Garrard E (1996) Bodily Integrity and the Sale of Human Organs. Journal of Meartal Ethics 22:334–339

Wille S (2006) Sozialpflicht zur Organspende? In: Anreize zur Organspende. Graue Reihe, Europäische Akademie, Bad Neuenahr-Ahrweiler (im Druck)

Wissenschaftlicher Beirat der Bundesärztekammer (1998) Richtlinien zur Feststellung des Hirntodes. Dt. Ärztebl. 95: A-1861–1868

Wissenschaftlicher Beirat der Bundesärztekammer (2000) Richtlinien für die Organvermittlung zur Nierentransplantation. Dt. Ärztebl. 97:A-402–404

Wissenschaftlicher Beirat der Bundesärztekammer (2000) Richtlinien für die Organvermittlung zur Lebertransplantation. Dt. Ärztebl. 97:A-404–406

Wolfe RA, Ashby VB, Milford EL, Ojo AO, Ettenger RE, Agodoa LYC, Held PJ, Port FK (1999) Comparison of mortality in all patients on dialysis, patients on dialysis awaiting transplantation, and recipients of a first cadaveric transplant. N Engl J Med, 341:1725–1730

Autorenverzeichnis

Friedrich Breyer, Professor Dr. rer. pol., geb. 1950, studierte Volkswirtschafts-lehre an der Freien Universität Berlin, der Universität Heidelberg und der London School of Economics. 1978 Promotion in Heidelberg, 1983 ebenda Habilitation. 1986 Berufung auf eine Professur für Wirtschafts- und Sozial-politik an der FernUniversität Hagen, 1992 Wechsel auf den Lehrstuhl für Volkswirtschaftslehre, insbesondere Wirtschaftspolitik, an der Universität Konstanz. Seit 2000 Forschungsprofessor am Deutschen Institut für Wirt-schaftsforschung. Im gleichen Jahr Berufung in den Wissenschaftlichen Bei-rat beim Bundesministerium für Wirtschaft und Technologie. 2002–2004 Mitglied einer Expertengruppe der Bertelsmann-Stiftung zur Reform der Sozialen Sicherung; Mitautor des 2004 erschienenen Buches *Reform der Sozialen Sicherung.* Seit Anfang 2006 Vorsitzender des Ausschusses für Gesundheitsökonomie im Verein für Socialpolitik. Forschungsaufenthalte u.a. an Stanford University, Indiana University und Australian National Uni-versity. Arbeitsgebiete: Ökonomische Theorie der Sozialpolitik, insbeson-dere Alterssicherung, Gesundheitsökonomik sowie Ökonomische Theorie der Politik.

Wolfgang van den Daele, Professor Dr. iur., geb. 1939, Studium der Rechts-wissenschaft und der Philosophie in Hamburg, Tübingen und München. Von 1970–1980 Wissenschaftlicher Mitarbeiter des „Max- Planck-Instituts zur Erforschung der Lebensbedingungen der wissenschaftlich-technischen Welt" (Direktoren: Carl-Friedrich von Weizsäcker, Jürgen Habermas); Gast-professor an der Universität von Amsterdam 1981/82. Von 1982–1989 Wis-senschaftlicher Mitarbeiter des Forschungsschwerpunkts „Wissenschaftsfor-schung" und (seit 1987) Professor an der Fakultät für Soziologie der Univer-sität Bielefeld. Direktor der Abteilung „Zivilgesellschaft und transnationale Netzwerke" am Wissenschaftszentrum für Sozialforschung, Berlin; von 1989–2005 Professor für Soziologie an der Freien Universität Berlin (bis 2004). Hauptarbeitsgebiete: Wissenschafts- und Technikforschung, Umwelt-forschung, alternative Verfahren der Konfliktregelung, Regulierung moder-ner Biotechnologien. Mitglied des Nationalen Ethikrates der Bundesrepu-blik Deutschland.

Margret Engelhard, Dr. phil., Dipl.-Biol., geb. 1969. Studium der Biologie mit Schwerpunkt Mikro- und Molekularbiologie in Marburg und Edinburgh. Forschungsexpedition nach Nepal zur Probennahme für die Diplomarbeit und Entdeckung einer neuen stickstofffixierenden Bakterienart in Symbiose mit Reispflanzen. 1997 Diplom an der Phillipps-Universität Marburg und am Max-Planck Institut für Terrestrische Mikrobiologie. Promotion an der Universität Basel mit Forschungsaufenthalt an der Universität Genf über genetische und physiologische Mechanismen von Pflanzen-Bakterien-Symbiosen. Parallel Arbeit als Wissenschaftsjournalistin und Teilnahme am Schweizer Programm „Frauen in die Industrie", dort Einblicke in Pharma-Unternehmen. Weitere Interessensgebiete sind genetisch manipulierte Organismen (GMO), vor allem in den Bereichen grüne Gentechnik und Pharming (Nutzung von transgenen Pflanzen oder Tieren zur Herstellung von Biopharmazeutika). Seit 2004 wissenschaftliche Mitarbeiterin der Europäischen Akademie und Projektleitung bzw. -koordinierung der Projekte „Anreize zur Organspende" und „Pharming".

Gundolf Gubernatis, Professor Dr. med. geb. 1953, studierte Humanmedizin an der Medizinischen Hochschule Hannover, erhielt 1979 die Approbation und promovierte 1981 im Fach Anästhesiologie. Ausbildung zum Arzt für Chirurgie an den Universitätskliniken Göttingen, TU München und MH Hannover. 1990 erhielt er die venia legendi für das Fach Chirurgie. Das Thema seiner experimentellen und klinischen Habilitationsarbeit lautet: *Frühe postoperative Abstoßung nach Lebertransplantation*. 1990 Antrittsvorlesung zum Thema „Aufgabenbereich Organspende". 1990–1995 Oberarzt in der Klinik für Abdominal- und Transplantationschirurgie der MHH unter Leitung von Professor Dr. R. Pichlmayr. Gubernatis führte die erste auxiliäre partielle orthotope Lebertransplantation (APOLT) bei akutem Leberausfall durch und wirkte an der Entwicklung der Split-Lebertransplantation und Ex situ-Chirurgie der Leber mit. Seit 1993 Neustrukturierung des Bereichs Organspende zunächst in Niedersachsen, Mitglied einer Beratergruppe zum Transplantationsgesetz unter Minister Seehofer. 1996–2000 Geschäftsführender Arzt der DSO für das Land Niedersachsen, 2000–2005 für die Region Nord (Bremen, Hamburg, Niedersachsen, Schleswig-Holstein). 1998–1999 berufsbegleitendes Studium des Krankenhausmanagements, 2000–2004 in Nebentätigkeit Medizinischer Direktor eines Krankenhausverbundes der AWO Niedersachsen. Seit 1.9.2005 Vorstand Krankenversorgung im Reinhard-Nieter-Krankenhaus in Wilhelmshaven.

Hartmut Kliemt, Professor Dr. phil., geb. 1949, studierte Philosophie und Wirtschaftswissenschaften in Frankfurt. 1974 Abschluss zum Dipl.-Kaufmann. Wissenschaftlicher Assistent im Bereich „Operations Research" an der Universität Dortmund bis 1974–76. 1976–1980 wissenschaftlicher Bediensteter am Lehrstuhl für Rechts- und Sozialphilosophie, Rechtssoziologie der Universität Mainz am Lehrstuhl Professor N. Hoerster. Fernstudium der Mathematik an der FernUniversität Hagen. 1977 Promotion zum Dr. phil. am Fachbereich Philosophie der Universität Frankfurt (Dissertation: „Untersuchungen über die Begründbarkeit staatsphilosophischer Legitimitätskriterien"). 1983 erhielt er die venia legendi für das Fach Philosophie (Habilitiationsschrift: „Grundzüge einer empiristischen allgemeinen Theorie des Staates"); Lehrtätigkeit als Privat-Dozent in Frankfurt. Danach Vertretung von W. Stegmüller (Philosophie der Wissenschaft) an der Universität München, W. Becker (Sozialphilosophie) an der Universität Frankfurt, sowie Mitarbeit am Forschungsprojekt „game theory in the behavioral sciences", Bielefeld. 1988 ordentlicher Professor für Praktische Philosophie an der Universität Duisburg-Essen. Seit 1992 Adjunct Research Associate des Center for study of Public Choice in Fairfax, VA. Seine interdisziplinären Arbeitsschwerpunkte liegen in den Gebieten der Gesundheitsethik und -ökonomik, der Politischen Philosophie und der Ökonomik mit besonderer Berücksichtigung spieltheoretischer Methoden.

Christian Kopetzki, Professor Dr. iur. Dr. med., geb. 1954, studierte Rechtswissenschaften (Promotion zum Dr. iur. 1979) und Medizin (Promotion zum Dr. med. 1984) an der Universität Wien. Nach Assistententätigkeit am Institut für Staats- und Verwaltungsrecht der Universität Wien Habilitation 1995 in den Fächern Verfassungsrecht, Verwaltungsrecht und Medizinrecht mit einer Arbeit zum psychiatrischen Unterbringungsrecht. 1996–1997 Leitung der Rechtsabteilung der Verwaltungsakademie des Bundes. 1997 Ernennung zum außerordentlichen Universitätsprofessor; 2002 Berufung auf die Professur für Medizinrecht am Institut für Staats- und Verwaltungsrecht der Universität Wien. Seit 1999 stellvertretender Vorstand des Instituts für Ethik und Recht in der Medizin der Universität Wien. Seit 2001 Mitglied der nationalen Bioethikkommission beim Bundeskanzleramt, seit 2003 Mitglied des Wiener Beirates für Bio- und Medizinethik sowie nationaler und internationaler Fachgesellschaften (z.B. Akademie für Ethik in der Medizin, Vereinigung deutscher Staatsrechtslehrer u.a.). Aktuelle Forschungsschwerpunkte: Transplantationsrecht, Gentechnik- und Biotechnologierecht, Fortpflanzungsmedizinrecht, europäischer Grundrechtsschutz im Bereich der Biomedizin.

Hans Jürgen Schlitt, Professor Dr. med., geb. 1961, studierte Humanmedizin in Würzburg. Promotion in Würzburg (1986) über ein immunologisch-virologisches Thema. Postdoktorandenstipendium der Deutschen Forschungsgemeinschaft im Transplantationsimmunologischen Labor der Medizinischen Hochschule Hannover (MHH) 1987–1988. Ausbildung zum Facharzt für Chirurgie an der Medizinischen Hochschule Hannover unter den Professoren Pichlmayr, Borst und Tscherne 1988–1994. 1994 Habilitation über die „Bedeutung eines allogenen Chimärismus bei Organtransplantation". 1994–2001 Oberarzt der Klinik für Abdominal- und Transplantationschirurgie der MHH (Direktor: Prof. Dr. Rudolf Pichlmayr); außerplanmäßiger Professor seit 1999. Sekretär und Projektleiter des Sonderforschungsbereiches 265 der DFG („Immunreaktionen und Pathomechanismen bei Organtransplantation") 1992–2002. Zusatzstudium Krankenhausmanagement an der Fachhochschule Hannover (2000–2002). Chair of Transplantation and Upper Gastrointestinal Surgery an der University of Sydney 2002–2003. Seit 2003 Inhaber des Lehrstuhls für Chirurgie und Direktor der Klinik und Poliklinik für Chirurgie der Universität Regensburg. Fellow des Royal College of Surgeons of England (FRCS), des American College of Surgeons (FACS) sowie des Royal Australasian College of Surgeons (FRACS). Wissenschaftliche Schwerpunkte: experimentelle Transplantationsforschung, Immunologie und Onkologie sowie klinische Studien zu diesen Bereichen. Seit 2005 Stellvertretender Vorsitzender, Deutsche Transplantationsgesellschaft e.V. (DTG) und Council-Member der European Society for Organ Transplantation (ESOT).

Jochen Taupitz, Professor Dr. jur., geb. 1953. Studium der Rechtswissenschaften in Göttingen und Freiburg 1973–1978. Promotion 1981. Zweite juristische Staatsprüfung 1982. Habilitation 1988. 1988 Universitätsprofessor in Göttingen und seit Wintersemester 1989/90 Ordinarius für Bürgerliches Recht, Zivilprozessrecht, Internationales Privatrecht und Rechtsvergleichung an der Fakultät für Rechtswissenschaft der Universität Mannheim. Rufe auf Lehrstühle an den Universitäten Kiel (1993), Bonn (1997) und Heidelberg (2003) sowie auf die Stelle des Direktors des Schweizerischen Instituts für Rechtsvergleichung (2003) abgelehnt. Von 1996 bis 2002 zudem Richter am Oberlandesgericht Karlsruhe im Nebenamt. Seit Oktober 1998 ferner Geschäftsführender Direktor des Instituts für Deutsches, Europäisches und Internationales Medizinrecht, Gesundheitsrecht und Bioethik der Universitäten Heidelberg und Mannheim. Mitglied des Nationalen Ethikrates; Vorstandsmitglied der Zentralen Ethikkommission bei der Bundesärztekammer; Mitglied der Ethikkommission für die Medizinische Fakultät der Universität Heidelberg; Mitglied der Ethikkommission der Universität Mannheim; Vorsitzender des Beirats für Grundsatzfragen des Arbeitskreises Medizinischer Ethik-Kommissionen in der Bundesrepublik Deutschland; Vorstandsmitglied der Akademie für Ethik in der Medizin; Mitglied des Ausschusses für ethische und medizinisch-juristische Grundsatzfragen der Bundesärztekammer; Mitglied der Senatskommission für Grundsatzfragen der Genforschung der Deutschen Forschungsgemeinschaft; Mitglied im Beirat des Instituts für angewandte Ethik.

Register

Europäische Akademie

zur Erforschung von Folgen wissenschaftlich-technischer Entwicklungen
Bad Neuenahr-Ahrweiler GmbH

Die *Europäische Akademie zur Erforschung von wissenschaftlich-technischer Entwicklung Bad Neuenahr-Ahrweiler GmbH* widmet sich der Untersuchung und Beurteilung wissenschaftlich-technischer Entwicklungen für das individuelle und soziale Leben des Menschen und seine natürliche Umwelt. Sie will zu einem rationalen Umgang der Gesellschaft mit den Folgen wissenschaftlich technischer Entwicklung beitragen. Diese Zielsetzung soll sich vor allem in der Erarbeitung von Empfehlungen und Handlungsoptionen für Entscheidungsträger in der Politik und Wissenschaft sowie die interessierte Öffentlichkeit realisieren. Diese werden von interdisziplinären Projektgruppen bestehend aus fachlich ausgewiesenen Wissenschaftlern erstellt.

Die *Europäische Akademie zur Erforschung von Folgen wissenschaftlich-technischer Entwicklungen GmbH* hat im Springer-Verlag in der Reihe *Wissenschaftsethik und Technikfolgenbeurteilung* die folgenden Bände veröffentlicht:

Band 1: A. Grunwald (Hrsg.) Rationale Technikfolgenbeurteilung. Konzeption und methodische Grundlagen, 1998

Band 2: A. Grunwald, S. Saupe (Hrsg.) Ethik in der Technikgestaltung. Praktische Relevanz und Legitimation, 1999

Band 3: H. Harig, C. J. Langenbach (Hrsg.) Neue Materialien für innovative Produkte. Entwicklungstrends und gesellschaftliche Relevanz, 1999

Band 4: J. Grin, A. Grunwald (eds) Vision Assessment. Shaping Technology for 21st Century Society, 1999

Band 5: C. Streffer et al., Umweltstandards. Kombinierte Expositionen und ihre Auswirkungen auf den Menschen und seine natürliche Umwelt, 2000

Band 6: K.-M. Nigge, Life Cycle Assessment of Natural Gas Vehicles. Development and Application of Site-Dependent Impact Indicators, 2000

Band 7: C. R. Bartram et al., Humangenetische Diagnostik. Wissenschaftliche Grundlagen und gesellschaftliche Konsequenzen, 2000

Band 8: J. P. Beckmann et al., Xenotransplantation von Zellen, Geweben oder Organen. Wissenschaftliche Grundlagen und ethisch-rechtliche Implikationen, 2000

Band 9: G. Banse et al., Towards the Information Society. The Case of Central and Eastern European Countries, 2000

Band 10: P. Janich, M. Gutmann, K. Prieß (Hrsg.) Biodiversität. Wissenschaftliche Grundlagen und gesellschaftliche Relevanz, 2001

Band 11: M. Decker (ed) Interdisciplinarity in Technology Assessment. Implementation and its Chances and Limits, 2001

Band 12: C. J. Langenbach, O. Ulrich (Hrsg.) Elektronische Signaturen. Kulturelle Rahmenbedingungen einer technischen Entwicklung, 2002

Band 13: F. Breyer, H. Kliemt, F. Thiele (eds) Rationing in Medicine. Ethical, Legal and Practical Aspects, 2002

Band 14: T. Christaller et al. (Hrsg.) Robotik. Perspektiven für menschliches Handeln in der zukünftigen Gesellschaft, 2001

Band 15: A. Grunwald, M. Gutmann, E. Neumann-Held (eds) On Human Nature. Anthropological, Biological, and Philosophical Foundations, 2002

Band 16: M. Schröder et al., Klimavorhersage und Klimavorsorge, 2002

Band 17: C. F. Gethmann, S. Lingner (Hrsg.) Integrative Modellierung zum Globalen Wandel, 2002

Band 18: U. Steger et al., Nachhaltige Entwicklung und Innovation im Energiebereich, 2002

Band 19: E. Ehlers, C. F. Gethmann (eds) Environment Across Cultures, 2003

Band 20: R. Chadwick et al., Functional Foods, 2003

Band 21: D. Solter et al., Embryo Research in Pluralistic Europe, 2003

Band 22: M. Decker, M. Ladikas (eds) Bridges between Science, Society and Policy, 2004

Band 23: C. Streffer et al., Low Dose Exposures in the Environment, 2004

Band 24: F. Thiele, R. E. Ashcroft (eds) Bioethics in a Small World, 2004

Band 25: H.-R. Duncker, K. Prieß (eds) On the Uniqueness of Humankind, 2005

Band 26: B. v. Maydell et al., Enabling Social Europe, 2006

Außerhalb der Reihe sind, ebenfalls im Springer-Verlag, die Übersetzungen der Bände 5 und 18 erschienen: „Environmental Standards. Combined Exposures and Their Effect on Human Beings and Their Environment" (Streffer et al., 2003) sowie „Sustainable Development and Innovation in the Energy Sector" (Steger et al., 2005).